우린 너무 몰랐다

― 해방, 제주4·3과 여순민중항쟁 ―

도올 김용옥 지음

제5장 여순민중항쟁 245

제주4·3-여순민중항쟁 연표 1943년 ~

증보개정판
─ 서문 ─

저술자로서는 한번 완결지은 원고를 몇 년이 지나 다시 교정보기 위해 상독詳讀한다는 것은 좀 괴로운 일이다. 정보가 새롭게 변했을 수도 있고, 시대적 감각이 바뀌었을 수도 있고, 또 저술가 자신의 의식이나 감성적 스타일이 변화를 일으켰을 수도 있다. 특히 현대사를 다루는 저작의 내용은 항상 불확정성을 내포하고 있다.

불편한 심기를 어루만지며 다시 원고를 정독해나가는 과정에서 나는 내가 쓴 글이 단순히 나의 필력이나 지력의 소산이라기보다는 우리 민족 전체의 슬픔에서 우러나오는 진실의 호소이며, 객관적 저작이 아닌 깨달음의 떨림이라는 사실을 다시 확인했다. 부끄럼없이 다시 역사 속으로 몰입할 수 있었고, 움직일 수 없는 현대사의 정론을 구축했다는 자부감에 양심의 전율을 감지할 수 있었다.

나의 생애에서 이 저작, 『우린 너무 몰랐다』는 『동경대전』1·2, 『용담유사』와 함께 국학의 분수령을 이룬 혁명적 저작이라는 신념은 추호의 변화도 있을 수 없다. 나를 이 땅의 사람으로 만들어준 깨달음의 역정이었다.

　　나는 성심성의껏 교정을 보았고, 통나무사람들은 부수된 작업을 성실하게 수행하였다. 특별히 "제주4·3-여순민중항쟁 연표"가 대규모로 증보되었다. 이 책이 나옴으로써 국회에서 여순사건특별법(=여순민중항쟁특별법)이 통과되는 확고한 계기들이 만들어지고 통과에 박차를 가하게 되었는데 그 전후 역사적 과정이 소상히 기록되었다. "제주4·3-여순민중항쟁 연표"는 여타의 어느 연표에도 비교할 수 없는 고귀한 작업이 되었다. 우리는 이 책을 후세에 진실을 전한다는 사명감의 일념으로만 대하였다.

　　이 책은 매우 디테일한 사실정보들이 압축되어 있으면서도 통관通觀, 전관全觀의 지혜가 명료하게 공시적 구조를 과시하고 있다. 우리는 이 책을 자랑스럽게 후손들에게 전해야 한다. 그리고 이 한마디를 같이 전하고 싶다: "측은하게 여길 줄 아는 마음이 없는 자는 인간이라 말할 수 없다. 無惻隱之心, 非人也。"

2023년 1월
저자

제1장

프롤로그
— 현대사가로의 여정 —

샤오뚱과 유사회

요즈음 내가 가깝게 왕래하는 친구로서 박소동朴小東이라는 인물이 있다. 나는 그를 습관적으로 "샤오뚱 샤오뚱"이라 부르는데 그의 이름의 한자를 중국식으로 발음한 것이다. 친구가 꼭 청매죽마青梅竹馬래야 친구는 아니다. 노년에 사귄 붕우가 더 은근히 깊은 정감을 나눌 수도 있고, 격조 높은 사유를 공유할 수도 있다. 박소동은 한학의 경지가 높은 사람이다. 나는 중국의 고전이 전공인데 비해, 샤오뚱은 한국 고전들의 독해에 있어 탁월한 식견을 소유하고 있다. 샤오뚱이 『조선왕조실록』을 읽는 실력에는 내가 크게 못미친다. 그래서 나는 그로부터 배우는 것이 많다.

요즈음 나이를 먹어가면서 좀 고적하기도 하고, 우리 조상들이 남긴 고전을 읽어야겠다는 의무감도 들고 해서, 몇 년 전부터 제자들과 고전강독모임을 시작했다. 나는 본시 우리나라 지성계의 폐단이 파벌의식에 있다고 생각했기 때문에, 일체 학벌, 문벌, 지연과 관계되는 모임을 하지 않았다. 나의 제자들에게 "패거리"의식을 주지 않기 위함이었다. 그런 데 나이를 먹고 보니 살 날도 많지 않은데 순수한 독서모임은 할 필요가 있다는 생각이 들었다. 무엇보다도 혼자 한문고전과 씨름하는 것은 힘이 든다. 그래서 우리 고전을 같이 읽는 순결한 공부모임을 패거리의식 없이 시작하게 되었다.

각자 일가를 이룬 제자들이 곧바로 2·30명 모여들게 되었고, 첫 독해 교본으로서 『삼국유사』원전을 읽기 시작했다. 그리고 『일본서기』를 읽었고 『고려사』를 읽었다. 지금은 『조선왕조실록』「태조실록」을 공독하고 있다. 이 모임이 『삼국유사三國遺事』 강독으로 시작했기 때문에, 잃어버린 역사를 찾는다는 의미에서 우리 모임은 자연스럽게 "유사회遺史會"라는 이름을 갖게 되었다. 참석하는 사람들이 모두 한학에 일가견이 있기 때문에, 모여 토론하게 되면 벼라별 재미있는 이야기들이 다 쏟아져 나온다. 그리고 무엇보다도 참석자 모두가 집약적으로 지식을 흡수할 수 있다. 자유로운 독서토론 모임처럼 효율적인 지식축적방법은 없다. 특히 권위 있으면서도 개방적인 중심축이 있을 때는 그런 모임은 아름답게 효율적으로 굴러가게 마련이다.

나는 샤오똥 선생 보고 우리 유사회에 나오기를 권유했다. 보통, 지식인들은 남의 텃밭에 끼는 것을 매우 싫어한다. 그러나 샤오똥 선생은 유사회에 한번 나오더니, 그 학구적 분위기가 마음에 든다고, 빠지지 않고 참석하는 고정멤버가 되었다. 나의 제자들도 물론 샤오똥 선생의 참석을 대환영한다. 얼핏 알기 어려운 조선 고유의 한자·한문의 표현에 관하여 매우 자상한 배경을 이야기해주기 때문이다.

우리나라 국가기관인 한국고전번역원에서 몇 년 전에 "고전의 향연"이라는 대중 상대의 한국고전강좌를 열었다. 1년 동안(24회) 많은 사람들이 참여한 이 강좌를 내가 주도했고 내가 사회를 보았는데, 참으로 우리나라 사람들은 진지한 모임에 진지하게 참여할 줄 아는 위대한 민족이라는 생각이 들 정도로 보람을 느꼈다. 많은 인파가 몰렸고 그 전체 분위기가 매우 열성적이었다. 그때 샤오똥이 연사로 나왔다. 『조선왕조실록』을 집필한 사람들에게 나타나는 독특한 한문어법에 관한, 매우 유니크한 주제의 강의였다. 그러니까 한문은 어디까지나 한문이다. 세종대왕께서 "나라말씀이 중국말과 다르고, 또 문자가 서로 유통되기 어려워, 보통 사람들이 말하고자 하는 바가 있어도, 끝내 그 뜻을 펼쳐 내보이지 못하는 정황이 많은지라 ……" 운운하셨는데 실로 『실록』의 주인공들은 모두 우리와 같은 한국말을 한 사람들이었다. 그 일상적인 우리말을 한자로 우그러뜨려 표현하는 방식에는 많은 무리가 따른다. "콩그리쉬"만 있는 것이 아니라, "콩그리쉬 스타일의 한문투"도 수없이 발견된다는 것이다. 『실록』을 번역할 때 우리말 고유의 상응하는 표현을 찾아내는 것이 중요하다는 것을 역설한 재미있는 강의였다.

이 강의 도중에 내가 불쑥 "나보다는 체험의 연륜이 부족한 듯한데……"라고 약간 그를 낮잡아보는 듯한 발언을 했다. 그러자 성격이 카랑카랑하기 그지없는 샤오똥이 나한테 다짜고짜 덤벼드는 것이다.

"노형은 몇 년생이요?"

"무자생인디 ……"

"몇 월이요?"

"유월인디 ……"

"아니 그깐디 유월 가지고 폼을 잡소? 난 오월이오."

예로부터 "치작齒爵"으로 꿀리면 다 꿀리고 마는 것이다. 나는 6·25 전쟁통에 국민학교를 들어갔는데, 엄마가 동갑내기 장조카와 차별을 두어야 한다고 만 5살도 안된 핏덩어리를 천안제3국민학교에 넣어버렸다. 내가 따라가지 못하면 1학년을 반복하면 된다고 하여 유치원 정도로 생각하고 입학시킨 것이다. 그런데 천안제3국민학교 1학년 선생님으로 "심 선생"이라는 유명한 교육자가 있었다. 천안 지역에서는 성심성의 모든 교육의 열정을 쏟아붓는 사람으로 신망이 매우 높았다. 내 기억으로는 존함이 "심상희 선생님"인 것 같다. 내 인생에서 해후한 가장 위대한 교육자로서, 보성중학교 1학년 영어를 담당하시던 무턱 선생님(당시 이미 70대 노인이었는데 입에서 목으로 턱이 돌출하지 않고 연결된 골상의 소유자라서 "무턱"이라는 별명이 붙었다. 존함은 "유경상"으로 기억한다)과 천안제3국민학교 심 선생님, 이 두 분을 꼽지 않을 수 없을 것 같다.

치작의 승리
하여튼 나는 심 선생님 덕분인지 1학년을 1등으로 마쳤다. 그래서 그냥 자동적으로 진급하게 되었고, 천안제3국민학교를 나오고 서울의 사립 명문 보성중학교를 입학하는 영광을 안았다. 그러나 신체적으로 2살이 어리다는 이 사실은 학창시절을 통하여 내가 숨겨야만 할 "치작콤플렉스"를 형성하게 되었다. "치작"이란 원래 "나이에 따라 작위를 준다"는 뜻이다. 이것은 원래 진시황이 천하를 통일하고 봉건제를 폐하고 새롭게 군현제를 만들어갈 때, 새로운 보편적인 시스템 a universal political system을 구축하기 위하여 과거의 군공에 의존한 작제를, 동네마다 나이순에 따라 작위를 주는 독특한 콘트롤 시스템으로 정착시킨 것이다. 이것은 허작虛爵이기는 하지만 전국의 인민에게 질서감과 소속감과 의무감, 충성심을 불어넣는 훌륭한 제도로서 존속되었다.

그러니까 우리는 나이가 위인 사람에게 공손하고 예의를 지키는 것은 단순히 동방인의 추상적인 예절의 문제가 아니라 제도적인 장치와도 관련이 있는 것이다. 내가 자라나면서 항상 나이를 숨기고 살아야만 했던 것은 나이에서 밀리면 곧 작위에서 밀리는 것이니 김이 새도 한참 새기 때문이다. 나의 존재 전체가 갑자기 작위강등을 당하는 것이다. 내가 공적인 석상에서 샤오퉁한테 치작문제로 기습을 당한 것은, 내 기나긴 인생에서 매우 수치스러운 순간이었다. 나는 실낱 같은 역전의 희망을 버리지 않았다.

"아니 오월이라구? 그 놈의 오월이 양력이요, 음력이요?"

"음력이요."

"아니 그렇다면 오월 몇 일이요?"

"오월 아무개 날이요."

그 순간 천추에 나를 누르고 있었던 바위덩어리가 휙 날아가버리는 느낌이었다. 따지고 보니 음력으로는 나보다 생일이 스무날이나 늦었다.

"내가 형님이구려."

샤오똥은 그 순간 가차 없이 자기의 치작순번을 시인했고, 나를 깍듯이 형님으로 모시겠다 했다. 치작문제로 내가 인생에서 우쭐한 느낌을 가진 최초의 순간이었다.

그런데 내가 지금 치작등급의 승리의 순간을 밝히기 위해 샤오똥이야기를 하고 있는 것이 아니다. 샤오똥은 구례사람이었다.

구례 이야기

지금 구례는 인구가 날로 줄어들고 황폐해져만 가는 조그만 시골동네로 인식되기 마련이다. 그러나 20세기 우리나라 판소리의 거맥홍류의 원조라 할 수 있는, 거장 중의 거장, 송만갑宋萬甲 1865~1939이 배출되었다. 우리는 송만갑이라는 소리꾼이 구례에서 태어났다는 사실을 아주 우발적인 한 사건으로 이해하기 쉽지만, 송만갑의 아버지가 송우룡宋雨龍이고, 친 할아버지가 송광록宋光祿이요, 큰 할아버지가 송흥록宋興祿이다. 그리고 송만갑의 소리를 이은 명창 송기덕宋基德이 그의 아들이다. 송흥록-송광록-송우룡-송만갑-송기덕으로 이어지는 이 송씨가계는 19세기·20세기 전반에 걸친 우리나라 예술사의 대맥이요, 고조선 이래 반만년을 이어져 내려온 우리나라 예술혼의 정화가 집결된 진원지라 말할 수 있다. 그런데 이 대맥이 구례 지역에서 태어나고 유지되었다는 것은 우리나라의 예술을 응집시키는 어떤 문화적·경제적 토대가 여기에 있었다는 것을 말해주는 것이다.

송만갑은 구한말에 순종황제 어전으로 불려가 소리를 하여 감찰벼슬(정6품)을 제수 받았고, 원각사(서울 새문안교회자리에 있었던 한국 최초의 서양식 극장)에서 창극唱劇이라는 새로운 예술장르를 창안하기도 하였고, 원각사가 해체된 후에는(1909년 해체) 궁내부 별순검別巡檢의 직책을 잠시 맡기도 하였다. 딴따라 광대가 품계 있는 실직의 벼슬을 받은 것은 일찍이 유례가 없었던 것이다. 박봉래, 김정문, 김초향, 김추월, 이화중선, 배설향, 신금홍, 장판개, 박중근, 박록주, 김소희, 박동진 등의 우리가 아는 20세기 명창들이 모두 그의 문하에서 쏟아져 나왔다. 나는 송만갑의 소리에 거의 접신할 기회가 있었는데 그것은 바로 송만갑의 소리판에서 직접 고수노릇을 한 일산 김명환 선생을 통해서였다. 이 글을 쓰고 있는 내 방에는 이화중선李花中仙 1899~1943이 애지중지하던 북채가 간직되어 있는데 하여튼 나는 판소리에 대한 사랑으로 우리나라 국악의 역사와 깊은 인연이 있는 사람이다. 따라서 구례 지역에 대한 사랑이 각별하다.

구례 하면 나는 또 백운산 밑 간전면 만수동에 "구안실苟安室"이라는 재실을 짓고, 『매천야록梅泉野錄』이라는 우리나라 역사에서 유례를 보기 힘든 개인저술의 비사秘史를 쓰고 앉아있던 대쪽 같은 선비 황현黃玹 1855~1910을 생각한다. 『매천야록』은 고종 1년(1864)부터 1910년까지의 47년간의 역사를 편년체로 기술한 야사이지만, 그 포폄이 정확하고 당대의 사람들에게 보이기 위하여 쓴 사관의 사초가 아니기 때문에, 한말 난정

亂政의 비리나 외세의 광란에 관하여 거침없이 직필한 것으로, 그 사료적 가치가 높다.

황현은 1855년 음 12월 11일 전남 광양군 봉강면鳳岡面 서석촌西石 村에서 태어났는데 나면서부터 총명이 뛰어나 사람들을 놀라게 했다. 황 현은 어려서부터 작시作詩에 천재적 소질을 발휘했던 것 같다. 나는 나의 어릴 적 스승 청광 김충렬 선생이 어려서부터 작시에 뛰어난 자질을 발 휘해 신동으로 불렸던 분인데, 그 분위기로 유추하여 황현의 내면세계까 지도 깊게 공감할 수 있다. 황현은 20세가 되면서부터 서울을 왕래하 면서 추금秋琴 강위姜瑋 1820~1884(추사 김정희의 문인으로 개화사상가이며 시 인이며 금석학의 대가), 영재寧齋 이건창李建昌 1852~1898(병인양요 때 순국한 사기沙磯 이시원李是遠의 손자. 우리나라 역사상 『노자』에 관해 가장 노자적인, 탁월 한 주석을 낸 강화학파의 대가 초원椒園 이충익李忠翊 1744~1816이 그의 고조부이다. 원교 이광사 집안의 수재들 중의 한 사람이다. 구한말 시대 지식인들의 정신적 지주 였다. 위당 정인보는 이건창의 재종제 난곡蘭谷 이건방李建芳의 제자이다), 창강滄 江. 김택영金澤榮 1850~1927(개성출신의 조선후기 문인으로 우리나라 한문학사의 종장을 장식하는 문장가. 시詩에서의 황현과 문文에서의 이건창과 병칭되는 고문사 의 대가이다. 1891년 42세로 진사가 되어 벼슬길에 올랐으나 을사늑약을 당해 국가 장래를 통탄하면서 중국으로 망명, 양계초·장병린章炳麟 등과 사귀었다. 한국의 문 학적·사상적 활동을 중국에 소개하는 데 힘썼으며 고려제국인의 긍지를 가지고 살 았다) 등과 가까이 사귀었는데, 이들과의 사귐을 통하여 드넓은 문장세계 와 시대의 흐름을 조망할 수 있는 안목을 키웠다.

이중 이건창과 김택영이 양명학계열의 학자라는 사실로 미루어볼 때, 매천의 정신세계에도 양명학적 개방성과 유연성이 깔려있는 것으로 볼 수 있다. 그러나 매천은 유학의 정통주의를 고집하는 깐깐한 성품의 학자였으며 그러한 태도는 그가 당대사의 최대난제였던 동학혁명운동을 바라보는 태도에서도 여실히 드러난다. 그는 동학을 조선왕조의 전통질서를 파괴하는 비적匪賊들의 반란反亂으로 규정하고, 동학교도를 가리키는 말로서 "동비東匪"니 "비도匪徒"니 "토비土匪"니 하는 말을 상용한다.

이것은 면암 최익현과 같은 항일의병의 거두 유자에게서도 동일한 인식체계로서 나타난다. 같은 유학자이지만 백암白巖 박은식朴殷植 1859~1925이 전봉준을 준걸俊傑한 인물로 평가하고 "개혁지선구改革之先驅"라 규정한 것과는 크게 대비된다. 매천은 동학이 발생한 세태의 시폐時弊에 대하여 매우 단호한 비판을 하고는 있지만 동비東匪의 난역亂逆에 대하여서는 가혹한 탄압을 주장한다. 조선왕조라는 유교국가의 질서를 근원적으로 맹신하고 그 논리에 의한 점진적·도덕적 개선을 논한다는 의미에서 조선유자들의 사유의 한계는 너무도 명확한 것이다.

고종 20년(1883), 그러니까 매천이 29세 때, 중국사신의 요청으로 "특설보거시特設保擧試"라는 특별한 과시가 열렸는데 매천이 추천되어 응했는데 초시에서 장원으로 뽑혔다. 시관試官 미산眉山 한장석韓章錫이 그 탁월한 문장을 보고 경탄을 금치 못했으나 그가 한미한 벽지의 출신이라는 이유로 차석으로 내려 깎았다.

조정의 부패를 절감한 그는 과시를 포기하고 낙향한다. 그리고 3년 후(1886년)에 가족과 함께 구례로 이주했다. 구례에는 스승 천사川社 왕석보王錫輔 1816~1868의 향기가 남아있고, 그의 세 아들 왕사각王師覺, 왕사천天王師, 왕사찬王師贊이 살고 있었기 때문이었다. 황현은 이 시절에 시와 학문의 꽃을 피웠다. 그러나 부공 황시묵黃時默은 "과거에 급제하고 못하는 것은 운이 있는 것이나, 내 생전에는 과거를 폐하지 말고, 내가 죽은 후에나 네 맘대로 해라"하고 응시를 권했다. 1888년 34세 때, 성균시成均試에 응하여 장원급제를 하였고 진사가 되었다. 그러나 그의 등사의 길은 여기까지였다. 1876년 강화조약江華條約 이래 쇄국의 문호를 개방하면서 외세의 침탈이 가중되어 가고, 임오군란(1882), 갑신정변(1884), 조불수호통상조약(1886) 등등을 거치면서 우왕좌왕 주체를 상실해가는 지배계층의 부패타락상에 환멸을 느끼고, 환로宦路를 스스로 단절시키는 결단을 내린다. 그리고 낙향하여 구안실에서 학문에만 전념한다.

곡학아세하지 않고 춘추필법을 지키기 위해서는 우선 시류時流에 편승하지 않고 권세를 멀리하는 길밖에는 없었다. 시류의 동반자로서는 도저히 정의로운 학문의 감각을 지킬 수가 없는 세태였다. 은둔하여 한유閑遊를 즐기는 것이 아니라, 후세를 위한 역사의 증언자가 되기로 결심한 것이다. 이것이야말로 그가 역사의 죄인이 되지 않는 유일한 길이라고 생각한 것이다. 그리하여 탄생한 작품이 『매천야록梅泉野錄』『오하기문梧下記聞』『동비기략東匪紀略』 등의 사필史筆이었다. "구안실"이란 "구차스럽게 편안하게 살고 있는 선비의 방"이라는 뜻이니 그 심정을 이해할 만하다.

매천과 고광순

그런데 지금 내가 갑자기 매천이야기를 장황하게 말하는 것은 별 뜻이 있는 게 아니라, 그 엄청난 당대의 역사를 20여 년 동안 구례시골에

쑤셔박혀 어떻게 현재진행형으로 쓸 수 있었는가에 관한 궁금증이 들기 때문이다. 요즈음 같은 신문도 없고 라디오도 없는 시절에, 어떻게 그 많은 다양한 정보를 습득하여 일정한 사관 하에, 조직해나갔는지 참으로 놀라운 일이다. 내가 말하려고 하는 것은, 구례가 비록 우리 현대사에서는, 피아골 공비의 이미지와 겹치는 불운한 벽지인 것처럼 느껴지지만, 실은 문화, 예술의 중심지였고, 당대사를 다룬 걸작 역사서가 탄생할 만큼의 정보가 오가는 물류의 교차로였다는 것이다. 무지한 미군美軍놈들이 함부로 총구를 들이댈 수 있는 그런 곳이 아니었던 것이다. 한 고을 한 고을마다 축적된 문명의 심도는 이루 헤아릴 길이 없다. 아메리카의 산천과는 비교도 되지 않는 문명·문화의 서기가, 풀 한 포기에도 자욱하다. 정유왜란 때 이순신 장군이 선조에게 심한 고문을 당하고도 칠천량해전의 참상을 연민하며 백의종군 하겠다고 쓸쓸한 심사를 달래며 거쳐 간 곳이 구례이며(구례에 지금도 백의종군로가 남아있다. 구례군민들의 지극한 간호와 위로로 이순신은 고문의 여독을 좀 풀 수 있었다), 해방 후 지방 건준조직이 최초로 결성된 곳도 구례다.

매천은 1902년, 백운산 아래 구안실에서 구례 월곡동 대월헌待月軒으로 이사를 했다. 그리고 기울어져 가는 망국의 역사를 집필하면서, 같이 스러져갈 수밖에 없었다. 그들에게 망국이란 망신이요, 존재의 망실일 수밖에 없었다.

1906년 4월 태인 무성서원에서 거유 최익현은, 을사늑약 이후 노골화되어가는 일제의 침략을 좌시할 수 없어 의병을 일으킨다. 면암의 거병을 필두로, 1907년 초 장성의 기우만奇宇萬, 남원의 양한규梁漢圭, 광양의 백락구白樂九, 창평의 고광순高光洵이 일제히 의병을 일으켰으나 모두 좌절되었고 오직 창평의 고광순만이 여세를 휘몰아 피아골로 집결하여 인후지지咽喉之地라 불리는 연곡사燕谷寺에서 진을 치고 있었다. 녹천鹿川 고광순은 임란 때 혁혁한 의병활동을 한 고경명高敬命 1533~1592의 둘째 아들 고인후高因厚의 12대 종손이다. 고광순은 의병을 일으키기 전에 당대 명문장가로서 이름이 높았던 황매천에게 격문을 부탁했다. 고광순 의병의 격문을 써야 할까? 말아야 할까? 항일의병의 격문인데? 명분이 정확한데 아니 쓸 수 있겠는가? 글쟁이의 버릇일까? 평소 즉각적 행동을 주저하는 신중함의 타성 때문이었을까?

매천은 고광순의 심부름을 온 사람에게 격문을 쥐어주지 못했다. 단순한 지식인의 나약함 때문이었을까? 고광순의 부하가 돌아간 후, 매천은 자신의 나약함을 책했다. 결연한 행동의 카이로스를 놓치고 만 매천은 흘려버린 그 순간을 후회했다. 매천의 독백은 다음과 같다.

> 심부름 온 그 사람은 야속하다며 풀이 죽어 돌아갔다. 곰곰이 생각한 후 그날 밤 나는 결국 격문 하나를 썼다. 그리고 공이 나를 다시 찾아오기를 기다렸으나 끝내 공이 오질 않았다. 녹천은 필시 나를, 왜적이 두려워 격문도 못쓰는 놈이니 족히 더불어 논의할 인물이 못된다고 유감스럽게 생각했을 것이다.
> 其人快快去。是夜草一檄, 第待公至而竟不至, 必謂我畏約, 以爲不足與爲議也。

사실 고광순高光洵 1848~1907은 황매천보다도 나이가 7살이나 위이다. 그리고 창평(장흥) 고씨 집안의 종손으로 그 성세가 만만치 않은 사람이며 학식 또한 높은 인물이다. 그런 인물이 환갑의 나이에 의병을 일으켜 목숨 걸고 싸우고 있는데 격문 하나 못 써주다니! 인간은 어떠한 특정한 삶의 정황을 체득해보지 못했을 때, 순간 결단을 놓치고 마는 수가 있다. 매천은 심부름꾼이 떠난 후 곧바로 격문을 썼다. 그러나 그 시간 고광순은 중과부적! 끝까지 남은 일인까지 항전을 거듭했으나, 결국 장렬하게 전사하고 만다.

1907년 9월 11일 새벽, 광주에 주둔한 일본군 키노 중대와 진해의 토코로 중대는 연합전선을 펴서 연곡사를 습격했다. 우선 무기 면에서 월등한 우세를 확보하고 있는 일본군을 당해낼 재간이 없었다. 왜병은 연곡사뿐 아니라 건너편 문수암, 그리고 실상사, 태안사 등의 유구한 고찰들을 다 불태웠다. 고광순의 전사 소식을 듣고 제일 먼저 달려간 사람은 다름 아닌 황매천이었다. 매천이 격문을 손에 들고 연곡사에 당도했을 때 아직도 연기가 피어오르고 있었고 시체가 여기저기 나뒹굴고 있었다. 매천은 자기가 목도한 이 처참한 광경을 이렇게 기록해놓았다.

> 같은 군에 사는 박태현과 함께 연곡사로 달려가 보았다. 깨진 기왓장과 조약돌이 쌓여있는데 불탄 재는 아직도 온기가 남아있었다. 공의 시신을 덮은 개미둑 만한 초분을 보자 나도 모르게 눈물이 터져나와 통곡을 하였다. 그날 밤으로 사람을 모아 흙을 돋우어 무덤을 만들었다.
>
> 與同郡朴泰鉉入燕谷寺, 瓦礫堆積, 灰尙未冷。 見公槀殯如坒, 不覺大慟。 夜募人加土作墳。

그 애처롭고 안타까운 심정을 어찌 다 일러 말하리오! 매천은 고광순의 무덤을 연곡사에 만든 후에 시를 지었다.『매천시집梅泉詩集』에 수록되어 있는데 마지막 4줄만 인용하면 다음과 같다.

　　　　我曹文字終安用
　　　　名祖家聲不可當
　　　　獨向西風彈熱淚
　　　　新墳突兀菊花傍
　　　　나 같이 글만 하는 선비 끝내 뭔 짝에 쓸 것인가
　　　　임란 때부터 의절지킨 명가문의 성세에 감히 따를 수 없다
　　　　홀로 서풍 마주보며 뜨거운 눈물 튕기노라
　　　　새로 만든 무덤은 높이 솟았으나 곁에 핀
　　　　들국화는 무엇을 말하려는고

　여기 나의 가슴을 후려치는 시 한 구절이 있다! 두고두고 되씹게 만드는 그 한 구절은 다음과 같다.

　　　　我曹文字終安用
　　　　나 같이 글만 하는 선비 끝내 뭔 짝에 쓸 것인가?

　나 역시 글 속에서만 파묻혀 살다보면 이런 회의가 끊임없이 엄습한다. 그래서 매천의 독백이 가슴에 절절히 스민다. 그러나 함부로 행동으로만 삶을 추동시켜 나갈 수도 없다. 학문에 대한 사명감이 너무도 강렬하게

나의 존재가치를 클레임할 때가 많다. 매천은 아마도 한말의 참혹한 역사를 후세에 남겨야겠다는 사가史家로서의 사명감 속에서 격문 하나 쓰는 것까지 주저했을지도 모른다.

고광순은 창평 고씨 명문세가의 종손이었고 대학자였다. 누구는 연곡사에서 죽고 누구는 구안실에서 구차하게 연명한단 말인가? 고광순의 죽음은 끝내 매천의 가슴에 지울 수 없는 한恨을 남겼을 것이다. 그리고 자기가 종이 위에 쓰고 있는 역사 그 자체가 절명하고 만다. 양심이 살아있는 사가라고 한다면 더불어 절명할 수밖에 없다. 더 이상 붓을 잡고 씨름할 수 없다. 1910년 9월 7일 국치를 당한 지 열흘 만에, 지식인의 책임을 통감하면서 매천은 독을 들이킨다. 당년 55세였다. 그가 남긴 절세의 절명시는 다음과 같다.

> 鳥獸哀鳴海岳嚬
> 槿花世界已沈淪
> 秋燈掩卷懷千古
> 難作人間識字人
> 今日眞成無可奈
> 輝輝風燭照蒼天
> 새와 짐승이 슬피울고 바다와 산도 낯을 찡그린다
> 무궁화 이 강산이 속절없이 망하였구나
> 가을 등잔 책상 앞의 책들을 가려
> 천고의 세월을 되돌이켜 보게 한다
> 아 참으로 이 세상에서 지식인 노릇하기 어렵구나

이제는 더 이상 어찌할 도리 없네

가물거리는 바람 속 촛불 내 혼령이 날아갈

저 푸른 하늘을 비추는구나

이 절명시 중에서 "난작인간식자인難作人間識字人"이라는 말과 고광순 추도시 중의 "아조문자종안용我曹文字終安用"은 우리에게 동일한 메시지를 전하고 있다. 지식인의 책임과 비애와 통한을 고백하고 있다. 그리고 매천의 자정치명自靖致命(나라가 없어지면 목숨 끊는 것이 당연하다. 유인석의 처변삼사 중의 하나)은 고광순의 죽음과 동시적(empathetic synchronicity)인 사건이었음을 말해준다. 구안苟安에서 열반으로!

매천과 호양학교

매천은 죽기 전에 자기 고장에 좋은 일을 하나 하였다. 매천은 『야록』을 쓰고 시詩로서 문명文名을 휘날렸다고는 하나, 전통적 한학이 열국의 침탈 속에 풍전등화와 같은 조선의 세태를 타개해나가는 데는 역부족임을 통감했던 것 같다. 그래서 반드시 태서泰西(서방열국을 가리키는 말)의 신학문을 후학들이 익혀야겠다고 생각했던 것 같다: "이런 혼란스러운 시기에 스스로의 힘으로 외세를 물리치기를 도모하려 한다면 구학舊學만을 고집스럽게 지킬 필요가 없다. 서둘러 신학문의 교육에 힘써야 한다.方今之時, 若圖自强外攘, 不必膠守舊學, 當急勉新學問之敎育。" 이러한 매천의 뜻을 받드는 제자들 중 왕수환王粹煥, 권봉수權鳳洙, 왕재소王在沼, 박해룡朴海龍 등이 즉시 분발하여 힘을 합쳐 구례군 광의면 방광 들판 남쪽 지천리芝川里에 "호양학교壺陽學校"라는 우리나라 최초의 남도지방 사학을 세웠다. 진정한 의미에서 우리나라 최초의 근대 "민립학교民立學

校"라 말할 수 있는 교육기관이었다. 매천이 죽기 2년 전의 사건이요, 고광순이 순국한 다음해의 일이다. 이 학교는 한국인의 주체적인 민족정신을 가르치며 한학을 가르치지 않고 신학문을 가르쳤는데, 신학문에 능한 일본인까지 교사로 채용하였다고 한다.

호양학교는 옛말에 지리산을 네모난 호리병처럼 웅장하게 생겼다 하여 "방호산方壺山"이라 불렀는데, 그 남쪽에 자리잡고 있어 "호양壺陽"이라고 한 것이다. 이 학교는 매천의 순국 이래 구심점을 잃고 6년을 더 버티다가, 일제의 혹독한 탄압으로 연파리煙波里에 새로 설립한 공립학교, 광의국민학교光義國民學校로 병합되었다. 그런데 구례의 지사들은 을유년(1945)에 해방이 되자마자 바로 그 해에 방광면에 호양학교의 후신을 세워 조선의 독립을 새롭게 선포하고자 하였다. 황위현黃渭顯과 박준동朴俊東 두 사람이 분연히 일어나 제창하고, 김종선金鍾善이 거금을 내어 방광 들판 중앙에 1만여 평의 부지를 확보하고 우람찬 건물을 지어 그 상량문을 올린 것이 1946년 9월이다. 뿐만 아니라 구례사람들은 "구례군민일동求禮郡民一同"이라는 이름으로 피아골 연곡사 뒤뜰에 우람찬 의병장 고광순의 순절비義兵將高公光洵殉節碑를 세웠다. 그 절의를 숭상하고 민족의 정기를 바로 세우고 전통적 의리를 표방하는 구례사람들의 충정은 오늘의 세태에 비추어 볼 때 가히 상상하기 어렵고, 바로 이들이 미군정 하에서 이승만정권의 안착을 위하여 도륙의 대상이 되었다는 것을 생각하면 도무지 끔찍하기 그지없다.

그런데 내가 왜 이렇게 구례이야기를 소상하게 운위하고 있을까? 사실은 이야기가 우연히 샤오똥에게서 시작했기 때문에 샤오똥 이야기를 끝내려다가 여기까지 연만衍蔓케 된 것이다. 샤오똥은 바로 호양학교의 후신인 방광국민학교放光國民學校를 다녔다. 방광국민학교는 천은사 밑 방광면에 있기 때문에 방광학교라는 이름이 붙었지만, 이 지역이 화엄종의 본산이라는 것을 생각하면 쉽게 이해가 간다. 화엄종의 부처는 비로자나毘盧遮那 부처인데, 그 원어인 바이로카나 *Vairocana*는 "태양太陽"을 의미하므로 방광放光한다(빛을 발한다)는 뜻이다. 비로자나를 "광명편조光明遍照"라고 번역하기도 하고 "대일여래大日如來"라고도 번역하는 것은 이러한 원의에 즉한 것이다. 그러니 "방광국민학교"라는 이름은 참으로 강렬하고도 좋은 이름이요, 웅대한 민족정기가 살아있는 이름이라고 할 것이다. 샤오똥의 인생을 살펴보면 나처럼 유족한 환경에서 신학문을 한 사람은 아니지만, 방광국민학교를 나왔다는 것 하나만으로도 나의 하바드대학 박사학벌을 뛰어넘고도 남음이 있다. 전통의 힘은 그토록 무서운 것이다.

샤오똥은 나의 한학친구이기 때문에 우리는 한문으로만 교신을 한다. 그런데 내가 샤오똥을 좋아하는 이유는 사실 단순한 데 있다. 우리나라에서 한문을 잘한다고 하면, 열에 팔구는 사상성향이 극히 고루하거나 "꼴보수"라는 딱지를 떼기 어렵거나, 최소한 나와 같이 이념적으로 자유로운 자를 감당하기 어려워한다. 샤오똥은 내가 알고 있는 한, 조선의 한학자 중에서 사상이 매우 진보적인 희귀한 종족에 속한다. 왜 한문을 공부하면 사람이 고루해질까? 한학의 내용이 얼마나 래디칼한 사유의 갈래들을 함축하고 있는데? 칼 맑스의 사유를 과연 노자의 아나키스틱한 사회철학에 비견할 수 있을까? 서양의 현대사상이 아무리 래디칼해도 춘추전국시대의 자유로운 사상의 래디칼리즘에는 미치지 못한다. 한문을 공부하는 사람들이 정말 한문에 담겨있는 참뜻은 알지를 못하는 것이다.

아직도 실오라기만도 못한 노론류의 주자학 창틀에 갇혀 지내는 것이다. 그러나 샤오똥은 다르다. 분명 "촌놈"이기는 한데, 사유의 질감이 다르다. 무엇이 그를 그렇게 훌륭하게 만들었을까?

샤오똥과 나는 제주4·3과 여순사건이 일어난 바로 그 해에 태어났다. 소위 말하는 "반란"의 역사와 나의 존재의 역사가 일치하고 있는 셈이다. 아니! 그것을 "반란"으로 규정해온 역사와 그 반란규정에 대한 반란의 역사가 나의 존재 속의 양면을 형성하고 있는 것이다. 반란의 역사, 그리고 반란에 대한 반란의 역사가 나의 생애 70년을 구성하고 있는 것이다.

명동백작

나는 본시 고전학자이다. 지금도 장횡거張橫渠 1020~1077의 『정몽正蒙』이나, 화이트헤드의 『프로세스 앤 리얼리티 *Process and Reality*』를 읽고 있을 때가 제일 행복하다. 이러한 내가 갑자기 한국현대사의 기수로서 변모된 정황에는 우연찮은 기묘한 사연들이 얽혀있다. 2004년 겨울, EBS에서는 『명동백작』이라는 아련한 추억을 상기시키는 낭만적인 드라마를 방영하고 있었다. 그 작중에 나오는 인물들, 박인환, 김수영, 전혜린, 수주樹州 변영로卞榮魯 등등의 수많은 천재들의 좌절과 고뇌와 해학은, 내가 정신적으로 성장한 시기와 얽혀있어, 나의 핏줄에 와닿는 감흥을 일으켰다. 그리고 그 작품에 나오는 배우들이 너무도 헌신적으로 연기를 잘했기 때문에, 나는 그들을 격려해주고 싶었다. 그때 나는 영화판에서 뒹굴고 있었기 때문에 연기자들의 고역을 잘 알고 있었다. 그리고 작중의 역사적 인물들의 상당수가 내가 본 적이 있거나, 집안으로 얽히거나, 친구들과 혈연관계가 있거나 했으니, 내가 느끼는 리얼리티 감각은 짜릿했다.

『명동백작』EBS드라마의 방영이 종료된 날 밤 새벽 나는 그냥 흥에
겨워 시詩를 하나 썼다. 작중 인물들의 대부분이 시인이었기에 시흥이
솟아났을 수도 있다.

〈명동백작〉

오랜만에 보았다

명동의 백작들을

지나간 삶의 추억을 더듬으며

애써 진실하게

여린 낭만의 화염을

되살리고 싶었다

그리고 시를 쓰고 싶었다

김수영처럼

무엔지도 모르는 말장난이 아닌

물흐르듯 토해내는

피를 잉크 삼아

끄적거리고 싶어졌다

평범을 거부하며

자유를 구가하고

순간의 해탈을 위해

삶의 시각들을 모조리

불태워버려야 했던

그 군상들의 군더더기조차

이젠 소중한 생명의 저음

시란 무엇일고

새로워지려는 몸부림

타협할 수 없는 역사의 질점에

압사당하지 않기 위해

모든 이념을 거부하고

저 창밖으로 뛰쳐나가려는

몸부림

끊임없이 끊임없이

주어지는 현실을 거부하는 족적

사치스럽게

붓을 놀린다

사치조차 사치가 될 수 없는

여유로움에 우리는

관대해야 한다

이 짧은 자유라도 만끽할 수 있다는

이 역사의 굼벵이 걸음마에

우리는 경의를 표해야 한다

조선의 아침과 선명함이

우리영혼의 안식이 될 때까지

— 2004년 11월 29일 새벽 『명동백작』 마지막 회를 보고나서 도올 쓰다 —

나는 이 시를 EBS사장실로 보냈다.

> —『명동백작』마지막 회를 보고나서 느낀 감회를 시 한 수로 읊어
> 보냅니다. EBS와 작가와 연기 스탭들에게 경의를 표합니다.
>
> 도올 김용옥 —

당시 EBS사장은 왕년에 MBC드라마 전성기를 창출한 그 유명한 피디 고석만高錫晩이었다. 최근에 그가 한겨레신문에 절찬리에 연재한 "길을 찾아서"라는 현대사실록을 많은 사람들이 재미있게 읽었을 것이다. 전주 사람으로 예술의 최고명문이라 할 서라벌예대를 거쳐 중앙대학교 연극 영화학 석사를 마친 사람인데 무엇보다도 역사의식이 투철한 인물이다.

고석만과 독립운동

며칠 후 나에게 고 사장으로부터 전화가 왔다.

"보내주신 격려의 시에 눈물이 나더군요. 한번 찾아뵈어도 괜찮겠습니까?"

"아~ 좋죠! 제 연구실에 놀러오시면 식사대접하겠습니다."

고 사장은 그날 곧바로 나의 연구실로 찾아오겠다고 했다. 참 기동력과 결단력이 있는 행동이었다. 무엇을 사가면 좋겠냐고 묻길래 나는 올리브기름 한 병 엑스트라 버진으로 사오라고 했다. 나는 그 기름으로 손수 최고급의 짜장면과 중국요리를 만들어 그를 대접했다. 상당히 인상적이었을 것이다.

"요즈음 어떻게 소일하십니까?"

머뭇거리다 나는 말했다.

"… 사실 영화 하나 만들어보려고 이 생각 저 생각 하고 있습니다 …"

나는 전두환의 폭정 아래서 양심선언을 발표하고(1986년 4월 8일) 당대로서는 세인에게 선망의 대상이었던 고려대학교 "정교수직"을 버리고 대학강단이라는 울타리를 떠났다. 그 이유인즉, 양심 있는 학자로서 어떻게 대학교정에서 학생들이 정당한 사유 없이 구타당하고 연행되는 꼴을 좌시할 수 있겠으며, 학자의 임무는 교육인데, 보통사람의 보통스러운 교육조차 허락하지 않는 이 분위기를 어찌 감내할 수 있겠느냐는 항변이었다. 교육자가 바른 교육을 할 수 없으니 그 강단은 떠나는 것이 양심에 떳떳한 길이라는 명분을 밝힌 것이다.

나는 이미 30대에 고려대학교의 정교수가 되었고, 그러한 자리를 스스로 저버린다는 것은 폭력적 군사정권에 대한 또 하나의 항변으로서는 당시 매우 충격적인 성격의 것이었다. 그때 동아일보 논설주필이었던 김중배는 나의 양심선언을 조선선비의 기백이 되살아난 의거라고 극찬을 아끼지 않았다. 그 뒤로 나는 일정한 직책이 없이 자유롭게 떠도는 낭인이 되었는데 나를 귀한 자원으로 받아준 곳은 한국의 예술계였다. 나는 박범훈과 함께 중앙국악관현악단이라는 국악운동을 시작했고, 손진책과 더불어 극단 미추를 창단하여 새로운 개념의 마당극운동을 벌였으며, 국수호와 더불어 디딤무용단을 만들어 참신한 춤극을 창안했다. 그리고 임권택, 이장호, 김호선, 하명중 감독 등과 새로운 "영상시대"운동을 펼쳐나갔다. 나는 유현목, 김수용 감독님과 같은 원로들을 모시고 몇 차례 영화인심포지엄을 열기도 했고, 많은 시나리오작업에 참여하기도 했다.

임권택 감독님과 88년 서울올림픽의 공식다큐영화 『손에 손잡고』(IOC에서 역대 올림픽영화 중에서 가장 철학적인 작품으로 인정. 최근 제3회 충무로 뮤지컬영화제 개막작으로 새롭게 선보임)를 만든 것을 필두로, 『장군의 아들』을 크게 흥행시켰고, 『개벽』, 『취화선』 등의 여러 화제작을 세상에 선보였다. 연극으로서도 『시간의 그림자』『백두산신곡』『천명』『그 불』등의 대본을 썼다. 따라서 내가 손수 메가폰을 잡아보겠다고 생각한 것은 그리 생뚱맞은 이야기는 아니었다.

"상업적인 흥행영화를 만들 생각 마시고, 의미 있는 다큐를 하나 만들어보실 생각은 없으십니까?"

짜장면을 맛있게 먹고 난 고석만 사장이 갑자기 나에게 내뱉은 말이었다. 그의 서제스천은 다음과 같은 내용이었다. 내년 8월 15일이 광복60주년이라서 그 광복 환갑의 날을 전후하여 새로운 국가정체성을 확립하는 기념비적인 독립운동사를 방영하는 것을 EBS 최대 프로젝트로서 기획하였다는 것이다. 환갑이라는 역사의 나이테를 성숙한 눈으로 회고해보는 거대한 시각이 필요하다는 것이다. 자그마치 1시간짜리 10부작, 총 제작비 5억을 책정하여 EBS사내에 고시했는데도, 워낙 급작스러운 결정이라 남은 시간이 8개월도 제대로 남지 않았고, 그 방대한 주제를 소화해서 근 1세기에 걸친 역사현장을 다 돌아다니면서 영상을 만들어내고 10개의 작품으로 구체화한다는 것에 대해 아직 아무도 엄두를 내지 못하고 있다는 것이다. 아무리 좋은 조건을 제시해도 대본도 없고, 기존의 영상도 없는 상태에서 8개월 동안에 다른 테마의 영화 10개를 만들어낸다는 것은 기적에 가까운 일이다. 이것은 연속극이 아니니까, 매 편마다 각기 유니크한 역사테마를 다루어야 한다. 그런데 더더욱 황당한 것은 영화를 한 번도 만들어보지 못한 사람, 한 번도 직접 영상을 편집해보지 못한 사람, 그리고 그 방면에 축적된 지식이 없는 사람에게 그 거대 프로젝트를 맡긴다는 것은 상상조차 할 수 없는 일이다.

나는 조선의 독립운동사에 관하여 동년배의 서중석徐仲錫 1948~ 교수(서울대학교 국사학과 출신의 사학자. 성균관대학교 교수 역임. 한국현대사 분야에서 최초로 박사학위를 받았으며 가장 포괄적인 역사인식을 지닌 대학자이다)와 같이 평생 현대사의 지식을 축적해온 사람이 아니다. 아니 전혀 알지 못한다고 말해도 좋으리만큼 나는 백지의 사나이였다. 전문가들도 엄두를 못내고 있는 이 마당에, 백지의 문외한에게 이 거대한 국가사업을 맡기려는 고석만의 깡다구도 정말 대단한 것이었다. 나는 속으로 "정말 내가 하겠다고 한다면 이 사람 어떻게 할래나?" 하고 걱정까지 해야 할 처지였다. 그러나 나에게도 고석만 못지않은 깡다구가 있었다. 나의 깡다구는 1,000% 무지에서 나오는 깡다구였는데 그것은 순결한 향학심의 발로였다. 하여튼 죽기 아니면 까무러치기로 전혀 새로운 것을 배울 수 있겠다는 배움에 대한 매력이 나의 구미를 당겼다. 까짓것 공부하면서 해결하지! 어떤 사람은 뛰기 전에 생각하고, 어떤 사람은 먼저 뛰고 난 후에 생각한다고 했는데, 나는 뛰면서 생각해야만 한다. 우선 뛰자! 시간이 너무도 부족한 절박한 상황이었다. 나는 고석만을 빤히 쳐다보다가 드디어 무거운 입술을 떼었다.

"제가 하겠습니다."

고석만은 그 자리에서 좋다고 했다. 착수금 2억을 먼저 줄 터이니 빨리
팀웍을 꾸리라는 것이다. 파격적인 성격상 그것은 외주가 될 수밖에 없고,
나에게 100% 자유를 허락할 터이니 제작팀을 구성하여 완성본 10개의
테이프를 2005년 8월 1일까지만 넘기면 된다는 것이다. 당시 5억이라는
예산은 방송가에서 흔치 않은 이례적 대우였다. 결과적으로 말하자면 나
는 EBS에게 약속을 정확히 이행했고, EBS도 나에게 응분의 모든 성의를
다했다. 정말 아름다운 시절의 이야기였다.

카메라만 들고 격동의 독립운동 현장으로
나는 다음날로 프로덕션을 만났고 작가들과 대화를 나누었으나, 그 주
제를 다루어 본 적이 없는 방송작가들과 작품에 관해 이야기하는 것은 시
간낭비일 뿐이라는 것을 깨달았다. 나는 일체의 회의를 중단하고 순식간
에 방대한 자료를 모으기 시작했고 무섭게 집중하는 독서삼매에 빠져들
어갔다. 그리고 한 달 만에 혼자의 독서만으로 열 개의 주제와 콘티의 대
강을 짰다. 10부작 다큐멘타리의 제목은 다음과 같다.

제1부 **피아골의 들국화**(한말의병 이야기)

제2부 **용담의 새벽**(동학운동의 시말)

제3부 **두만강을 넘어서**(20세기 초 이민사와 안중근의거)

제4부 **청산이여 말하라**(청산리전투와 홍범도)

제5부 **아무르의 열세 발자국**(공산주의운동가 김 알렉산드라 스탄케비치)

제6부 **서간도 바람 부는 임청각**(신흥무관학교와 안동 지역의 노블리스 오블리제)

제7부 **십자령에 뿌린 의혈**(중국의 공산주의운동과 조선의용군, 윤세주와 진광화)
제8부 **밀양아리랑**(김원봉, 나철, 신채호)
제9부 **올기강은 흐른다**(김일성 약전略傳)
제10부 **황포의 눈물**(여운형, 신규식, 윤봉길, 김구, 이회영)

그리고 곧바로 나와 손발이 맞는 카메라맨을 데리고 2월 초에 블라디보스톡으로 날았다. 내 인생 최초로 밟아본 소비에트의 세계, 나는 그로부터 4개월 동안 러시아, 중국, 대만, 한국, 일본 독립운동과 관련되는 모든 곳을 직접 내 발로 밟아보았다. 나는 대만에서 진수편 총통의 환대를 받았기 때문에 엄청 많은 자료를 접할 수 있었다. 보통 피디들의 행보와는 달리 나는 많은 체제 내 인맥의 협조를 얻을 수 있었다. 이 무지막지한 강행군의 여정을 통하여 나는 현장에서 20세기 우리민족 독립지사들이 뿌린 피눈물을 그 느낌대로 접할 수 있었다. 내가 각본을 쓰고, 내가 출연하고, 내가 감독하고, 내가 기획하고, 내가 현장에서 멘트하고, 또 결국 내가 내레이션을 할 수밖에 없었다. 나의 현장멘트감각과 나의 내레이션 언어감각이 상통하는 성우를 찾을 길이 없었기 때문이다. 음악은 원일 군에게 부탁했고, 노래도 나의 한예종 대학원 제자 김진희가 불렀다. 그리고 만신 김금화 등 나의 인맥이 닿는 많은 장인, 예술인들이 참여했다.

나는 4개월 동안 수천 통의 필름을 찍었고, 그것을 불과 2개월 동안에 연구실에다가 편집기 한 세트 렌트해서 놓고 김병완, 노윤구와 함께 밤낮으로 편집했다. 모든 것이 파격일 수밖에 없었다. 편집방식이나 녹음방식도 기존의 상식적 격을 뛰어넘는 것이다. 나는 약속대로 2005년 8월 1일 10부작을 EBS에 넘겼다. 대제목도 EBS측에 부담을 주는 것을 피해

"도올이 본 한국독립운동사"라고 했다. "도올이 본"이라는 말은 "도올의 입장에서 해석한"이라는 뜻이 되므로, 본 작품의 내용에 관한 시비는 모두 도올 나 본인이 책임지겠다는 뜻이다. 이 10부작 다큐멘타리는 8월 7일부터 16일까지 매일 EBS를 통해 전국에 방영되었다.

재미있는 사실은 이 다큐작품을 당시 생방으로 김정일 위원장이 보았다는 것이다. 방송이 끝난 다음날, 그러니까 2005년 8월 17일 서울에서 열린 "8·15민족대축전"에 김기남金己男 로동당 대남비서(최고인민회의 상임위원장 김영남의 동생이다)가 청와대를 방문하여 노무현 대통령과 환담을 했는데, 그때 EBS의 『도올이 본 한국독립운동사』가 화제가 되었다고 했다. 특히 나의 작품 중 제9부가 김일성의 생애를 포괄적으로 다루고 있는데 한국에서는 최초로 담박하게 있는 그대로 사실에 즉하여 일반에게 공개된 것이다. EBS측에서 제9부에 관해서는 논란이 있었던 것 같은데, 당시 사장 권영만이 가감 없이 내보냈다.

나는 권영만 사장에게 지금도 감사의 정을 지니고 있다. 김정일은 자기 아버지의 생애를 소개한 나의 작품을 보고, "도올 선생, 참 별나다"라고 말했다 한다. 김정일 위원장의 말습관에 의하면 "별나다"라는 표현은 좋은 뜻이라고 한다. 하여튼 중요한 것은 이러한 타인의 평론이 아니고, 내 자신이 이 작품을 만드는 과정을 통하여 한국현대사의 사가史家로서 변신케 되었다는 사실이다. 아니, 변신이 아니라 나의 철학적 영역으로 한국현대사가 진입하였다는 것을 의미한다. 이탈리아의 역사철학자 베네데토 크로체Benedetto Croce 1866~1952(이탈리아 근대정신의 지주라고 불리는 역사주의 철학자, 미학자, 그람시도 그의 제자이다)가 "모든 역사는 현대사이다. All history is contemporary history."라는 유명한 말을 남겼는데 그가 그 말을 어떤 맥락에서 했든지간에 나는 현대사의 확고한 시점이 없는 사상가는 역사를 바라볼 자격이 없다고 생각한다.

광주MBC에서 재방송한 나의 EBS독립운동사

일례를 들자면 조선왕조는 분명 확고하게 1910년까지 지속되었고 모든 사람이 왕조적 멘탈리티 속에서 살았는데, 불과 9년 만에 어떻게 모든 사람들이 "민주공화국"을 당연한 것으로 수용하게 되었는지 참으로 신비롭기 그지없다. 황매천도 유교국가왕조의 근간을 뒤흔드는 동비를 철저히 발본색원할 것을 주장했고, 그 잘났다는 영조가 영민한 아들 사도세자를 뒤주간에 가두어 죽여도 당연한 것으로 받아들이는 사람들이 어떻게 신체의 자유, 거주·직업의 자유, 신앙과 양심의 자유, 언론·출판·집회·결사의 자유를 법적으로 보장하는 자유민주주의국가를 당연한 것으로 받아들이게 되었는지, 이런 문제는 보다 깊은 고민이 필요한 것이다. 현대사의 많은 난제들을 풀어낼 수 있는 시각을 갖지 못한 자는 사상을 구성할 자격이 없는 것이다. 나는 『EBS 독립운동사 10부작』을 만들면서 비로소 철학자로서는 자격을 지닐 수 있게 되었다는 생각을 하게 되었다. 칸트나 헤겔을 정확히 이해하는 것보다는 내가 살고 있는 현대사의 뿌리와 그 구조를 바르게, 폭넓게 파악하는 것이야말로 내가 어떠한 세계를 나의 의식의 장으로 엮어갈 것인가에 대한 결구구조가 생겨나는 것이다.

내 주변의 사람들은 고석만을 "고대장"이라고 불렀는데, "고대장"은 "불원복不遠復"(머지않아 우리는 주권을 회복하리라)이라는 깃발을 휘날리며 피아골에서 죽어간 고광순 대장을 일컫은 말이다. 나는 고대장 덕분에 진정한 철학자가 되었고 역사가가 되었다. 인생의 진로는 자율반 타율반이다.

나의『독립운동사』10부작은 방송계의 많은 사람들에게 깊은 충격을 주었다. 내가 출연하고 내가 내레이션을 한 파격은 우리나라 방송계에 최초의 파격이었고, 내 작품 이후로 피디들이 직접 내레이션하는 작품들이 많이 생겨났다. 카메라 앵글이나 편집의 스타일이나 자막을 넣는 방식이 모두 기존의 틀을 벗어난 것이었기 때문에, 그리고 화려한 장식보다는 명확한 의미전달을 위한 소박한 화면구성이 매우 이례적인 것이었기 때문에 방송인들에게 많은 영감을 주었다. 나의『독립운동사』10부작의 가치를 깊게 공감한 사람 중의 하나가 지금 방송문화진흥회 이사장 김상균金相均이다.

김상균은 본시 의식의 폭이 넓고 사유의 깊이가 있고 바른말을 잘해, 뛰어난 인물이 항상 그러하듯이, 좀 밀려나 있게 되는 성향이 있었는데 당시 그는 광주MBC 사장을 하고 있었다. 그는 나의『독립운동사』를 꼭 광주MBC에서 한번 다시 방영하고 싶어했다. EBS에서 한번 방영하고 사장시키기에는 너무도 파격적인 아까운 작품이라고 통감하고 있었다. 그래서 그는 EBS로부터 광주MBC에서 재방할 수 있는 권한을 허락받았다. 그런데 그것이 그냥 재방하기에는 쪽팔리니까, 나 보고 중간에 몇 번 내려와 보완적 강의를 생방으로 해달라는 것이었다.『독립운동사』10부작이 방영되는 중이었기 때문에 사람들은 열의를 가지고 나의 강연에 몰려들었다. 그리고 EBS의『독립운동사』는 광주 지역 사람들의 정서에 너무 잘 맞았다. 당시 MBC는 국민에게 외면당하는 방송이 아니었다. 김재철이 망가뜨리기 이전의 MBC였다.

그때 나의 강의를 연출한 사람은 김휘 피디였는데 강의분위기를 매우 잘 만들어주었다. 이때 한 강의 중의 하나가 대한민국 유튜브역사상 가장 많은 사람들이 진지하게 시청한 지적인 프로인 『동아시아 30년전쟁』이다. 이 프로의 조회수는 실제로 가늠하기 어려울 정도로 많다고 한다. 6·25라는 동족상잔의 비극을 단순히 남북간의 협애한 권력투쟁의 문제로 볼 것이 아니라 보편사적인 관점에서 유기적으로 이해하여야 한다는 것을 말한 것이다. 일본제국주의의 패망으로 생긴 공백에서 일어난 새로운 냉전질서의 패권투쟁을 산발적으로 이해할 것이 아니라, 중국의 국공내전에서 한국의 6·25전쟁, 그리고 인도차이나전쟁－월남전쟁에 이르는 1945년부터 1975년까지, 그러니까 일본제국의 패망에서 미제국의 패퇴 시점까지의 동아시아역사를 "동아시아 30년전쟁"이라는 하나의 개념으로 묶어서 이해하여야 한다는 것이다. 6·25전쟁은 동아시아 30년전쟁의 한 국면이었다.

하여튼 고석만은 나를 고전학자에서 현대사가로 변모시켰고, 김상균－김휘는 나의 현대사적 관점을 대중에게 일반화시키는 데 결정적인 공헌을 하였다. 나는 나의 현대사적 관점을 중국현대사로 확대시켜 JTBC에서 『차이나는 도올』이라는 매우 인기 높았던 프로를 만들었다. 현대중국을 한국인 일반에게 알기 쉽게 구조적으로 소개하는 데 매우 큰 역할을 했다.

제2장

대황제국 고려의 발견
─ 청주와 『직지심경』 ─

나의 성서연구를 중단시킨 MBC충북의 기획

올해(2018) 들어 이상하게도 하반기에 지방의 방송국으로부터 매우 진지한 부탁을 집중적으로 받게 되었다. 아마도 세월이 바뀌니까 내가 인기가 좀 생긴 모양이다. 이명박·박근혜 시절에는 일선 피디들이 그토록 나를 출연시키고 싶어 해도, 국장급까지는 통하는데 그 이상으로 올라가면 내 이름만 들어도 닭살이 돋는 모양이다. 그런데 요즈음은 내 이름만 들으면 좋은 프로그램 만들 수 있겠다고 마음이 편해지는 모양이다. 인생이란 바둥거려봐야 소용이 없다. 때(카이로스)가 되면 일을 할 수 있게 되고, 때가 차지 않으면 될 일도 되지 않는다. 동방인들이 "순자연順自然"(스스로 그러한 대로 따라간다)을 말한 것은 그냥 시세에 순응한다는 뜻이 아니고 카이로스 즉 타이밍을 잘 타서 행동한다는 뜻일 것이다. 뜻을 얻지 못하면(부득지不得志) 세상과 아랑곳없이 홀로 자기 길을 가는 것이다

(독행기도獨行其道). 그런데 사실 나는 텔레비전방송국에서 나오라고 해서 나가는 사람이 아니다. 나는 근원적으로 그런 자리에 나가고 싶은 내면적 욕구가 별로 없다. 나간다면 그저 많은 사람에게 내 생각을 펼칠 수 있는 기회가 생긴다는 사회적 의무감 때문에 나가는 것인데, 실로 그러한 기대도 대부분의 경우 허망하게 끝난다. 요즈음 텔레비전은 개그우먼이나 먹방 쿡들이나 운동선수를 위한 것이지, 나 같은 사람들을 위한 것이 아니다.

제일 먼저 나를 컨택한 사람들은 MBC충북의 조기완趙基完 편성제작국장과 문희창 직지코리아 사무처장이었다. 사실 나는 올해 연초부터 『마가복음강해』를 집필하고 있었다. 나는 『로마서강해』를 쓰면서 나의 평생 바울이라는 괴이한, 신비로운, 그렇지만 역사적 실체성이 확실한 사상가와의 사상투쟁을 완결하고자 했다. 바울이라는 인물의 실상, 그가 실제로 어떠한 방식으로 인류문명(서구문명)의 미래를 형성시켰는가, 그의 진의, 그의 신념의 구조, 그의 믿음의 허실, 그의 논리적 결구의 핵심과 진실, 그 모든 것을 밝히고자 했다. 그러나 바울은 해가 아니다. 어디까지나 예수라는 해를 받아 반사하는 달이다.

바울 스스로 방광력放光力이 있을지는 모르겠으나, 궁극적으로 바울은 예수가 있고나서 바울이다. 피터 갠디Peter Gandy (The Jesus Mysteries의 저자)와 같은 사상가는 아예 예수야말로 바울 후에 생겨난 픽션이고 기독교는 바울이라는 천재적 인물이 구상한 일종의 비의종교운동Religious Movement of Mystery Cult으로부터 출발한 것이라는 대담한 가설을 세웠다. 사실 역사적으로 바울의 서한문들이 예수의 전기자료인 4복음서보다 앞선 것이라는 팩트를 전제로 하면 갠디의 주장도 퍽으나 일리가 있다 (바울의 서한문은 AD 50년대의 작품들이고, 4복음서는 AD 70년대~90년대에 이르는 작가구성작품이다). 그러나 과연 바울만이 실존인물이고 예수는 바울의 비의적 구성에 따라 파생된 픽션일까? 복음서가 유앙겔리온 작가들의 구성물이라 해도, 그 유앙겔리온 속에 살아 움직이고 있는 예수라는 갈릴리 청년이 픽션이라고 말하는 것은 아무래도 지나치다. 박종화가『세종대왕』이라는 소설을 썼다 해서 세종대왕이 픽션이라고 말하는 것과 대충 비슷한 이야기가 될 수도 있다. 4복음서는 분명히 말하지만 예수에 관한 "전기소설biographic novel"이다. 그러나 전기소설 속에 비추고 있는 예수는 분명 역사적 실체가 있는 인물이다. 예수의 전기소설 속에는 분명 갈릴리의 청년 예수가 살아있다. 그는 예루살렘의 유대인이 아닌 갈릴리 풍진 속의 갈릴리사람이다. 나는 그 갈릴리사람 예수를 찾고 싶었다. 그 갈릴리사람 예수와의 만남이 없이 아무리 바울을 분석한들 그것은 서구문명의 심층 아닌 표층을 건드리는 것밖에 되지 않는다. 예수 없는 바울은 공허하고, 바울 없는 예수는 열매 맺지 못하는 나무와도 같다.

역사적 예수와 마가

역사적 예수Historical Jesus를 접근하는 유일한 길은 복음서를 캐들어가는 것이다. 그런데 복음서는 기본적으로 픽션이다. 역사성을 결하고 있다. 요한복음은 너무도 노골적인 픽션이래서 우선 제껴두는 것이 좋다. 그것은 가장 후대에, AD 100년경에나 성립한 문헌이며 그 나름대로 독특한 철학을 가지고 있다. 요한복음이 후대에 성립한 픽션이라 해서 그것이 가치 없다는 말은 아니다. 요한복음의 기술이 때로는 역사적 예수의 진실을 더 잘 말해주는 측면도 있다. 지금부터 2천 년 전의 문헌에서 일이십 년의 차이라는 것은 별 의미가 없다. 단지 앞의 세 복음, 마태, 마가, 누가와 공통의 자료를 가지고 있지 않다는 것뿐이다. 요한복음은 특출난 복음이다. 이에 비하여 전3복음서는 공통의 관점과 자료를 가지고 있기 때문에 공관복음서共觀福音書Synoptic Gospels라 불린다. 그런데 마태, 마가, 누가 중 제일 먼저 성립한 복음이 마가복음이다. 왜냐하면 마가의 자료가 마태·누가 속에 공통 밑자료로 들어가 있기 때문이다. 마가복음이 661개의 문장으로 이루어져 있는데, 그 중 600개의 문장이 마태복음에 들어가 있고, 350개 정도의 문장이 누가복음에 들어가 있는 것이다. 그러니까 마태와 누가는 마가라는 자료를 놓고 각각 자기의 목적에 따라 예수전기를 증보한 것이다. 마태와 누가는 마가의 증보판인 셈이다. 여태까지 우리 신학계는 이 사실을 알고 있으면서도 마태, 마가, 누가를 공관의(공통된 관점의) 세 복음서로 무차별하게 취급해왔다.

자아~ 한번 생각해보자!『춘향뎐』을 최초로 발상하여 그 초판본을 쓴 숙종조 사람의 가치와, 그 후로『춘향뎐』의 증보판을 낸 정조시대의 사람의 가치를 같은 차원에서 논할 수 있겠는가?『춘향뎐』을 연구하는 사람이라면 당연히 숙종조의 초판본을 으뜸으로 삼을 것이다. 처음『춘향뎐』을 구상한 사람은 아무리 소략하고 엉성하다고 할지언정, 그 오리지날한 창조의 텐션은 후대인의 증보적 노력이 미칠 바 되지 못한다. 마가는 최초로 "복음서=유앙겔리온"이라는 문학장르를 창조한 복음서기자이고, 그의 창조적 행위creatic activity는 마태·누가의 증보적 덧칠과는 차원을 달리하는 것이다. 따라서 "역사적 예수"에 접근하는 정도는 마태, 누가, 요한의 전제가 없이, 곧바로 마가라는 탁월한 유앙겔리온 창조자의 긴장감 속으로 곧바로 직입直入하는 것이다.

우리는 마가에서 "역사적 예수"를 만날 수 있다. 이 역사적 예수를 만날 때만이, 우리는 바울철학의 진정한 성·패를 논할 수 있다. 나는 바울과의 씨름을 지양하고 역사적 예수와 대결하는 본게임을 하지 않을 수 없다고 판단했다. 그래서 마가복음 희랍어(코이네) 원전을 놓고 씨름하기 시작하여 근 2,000매의 원고를 완성했다. 나는 예수와의 만남을 통해 나의 서양 탐색에 종지부를 찍고 싶어했다. 마가복음강해가 거의 막바지에 접어들고 있을 때 갑자기 청주에서 진지한 두 사람이 나타나 고려말 태고 보우·나옹 혜근과 함께 3대 선사로 불리는 백운白雲 경한景閑 1298~1374의 『직지심경直指心經』을 들이민 것이다.

『직지심경直指心經』을 왜 "경經"이라 못 부르는가?

물론 우리나라 불교경전이라 하면 내 전공에 속하는 분야이긴 하지만 나는 백운 화상에 관하여 깊게 공부한 적이 없다. 아마도 백운을 운운한 다면 우리나라에 남아있는 몇 안되는 학승 범어사의 무비無比 스님을 찾아가는 것이 옳다. 그러나 청주 조기완 국장의 요청은 일차적으로 매우 단순한 듯이 보였다. 청주라는 유서 깊은 도시가 사람들에게 회자되는 것, 그리고 그 도시의 시정市政을 맡은 사람들이 추구하는 도시정체성의 심볼리즘은 역시 『직지심경』에 있다 할 것인데, 『직지심경』이 거론되는 맥락이 어디까지나 그것이 "금속활자본"이라는 사실, 그리고 그 금속활자본의 출현이 서양문명의 금속활자본의 효시인 구텐베르그Johannes Gutenberg 1400~1468(독일의 출판업자)의 인쇄본 보다 1세기 정도 앞선다는 사실에 있을 뿐, 실제로 『직지심경』의 내용이 무엇인지, 백운 화상이 누구인지, 『직지심경』이 금속활자본이라는 사실이 왜 중요한지를 일반인이 알아들을 수 있도록 얘기해주는 사람이 없다는 것이다. 아무리 국제회의를 열어본들, 그 근원적 의미를 청주시민들이 모르는 마당에는, 모든 사업의 추진에도 한계가 있다는 것이다. "구텐베르그보다 빠르다"는 단지 크로놀로지의 문제만으로는, 그 "빠름"의 의미조차도 설명이 될 길이 없다는 것이다. 구텐베르그의 발명은 서구의 르네상스, 종교개혁, 계몽주의사상의 개화, 근대과학혁명, 문맹퇴치의 모든 개화운동의 구심적 역할을 담당했다고 선전되고 있는데, 과연 『직지심경』의 "빠름"이 그 이상의 인류사적 의미를 지니는 것인가에 관해 아무도 진단서를 제출해 주지 않는다는 것이다.

하다못해 『직지심경』도 『직지』라고만 부르지, 『직지심경』으로 부르지 못하고 있다는 것이다. 그 사연인즉 이러하다. 원래 그 제목은 『백운화상초록불조직지심체요절白雲和尙抄錄佛祖直指心體要節』인데, 그 원제목에 "경經"이라는 말이 들어가 있지 않으므로 『직지심경』으로 불러서는 안된다고 사람들이 이의를 제기한다는 것이다. 참으로 어리석은 주장이다. 이런 말을 하는 자는 "경經"이라는 말에 특별한 권위와 의미가 있는 것으로 생각하는 것이다. 이것은 매우 재미있는 발상이지만, 기독교인들이 불교를 찍어누르려는 생각에서 자기들 경전만이 "성경聖經"이고 『직지심경』과 같은 책은 "경經"의 자격이 없다고 생각하는 것이다. 그런데 이것은 참으로 가소로운 무지의 소치이다.

"성경聖經"이란 본시 "성인의 경전"이라는 뜻으로 유교경전을 가리키는 말로서 옛부터 흔히 쓰이던 말이었다. "성경"이라는 말은 기독교가 유교사회에 침투하기 위하여 유교경전에 못지않은 경전이라는 뜻으로 유교개념을 도용한 것이다. 기실 성경에 해당되는 "바이블Bible"이라는 말은 희랍어의 "비블리온*biblion*"에서 온 것인데 그것은 그냥 "종이"의 뜻이다. 나아가서 "책" "두루말이 권卷"을 의미한다. 레바논에 "비블로스Biblos"라는 항구도시가 있는데 예로부터 이집트의 파피루스를 희랍세계에 수출하는 항구도시였다. 바이블은 비블로스에서 온 말이며 그것은 "파피루스"가 변형된 것이다. 그러니까 바이블은 "성경"이 아니라 "성서聖書"라고 부르는 것이 옳다. 일본 기독교는 "성서"라는 명칭을 고집하며, 우리나라 카톨릭에서도 "성경"보다는 원의에 가까운 "성서"를 고집한다.

사실 유교에 있어서도 "경經"이라는 의미가 권위를 갖게 된 것은 후대의 일이며 그것은 불교의 "수트라*sūtra*"가 "경經"으로 번역된 이후의 일이다. 선진고경에는 본시 "경"이라는 이름이 없었다. "시詩·서書·역易"이라고만 했지, "시경·서경·역경"이라는 이름은 존재하지 않았다. 춘추春秋도 그냥 춘추였지 경의 이름이 붙지 않았다. 유교경전 중에서 경의 이름이 붙은 유일한 책이 "효경孝經"인데 이 책은 한대에 성립한 것이며, "효경"의 뜻도 "효의 벼리를 기록한 책"이라는 뜻이지 특별히 높은 의미를 갖지 않았다.

불교에 있어서조차도 "경經"(원어는 수다라修多羅, 수투로修妒路 등으로 음역된다)의 의미는 매우 다양한 맥락에서 쓰이므로 어떠한 특정한 형식의 문헌만을 경으로서 고착화시킬 수 없다. 원시적인 아함경전으로부터 대승불교, 밀교의 경전에까지 두루 쓰이는 말이며, 궁극적으로 대장경 삼장三藏에 두루 쓰이는 말이니, 『불조직지심체요절』을 『직지심경』이라 부른다 한들 하등의 이상할 것이 없으며, 트집 잡아야 할 하등의 이유가 없다. 고려말 비슷한 시기에 가지산문에서 성립한 『부모은중경父母恩

重經』(이것은 결코 중국경전이 아니다)도 경이라 이름하는데 백운 화상의 『직지심체요절』을 『직지심경』이라 부르지 못할 이유는 아무데도 그 근거가 없다.

『직지심경』이라는 말도 아무렇게나 임의적으로 생겨난 말이 아니고, 19세기 말기 이 책이 발견되었을 당시, 이미 이 책이 너무 오래되어 뜻있는 옛 소장자가 귀하게 배접을 새로이 하여 제본을 다시 한 채로 발견되었는데, 그때 서근書根(옛날에는 책을 서가에 뉘여 놓기 때문에 책의 밑바닥이 오늘 우리가 흔히 "세네카"라고 부르는 부분에 해당되었다. 오늘의 세네카는 서배書背, 책등이라 부른다)에 "직지심경直指心經"이라는 책이름을 써넣은 것 같다. 이 재선장再線裝의 시기는 17세기 말로 추정되는데, 그렇다면 이 책은 이미 조선조에서 "직지심경"이라는 이름으로 통용되었고, 또 조선왕조 시기의 이 책의 인식체계를 반영하는 것이다.

"직지심경!" 그 얼마나 간결하고 아름답고 포괄적이며 권위 있는 말인가! 한국인들은 왜 그토록 자기 민족문화유산을 가급적이면 폄하하고 싶어 안달복달들인가? 우리나라의 예수를 팔아먹는 사람들은 반공을 돼지 멱따듯이 외치는 것도 모자라서, 이제 자기 문화유산까지 경적經的인 권위를 부여해서는 아니 된다고 파괴적 언동을 일삼는가? 가장 근원적인 문제는 그런 우격다짐 속에 내재하는 근원적인 무지였다. 근본적으로 모르고 하는 말들이다. 나는 그런 말을 듣자마자 부아가 치밀어 견딜 수가 없었다. 그랬더니 조 국장, 문 처장이 박수를 치면서 말하는 것이다.

"바로 그겁니다. 그런 말씀을 해주셔야 합니다. 그런 말을 할 수 있는,

동서철학의 갈래들을 관통하여 선생님처럼 명쾌하게 그 실상을 얘기해 줄 수 있는 권위가 부재한 것입니다. 그래서 도토리키재기 식의 단견을 가지고 쓸데없는, 하등의 생산성이 없는 잡담, 소쇄한 갑론을박만 하고 앉아있는 것입니다. 선생님! 제발 청주에 내려와 주세요!"

『백운화상어록』, 고려문명의 새로운 이해

들어보니 좀 딱한 사정이기는 했으나, 내가 지금 상태에서 『직지심경』과 『백운화상어록』(백운 화상의 경우, 다행스럽게 그 분의 전기자료를 추론할 수 있는 어록이 현존한다. 백운 화상의 수제자 석찬釋璨이 1378년 취암사鷲巖寺에서 간행)을 쌩으로 다시 공부해서 일반에게 강론할 수 있으려면 여간한 노력을 기울여 될 문제가 아니었다. 나는 거절할 수밖에 없었다. 그러나 그들의 집념은 대단했다. 그들은 삼고초려를 아끼지 않았고, 『직지심경』에 관하여 가장 정밀한 지식을 소유하고 있는 청주고인쇄박물관의 황정하黃正夏 박사를 대동하여 수차례 나를 방문했다.

그리고 황정하 박사는 내가 『직지심경』 관련 자료가 없다고 말하자, 관련된 고인쇄본과 논문자료들을 두꺼운 2권의 자료집으로 묶어 보내주었다. 나는 난감했다. 사실 내가 『직지심경』에 관하여 용기를 낼 수 있었던 것은, 이미 유사회遺史會에서 나의 제자들과 『고려사』강독을 끝낸 후였기 때문에 대강 고려의 역사를 바라보는 시각이 준비되어 있었다는 것이다. 내가 머뭇거리고 있을 땐, 옆에서 샤오똥이 매천의 시를 읊어대는 것이다.

난 작 인 간 식 자 인 이 라!
難作人間識字人

여기 "인간人間"이라는 말은 요즈음의 "인간human being"이라는 말이 아니다. "인간"이란 문자 그대로 "사람 사이"를 가리키는 것으로 "자기가 살고 있는 세상world"을 가리킨다. 그 뜻인즉슨, 더불어 사는 세상인데, 그 세상 속에서 유식한 놈 행세해먹기가 진실로 힘들다는 뜻이다. 지식인의 사회적 책임을 논하면서 자결로써 생애를 마감할 수밖에 없었던 그 절박한 심정을 토로한 것이다. 샤오똥은 "아조문자종안용"이라는 시구가 또 있는 것은 모르는 듯했다. 나만 보면 "난작인간식자인인디 워디 그냥 있을 수만 있당가?"하고 날 쪼아대는 것이다.

사실 나는 어려서부터 선종공안집인 『경덕전등록』이나 『벽암록』 같은 것을 많이 읽었기 때문에(나는 20대부터 유·불·도의 통합론자였다), 단시간 내에 『직지심경』을 꿰뚫는 것은 그리 어려운 일이 아니다. 그러나 나의 관심은 『직지심경』이나 『직지심경』을 펴낸 인쇄기술에 있는 것이 아니라, 그러한 사상서(상부구조)와 인쇄기술(하부구조)을 창조해낸 고려문명 전반의 가치평가에 관한 것이다.

용두사지 철당간을 보라!

청주시내 중심, 그곳은 현재의 시내 중심이자, 동시에 천년 전에도 붐비던 청주읍성의 성안길이었다. 거기에 우리나라 국보 제1호가 되어야 마땅할 "용두사지철당간"이 우뚝 서있다. 지금은 볼 수 없지만 남석교 돌다리(1932년 일제가 땅속에 묻어버렸으나 지금도 묻힌 채 현존하고 있다. 언젠가 반드시 복원되어야 할 것이다) 밑으로 무심천이 흐르고 그 주변으로 대찰들이 옹기종기 몰려있었다. 그 중 하나인 용두사龍頭寺의 입구에 자리잡고 있었던 보기 드물게 거대한 철당간이 지금도 천년 이상을 그 자리에서 버티고 서있는 것이다. 철통으로서는 정말 거대한 요철(凹凸) 형태로 만든 주물통을 서로 끼워맞출 수 있게 설계되어 있는데, 하나의 높이가 65㎝ 정도이고, 제일 아래 있는 것은 지름이 46㎝ 정도인데 점점 지름이 작아지면서 꼭대기는 39㎝ 정도이다. 이 자체로 매우 치밀하게 제작된 철당간인데 조립되는 원래의 원통은 30개나 되었다. 그러니까 30개의 원통이 아주 정밀하게 좁아들면서 그 꼿꼿한 형태를 안정적으로 1천 년 이상 녹슬지 않고 서있다는 것은 이 주물의 순도나 강도나 산화를 거부하는 질감이 얼마나 대단한 것인가 경탄을 금하지 않을 수 없다.

각 주물통에는 몇 번째로 조립되는 것이라는 숫자가 "제십第十"과 같은 방식으로 양각되어 있다. 참으로 놀라운 설계감각이라 할 것이다. 쇠주물의 기술이 "에밀레종"으로부터 전승되어 내려오는 것이라는 사실을 잠깐 회고하면, 이러한 기적 같은 사실이 막연한 경탄의 대상만은 아니라 할 것이다. 그런데 이 철당간의 진짜 진짜 가치는 바로 밑에서부터 세 번째 통에 당간 조성과 관련된 사적들을 매우 상세하게 기록한 당간기가 양각으로 주조되어 있다는 것이다. 문자로 남긴다는 것의 중요성을 옛 청주 지역 사람들은 잘 알고 있었던 것이다. 이 당간기는 사실 광개토대왕비에 견주어도 그 사료적 가치가 결코 떨어지지 않는다. 상당히 상세한 내용을 오늘날도 또렷하게 읽을 수 있다.

그리고 상세한 기문의 제일 마지막에는 "유준풍삼년태세임술삼월이십구일주성維峻豊三年太歲壬戌三月二十九日鑄成"(준풍 3년 임술년 3월 29일 쇳물을 부어 만들다)이라는 주성연도가 뚜렷이 나타나고 있다. 이 당간이 우리에게 국보 1호가 되어야만 하는 이유가 바로 이 명문에 있다. 준풍 3년이란 곧 고려 광종 13년, AD 962년이다. 여기서 중요한 것은 "준풍"이라는 연호다. 독자적인 연호를 사용하였다는 것은 "칭제건원稱帝乾元"하였다는 뜻이다. 고려가 온 세계의 중심이며 고려의 왕을 황제로 인식하였다는 뜻이다.

황제의 나라 고려, 그 연호 준풍!

다시 말해서 지상의 어느 나라에도 예속되지 않은 천자의 나라이며 제후국이 아니라는 주체성을 만방에 선포한다는 뜻이다. "준풍峻豊"이라는 연호는 『고려사』에도, 『고려사절요』에도 적혀있지 않다. 그러나 『고려사』의 광종 원년조에는 "광덕光德"이라는 독자적인 연호를 제정했다는 사실이 기록되어 있다. 그러다가 광종 2년에는 후주後周의 세력이 강성해지자 후주의 연호를 사용했다는 기록이 있다. 이것은 당시 여진·거란을 견제하기 위하여 후주와의 연대감을 표시하기 위한 외교적인 실리적 조처로 보여진다. 그렇다고 고려제국의 연호쓰기를 중단한 것은 아니었을 것이다. 광종은 고려의 4번째 왕이지만 태조 왕건의 넷째아들이다. 동복형 정종의 선위를 받아 25세의 나이로 왕위에 올랐다. 광종의 치세는 호족세력을 누르고 왕권을 강화, 안정시키는 과감한 정책을 감행한 시기였다. 노비안검법奴婢按檢法(합리적인 새로운 기준에 의하여 노비를 해방시키는 정책)을 실시함으로써 대호족들의 경제적 기반을 붕괴시켰다. 그리고 과거제도를 도입함으로써 왕권강화에 도움이 되는 신진관료들을 대거 정계에 진출시켰다. 호족들은 젊은 실력자들에게 관직을 내주어야 하는 상황을 맞이한 것이다. 그리고 균여均如의 "성상융회性相融會"(화엄종과 법상종을 하나로 회통시키는 새로운 철학)사상을 수용하여 새로운 시대정신을 삼음으로써 민심을 하나로 묶어내려 했다.

사회통합에 대한 확고한 자신이 생겼을 때, 광종 11년 경신년, 광종은 백관百官의 공복公服을 제정하고(관료들의 새로운 복식제도를 만들었다는 의미. 이것은 고려왕권의 새로운 자신감을 표방하는 것이다), 개경開京을 황도皇都라 고치고, 서경西京을 서도西都라 칭했다. 그리고 구세력들의 과감한 숙청을 단행한다(이상의 사실은 『고려사』에 기술되어 있다). 바로 광종 11년, 백관의 공복을 제정하고 개경을 황도라 고칠 때, "준풍"이라 다시 건원하였던 것이다. 이 연호를 우리는 바로 청주 용두사 철당간의 당간기를 통하여 알 수 있게 되는 것이다. 이 철당간을 만들 때의 시대분위기를 우리는 철당간의 돌올한 위풍에서 읽어낼 수 있는 것이다.

위화도회군이라는 비굴한 역사회전

우리가 중국의 속국인 듯한 인식을 갖게 되는 것은 이성계의 위화도회군 쿠데타사건 이후로 과도하게 조선왕조를 스스로 비하시키고, 제후국으로서의 모든 프로토콜을 엄수하게 된 이후의 사태이다. 조선왕조의 성립은 그런 의미에서 매우 비극적인 사건이다. 이성계는 고려제국에서 본다면 아웃사이더적인 인물이었고, 그의 군사쿠데타는 정통성이나 정당성을 확보하기 힘들었다. 우리는 정도전이나 조준 같은 개국공신들의 인식체계를 통하여 고려말 사회를 "필망必亡"의 혼란으로 규정하고 있지만, 공민왕의 반원反元 개혁정치를 잘 도와 새로운 세상을 도모했더라면, 친명親明이 그토록 비굴한 사대事大나 이념적 굴종으로 발전하지는 않았을 것이다. 새로운 정권 이씨조선은 개국초기의 혼란상이나 정통성 부재의 현실, 그 모든 것을 철저히 명에 대한 굴종적 아이덴티티를 통하여 극복하려 했다.

내가 『고려사』나 『조선왕조실록』 자료를 직접 읽지 않았을 때는 이런 말을 자신 있게 못했는데, 요즈음은 자신있게 말할 수 있을 것 같다. 「태조실록」은 참으로 비굴한 실록이다. 명태조 주원장은 그 당시 조선에 대하여 뻗대거나 조선을 침공할 수 있는 힘이나 여유가 있지 않았다. 주원장도 개국초기에 공신세력이나 반발세력을 압살시키는 데 혼신의 힘을 쏟고 있었다. 그런데도 불구하고 이성계가 명에 대해 하는 짓거리들은 가소롭기 그지없다. 무조건, 아무 이유 없이, 명의 권세와 허명을 떠받드는 것이다. 이러한 사대事大의 굴종은 결국 조선민족이 고조선으로부터 고려말까지 독자적으로 지켜온 제국의 권위와 윤리를 총체적으로 거부하고 제후국으로서 조선의 안녕을 도모하려는 구생苟生의 소로小路요, 비로卑路요, 장로髒路였다. 이성계도당의 이러한 구차투생苟且偸生의 윤리나 행태나 전략은 결국 이씨조선 지배계급의 생리生理가 되어, 양녕대군의 후손이라 자처하는 이승만에까지 그대로 계승된다.

하여튼 지금 내가 말하고자 하는 것은 번쇄한 사료를 나열하려는 것이 아니요, 단지 청주 철당간을 쳐다볼 때 그 웅장한 모습(불행하게도 현재 20단만 남아있다. 총높이 13.1m. 7층건물의 높이, 원래는 20m를 넘는 장쾌한 것이었다)에서 고려제국의 위용을 읽어내야 한다는 것이다. 광개토대왕의 비문이 값어치를 지니는 것도 바로 "영락永樂"이라는 독자적인 연호를 쓰고 있다는 사실에서 빛나는 것이다. 그런데 김부식의 『삼국사기』 광개토왕조(그 풀네임은 국강상광개토경평안호태왕國岡上廣開土境平安好太王이다)에는 영락이라는 연호가 드러나고 있지 않다. 그리고 또 같은 주인공의 치세를 다루고 있는 호태왕비문과 「삼국사기」의 기술이 일치하는 것이 거의 없을 뿐아니라 당대의 생생한 기록인 호태왕비문에 나타나고 있는 주된 관심의 방향성이『삼국사기』의 기술에는 반영되어 있질 않다. 이 양자의 불일치를 보완적으로 해결하는 문제가 동아시아 고대사의 제 문제를 새로운 시각에서 바라보게 만드는 열쇠를 쥐고 있다고들 말하지만, 일차적으로 확실히 지적할 수 있는 것은 김부식이『삼국사기』를 쓸 때, 고구려가 어떤 나라인지, 백제가 어떤 나라인지를 잘 모르고 썼다는 것이다. 고구려제국, 백제제국의 규모를 빈약한 소국이었던 신라의 관점에서 바라보았다는 것이다.

국강상광개토경평안호태왕의 연호: 영락

호태왕비문에 고구려인들이 자기들의 시조始祖인 주몽(朱蒙=추모왕鄒牟王)을 기술하는 언어를 살펴보자면, "천제의 아들天帝之子"이요 어미는 "하백여랑河伯女郎"이다라고 말한다. 그리고 엄리대수奄利大水에 이르러 추모왕이 자기를 선포하는 말은 다음과 같다: "나는 황천의 아들이요, 어미는 하백여랑인 추모왕이다. 나를 위하여 자라와 거북이들은 떠올라 연접하여 다리를 놓으라! 我是皇天之子, 母河伯女郎鄒牟王, 爲我連鼈浮龜。"

이미 시조왕이 천제天帝 즉 하느님의 아들이요 땅을 상징하는 따님 하백의 딸 사이에서 태어난 추모왕鄒牟王은 "왕王"이라는 표현을 쓴다 해도, 그 왕은 지고至高, 지상至上, 지극至極한 존재이다. 비문에서 광개토왕을 부르는 호칭은 "국강상광개토경평안호태왕," "영락대왕永樂大王," "대왕大王," "왕王" 등인데, 이때의 "왕"이란 진시황 이후에 새롭게 평가절하된 왕王(중앙집권인 군현제국가체제 내에서 새롭게 분봉된 제후개념)의 개념과는 전혀 다른 것이다. "황제皇帝"란 말은 진시황을 높이기 위한 칭호로써 "삼황오제三皇五帝"의 두 끝말을 붙여 만든 신조어新造語일 뿐이며 원래 통용되고 있던 말이 아니었다. 선진문헌에는 황제란 말은 없다. 제후국의 영주는 "공公"으로 불리었고, 천자天子만이 왕王으로 불리운 것이다. 고구려인들은 방정맞게 변모한 진한秦漢 이후의 용례를 따르지 않고, 한자 원래의 용례를 따른 것이다. 고구려는 고구려 나름대로의 풍도가 있다.

우리 역사에서 쓰는 "왕王"이라는 말은 결코 한대漢代 이후의 "황제와 왕"의 관계에서 규정되는 제후적 "왕"이 아니다. 우리의 왕은 모두 "천자天子"였다, 하늘의 아들이었다. 신라 시조왕 박혁거세 거서간이나, 석탈해 니사금, 그리고 김씨의 시조인 김알지와 그의 후손 미추 니사금(우리말의 "임금"과 동일: 니사금 → 닛금 → 임금)은 모두 가장 존귀한 유래를 지닌, 천상으로부터 지상에 강림한 유일최고의 주권자였다. 백제도 "건흥建興"이라는 연호를 세웠고(1913년 충주에서 발견된 석가문상釋迦文像 조상기造像記에 의거), 신라의 법흥왕은 "건원建元"을, 진흥왕은 "개국開國"이라는 연호를 사용하였고, 발해의 모든 왕은 어김없이 다 연호를 사용하였다. 고려에서도 태조가 "천수天授"라는 연호를 사용하였고, 『고려사』에서도 태조 왕건을 "황제皇帝"로 칭한 예가 있다. 경기도 하남시에 소재하고 있는 약사부처상 옆에 3줄로 27자의 글자가 새겨져 있는데, 그 문장 속에서도 경종景宗을 "황제皇帝"로서 명기해놓고 있다(이 부처상은 977년의 작품으로, 청주 철당간보다 불과 15년 후에 조성된 것이다). 왕王과 제帝는 혼용되는 말이었고, 조선고대국가들의 왕은 모두 자신들을 칭할 때 천자만이 썼던 "짐朕"으로 칭하였다. 그리고 황제에게만 쓰는 "조祖"와 "종宗"의 어미를 중국의 항의가 있었지만 조선왕조에까지 굽히지 않고 유지하였던 것이다.

고려는 제후국이 아닌 황제국이었다

하여튼 고려는 어느 나라에 소속된 제후국이 아닌 황제국이었으며, 고려가 처한 국제정세에 있어서는 어느 곳에 속하려 해도 속할 수 없도록 정세가 급변하는, 그리고 다이내믹한 중층적 구조가 마구 엇갈리는 다원적 세계였다. 중원이라고 하는 중심축이 부재한 세계였으며, 따라서 고려제국이야말로 가장 뚜렷한 지속성을 지닌 세계문명의 중심축이었다. 우리는 고려제국을 이러한 눈으로 바라보지 못한다. 청주 용두사의 철당간과 흥덕사의 『직지심경』이 고려제국문명이라는 유기적 통일성의 바탕을 상실한 채 따로따로 놀고 있는 것이다. 그러니 『직지심경』이라는 활자의 주조기술과 절간의 건물배치상의 구조물인 당간의 주조기술이 같은 지역에서 완벽하게 연속성을 지니는 동일한 테크놀로지의 성과물이라는 것을 파악하지 못하는 것이다.

알면 괴롭다. 그러나 알아야 한다

지금 이러한 얘기를 자세히 하고 앉아있을 계제가 아니지만, 한 예만 더 들어보자! 나의 업보란 진실로 너무 많이 안다는 데 있는 것 같다. 알아도 너무 정밀하고 정확하게 안다는 데 있다. 알면 괴롭다. 알기 때문에 남이 보지 못하는 측면이 너무 많이 보이고 또 그것을 종합해보면 우리 상식의 터무니없는 오류에 대해 분노가 치밀기 때문이다. 이 모든 것이 눈감고 살기에는 너무도 억울한 것들이다. 세밀하게 안다는 것만으로 세계가 새롭게 보이지 않는다. 세밀하게 아는 것과 동시에 반드시 전체를 볼 줄 알아야 한다. 마이크로와 매크로는 반드시 동시적일 수밖에 없다.

대장경이라는 것이 있다. 대장경 하면 여러분들은 무조건 해인사의 "팔만대장경八萬大藏經"이 떠오를 것이다. 팔만이란 경을 새긴 목판의 숫자에서 따온 말일 뿐이고, 실제 이름은 "대장경"이다. 나무가 귀해 한 경판의 양면을 다 사용하기 때문에 실제로는 16만 경판인 셈이다. 공식적으로 81,258개 경판인데, 한 면당 대강 23행(or 24행)이며, 1행 당 14자 정도의 글자가 새겨져 있다.

우리는 "대장경" 하면 으레 대장경은 중국 것이고 그 중국 것을 가져다가 고려에서 새긴 것 정도로만 생각하는데, 모든 역사적 국면에 있어서 우리가 무의식적으로 전제하고 있는 "중원중심적 사고"는 참으로 중대한 오류를 범하고 있는 것이다.

해인사 팔만대장경의 새로운 이해: 불교대제국의 확실한 증표

한번 생각해보자! "민주주의"라는 추상명사의 발상지가 어디든지간에, 민주주의라는 어떤 고착된 실체가 미국에 있다든가, 서구에 있다든가 하는 것은 매우 중대한 오류를 발생시킨다. 왜냐하면 민주주의는 내가 이 원고를 쓰고 있는 만년필처럼(나는 아직도 컴퓨터에 글을 쓰지 못한다. 만년필로 원고지 위에 쓴다) 어떤 물체가 아니며, 미국이나 유럽에서 수입해 들어올 수 있는 물건(철학적으로 말하면 존재론적 실체substance에 해당되는 그 무엇)이 아니기 때문이다. 민주주의는 어떤 국가든지 그 사회를 운영하는 방식에 관한 추상적 원리일 뿐이며, 그것은 어디서나 다른 방식으로 구현될 수 있는 것이며, 고정된 실체가 있을 수 없다. 따라서 미국이나 유럽이 한국에 비해 확고하게 민주주의라는 실체가 있다라는 것은 전혀 가당치 않은 논리이다. 민주주의의 실현을 위해 서로가 자기의 경험에 비추어 그 원리와 방법을 형성해나가고 있을 뿐이다.

불교나 기독교라는 것도 똑같은 것이다. 불교가 중국에는 확고한 실체로 존재하고 그것을 한국이 수입했다는 식으로 생각하고, 쓰는 것이 우리나라 학계에 만연되어 있는 불교사 서술방식이다. 이러한 편견으로부터 우리가 근원적으로 벗어날 때만이, 우리는 해인사에 수장되어 있는 "팔만대장경"의 가치를 제대로 이해할 수 있게 되는 것이다.

　불교는 인도에서 발생한 것이지만 인도에서는 불교가 정착·발전되지 않았다. 따라서 우리가 생각하는 "대장경"이라는 것은 인도에 존재하지 않는다. 인도에서는 오직 "삼장三藏," 즉 "세 바구니"를 뜻하는 "트리피타카tri-piṭaka"라는 형식의 장경이 존재하는데, 그것도 팔리어경전으로서 전래된 남전장경南傳藏經이 있을 뿐이다. 그것은 경經과 율律과 논論이라는 세 형식의 초기불교문헌을 집약시킨 것이다. 물론 이것은 원시불교의 모습을 아는 데 더없이 중요한 문헌이다. 남전장경은 당연히 대승불교경전을 포섭하지 않는다.

　그러나 불교는 중국에서 다양한 종파로 발전하였고, 어록이나, 역사나, 전기류, 목록과 같이 다양한 양식의 저술이 이루어졌다. 인도인은 문헌에 대하여 크로놀로지적인(연대순으로 배열하는) 의식을 가지고 있지 않지만, 중국인들은 문헌의 저작자를 중시하고 그것을 표기하면서 또 계통을 세운다. 하여튼 중국에서 발생한 불교문헌은 "삼장"(경·율·논의 도서분류적 세 카테고리)이라는 범주에 의하여 포섭하기가 매우 곤란하였다. 그래서 경·율·논의 기본형식은 지키면서도 그 외의 잡다한 양식의 문헌들을 포섭하기 위하여 도입한 개념이 "삼장三藏"이 아닌 "대장경大藏經"이요, 또 "일체경一切經"이라는 개념이다. "일체경"이라는 말은 남북조시대 때부터, "대장경"이라는 말은 수나라 때부터 나타나는데,『대장경』이 실제로 처음 편찬된 것은 송나라(북송) 태평흥국 8년(983년)의 사건이었다. 이 작업이 사천성 성도成都(당시 익주益州)에서 이루어졌기 때문에 이것을 "촉판대장경蜀版大藏經"이라고 하는데, "북송관판대장경北宋官版大藏經"이라고 하기도 하고, "개보대장경開寶大藏經"이라고도 한다(작업을 시작한 것이 개보開寶 4년, 971년이다). 그러니까 대장경의 최초의 출현은 10세기 말에 북송에서 이루어진 것인데 이것은 매우 소략하고 불완전한 것이다. 그런데 재미있는 사실은 촉판대장경이 시도된지 불과 28년이 지난 1011년, 고려의 현종顯宗 시대에 이미 당시 세계에서 가장 온전한 형태의 최초의 대장경을 조조雕造하기 시작한 것이다.

제1차 고려대장경은 1011년에 개조開雕하여 흥왕사興王寺의 대장전大藏殿이 낙성될 때까지(선종宣宗 4년, AD 1087) 6대 76년에 걸쳐 웅대한 작업을 완성한다. 그런데 공교롭게도 고려대장경이 완성되기 23년 전에 북방의 고조선영역의 한 민족인 거란족契丹族이 촉판蜀版보다 훨씬 우수한 또 하나의 대장경을 만들었다는 것이다. 촉판대장경이 480함 5,048권 1,076부인데 비하여 거란대장경은 570함 6,006권, 1,373부에 달한다. 그런데 문제는 거란대장경이 훨씬 더 조판의 기술이나 각자의 정밀함이나 문맥의 오류가 적은 우수한 판본이라는 사실에 있다. 요나라(907년부터 1125년까지 존속)의 문화적 수준을 과시한 것이다.

의천의 대장경: 속장경이 아니다!

고려 문종文宗 17년 3월(AD 1063) 거란은 그들의 대장경을 고려왕실로 보내왔고, 그 대장경의 수준에 자극 받아 고려는 그 장점을 수용하여 더욱 수준높은 온전한 대장경을 완성한 것이다. 이와 같이 불교문화는 중원을 주축으로 한 것이 아니라 다양하게 다원적으로 형성되어 간 것이다.

　고려는 불교문화의 세계중심지로서 3차에 걸친 대장경조조사업을 벌인다. 제2차의 대장경조조가 바로 이른바 "의천義天의 교장敎藏"인데 이것을 일본학자들이 1920년대에 비하시켜 "의천속장경義天續藏經"이라 이름한 것을 그대로 계승하여 의천속장경이라 부르고 있다. 의천義天 1055~1101은 문종 4째아들로서 막강한 재력과 권력을 배경으로 당대의 방대한 세계불교문헌을 수집했다. 의천은 천태종의 근본사상인 일심삼관一心三觀의 교의로써 선과 교의 화합을 도모하고, 국가적 기반을 공고히 하는 데 힘썼다. 그는 불경의 이해가 어느 종파에 국한될 수 없으며 모든 교학이 통합되어야 한다고 생각했다. 그의 대장경사업을 교장이라 부르는 것은 그가 후대에 각 종파에서 발전한, 삼장三藏에 대한 주소註疏류의 문헌과 잡다한 연구논문들, 그리고 한국의 주소전통의 문헌들을 총망라하여 그의 대장경 편찬사업을 완성하였기 때문인데, 대장경에 대한 속편인 듯한 인상을 주는 "속장경"이라는 표현도 잘못된 것이지만 의천대장경을 그의 『신편제종교장목록新編諸宗教藏目錄』에 의거하여 단지 "교장"이라고 부르는 것도 단견이다. 교장은 어디까지나 대장경의 확대개념일 뿐이며, 주소를 편찬할 때도 원문이 다 같이 들어가기 때문에 그것을 단지 "교장"이라 부를 수는 없다. 교학불교적인 별책이 아닌 것이다. 그러니까 의천대장경은 대장경의 편찬역사에 있어서 새로운 개념을 도입한 매우 에포칼한 조조사업이었던 것이다(대강 1092~1100 사이에 완성). 그러나 이 위대한 두 차례의 문화사업의 세계사적 성과물인 대장경 경판들이 모두 몽골의 침입으로 회록지재回祿之災를 당하고 만다. 고종 19년,

AD 1232년의 일이다.

   그리고 바로 4년 후 제3차 대장경사업이 이루어진다. 1236년에 시작하여 1251년까지, 그러니까 16년 동안에 이루어진 이 기적 같은 대장경사업을 단지 몽골의 병화를 불심佛心으로 극복하겠다는 종교적 신념의 한 금자탑으로 보는 터무니없는 오류를 범해서는 아니 된다. 생각해보라! 6·25전쟁 때 북쪽에서 엄청난 탱크군단이 밀려오는데 그것을 대장경판각으로 물리친다! 도대체 이게 상식적으로 될 성부른 말인가? 제3차의 대장경조조는 제1차와 제2차의 대장경조조와의 연속선상에 생각하지 않으면 아니 된다. 몽골병의 화환禍患은 세계적인 대문화사업의 계기를 마련한 것일 뿐, 표면적 레토릭이 어떠한 상징적 수법을 쓰고 있든지간에 그것은 고려라는 대제국의 역량이 문화적 사업과 전쟁사업을 분리시켜 진행시킬 수 있을 만큼의 거대한 포텐셜을 지니고 있지 않으면 택도 없는 것이다. 생각해보라! 16년간의 제3차 고려대장경의 조조는 그 자체로써 전쟁대비사업보다도 더 막대한 재력과 인력을 소모해야만 하는 것이다.

8만경판의 물리적 실상

   생각해보라! 경판 한 장의 평균무게가 3.4kg인데 그 전체 무게는 280톤에 이른다. 무게로만 따져도 4톤 트럭에 실으면 70여 대가 소요되는 분량이다. 경판의 목재는 기온차가 심한 곳에서 자라는, 나이테의 형성이 목재질의 균질성을 파괴하는 나무는 경판으로 쓸 수가 없다. 그래서 북방의 거대한 미인송 같은 나무도 전혀 쓸모가 없다. 대장경의 경판목재로 쓰인 나무는 산벚나무와 돌배나무 2종인데 이것은 모두 해인사 부근의 우리나라 남부지방에 자생한다. 그런데 이 나무는 크게 자라는 나무가 아니다. 이 나무는 가지가 갈라지는 지점의 아랫부분의 통나무가 1~2m밖에 되지 않는다(지하고枝下高). 따라서 이 나무를 잘라서 경판을 켜봐야, 한 나무에서 1개, 2개 정도의 경판토막만 얻을 수 있다. 그러니까 8만 개의 경판을 얻으려면 수십만 그루의 벌목이 이루어져야 한다(미니말하게 잡아 3만 그루인데, 훨씬 더 많은 벌목을 요했을 것이다).

이 나무를 해수에 넣고 끓여서 살균하고 갈라지지 않게 그늘에 말리는 과정, 그리고 옻칠을 하는 과정, 그리고 판각 정서본의 작성과 필사과정, 그리고 그것을 나무에 붙여 각하는 과정, 판각에 필요한 각도刻刀 등의 도구제조, 그리고 완성된 경판의 오·탈자를 확인하는 교감작업, 그리고 특정장소로의 온전한(일체의 마모나 획이 탈락되는 파손이 있어서는 아니 된다) 운반, 그리고 보관과 인경의 작업 등등, 8만대장경의 성립에는 수백만 명의 고도의 장인기술자가 필요했다. 단순히 물리적으로 각자刻字에만 동원된 인각장인의 숫자만 계산해도, 전체 대장경판 글자수 5,200여만 자를 하루에 새길 수 있는 평균 글자수 40자로 나누면, 연인원이 130여만 명에 이른다. 미니말하게 따져도 하루에 1,000명 이상의 장인이 동원되었다고 보아야 한다(이런 문제에 관하여 내가 독자들에게 꼭 추천하고 싶은 책이 하나 있다. 박상진 지음, 『나무에 새겨진 팔만대장경의 비밀』. 박상진 선생은 존경스러운 나무박사이다. 그 분이 바라보는 시각은 인문계열의 학자들보다 훨씬 더 참신하다. 8만대장경의 진실을 잘 파헤쳐 놓았다).

그런데 이렇게 물리적인 인력동원의 문제를 떠나서 일차적으로 해인사 고려대장경의 성립에는 고도의 지식인들, 한문을 해독하고 교감할 수 있는 사람들, 그리고 불교경전에 달통한 불교철학자들이 수천수만 명이 필요했다는 것을 생각하면, 이것은 진실로 우리가 생각하는 고려라는 나라의 개념으로는 도무지 합리적 계산이 성립할 수 없는 사태이다. 해인사 8만대장경은 세계사적으로 "대장경"이라는 개념 자체의 새로운 기준을 확립한 획기적 사건이었다. 결국 20세기 세계 불교학의 성립은 대정大正 연간에 옥스퍼드대학·베를린대학·라이프찌히대학 출신의 불교학 대가, 타카쿠스 준지로오高楠順次郎 1866~1945(동경제국대학 문학부 교수. 동경외국어학교 총장)가 세밀하게 구두점을 찍어 펴낸 『대정신수대장경大正新修大藏經』을 기점으로 삼는데, 그 저본이 해인사 8만대장경이었다. 타카쿠스 본인이 해인사 8만대장경은 오탈자가 100자 내외에 국한되는 가장 놀라운 정밀한 세계대장경의 정본이라고 극찬에 극찬을 아끼지 않았다. 다시 말해서 세계대장경의 기준이 해인사 8만대장경이라는 이야기가 된다. 세계불교의 중심이 과연 송나라인가? 거란인가? 여진인가? 인도인가? 과연 어디가 세계불교문화의 중심지였는가?

고려는 당대 세계최고의 문명국

생각해보라! 2차세계대전 때 포화가 극심할 그 당시에, 만약 어느 나라가 세계에서 가장 탁월한, 모든 지적 자이언트들이 수천 명 참여하는 대백과사전을 만들고 있었다고 한다면, 그런 사업을 벌일 수 있는 나라가 미국 정도의 국력을 전제하지 않고 가당할 수 있겠는가? 고려제국은 당시의 미국이었다. 그러한 고려제국의 고도의 문화수준을 전제로 하지 않으면 해인사대장경의 비밀은 풀리지 않는다(해인사 고려대장경을 강화도에서 조조했다는 것은 터무니없는 낭설이다. 물리적으로 불가능한 일이다. 해인사 주변의 여러 분국에서 동시적으로 진행된 전 국가적 문화사업이었다. 그것은 고려제국의 전체적인 문화수준, 지방 고을고을마다 축적된 고도의 지적 자원의 축적태를 전제로 하지 않으면 해결되지 않는다).

그러니까 고려대장경이라는 세계최대의 문화사업의 성립과정으로부터 백운 화상의 『직지심경』의 저작과 그것을 활자라는 당대 세계문명 최초의 혁명적 기술을 사용하여 인출한 인쇄혁명의 사건을 거쳐, 세종의 한글창제, 즉 인류사상 가장 체계적이고 포괄적이며 간편한 소리글의 형상화사건에 이르는 놀라운 문명의 집약적 성과들을 하나의 유기적 연속태로서 파악해야 한다는 것이다. 고려황제국과 이씨조선제후국의 단절된 왕조변화의 역사이해를 지양하여, 고조선 이래 연속되어온 문명의 폭발태로서 그 창조적 시기를 연속적으로, 유기적으로 파악하여야 한다는 것이다.

그런데 왜 우리는 고려가 황제국이며, 고려 개경이 황도皇都이며, 고려청자의 형언키 어려운 그윽한 기품이나 당대 세계최고의 정교한 불화의 아름다움을 있는 그대로, 사실 그대로 인지하지 못하고 있는 것일까?

그것의 해답은 매우 명약관화한 것이다. 역사라는 것은 본시 기술의 역사라기보다는 왜곡의 역사이다. 역사에는 분명 사실이라는 게 있지만, 엄밀한 의미에서의 사실이라는 것은 연대사적인 사건chronological events 정도가 있을 뿐인데 그러한 크루드crude한 사건을 아무리 나열해도 역사는 이루어지지 않는다. 그곳에서는 역사를 운운하는 의미가 발견되지 않기 때문이다. 결국 역사에서 말하는 모든 "사실事實"들은 인간의 해석을 거친 "사실史實"일 뿐이며, 역사적 사실이라는 것은 이미 "사관史觀 Interpretation"의 소산이다.

『고려사』의 왜곡 실태

우리가, 고려가 황제국일 뿐 아니라, 황제국으로서의 당대 최고의 보편적 기준이 되는 문화적 역량을 과시했음에도 불구하고, 그 위대한 황제국의 있는 그대로의 면모를 시인하고 인정하기를 두려워하고 있는 이유는, 바로 고려의 역사를 집필하는 모든 사람들이 의거하지 않을 수 없는 『고려사高麗史』라고 하는 1차자료 문헌이, 이미 심각하게 왜곡되고 삭제되고 전혀 터무니없는 사관에 의하여 우리의 인식으로부터 소외될 수밖에 없도록, 그 전체틀이 조작되었기 때문이다. 고려 황제국은 황제국다웁게 각 조대별로 실록을 편찬하였다. 따라서 당대에 쓰여진 실록자료가 오늘까지 남아있다고 한다면 우리는 고려제국에 관한 진정한 1차자료를 확보할 수 있을 것이다. 그러나 이 실록자료는 『고려사』를 집필하기 위한 원사료로서 활용되었을 뿐이고 『고려사』가 완성된 이후로는 실제적으로 『고려왕조실록』(=『고려황제국실록』: 조선왕조가 엄격한 실록문화를 견지하였고 태조로부터 철종에 이르기까지 그 방대한 25종의 『조선왕조실록』을 남긴 것도 기실 고려제국의 선례를 따른 것이다)의 행방에 관해서는 확답을 할 수 있는 아무런 자료가 없다. 임진왜란 때까지 『고려제국실록』이 남아있었다는 설도 있지만, 조선왕조 초기에 자기들이 반포한 『고려사』의 정당화를 위해 『실록』자료를 폐기시켰을 가능성도 크다.

하여튼 이 『고려제국실록』자료를 활용하여 최초의 전조사前朝史를 쓴 사람이 그 유명한 정도전鄭道傳 1342~1398이다(정총鄭摠과 함께 편찬한 것으로 되어 있는데, 실제로 편찬의 업무를 담당한 것은 예문춘추관의 사관들이다. 그러나 정도전의 사관의 틀 안에서 모든 것이 이루어진 것은 명백하다). 정도전이 37권의 고려사를 태조 4년 정월에 찬진撰進하였는데, 그것이 이른바 『고려국사高麗國史』이다. 아깝게도 이 『고려국사』는 오늘날 전하지 않는다.

나는 개인적으로 정도전과 깊은 인연이 있다. 그 직계 장손과도 친하게 지냈고, 그에 관해 책도 썼고, 강연도 많이 했다. 그리고 조선왕조의 입장에서 본다면 그처럼 자격 있는 혁명가를 찾기도 힘들다. 그는 맑스나 레닌과 같은 진짜 혁명가revolutionary이다. 이론과 실제를 다 갖춘, 혁명을 위하여 자기의 삶을 불사른 멋진 사나이다. 그러나 우리 민족의 전체대의를 위해 생각을 해볼 때, 그가 저지른 오류도 적지 않다. 그 중에서도 가장 심각한 오류는 고려대제국의 실태와 그 가치를 근원적으로 훼멸시킨 것에 관한 것이다. 『고려국사』는 용서할 수 없는, 왜곡의 사서이다. 그것이 정도전 개인의 오류로 끝났으면 다행이겠지만, 향후 조선민족의 역사인식 전체에 너무도 끔찍한 악영향을 미쳤다.

고려와 조선, 편년체와 기전체

생각해보라! 혁명이란 명命을 가는(혁革) 것이다. 그것은 왕조의 명命을 혁하는 것이요, 나라를 뒤엎는 일이요, 나라를 바꾸는 일이다. 혁명가는 반역反逆의 주역이 되어야 하고, 시대의 흐름을 역전시켜야 한다. 혁명가는 죽음을 불사해야 한다. 정도전에게 칼 맑스는 맹자였고, 레닌은 이성계였다. 이 둘을 결합시켜 자기존재의 근원을 바꾸었다. 고려에서 조선으로! 생각해보라! 정도전이 살았던 세상은 고려였고, 황제국이었고, 세계불교의 중심국가였고, 고매한 청자의 나라였고, 당대 최고급의 테크놀로지와 막강한 군사력을 소유한 나라였고, 권력이 분권화된 호족체제의 나라였고, 도덕적으로 여유롭고 느슨한 축제의 나라였다. 그러나 정도전이 만들려고 하는 새로운 세상은 이씨조선이었고, 제후국이었고, 엄격한 배타적 윤리를 말하는 주자학적 유교국가였고, 분청사기의 나라였고, 문신이 무신을 완벽하게 제압하는 나라였고, 테크놀로지보다는 경서를 중시하는 나라였고, 지방호족이 사라지는 귀족중심의 중앙집권화된 나라였고, 도덕적으로 엄숙주의를 지향하는 치밀한 하이어라키의 삼강오륜의 나라였다. 정말 국가비젼의 그림이 전혀 달라지고 있는 것이다. 그러한 혁명아 정도전이 자기가 무너뜨린 나라의 역사, 통사 그 전체를 쓴다고 할 때 어떠한 자세로 쓸 것인가? 독자들은 진정코 이런 문제를 고민해 본 적이 있는가?

당연히 여러분들은 조선왕조의 혁명의 당위성을 정당화하기 위해서는 고려를 타락했고, 도덕적으로 불결한 나쁜 나라로 그렸을 것이라는 정도의 추측만을 쉽게 할 것이다. 그렇다면 대강 한 왕조의 마지막 왕들은 다 걸桀 아니면 주紂가 되듯이 고려왕조 말기의 사회상을 전체적으로 나쁘게 그렸을 것이고 공민왕부터 공양왕에 이르는 왕들은 모두 망국의 책임을 져야만 하는 무능한 폐정의 주인공으로 둔갑되었으리라는 것은 쉽게 가정할 수 있을 것이다. 지금도 전문가들 사이에서 『고려사』를 운운할 때 여말선초의 역사기술에 문제가 있다는 얘기는 심심치 않게 얘기된다. 그러나 지금 내가 말하는 것은 그런 정도의 상식적 이야기가 아니다. 역사를 인식하는 근원적 카테고리에 관한 것이다.

역사를 기술하는 전통적 방법에는 편년체編年體와 기전체紀傳體라는 것이 있다. 편년체는 그냥 연대순chronological order으로 사건을 나열하는 것이다. 『조선왕조실록』은 편년체 서술의 대표적인 것이다. 중국고전에는 노나라의 역사, 『춘추春秋』가 편년체의 대표적 사례이다. 그러니까 "실록"은 실상에 가까운 사건들의 나열이라는 양식을 취할 뿐 아니라 매우 자세하다는 것이 특징일 수밖에 없다. 그런데 비하여 "기전체紀傳 體"는 사마천의 『사기史記』에서 비롯된 것으로 본기本紀, 세가世家, 표表, 지志, 서書, 열전列傳 등의 독립적 카테고리를 만들어 그 카테고리의 양식에 따라 독자적으로 기술하여 연합체를 형성한 것이다. 이러한 전문적인 문제는 독자들이 자세히 몰라도 무방하다.

『고려사』에 본기가 없다는 게 말이 되는가?

하여튼 정도전의 『고려국사』로부터 출발하여 최종적으로 완성된 『고려사』는 편년체가 아닌 기전체의 역사기술이었는데, 그 이유인즉 기전체는 역사의 다양한 측면들이 독자적으로 유기체적인 단위를 형성하기 때문에 방대한 자료의 체계화가 쉽고, 해석의 여지가 넓어지기 때문에 포폄의 가치판단이 자연스럽게 개입된다는 데 있다. 특히 열전과 같은 기술은 역사적 인물들을 오늘날의 바이오그라피적인 양식으로 다룰 수 있으며, 사마천이 열전의 기술에 있어서 워낙 문학적인 상상력을 화려하게 발휘하였기 때문에 역사적 인물의 평론이 매우 자유롭게 행하여질 수 있었다. 다시 말해서 조선초기 유자들 입장에서는 때려잡을 놈은 쉽게 때려잡을 수 있고, 높여줄 놈은 마음 놓고 포찬襃讚할 수 있는 것이다. 한마디로 역사를 왜곡하기가 편년체보다는 기전체가 쉬웠다는 것이다.

그런데 "기전체"라는 말에서 "전"은 "열전列傳"(biographies)을 말하는 것이므로 쉽게 이해가 간다. 그런데 앞에 있는 "기紀"라는 말은 "본기本紀"와 "세가世家"를 압축한 말이다. 사실 이 부분이 기전체 역사기술의 핵심이 되는 본체인데 여기에는 "본기"와 "세가"의 두 카테고리가 있는 것이다. 그런데 "본기"라는 것은 "천자국의(앞서 말했듯이 천자는 본래 왕王으로 불리었다) 역사"이며 "세가"라는 것은 "제후국의 역사"를 말하는 것이다. 노魯나라나 제齊나라의 역사는 본기가 될 수 없고 세가라는 카테고리에 들어가게 된다.

『고려사』라는 책을 펼칠 적에 일차적으로 우리가 대면하지 않을 수 없는 충격적인 사실은 고려제국 전체가 "본기本紀"에 들어가지 않고, "세가世家"로 처리되었다는 이 통탄스러운 사실에 있다.

여러분들이 『삼국사기』라는 책을 펼치면, "신라본기新羅本紀"라는 말이 제일 먼저 나온다. 우리가 김부식을 아무리 사대주의자니 운운하지만, 그는 최소한 신라, 고구려, 백제를 제후의 나라가 아니라 천자의 나라로 본 것이다. 그것은 그가 고려제국의 사람이었기 때문에, 3국을 본기라는 카테고리에 넣은 것은 너무도 자연스러운 인식체계를 반영한 것이다. 제국의 사람이기 때문에 자신의 뿌리를 제후국으로 인식하지 않은 것이다.

그런데 『고려사』의 편찬자들은 "고려"라는 막대한(고려의 강역은 북간도·서간도 지역을 다 포섭한다. 고려의 강역을 "한반도"라는 터무니없는 개념 속에 우그려 처넣은 것은 이병도사학류의 최대실책이다. 『고려사』 그 자체만 전후맥락을 따져 정직하게 읽어도 그런 오류는 범할 수 없다), 막강한 제국을 변방의 일개 제후국으로 전락시킨 것이다. 고려가 "세가"라면 도대체 고려시대 때의 "본기"는 무엇이 될까?

하여튼 고려를 "세가"에 집어넣은 조선유자들의 속셈은 새로 건설한 이성계의 조선왕조가 철저히 명明이라는 천자의 나라를 섬기는 제후국이 되어야 한다는 당위성의 전제를 천명한 것이다. 그것이 진정코 그 당시 호족세력(라이벌 그룹)들의 반발을 잠재우기 위한 효율적 수단이었는지 어떤지는 알 수가 없으나, 우리가 요즈음까지 부르고 있는『정선아리랑』의 가사, "*눈이 올라나, 비가 올라나, 억수장마 질라나, 만수산 검은 구름이 막 모여든다*" 등에도 이성계의 조선창업에 반대한 고려유신들의 정조情調가 반영된 것이라고 하니, 당시 정도전-이성계의 혁명에 저항한 세력이 만만치 않았음을 말해준다. 송도 두문동에 숨어 지내던 고려유신들이 정선으로 은거지를 옮기고 고려왕조에 대한 충절을 맹세하며 여생을 산나물을 뜯어먹고 살았다고 한다. 고려왕조에 대한 흠모, 두고 온 가족과 고향에 대한 그리움, 외롭고 고달픈 심정을 한시로 읊었는데 후에 세인들이 이를 풀이하여 부른 것이 정선아리랑이 되었다고 한다. 정선아리랑은 최소한 600년 이상의 역사를 지니는 모든 아리랑의 프로토타입으로 간주되고 있다: "*세파에 시달린 몸 만사에 뜻이 없어 출연히 다 떨치고 천려를 의지하여 지향 없이 가노라니 풍광은 예와 달라 ……*" 이러한 서정적 가사가 조선왕조 혁명 그 자체에 대한 부정적 정서를 토로하고 있다는 것을 독자들은 알고 있는가?

하여튼『고려국사』(1395년 성립)를 쓴 정도전은 "삼십년래근고업三十年來勤苦業, 송정일취경성공松亭一醉竟成空"(삼십년 긴 세월 근근이 쌓아올린 고된 금자탑, 송현의 정자 술 한 잔에 끝내 허공으로 돌아가고 마는구나)이라는 시 한 구 남기고 이방원의 칼에 베히고 만다(1398년 음8월 26일, 57세). 물론 우리는『고려국사』가 현존하지 않기 때문에 그 실상을 자세히 상고할 길이 없다. 그리고 정도전만 해도 이후의 조선유학자들과는 달리 명태조 주원장을 우습게 알았고, 요동회복(사학계에서 쓰는 "요동정벌"이라는 개념 자체가 잘못된 것이다. 그것은 남의 나라인 요동의 정벌이 아니라, 잠시 빼앗긴 고토의 회복일 뿐이다. 요동은 고구려의 고토로서 고려가 계승한 땅이다. 우리의 잘못된 관념은 『고려사』에 나오는 지명을 잘못 비정한 데서 비롯되는 픽션이다)을 획책했으며, 왕권중심보다는 재상중심의 새로운 형태의 왕조를 구상했다. 그래서 이방원과 충돌한 것이다. 그러나 정도전이 자기가 무너뜨린 고려에 대해서는 이미 틀을 왜곡해놓았다는 것은 명약관화하다. 정도전은 고려조가 남긴 사료를 새로 건국된 조선왕조의 입장에서 개조하고 날조하는 데 하등의 죄책감이 없었다. 고려의 위상을 일개 제후국으로 만들어야만 조선왕조혁명의 정당성이 확보된다고 보았던 것이다.

세종의 양심, 주저

하여튼 정도전의 사료의 왜곡을 보통 "개서주의改書主義"라고 부르는데, 정도전의 개서주의는 너무도 엄청나게 많은 사료를 삭제하여 고려의 역사를 너무 소략하게 만들었다는 것, 그리고 또 사실史實에 대한 필삭筆削과 인물에 대한 포폄이 공정치 않아 내용이 오류투성이이며, 또한 유교적이고 사대적인 역사관에 따라 제국의 풍도를 비하시키고 그러한 격하에 따라 당시의 실제 사실을 엄청나게 매몰시켰다는 비난이 처음부터 끊이지 않았다. 더구나 그가 죽고나니 그에 대한 온갖 비판이 쏟아졌고, 『고려국사』도 개찬改竄되어야 한다는 의론이 대두되었다. 『고려국사』는 본시 편년체의 사서였던 것으로 사료되나 『고려사』의 문제점은 이미 정도전의 『고려국사』에 이미 배태되어 있었다고 보여진다.

『고려사』는 『고려국사』로부터 찬정竄定되는 기나긴 과정을 거쳐 어렵게 완성된 작품인데, 태종조의 하륜河崙 1348~1416의 개정도 만족할 만한 결론에 이르질 못했고, 세종조의 유관柳觀, 변계량卞季良 등의 개수작업도 결코 세종의 마음을 흡족하게 하지 못했다. 수차례의 찬개에도 불구하고 세종은 끊임없이 개서를 요구한다. 매우 형식적인 이유들이 흔히 말하여지고 있으나 결국 세종과 같은 주체의식과 날카로운 역사인식을 가진 사람에게는『고려사』의 히스토리오그라피가 본질적으로 자기 뿌리에 대한 왜곡이라고 느꼈을 것이다. 결국『고려사』는 세종 31년에나 김종서金宗瑞·정인지鄭麟趾 등에 의하여 새로운 기전체 양식의 사서로서 가닥을 잡으나 세종은『고려사』의 완성을 보지 못하고 죽었다. 지춘추관사知春秋館事 김종서는 문종 원년(1450) 8월에나 새로 편찬한『고려사』를 완성하여 바친다. 그러나 영민한 문종조차 이 사서를 달갑게 생각치 아니 한 것 같다. 결국『고려사』는 단종 2년 10월에나 정인지의 이름 아래 인쇄 반포되었다.

현대사의 왜곡, 고대사의 왜곡

지금 여순민중항쟁을 운운하는데 내가 이렇게 옛 사료에 대하여 장광설을 늘어놓고 있는 것은 "역사의 왜곡"이라는 주제에 대하여 보다 본질적이고도 폭넓은 이해를 해야 한다는 것이다. "역사왜곡" 하며는 우리는 곧바로 일본식민사학자들의 조선사왜곡만을 생각하게 마련이지만,『고려사』의 고려왜곡은 식민사학자들의 농간을 뛰어넘는 왜곡일 수도 있다. 우리 현대사에 대하여 우리민족 스스로 자행한 이념적 왜곡도 이 이상의 심각한 문제일 수도 있다는 것이다.『고려사』의 세가에 그 찬란한 강감찬姜邯贊 948~1031의 귀주대첩은 단 한 줄도 제대로 나오지 않는다(현종 10년 2월 기사: 丹兵過龜州, 邯贊等邀戰, 大敗之, 生還者僅數千人). 아무런 의미

없는 거란황제의 조서는 장황하게 엄청난 분량이 수록되면서!

아니, 생각해보라! 고려를 세가에 집어넣고 제후국으로 만들어 놓았으니 요나라, 금나라, 송나라는 다 황제의 나라인지라 황제의 조서를 발하고, 고려의 황제들은 자기보다 급이 낮은 그놈들의 조서만을 받드는 제후로서 등장할 뿐, 고려황제의 조서는 쌀 한 톨의 분량도 실릴 수가 없는 것이다. 도대체 이렇게 비굴한 역사가 또 어디에 있을 수 있겠는가? 나는 『조선왕조실록』을 읽기 전에는 우리민족역사의 "사대事大"운운이 일본 식민사학자들에 의한 조작인 줄 알고 구구한 변명을 일삼았는데, 조선왕조의 "사대"관념은 개국 초부터 확고하게 자리잡은 "국시"였다. 그것은 이승만이, 그리고 박정희가 반공을 국시로 삼은 것과 대차가 없다. 『고려사』는 반드시 『태조실록』과 같이 읽어야 그 본체를 깨달을 수 있다. 반공이라는 국시의 본질은 "미국에 대한 사대"를 의미하는 것이요, 이성계의 "사대"라는 국시는 명明에 대한 굴종이다.

청주찬가

20세기에서 21세기로 넘어가는 밀레니엄의 전환기에 나는 현대사의 전문가로 변신하였고, 2018년에 이르러 나는 고려라는 황제국의 발견자로서 발돋움을 하게 되었다. 결국 나는 청주MBC(MBC충북)에 내려가 강의를 했다(2018년 9월 12~13일). MBC충북의 팀(조기완 국장, 문희창 직지코리아 사무처장, 청주고인쇄박물관 황정하 박사, 진혜경 작가)은 최선을 다했다. 이틀 동안의 "도올, 직지를 말하다"라는 4부작 강의는 이미 유튜브에 올라 수십만 명이 보았으며, 한범덕韓凡悳 청주시장님(서울대학교 동양사학과 출신의 뜻있는 지식인. 청주 한씨, 청주사람)은 나의 강의가 청주인들에게 자긍심과 새로운 정체성을 불어넣어 주었다고 평했다(나의 강의는 제1부 "직지와 고려," 제2부 "한국불교와 직지," 제3부 "직지, 세계사로의 등장," 제4부 "백운과 임제, 그리고 청주찬가"로 구성되어 있으며, 지금도 많은 사람이 시청하고 있다). 나는 마지막 시간에 이 강의의 대미를 다음과 같은 게송으로 종결지었다.

〈청주찬가淸州讚歌〉

무심천無心川은 무심無心따라 흐르고
우암산牛巖山의 정기는 백운白雲아래 빛난다
청풍淸風은 청주사람 얼굴을 스치고
묘덕妙德의 보시는 전등傳燈의 불꽃
직지直指는 지금도 무의無依의 진인眞人되어
청주인의 가슴을 사른다
청주, 중원中原의 대맥,
인류人類의 앞길 밝힐
영원한 지혜의 빛!

2018년 9월 13일
청주에서
조선땅의 철학자 도올 김용옥 읊다

사랑스러운 빛고을 2천 눈동자

고려대제국에 대한 나의 의식이 여물어갈 때, 광주MBC에서 또 나에게 청이 들어왔다. 광주에서는 매우 유능한 피디로 알려져 있는 김낙곤(현 광주MBC 사장) 국장이 김휘의 소개로 나에게 찾아왔다. 올해(2018)가 전라도가 "전라도全羅道"라는 행정명칭을 갖게 된 지 꼭 1천년이 되는 해다. 고려 현종 9년(1018) 전주全州와 나주羅州의 첫 글자를 조합하여 "전라도"라는 지방행정구역을 설치한 지 꼭 1천 년이 되는 해라는 것이다. 당시 고려는 거란족과 전쟁중이었으므로(강감찬의 귀주대첩 전해) 그러한 혼란 속에서 행정조직을 재정비해야 할 절박한 필요가 있었을 것이다.

현재 전라도는 이념적으로는 민주화운동의 본산으로서의 명분을 견지하고 있지만, 실제적으로 경제적 풍요로움을 누리지 못할 뿐 아니라 특히 정신적으로 매우 공허하다는 것이다. 미래를 담당할 젊은 세대들에게 희망을 던져줄 수 있는 비젼이 문화적 연속성 속에서 자체적인 연결고리들을 가지고 확대재생산 되기에는 모든 것이 너무 빈곤한 상태에 있다는 것이다. 그래서 그들에게 특별한 격려가 필요하다는 것이다. 그러나 나는 어떠한 경우에도 불특정 중·고등학생들을 대상으로 대규모 강의를 하는 것은 피한다. 아니, 내가 피하는 것이 아니라, 피할 수밖에 없다. 강연장의 분위기 자체가 형성이 되질 않는 것이다. 내 잘못도 있겠지만, 요즈음 청소년문화는 진지하게 지적인 강연을 듣는다는 분위기 그 자체로부터 소외되어 있다. 그리고 그런 강연은 재미가 없으니까, 집중을 하지 못한다. 실제로 심리적인 "어텐션attention"이 불가능한 군중은 난장판이 될 수밖에 없다. 공통의 관심사가 성립되지 않는 곳에서는 록밴드 쇼 공연은 가능할지 몰라도 나 같은 사람의 논리적인 강연은 근원적으로 불가능하다. 노 땡큐!

김휘로부터 나의 까다로움(정확한 판단력)에 대해 충분한 오리엔테이션을 받은 김낙곤은 나에게 던질 미끼를 잘 준비해 왔다. 내가 1986년에 쓴

책으로『중고생을 위한 김용옥 선생의 철학강의』라는 매우 많은 사람에게 읽힌 철학입문서가 있다. 이 책은 활판이 사라지면서 새로운 에디션으로 증보되었는데『논술과 철학강의』(전 2권, 2006년 초판 발행)라는 이름으로 나왔다(기실 논술고사를 의식하여 이름이 바뀌었는데, "중고생을 위한 철학강의"라는 옛 이름을 나는 선호한다. 그러나 논술부분에 한국의 현대사가 매우 잘 요약되어 있다).

전라도의 고인돌

김낙곤은 광주광역시교육청과 전라남도교육청의 협조를 얻어 나의 책『논술과 철학강의』를 신청자(대개 고1중심) 1천 명에게 공급하여 성실하게 읽게 하고, 그 1천 명을 광주MBC 공개홀에 모아놓겠다는 것이다. 나로서는 아무리 산만한 "고딩"이라 할지라도 내 책을 정확히 읽고 내 강의를 듣겠다는 의지를 가진 청춘의 지적 갈망에 부응하지 않는 것은, 이 시대의 사상가로서 못할 짓이라는 생각이 들 수밖에 없었다. "천년 전라도의 청춘, 세계를 품다 2부작"은 전라도의 고등학교 학생 1천 명을 대상으로 전라도 지역의 역사와 문화, 그리고 청춘의 미래적 가능성을 주제로 광주MBC 공개홀에서 강론한 것이다(2018년 9월 28일 녹화). 나는 이미 사상적으로 "고조선-고구려-고려"라는 새로운 조선대륙의 문명패러다임을 확보한 후였기 때문에 젊은 학도들에게 새로운 역사인식을 갖게 하는 다양한 주제를 설파하는 데는 어려움이 없었다. 그러나 문제는 학생들의 어텐션의 문제였다.

그런데 나에게 충격적으로 다가온 사실은 전라도의 1천 명 학생들이 참으로 진지하게 나의 강의를 3시간에 걸쳐 경청하였다는 것이다. 광주

광역시교육청 장휘국 교육감은 매우 소탈한 분이었는데, 학생들과 더불어 나의 강의를 처음부터 끝까지 경청하였다. 나는 학생들에게 전라도의 논두렁이나 산허리에 널부러져 있는 다양한 형태의 고인돌을 이집트의 피라밋 유적을 바라보는 것과 동일한 경외감을 가지고 바라볼 것을 요청하였다. 전세계의 고인돌의 60%가 우리 조선대륙에 있으며 그 중에 반이 전라남도에 집중되어 있다. 남도지역에서 발견된 것만도 2만여 기에 이르는데 그것은 세계 어느 곳에도 유례가 없는 밀집도를 과시하고 있다. 고인돌 10톤짜리를 운반하는 데 최소한 2~3백 명의 인력이 필요하며 가호 당 계산하면 1,500명 이상의 인구를 가진 집단이래야 고인돌 하나를 만들 수 있다. 이것은 전라도 지역이 얼마나 풍요로운 하부구조를 가지고 있었는가 하는 것을 말해준다. 고인돌을 청동기시대의 것으로 공식화하는 것도 가당치 않다. 신석기시대는 물론 구석기시대에까지 소급될 수 있는 것이다.

광주MBC 강의내용은 이미 유튜브에 올라 수십만의 사람이 시청하였으므로 내가 그 내용을 여기 설명할 이유가 없다. 유튜브를 열어, "도올, 천년"만 치면 곧바로 연결된다. 이 강연의 백미는 전라도 고교생들의 활달한 질문에 있다. 나는 어려서부터 선종의 선사들의 어록을 많이 읽었기 때문에 즉문즉답에 강하다. 나의 강점은 내가 알고 있는 것을 짧게 요약하여 쉽게 이해될 수 있도록, 그리고 성실하게 답변한다는 것이다. 학생들은 나의 답변이 그들 질문의 요점을 확고하게 장악하고 있다고 생각하기 때문에 또 그만큼 편하게 질문할 수 있다. 전라도 청춘의 자세는 놀라웁게 진지하고 발랄했고 지적으로 성숙되어 있었다. 나는 전라도 고교생 1천 명과 매우 행복한 시간을 가졌다.

하여튼 2018년은 나의 제자들이 고희연(전통적으로 "고희古稀"라는 말은 두보의 "곡강이수曲江二首"에서 왔는데, 전통 나이셈법으로 만 69세가 맞다. 그러나 만 70년 생일을 부르는 다른 말이 없기에 그냥 고희연이라 부르겠다)을 열어준 해이기도 하지만, 역사적으로 상당히 많은 이벤트가 걸리기도 한 해였다. 그 중의 하나가 제주4·3 70주년 행사로써, 제주KBS에서 나에게 70년역사의 대단원을 맺는 강연을 기획해보고 싶다고 봄부터 졸라댄 사건이었다. 물론 나의 팀은 제주KBS의 요청에 응해주질 않았다. 당시 나는 "역사적 예수Historical Jesus"를 규명하는 작업에 몰두해있었고, 실상 그런 대강연의 자리에 설 수 있는 사람은 평생 그 방면에 연구를 해온 사람이어야지, 나 같은 고전학자는 좀 생뚱맞다고 나는 생각한 것이다. 그리고 나의 팀의 "커트" 사실은 나에게 전달이 되질 않았다.

제주KBS의 서정협 피디, 제주사가 양진건 교수

제주KBS의 기획프로그램을 담당한 사람은 서정협徐廷協이라고 하는 피디였는데, 나는 그의 신상에 관한 개인적 정보를 일체 가지고 있질 않지만, 그는 매우 차분하고 집요하고 말이 적은 사람이었다. 그러나 그는 나의 팀의 거절에도 불구하고 꾸준히 나의 팀을 설득한 모양이다. 그러다가 청주로 인해 나의 성서탐색이 중단되고, "국학"에로의 방향선회가 일어나자 나는 어차피 희랍어성경으로 돌아가기가 어려웠다. 그 참에 나는 나의 팀으로부터 제주KBS에서 그런 요청이 계속 있었다는 소리를 우연히 듣게 되었다.

나는 작년(2017) 7월 한여름에 대한상공회의소 초청으로 제주신라에서 열리는 대한상의 정기포럼의 주제발표를 담당하게 되었다(7. 19~22. 나의 발표는 20일 오전. 이 주제강연은 내가 김정은에 관해 누구보다도 먼저 상세한 보고를 한 내용을 담고 있는데, 『월간중앙』 2017년 9월호에 그 전문이 실렸다). 상공회의소에서는 내가 내려가는데 나의 팀 전체를 같이 초청해주었고, 19일부터 22일까지 편한 잠자리를 제공해주었기 때문에, 그 기회에 나는 제주역사를 탐방하고 다큐를 하나 찍기로 마음먹었다. 나는 대흥사의 요청으로, 나의 진외가 고향인 해남·강진 지역에서 맺어진 다산과 아암과 초의의 관계를 연구하다가, 추사의 제주도 유배생활에 관심을 갖게 되었다. 그때 나는 『제주 유배길에서 추사秋史를 만나다』(푸른역사), 『그 섬에 유배된 사람들 — 제주도 유배인 열전』(문지)이라는 2권의 책을 읽게 되었는데, 매우 유익한 정보가 많았다. 이 책들의 저자는 제주대학교 사회교육대학원 교수인 양진건梁鎭建이었는데, 진짜 토배기 제주사람의 체취가 물씬 책에서 느껴졌다. 나는 어느 지방을 가든지 그 지방의 역사를 먼저 캔다. 역사를 캐는 가장 효율적인 방법은 그 방면으로 연구를 많이 한 사람(나는 정사·야사, 대학학자·향토사학자를 구분하지 않는다. 모두가 동일하게 유용하다)과 같이 현장을 답사하면서 토론하는 것이다.

내 느낌으로 양진건은 실력 있는 인물이었다. 그를 통해 제주를 보는 것이 정확할 것이라는 생각이 들었다. 그래서 제주대학으로 전화를 걸어 어렵게 어렵게 그를 찾아냈는데, 전화를 걸고 보니, 그 또한 나를 애타게 컨택을 하려고 노력하고 있었다. 그는 서귀포에서 시민대학이라고 하는 시민 상대의 포럼을 도와주고 있었는데 그곳에 나를 초청하려고 노력했던 모양이다. 서귀포 시민대학 자체의 힘으로 나를 데려가는 것은 근원적으로 불가능하다. 나는 시스테마틱하게 움직이는 사람이고 그 시스템 전체를 가동시킬 수 없으면 나는 움직이지 않는다. 조용히 독서하고 집필하는 것을 항상 선호한다. 양 교수의 무모한 발상이 오묘한 카이로스(타이밍, 기회)를 만난 것이다. 물론 양진건은 내가 그의 책을 읽었고, 그를 찾고 있었다는 것은 새카맣게 모르고 있었다. 알 리가 없다. 전화를 걸자마자 서로 기묘한 바터가 성립되었다. 양 교수는 나에게 사흘 동안(20~22일) 투어가이드를 해주고, 나는 양 교수가 요청하는 시민대학강의(7월 21일 저녁 7시~9시 반)를 한다. 나는 정말 양 교수 덕분에 제주 곳곳을 심층적으로 캐어들어갈 수 있었다. 그것은 정말 천우신조의 기회였고 날씨도 좋았고, 모든 타이밍이 척척 맞아들어갔다.

슬픈 제주

그때 나는 제주의 역사야말로 단순히 고립된 섬의 이야기가 아니라, 우리 민족 전체의 슬픈 이야기의 압축판이라는 생각을 했다. 그때 나는 "슬픈 아일랜드Sad Ireland"를 생각했고, "슬픈 제주Sad Jeju"라는 개념을 지어냈다.

어느 지방이든지 그 지방을 알려고 하면, 그 지방의 역사를 알아야 하는데, 그 지방에는 반드시 지방지가 있다. 도지道誌나 시지나 읍지나 면지나 하는 것들은 일반 사서史書가 담고 있지 못한 디테일한 지방의 역사를 담고 있기 때문에, 그리고 집필가들이 유명한 사가史家들이 아니라 그 지역에서 사는 유지, 지식인, 지사들이기 때문에 통사를 쓰는 사가들의 허세가 없다. 우리가 화려한 중앙무대에 서는 가수보다 시골 아낙의 순박한 민요소리를 더 듣기 좋고, 귀하게 여긴다. 나는 어느 곳을 가든지 그 지방의 지誌를 수집한다. 그런데 1970·80년대 집필된 책들이 대체로 수준이 높다. 지방자치가 실시된 후로 나오는 요즈음의 지방지는 대부분이 선전용의 엉성한 책이다. 화려한 사진이나 넣고 페이지나 불리고 비싼 포장을 한다. 그런데 막상 내용은 빈곤하다. 이것은 지방자치 그 자체가 많은 문제점을 내포하고 있다는 사실의 가장 정확한 증표이다. 그리고 지역 곳곳에 문화인이 부재한 것이다. 글 하나 제대로 쓸 줄 아는 인물이 없어지고 있는 것이다. 한자를 모르니 지방의 역사를 어떻게 쓸 것인가? 한자를 모르는 옛날 사람이름의 정확한 정보와 관련된 사실들을 어떻게 찾을 것인가? 그러나 엉성한 책이라도, 지방지라고 만들어 놓은 것이 있으면 나는 다 구한다. 그 중에 쓸모있는 정보가 반드시 들어있기 때문이다. 물론 옛날 책이 있으면 할아버지다!

   나는 작년 원희룡 지사를 대한상의 제주포럼에서 박용만 상의회장과 더불어 만났다. 나는 원희룡을 2007년 8월 한나라당 평의원 시절에 만난 적이 있다. 나는 일반적으로 남에 관한 정보에 어둡지만 원희룡이 수재라는 것은 너무도 잘 안다. 왜냐하면 내가 고려대학교 교수가 된 1982년 바로 그 해에, 대입학력고사 전국수석을 차지하여 화제를 모았기 때문이다. 저 외딴 섬 남단의 서귀포에서 태어나 서귀포에서 자라난 그가 전국의 수재들을 제압하였다는 소식은 지방을 깔보던 문화를 뒤엎어 버렸을 뿐 아니라, 제주도민들에게도 새로운 희망을 던져주는 격려의 횃불이었을 것이다. 그리고 그 뒤로도 원희룡은 군부독재정권에 맞서 싸우기도 했고 매우 건강한 생각을 하는 사람으로 간주되었다. 그가 비록 한나라당에 입당하여 국회의원이 되었지만, 그는 보수정당 내에서 끊임없이 진보적인 생각을 표출하는 건강한 세력으로 간주되었고, 특히 나의 주목을 끈 것은 그가 당내에서 대통령후보로 출마했을 때도 남·북문제의 평화적 해결이 만사의 근본이라는 매우 핵심적 이슈를 제기한 사실이었다. 그는 나를 만나자 마자 이렇게 아주 겸손한 자세로 말했다: "제가 대학교 다니던 시절부터 이미 선생님의 모습은 젊은이들의 희구의 표상이셨고 저술은 저희들의 사고를 가장 깊게 계발시키는 명저였지요. 저는 선생님의 책들을 탐독했고 사고의 밑바닥에 깔아두었습니다. 선생님은 우리 시대의 스승이십니다. 정말 감사합니다."

그는 나를 사숙한 제자로서 자처했고 그만큼 공경하는 마음으로 나를 대했다. 나는 그에 대해 무척 좋은 인상을 가지고 살아왔다. 그런데 양진건 교수는 원 지사에 관해 매우 비판적인 멘트를 했다.

"원 지사에 대한 제주도민의 사랑은 무척 깊습니다. 그렇다면 그 깊은 만큼 원 지사는 깊이 제주를 사랑해야 합니다. 그런데 그는 진정 제주도 사람이 무엇인지, 그 아이덴티티에 대한 깊은 감각이 없습니다. 제주도 사람이 어떻게 살아야 가치있게 사는 것인가에 관한 심오한 반추가 없습니다. 그의 관심은 오직 중앙정계로의 진출뿐이고, 그 관심을 집중하기 위하여 제주도를 천박한 개발모델의 전위로 만드는 것이죠. 그는 제주도 민의 깊은 기대와 사랑을 저버리고 있습니다. 위대한 정치인이 된다는 것은 꼭 대통령이 되어야 하는 것이 아닙니다. 지사로서 정말 제주도를 위대하게 만들 때만이 혹 결과적으로 대선의 기회도 올 수 있는 것이지, 대통령 되기 위해 산다는 놈 치고 제대로 된 놈 있습니까? 제주사랑이 무엇인지, 제주역사가 무엇인지, 제주비젼이 어떤 것이 되어야 하는지, 문명이 있으면 반문명反文明Counter-Culture도 있어야 하고, 유위有爲가 있으면 무위無爲도 있어야 한다는 것, 선생님의 책을 젊은 날에 읽었다고 한다면, 선생님께서 그런 것 좀 원희룡에게 가르쳐 주세요. 조금만 정신 차리면 훌륭한 인물이 될 텐데 영 정신을 못 차리고 있는 것 같아요. 제주사람들의 입장에서는 대치할 만한 스타도 없고 참 딱하게 생각하고 있지요." 제주도사람 양 교수의 크리티칼 멘트였다.

『제주도지』에 얽힌 사연

나는 우선 『제주도지濟州道誌』를 한 질 구하고 싶었다. 양 교수가 도지 구판은 구할 수가 없고, 2006년에 나온 7권짜리 신판이 있는데 그것도 시중에서는 얻을 수가 없다고 했다.

"선생님, 뭘 걱정하세요. 원 지사에게 도지 좀 보내라고 하세요. 그리고 그 참에 좋은 말씀도 해주시고요."

나는 서울에 올라와서 양 교수의 말대로 원희룡에게 도정에 관해 충고를 하는 간곡한 편지를 썼고, 나의 저술을 정중하게 문인화를 그려 인장까지 찍어 보냈고, 그리고 그의 비서를 통해 그와 직접 통화까지 했다. 그리고 내가 꼭 도지를 구해보고 싶으니 꼭 좀 보내달라고 간곡히 부탁했다. 그러나 원 지사는 그 뒤로 일말의 소식도 보내오지 않았다. 도지를 구하기 어렵다는 얘기조차 비서를 통해서라도 전한 바가 없었다.

나는 사실 1년이 지나도록 도지를 기다리고 있었다. 나는 우선 제주 KBS 서정협에게 『제주도지』를 한 질 구해줄 수 있냐고 물었다. 그랬는데 이변이 터졌다. 일주일 후 나에게 방대한 『제주도지』 7권이 배송된 것이다. 도지사도 보내주지 않는 『도지』가 나에게 입수된 것이다. 나는 제주 KBS 제주4·3 70주년 기념대강연을 하겠다고 통보했다. 그래서 운명의

11월 17일(토) KBS제주 공개홀 강연이 열리게 된 것이다. 나는 전날 16일에 내려가서 4·3과 관계된 현장을 돌아보면서 보충영상을 만들기로 약속했다(이 KBS제주, "도올 김용옥, 제주4·3을 말하다 3부작"은 이미 유튜브에서 쉽게 볼 수 있고 현재 너무도 많은 사람들이 같이 피눈물을 흘리고 있다. 나의 인생에서 가장 뜻깊은 강연이 되었고, KBS제주팀, 서정협 피디, 무대연출 허주영 국장, 작가 김선희로 대표되는 20여 명의 연출 스태프는 내가 출연한 TV무대로서는 최상의 무대, 장치, 음향, 조명, 편집의 묘를 과시했다. 그만큼 시청자들에게 감동을 전할 수 있게 되었다. KBS 제주팀에게 심심한 사의를 표한다. 원희룡 지사는 이 책이 출판된 후에 뒤늦게 나에게 도지를 보내왔다. 내가 도지를 부탁한 시점이 지방선거를 앞둔 때였기 때문에 나의 편지를 면밀히 검토할 경황이 없었다고 솔직히 말했다. 그는 성의를 다했고, 원지사와 나와의 사이에서 도지에 관한 이야기는 해피엔딩으로 끝났다. 그가 뒤늦게 보낸 도지는 제주도에 필요한 문헌임으로 다시 그에게 돌려주었다. 특기할 사실은 제주시 우신건축사사무소 김창우 대표님께서 제주도지 구판[1993]을 보내주셨다. 국한문 혼용판이래서 나에게는 크게 도움이 된다. 이 자리를 빌어 김대표님께 감사의 정을 표한다).

살다 보면, 인생행로의 전전轉轉이란 참으로 오묘하다. 마가복음하고 씨름하던 놈이 갑자기 『직지심경』, 『전등록』, 『선문염송』을 뒤척여야 했다. 그러더니 갑자기 남도의 고인돌을 고민하다가 "백제"라는 상식적인 통념을 파기했다. 그리고 전라도의 청춘을 말해야 했다. 그리고 갑자기 "슬픈 제주"를 말하지 않을 수 없었다. 이 모든 주제가 사실 나의 주체적 선택이라기보다는 내가 살고 있는 역사가 나에게 안겨주는 과제상황이다. 사실 사람들은 내가 박식해서 다 해결하는 줄로 알지만, 일단 주제가 선정되면 단시간에 얼마나 많은, 태산 같이 쌓이는 자료를 독파하고 또 사고를 집약하고, 또 신선한 관점을 제출해야 하는지 상상조차 하기 힘들다. 그 모든 것을 1·2개월 내로 해결해야만 하는 것이다. 평생 늘 그렇게 살다보니까 습관은 좀 되었지만, 두뇌를 압박하는 스트레스는 막대막중하다. 단지 그 스트레스가 "창조적이고creative" "사회적으로 의미 있다socially meaningful"는 이유 때문에 견디는 것이다. 재판을 기다리는 "더러운" 스트레스가 아니니까 견디는 것뿐이다. 어차피 제주는 결정되었다!

여수MBC의 김지홍 피디

그런데 청주·광주와 제주 사이에는 상당한 시간 갶이 있었다. 그런데 이 시간 갶을 파고드는 오묘한 동지가 한 명 있었다. 여수MBC의 김지홍金志鴻 피디였다!

"선생님, 워디 제주만 70년이간듸요. 진짜 70년은 여순이라니깐요. 제주도는 대륙에서 격절되어 사람이 잘 몰랐지 않습니까? 제주4·3이 오늘날 제주4·3이 된 것은 오로지 여순사건을 통해서였습니다. 여순사건은 조선전역에 모르는 사람이 없었고, 빨치산도 한라산빨치산보다는 지리산빨치산이 더 오랫동안 사람들의 뇌리에 박혀 있었습니다. 『태백산맥』을 쓴 조정래도 이쪽 사람이고, 하여튼 4·3의 불씨를 세상에 퍼뜨린 것은 여순이었죠. 그러니 올 70년 기념이라면 여순을 꼭 해주셔야지요. 4·3은 특별법이 이미 통과되었고 대통령의 사과도 받았지만, 그보다도 단기간에 더 악랄하게 처참히 당한 여순 사람들은 아직도 입도 뻥끗하지 못하고 살아요. 선생님이 아니면 안됩니다. 제주를 해주시기로 하셨다니까 이 참에 여수에 꼭 한번 내려오셔야지요. 여순사건특별법이 국회를 통과되어 70년 말 못한 한의 해원이 이루어져야 합니다. 선생님 같은 분이 아니면 공론화가 이루어지기가 힘듭니다."

나는 제주4·3과 여순사건이 하나로 연결된 사건이라는 것은 옛날부터 알고 있었다. 내가 이런 문제를 내 인생에서 일찍부터 알게 된 기묘한 계기가 있었다. 나는 1965년에 고려대학 생물과에 입학하였는데, 고등학교시절에 너무 방탕한 생활을 했고 태권도를 심하게 하여 관절염을 심하게 앓았다. 온 전신 관절이 돌아가면서 붓는 류마토이드 아쓰라이티스rheumatoid arthritis의 중증으로 고생을 하게 되었다. 결국 생물과 첫 학기만 끝내고 고향 천안으로 낙향하게 되었는데, 그때 마침 우리나라에 최초의 평화봉사단(Peace Corps Volunteer K1: 월남전의 이미지를 상쇄하기 위하여 미국의 젊은이들을 제3세계의 평화와 우정의 사도로 보낸 제도. 141개국에서 22만 명의 젊은이들이 복무기간 2년 전제로 파견되었다. 군대가 면제되었고, 이들은 대개 영어교사로 고등학교나 대학교에서 근무하였다. 케네디 대통령에 의하여 1961년에 창설되었으나 우리나라에는 1965년에 제1기생이 왔다)이 왔는데 천안에도 한 명이 할당되었다.

프레드 블레어Fred Blair라는 미쉬간대학 대학원을 나온 지식인이 천안농고에 배정되었다. 당시 천안에서 블레어가 하숙할 집은 많지 않았다. 천안 우리집은 일제 강점기 때부터 유명한 병원이었고 방사정이 넉넉했을 뿐 아니라 우리 집안에는 형제 중 미국유학생이 많아 미국인의 사정을 잘 알 만하다고 생각하여 농고교장(전후에 우리 큰형도 천안농고에서 선생을 했다)이 블레어의 하숙을 우리집에 요청하였다. 우리 아버지는 이방인을 집에 들이는 것이 구찮은 일이라고 반대하셨는데, 우리 어머니는 내가 신병으로 낙향하여 고생하고 있는 꼴이 보기 안쓰러워, 블레어를 들이면 나와 친구가 되어, 영어래도 하게 될 터이니 교육적 가치가 있다고 판단하시어 블레어를 덜컹 받아들였다.

그리고 블레어 방을 내 곁에 있게 하고 어머니 나름대로 양식을 만들어 주시면서, 블레어에게 정성을 쏟으시고 친자식처럼 대해주셨다. 그 모든 것이 신병으로 낙향한 아들을 위한 것이었으리라! 지금 생각해보면 그때 블레어와 있었던 수많은 에피소드들이 주마등처럼 지나가는데 우리 어머니의 정성은 지극한 것이었다. 나는 휴학을 하고 낙향을 한 것이 오히려 영어를 가장 지독하게 공부하게 되는 계기가 되었고, 서양인의 삶과 사고방식을 접하게 되는 이상적 환경을 만나게 된다. 신병치료차 시골로 낙향한 것이 미국유학 가는 것보다 더 많은 언어와 사고를 계발하는 도약의 계기를 만나게 된 것이다. 나는 블레어를 통하여 평화봉사단들에게 유명하게 되었고, 나중에는 평화봉사단원들에게 한국역사와 철학을 가르치는 선생노릇을 하게 되었다. 그렇게 그들과 교류를 넓혀가는 중에 깊은 친구가 된 한 사람이 있었다.

블레어와 브루스 커밍스

평화봉사단이면서 컬럼비아대학에서 한국역사로 박사학위를 받기 위하여 논문을 쓰고 있던 매우 지적인 청년이었다. 그는 많은 사람들을 인터뷰했고, 또 신문자료들을 도서관에서 찾았다. 그때 그는 나에게 도움을 요청했다. 나는 기꺼이 그를 도와주었고, 그와 함께 대학교수실을 찾아다니면서 인터뷰내용을 정리해주었다. 그의 한국어실력은 인터뷰하기에는 충분하지 않았고, 그가 찾아다니는 많은 학자들이 영어를 하지 못했다. 나는 그가 방문하는 많은 학자들이 매우 사회주의적 발상을 주저 없이 말하는 데 놀라움을 금치 못했다. 우리사회의 다른 측면을 보는 것 같았다. 나는 그때만 해도 한국현대사를 가지고 미국대학에서 박사를 받는다는 사실 그 자체를 매우 의아스럽게 생각했다. 1960년대만 해도 한국현대사, 특히 해방 이후의 역사 따위는 학문의 대상이 될 수 없는 잡담꺼리로만 인식되었던 것이다. 하여튼 긴 얘기는 하지 않겠으나 이 청년이(나보다 나이가 몇 살 위이기는 하지만 미국인은 친구 사이에 나이를 따지지 않는다) 바로 브루스 커밍스Bruce Cumings이다. 나는 그가 그토록 유명한 세계적 학자가 되리라는 것은 꿈에도 꾸지 못했다. 사실 커밍스의 역사도 한국이 성장한 역사와 궤적을 같이하는 것이다.

그가 『한국전쟁의 기원The Origins of Korean War』이라는 책을 프린스턴대학 출판사에서 펴냈을 때, 나는 하바드대학 박사학위를 끝내가는 중이었는데, 그는 그 책이 정식출간되기도 전에 나에게 이 책을 보냈다. 아마도 브루스의 『한국전쟁의 기원』이라는 책을 제일 먼저 읽은 사람이 나였을 것이다. 그는 안표지에 내가 도와주었던 것을 써서 보내주었다. 얼마 지나서 시카고대학에 있었던 최장집崔章集 학형이 나에게 한국정치사에 관한 가장 획기적인 위대한 책이 나왔으니 나 보고 사보라는 편지를 보내왔다. 장집형은 나와 커밍스와의 관계를 전혀 몰랐다. 그리고 내가 자기보다도 먼저 이 책을 통독했다는 사실도 상상할 수 없었을 것이다. 왕선산王船山 1619~1692의 『주역』해석으로 논문을 쓰고 있었던 도올이!

하여튼 나는 커밍스를 통하여 "인민위원회"를 처음 알게 되었고, 여수와 제주의 관계도 알게 되었다. 그러나 1960·70년대의 나의 의식은 그 심층구조를 깊게 파악하질 못했다. 어찌 보면 좀 여유로운 집안에 태어난 청년이 진리에 대한 갈망 속에서 숨겨진 역사에 대한 동경과 스릴을 느끼는 푸릇푸릇한 낭만성 그 이상의 것이 아니었을지도 모른다. 젊은 시절의 나는 오직 칸트, 헤겔, 화이트헤드, 맹자나 장횡거, 왕부지의 사유체계에

심취하는 것만이 나의 삶의 정도라고 생각하고 있었다.

제73차 국제와이즈멘세계대회 주제강연

사실 제주4·3을 규명하기 위해서는 여순사건을 명료히 알아야만 한다. 그리고 여순사건을 명료히 알기 위해서는 제주4·3의 역사적 배경을 충분히 숙지해야만 한다. 어차피 같은 고생을 할 것이라면 두 군데 나누어 강연을 하는 것도 의미있는 일이라고 생각케 되었다. 그러나 워낙 일정이 빡빡하고 강연분위기에서 항상 많은 오류가 발생하기 때문에 나는 될 수 있는 대로 일을 벌이고 싶질 않았다. 나는 사실 올 8월 9일 여수엑스포컨벤션센터에서 제73차 국제와이즈멘세계대회73rd Y's Men International Convension Yeosu Korea의 주제강연을 행하였다(국제와이즈멘은 라이온스클럽, 로타리클럽과 함께 세계3대봉사기관으로 꼽히며 YMCA조직을 지원하며 에큐메니칼한 정신으로 많은 봉사활동을 하는 건강한 기관이다. 그런데 올해 여수 기업인 문상봉 선생이 이 국제와이즈멘의 세계총재가 되었기에 매우 의미있는 세계대회가 여수에서 열리게 된 것이다. 73개국에서 3,000여 명이 참석하였다).

나의 주제강연은 "나의 변화가 세상을 바꾼다 — 무아, 십자가, 인(仁)과 빔(虛)의 새로운 해석"이라는 제목 하에서 영어로 행하여졌는데 대회장이 너무 헤벌어진 곳이라서 좀 고생스러웠으나, 마이크시설이 좋았고 세계인들이 나의 영어연설에 귀를 기울여주었기 때문에 큰 불만은 없었다. 그러나 여수라는 도시의 허황된 모습에 나는 불만을 느끼지 않을 수 없었다. 모든 것이 촌스럽게 크고 화려하기만 했다. 옛날의 아름다운, 아기자기했던 항구의 모습은 온데간데 없었다(나의 와이즈멘 주제강연고는 기독계의 가장 권위 있는 잡지『기독교사상』2018년 10월호에 전문 수록되었다).

제주4·3과 여순은 하나다

김지홍군은 전주사람이다. 그런데 고대 85학번 사회학과 입학이니까, 내가 한참 고대에서 두루마기를 휘날리며 학생들을 가르치고 독려하고 매질하고 같이 데모하면서 온갖 청춘의 정열을 불살랐던 그 시절에 내 강의를 들었던 학생이었다. 복수전공을 해서 신방과를 졸업하고, 어느 회사에 들어가 광고디자이너 노릇하다가 취미를 못 느끼고 여수MBC에 시험봐서 들어간 것이 93년 11월이라 했다.

"김군! 프레디 머큐리가 한 유명한 말이 있어. 사람들이 물샐틈없이 꽉 들어차고 자기에게 집중하기만 하면 자기는 틀릴래야 틀릴 수가 없다고. 기氣가 교감되는 곳에서는 최고의 작품이 탄생된다는 것이지. 강연도 마찬가지야. 문제는 공개홀이면 공개홀, 그 분위기 조성이 문제라는 것이지. 사실 프레디 머큐리가 아무리 파워풀한 공연을 한다 한들 그것은 있는 노래를 가지고 하는 거야! 그런데 나는 현존하지 않는 언어를 그 자리에서 창조해서 멜로디가 아닌 논리와 느낌으로 청중을 압도해야 되네. 그런데 우리나라 TV강연장에는 그런 분위기를 만들어주는 피디가 없어.

오는 사람들을 이 이유 저 이유로 꼭 통제하거든. 입장권을 예약하거나 하는 따위의 방법은 유명한 가수 쇼는 멕힐지 몰라도 강연자에게는 해당 안돼. 오기로 예약되어 있는 사람이 3분의 1도 안 오거든. 그러니까 발권을 정원의 10배는 해야 돼! 그렇지 않으면 완전 개방을 하고 죽으라고 와주십사 하고 고사를 지내면서 빌든지 하란 말일세! 강연장에는 자발적으로 듣고 싶어하는 사람이 입추의 여지없이 들어차야 하는데 그렇게 만드는 것이 쉬운 일이 아니야. 그리고 무대를 크게 만들지 말고, 내가 서있는 곳과 관객 사이를 밀착시키란 말이야! 그리고 무대단은 30㎝ 이상 높이지 말란 말이야! 그렇지 않으면 객석을 45도 계단식으로 무대와 밀착시켜 제작을 하든지 …… 이런 등등의 이유 때문에 나는 강연을 못해! 마이클 잭슨은 자기 공연무대를 스스로 연출하기 위해 얼마나 고생을 하는데, 실상 내 언어의 노래는 그의 공연보다 더 어려운 것이거든 ……"

"선생님 말씀대로 최대한 맞추어 보도록 하겠습니다. 관객동원은 개방적으로 많이 오도록 최선의 조직적 방법을 강구하도록 하겠습니다."

"말은 좋지 …… 현장에 가면 항상 빵꾸투성이 …… 미친 척 하고 자네를 한번 믿어볼까?"

"선생님! 제가 여수MBC에서 존재한다는 보람을 한번 느끼게 해주십시오. 제 생애 최고의 작품을 한번 만들고 싶습니다."

이때 마침 샤오똥이 옆에 있었다. 그는 또 같은 구라를 풀었다.

"난작인간식자인難作人間識字人이라! 도올 선생 어찌 여수 안 내려가고 배기리오! 전라도 사람들 가슴에 맺힌 한을 풀어줄 수만 있다면 난 천번만번이라도 내려가리오리만 난 당신 같은 식자인 대접 받기 어려우니 내려가서 시킴굿이나 좀 하고 오소!"

역시 팔은 안으로 굽는다고 샤오똥은 애향심이 대단하다. 나는 이미 고향을 잃어버린 사람이 되어버렸는데(내가 자라난 천안은 완전히 해체되어 사라졌다) 전라도 사람들은 아직도 고향의식을 강하게 가지고 살고 있다. 여수MBC강연은 10월 30일 오후 4시로 결정되었다.

나는 약 두 달 동안 여순사건과 제주4·3에 관해 집중적인 연구를 감행하였다. 그리고 나의 연구가 전문가들의 인식에서 벗어나는 것이 되지 않도록 하기 위하여 사계의 권위있는 학자들과 토론을 했다. 제주4·3과 관련해서는 박찬식朴贊殖 박사, 그리고 여순 관련해서는 주철희朱哲希 박사와 토론했고, 그 분들의 도움을 엄청 받았다(이 책에서는 그 대강을 깨닫게 하는 것을 목표로 하기 때문에 일일이 다 출전을 밝히지 않는다. 그러나 대표적인 2권의 책은, 주철희, 『동포의 학살을 거부한다─1948, 여순항쟁의 역사』, 박찬식, 『4·3과 제주역사』이다. 두 책 다 쉽게 시중에서 구할 수 있다). 나의 연구의 최종적 결론은 4·3도 여순도 그 성격규정이 제대로 되어있지 않다는 것이다. 제주4·3의 본질은 4·3이 아니며, 여순사건도 국군 14연대의 "항명"이 아니라는 것이다.

둘 다 중립적인(가치규정이 빠져있는) "사건"으로 불러서는 안된다는 것이다. 제주4·3이든 여순사건이든 반드시 "민중항쟁"으로 인식되어야 한다는 것이다. 지금으로부터 나의 논지는 "제주4·3민중항쟁"과 "여순민중항쟁"이라는 개념의 필연적 구조를 밝히는 것이다. 이 책을 읽고 난 후, 독자들의 입에서 스스로 4·3민중항쟁과 여순민중항쟁이라는 말이 나오게 된다면 나의 역사 기술은 성공한 것이다. 역사는 진실이고, 진실은 감정이다. 감정을 배제한 역사기술은 픽션이다.

여수MBC 기념비적 강연의 서언
내가 여순에 내려가기 며칠 전에 마침 유사회모임이 있었다. 그래서 나는 내가 그동안 새롭게 발견하고 깨닫게 된 사실들에 관해 제자들에게 강의를 해주었다. 나는 여수MBC에서 강연할 때 항상 말문을 열다가 어색해하는 고역을 덜기 위해 아주 강렬한 메시지를 먼저 낭독하고 들어가기로 결심하였다. 처음부터 강렬한 결론을 먼저 내걸고 그 톤으로 내내 강렬한 느낌을 관철하기로 작심한 것이다. 그 서설은 다음과 같다.

【서언序言】

나는 지금 여기 여수에 지나간 옛 이야기를 말하려 온 것이 아닙니다. 나는 지금 여기 잊혀진 사실을 들추어내려는 것도 아닙니다. 나는 지금 여기 왜곡된 사건들을 바로 잡기 위하여 소소한 사실들을 열거하려는 것이 아닙니다. 역사에는 분명 사실이라는 것이 있습니다. 그러나 역사는 궁극적으로 해석의 체계입니다. 사실을 아무리 나열하여도 그것은 역사가 되지 않습니다. 역사는 사실의 숲속에 가려진 진실입니다.

그 진실은 나의 가슴속에, 그리고 여러분들의 가슴속에 파묻혀 있습니다. 그것은 여러분들의 혈관 속에서 맥박치고 있는 한이며, 분노며, 저주며, 회한이며, 울먹임이며, 통한이며, 벙어리냉가슴이며, 그리움이며, 올바른 세상을 살아야겠다는 몸부림이며, 양심의 명령이며, 정의로운 하늘의 외침입니다. 나는 지금 이 자리에서 여러분들과 함께 그냥 목 놓아 울고 싶은 심정밖에는 없습니다. 어찌하여 우리 민족이 이 지경에 이를 수 있었는가? 도대체 무엇이 우리를 이토록 잔인하게 만들었는가? 도대체 누가 누구를 죽였는가?

저는 태어나 아장아장 걷기 시작하면서부터 "여순반란"이라고 명명된 이 처참한 사건에 관한 이야기를 수없이 듣고 자랐습니다. 그런데 부끄럽게도 고희가 넘도록 이 사건에 관해 잘 알지 못했습니다. 고백합니다. 진심으로 고백합니다. 저는 이 사건에 가려진 진실을 잘 알지 못했습니다. 그런데 실상은 우리 모두가 이 사건을 잘 알지 못합니다. 이 사건을 연구하는 전문가들조차도 이미 이 사건을 "반란"으로 규정한 시대정신의 인식체계 속에 갇혀있기 때문입니다. "이념적인 회전"은 결코 "진실한 발견"일 수 없고 "궁극적 해탈"이 될 수 없습니다. 우리는 여순을 말할 것이 아니라, 세계를 말해야 하고, 인간을 말해야 하고, 진리를 말해야 합니다.

나는 이 순간 외칩니다! 70년 동안 이 진실을 "반란"으로 규정해온 인간들이 마음 놓고 반공의 파시즘을 선전하고 국민을 기만하고 가혹한 이득을 취해왔다고 한다면, 나는 외칩니다: "You are lost!" 너희들은 이미 졌다. 너희들의 틀은 이미 이 시대에 맞지 않는 고물이다. 퇴색하고 있다. 물러가라! 사라져라! 사라지는 것만으로도 너희는 속죄를 얻을 수 있으리라!

여순사건은 사건이 아닙니다. 그것은 중립적 사건으로 머물 수 없습니다. 머물러서는 아니 됩니다. 여순은 사건이 아닙니다. 여순은 민중의 항쟁입니다. 단군의 개국 이래 국가가 자국민에게 부과한 폭력의 최대치에 민중이 항거한 자랑스러운 역사의 혼의 분출이었습니다.

이 자랑스러운 의거를 이승만정권으로 대변된 일제식민지, 미군정의 지속태가 처참하게 짓밟았습니다. 너무도 처참하게 민중을 학살하였습니다. 그것은 인간성의 말살이었으며 공동체의 붕괴였으며 공동선의 파괴였습니다. 그것은 죽음이었고 공포였으며, 그 그림자 속에 숨은 우리 민족의 의식세계 속에는 인간불신의 망령들이 내면화되었습니다.

여순민중항쟁이야말로 세계사를 선도한 조선민중의 정의감의 발로였으며, 여순민중항쟁을 빌미로 6·25동란을 위시한 향후의 모든 세계사적 비극이 피할 수 없는 현실로 나타났고, 우익반공파시즘의 가치체계가 설칠 수 있었는가 하면, 또 반면 우리 민중의 심오한 내성의 양심 속에서 인류사에 새로운 희망을 던질 수 있는 민주의 촛불이 켜질 수 있었던 것입니다. 이제 우리는 이 어마어마한 세계사적 사건을 해방정국의 복잡하고 중층적인 인식체계로부터 접근해야만 합니다. 나는 이 접근을 시도하기 전에 여러분과 함께 다음의 진실을 같이 외쳐야만 하겠습니다. 여순은 민중항쟁이다!

샤오똥의 가슴에 박혔던 대못, 부레기소 이야기

이 서설을 들었던 샤오똥은 다 듣고 난 후 "가슴에 박혔던 대못이 빠지는 듯하다"라는 표현을 썼다. 사실 "대못이 빠진다"는 표현은 나에게 매우 충격적으로 들렸다. 구례 사람 샤오똥은 확실히 나와 사태를 파악하는 감수성이 달랐다. 샤오똥은 말한다. "우덜 어릴 때만 해도 왼통 산사람 얘기뿐이었제."

"산사람이라니, 공비라 말하지 않았나?"

"공비는 우덜 말은 아녀. 우리는 그냥 산사람이라 불렀제. 그들 역시 우리를 괴롭히는 사람들이었지만, 그래도 게중엔 먼 친척도 있을 것이고 존경받던 지사도 있었을 것이구만. 그들을 도와준 게 발각나면 작살나니껜 두려웠던 게지, 그래도 우덜은 산사람과 유대감이 있었지. 우리 동네는 순천 박씨만 55가호가 살고 있었는디, 언젠가 산사람이 내려와서 우리 동네 소를 다 끌고 가버린 거여. 당시 소 한 마리만 집에 있어도 부자였거든. 그런데 다 끌고 가버린 거여. 끌고 갈 땐 그냥 가나? 우덜이 다 올려다 주어야 한다니깐. 그리고 내려올 땐 암호를 가르쳐줘요. 암호가 맞아야 안전하게 내려올 수가 있는 거. 그래서 소를 다 끌어다 주고 짐도 지고 올라가는 거여. 그렇지 않으면 동네가 불행해지니깐 할 수 없는 거지. 올라가 보니깐 아지트가 엄청 크드래. 그리고 큰 솥이 없으니깐 소껍질로 소 잡은 것을 끓여 먹드래."

"아니, 아무리 소껍질 위에 물이 있드래도 밑에서 불 지피면 타서 빵꾸가 날 텐디."

"아녀. 소껍질 털난 곳을 두텁게 진흙을 발라 솥을 만들면 그게 문제 없드라는 거여."

"참 지혜롭구만. 그런디 다음 얘기가 뭐여?"

"용기 있는 한 사람이 생각해보니 동네 소가 전부 솥에 들어가면, 우리 동네는 굶어죽게 생긴 거여. 그래서 산사람 대장한테 간 거여. 그리고 말했지. 아니 우리가 농사를 지어야 당신들도 먹고 살 수 있는 거 아뇨. 우리가 소가 없으면 당신네들 식량을 공급해줄 길이 없소. 그러니 소 한 마리만 가지고 내려가게 해주소."

"그 사람 참 용감하구만. 지혜롭기도 하구."

"그러니깐 대장이 소 한 마리 골라가지구 내려가라구 친절하게 얘기하드레. 그래서 이 아저씨가 우리 동네 제일 부잣집의 제일 좋은 소를 골라잡아 가지고 내려온 거여. 원래 제일 힘센 수소를 '부레기소'라고 하거든. 이 부레기소는 아무나 못 몰아요. 부리기가 힘들어요. 우선 이 소가 있어야 동네 논을 다 갈아줄 수 있으니까 그 부잣집 부레기소를 가지고 내려온 겨."

"그래서 부잣집에 갖다 주었나?"

"얼마나 좋아했것어. 원래 부잣집소 하루를 갖다 쓰면, 사람이 그 집에 가서 이틀치 일을 해야하는 거요. 그걸 '푸마시'라고 해. 그런데 이 소 끌고 내려온 아재는 소를 써도 푸마시를 안한 거여. 내내 공짜로 썼지. 우리 동네뿐 아니라 만나면 다 이런 소리가 술안주였단 께롱."

순천 낙안면 신전마을 이야기

순천 낙안면 신전마을에는 추석이 없다. "떼제사"로 곡하면서 지낼 뿐이다. 그것도 70년간! 그런데 우리 국민들은 대다수가 이런 이야기에 귀를 기울이지 않는다. 아니! 들어볼 기회가 없었다고 말해야 정확할 것이다.

여순민중항쟁은 1948년 10월 19일 밤부터 시작하여 10월 27일, 그러니까 8일만에 여수시가 불타면서 일단 진압되었으나, 여수 제14연대 군인들을 비롯한 다수의 사람들이 지리산 등지로 피신하여 저항활동을 계속하게 된다. 우리는 그들을 "공비共匪"니 "빨갱이"니 "빨치산"이니 "반란군"이니 하는 말로 불렀다. 따라서 지리산 주변에 사는 사람들은 단지 큰 산 아래 산다는 이유 하나만으로, 이승만 대통령의 80살 생일기념으로 지리산입산금지령이 해제될 때까지 6년 6개월 동안(정확하게는 1948. 10. 19~1955. 4. 1, 총 6년 5개월 13일) 쌩피를 보고 살아야만 했다. 낮에는 토벌군의 총에 죽고 밤에는 산사람의 위협에 시달리고 ……

자아! 신전마을에는 어떤 일이 일어났는가? 여순민중항쟁이 발발한 다음해, 추석 다음날이었다. 신전마을은 본시 아주 평화로운, 넓은 논을 가진 32가호의 순결한 농촌마을이었다. 그런데 어느날 산사람들이 14살 짜리 연락병 노릇을 하던 소년을 데리고 왔다. 총상을 입었던 것이다. 총상을 입은 소년을 치료해달라고 산사람들이 부탁하는 것이다. 인심이 순후한 시골사람들이 그것을 거절할 이유가 없다. 어쩌다 불우하게 된 자기 자식 같은 아이가 피를 흘리는데 도와주지 않을 리 없다. 이들 동네사람들은 그 아이를 성심껏 치료해주고 먹여주고 새옷을 입혀주고 따스한 솜이불에 재웠다. 이 아이는 곧 건강을 회복하고 명랑하게 동네아이들과 놀게 되었다. 그런데 이것이 산통이었다. 고립된 농촌에서 자라나는 아이들은 당연히 갑작스럽게 나타난 아웃사이더가 달갑지 않은 것이다. 그래서 그들은 그 아이를 좀 괴롭힌 모양이었다. 그러니까 이 아이가 화가 나서 아이들에게 이렇게 말했다.

"너희들, 우리 무리들을 데려와서 가만두지 않겠다!"

이때 이곳을 지나가던 면서기가 이 말을 들은 것이 모든 비극의 발단이었다.

"우리 무리들이라구?"

앞뒤를 생각하지 못하는 이 맹꽁이 같은 면서기는 이 사실을 토벌대에게 신고했다. 토벌대는 즉각 이 소년을 체포하여 취조를 했다. 그리고 이 동네사람 전원을 추석달이 밝은 한밤중에 그 동네 한가운데 있는 큰집 큰 마당에 집결시켰다(1949년 음력 8월 17일 밤). 그리고 그 소년에게 말했다.

"이 중에서 너에게 치료해주었거나 먹을 것을 준 사람을 모두 찾아내라. 그렇지 않으면 너를 죽여 버리겠다."

이 소년은 자기에게 그토록 친절하게 혜택을 베풀어준 사람들, 상처를 치료해주고 옷을 세탁해주고, 약을 사다주고, 따뜻한 쌀밥을 멕여주고, 홍시감을 주고, 누룽지를 준 사람들을 한 사람씩 가리킨다. 토벌대의 총구는 이들을 가리키기 시작했다. 순식간에 22명의 생명, 3살 난 어린애부터 60세 할아버지까지 모두 한 마을사람 22명이 어처구니없는 비극 속에 목숨을 잃었다. 그러나 비극은 여기서 그치질 않았다. 22명의 시체를 마당 한가운데 놓고 휘발유를 뿌려가며 태웠다. 살인의 흔적이 사라지기는

커녕 피비린내가 진동하여 전 고을을 휘덮었다. 토벌대 군인 중에도 그러한 농촌마을 출신이 있었을 것이고, 몇몇은 이렇게 마을사람을 다 죽여서 되겠냐고 걱정하고 항의를 했다고 한다. 그러나 일단 광분한 군인들은 처마 끝마다 불을 질러 동네 전체를 불바다로 만들고 마을 전체를 깡그리 태워 빈터만 남겼다고 했다.

토벌대 군인들이 떠난 후 살아남은 마을사람들은 우선 시신을 수습하려 해도 시신을 분별할 수 없어, 가락지나 비녀 등의 특징으로 겨우 찾아냈다고 한다. 그리고 또 묻으려 해도 동네가 모조리 불타 삽 한 자루가 없었다고 했다. 이웃 동네사람들이 와서 일단 시신을 묻어주었다고 했다.

홍동호와 5·18민중항쟁의 마지막 장면

홍동호라는 신전마을 사람은 당시 7살이었는데, 아버지, 어머니, 누나, 동생을 다 잃었다. 이장 장흥석씨 말로는 그 동생이 자기와 동갑인 3살이었다고 했다. 홍동호는 그 뒤로 할 것이라고는 거지생활밖에는 없었다. 이들의 죽음은 죽음으로 끝난 것이 아니라, 살아있는 모든 사람들을 그 끔찍한 "연좌제"에 묶어놓았기 때문이다. 빨갱이이기 때문에 죽은 것이 아니라, 죽었기 때문에 빨갱이라는 영원히 뗄 수 없는 딱지가 모든 계보에 붙는 것이다. 홍동호는 크면서 쓰레기 줍는 넝마주이 노릇을 했다. 청년기 때 도저히 헤쳐나갈 길이 막막하여, 내가 도대체 뭘 바라보고 살 것이냐 하고 자살을 3번이나 시도했다. 그런데 3번 다 위기 직전에 등산객이 구해주었다고 했다. 결국 몸이 아파 골골 하다가 몇 년 전에 고통스러운 삶을 마감했다.

나는 이들을 생각하면서 내가 커나가면서 우리 주변에서 보았던 수없는 넝마주이들, 그리고 밥을 얻어다 동네 다리 밑에서 꿀꿀이죽을 끓여 먹으면서 살았던 거지들의 모습을 연상했다. 단순히 "전쟁고아"라는 개념 아래 쉽게 처리하고 말았던 역사의 장면들에 대한 심각한 재고가 필요하다는 것을 깨닫게 되었다.

여기서 우리는 이승만정권의 종료를 실현시킨 4·19혁명의 몇몇 장면들을 잠깐 생각해보자! 1960년 4월 19일, 학생들은 성난 파도와 같이 경무대로 몰려갔다. 발포! 이들에게 발포를 명한 것은 흔히 알고 있듯이 최인규가 아니었다. 그는 3·15부정선거로 문책당해 내무장관에서 해임된 후였다. 중요한 포인트는 4·19 하면 우리는 대학생들이 일으킨 혁명인 것처럼 잘못 알고 있는데, 대학생들은 오히려 늦게 참여했다. 마산·대구로부터 혁명을 주도한 것은 중·고등학교학생들이었다. 서울에서도 중·고등학생들이 먼저 나왔고, 그들은 대학생들이 주저하고 있는 것을 비판했다. 그런데 더 결정적인 것은 최전선에 선 가장 용감한 사나이들은 서울시내 시가 곳곳의 주요 코너를 지키고 있었던 신문팔이, 구두닦이, 껌팔이, 성냥팔이, 넝마주이 같은 시민의 삶에서 일상적 의식의 커텐에 가려져 있던 최하층의 무학자 젊은이들이었다. 이들이 가장 많이 죽었다.

그리고 다시 한번 생각해보라! 5·18민중항쟁의 마지막 장면을! 1980년 5월 27일 새벽 4시경 광주도청을 향해 쳐들어가는 20사단의 총성을! 그때 역시 마지막까지 도청을 죽음으로 사수한 이들은 넝마주이였고, 구두닦이였고, 신문팔이였고, 거지들이었고, 부랑자처럼 보이던 의로운 청년들이었다. 이들 무학자들은 대학생들에게 도청을 나가 항복할 것을

권유했다: "우리는 죽는다. 그러나 너희들은 살아남아 우리의 한을 풀어주어야 한다."

우리 역사의 저항의 물줄기를 이어나간 저류에는 여순민중항쟁에서 이유 없이 희생된 홍동호와 같은 지사들의 피가 끓고 있다고 보아야 한다. 신전마을의 이장 장흥석씨는 울먹거리며 말한다: "우선 엄마가 보고 싶습니다. 그리고 엄마에게 미안하다고 말씀드리고 싶습니다. 나라도 있고 정부도 있고, 민주화가 됐다느니 뭐니 떠들면서도, 이런 사건을 나 몰라라 하고 외면하고 있고, 자식들은 이웃들은 그것 하나 해결 못하고 이런 긴긴 세월을 살았으니 미안하고 죄송할 뿐입니다."

자아! 도대체 무슨 일이 일어난 것일까? 도대체 왜 이런 일이 벌어지게 되었는가? 불과 아주 짧은 기간내에 대한민국 정부가 자국민을 1만 1천여 명이나 학살한 이 사건을 어떻게 설명해야 할 것인가? 도대체 뭔 일인가?

제주4·3은 여순민중항쟁을 통해 알려졌다

내가 어렸을 때는 솔직히 "제주4·3"이라는 것은 들어보지도 못했다. 실제로 조선의 육지에 사는 사람들은 제주섬에서 일어난 사건을 잘 알지 못했다. 그리고 그 사태를 잘 알고 있었던 제주도민은 철저히 입을 다물었다. 그러나 여순문제는 "여순반란"이라는 언어개념으로 모든 사람의 뇌리에 박혀 있었다. 여순사람들조차도 "여순반란"이 무엇을 의미하는 것이며 어떻게 일어난 사건인지를 잘 알지 못했다. 제주도민들이 말을 하지 않을지언정, 비교적 명료하게 그 사건의 성격을 알고 있는 것과는 대조적이었다. 요즈음 말로 하자면 제주도민들은 의식화가 된 반면, 여순·

남도사람들은 "반란"이라는 것 자체가 너무도 터무니없는 개념규정이었기 때문에 어떻게 해석해야할지 의식이 모호했다. 지금 우리가 해야할 작업은 이 모호한 의식의 가닥을 명료하게 만들어, 그 인과관계를 명석하게 분석함으로써, 그 총체적 성격을 드러내는 것이다.

나는 어릴 때부터 "여순반란"이라는 말을 뇌까렸다. 나는 "여순"이 여수와 순천의 합성어라는 것도 몰랐다. 그리고 "반란"은 "여순의 빨갱이들이 무고한 양민을 대창으로 마구 찔러죽인 사건"이라는 식의 관념만 가지고 있었다. 그리고 그것은 더 이상 캐물어서는 아니 될 사건일 뿐이었다. 아마도 대부분의 사람이 지금도 이러한 의식의 테두리를 벗어나지 못할 것이다. 이 문제를 해결하기 위해서는 1945년 8월 15일 "해방"이라는 사건의 전후인과관계를 명료히 파악하고 출발해야 한다.

제3장

해방정국의 이해

해방이란 무엇인가?

"해방Emancipation"이란 무엇인가? 풀릴 해解, 놓일 방放, "풀려난다"는 뜻이다. 영어의 "emancipation"도 라틴어의 *emancipare*로부터 왔는데 로마법률상 규정된 용어로써 "자유로움을 선언한다," "특정인을 지배하고 있는 권위가 포기된다"는 뜻이다. 해방이란 우리 민족이 풀려났다는 뜻이다. 무엇으로부터 풀려났는가? 그것은 우리가 너무도 잘 아는 사건이다. "일제日帝의 압제壓制로부터" 풀려났다는 뜻이다. 그렇다면 일제의 압제란 무엇인가? 일제는 "일본제국주의Japanese Imperialism"의 준말이다. 일본제국주의란 무엇인가? 그것은 에도막부의 분권정치를 무너뜨린 천황제중심의 근대국가를 수립한 일본이 "명치시대明治時代"라는 막강한 개화기를 통하여 구미열강과 대등한 국력을 축적하여, "정한론征韓論"을 대두시키면서 본격적으로 제국의 반열에 들어간 사건을 일컫는다.

"제국주의"란 무엇인가? 그것은 주변의 국가들을 무력military force에 의하여 강압적으로 복속하여 영토적·정치적·경제적 컨트롤을 획득하는 국가정책을 의미한다. 그것은 권력과 지배의 무한한 확대를 전제로 하고 있다.

명치(메이지)를 통하여 일본만 제국이 된 것이 아니라 그 당시 유럽의 모든 선진국들은 제국이 되려고 안달하고 있었다. 제국은 20세기 초의 세계적 유행병이었다. 그런데 "권력과 지배의 무한확대"라는 과제는 곧 그 무한을 유한으로 만드는 충돌을 자아내게 마련이다. 그 충돌이 소위 제1차세계대전, 제2차세계대전이라는 인류가 지구상에 살아온 후 전대미문의 "큰 싸움"이었다.

일본은 그 유행병에 일찍 감염되었고, 제일 먼저 국가 대 국가로서 지배를 완수한 케이스가 "조선"이었다. 일본은 막강한 바이러스였고, 조선은 그 바이러스에 당하는 숙주宿主였다. 처참하게 당한 것이다. 그런데 그 숙주로부터 바이러스가 빠져나가는 "의외의 사건"이 발생했다. 그것을 우리가 "해방"이라고 부르고 있는 것이다. 다시 말해서 해방의 전제는 일본제국주의의 강점occupation by force이었다. 우리 민족은 36년간 국체를 상실한 상태에서 비참하게 살아야만 했다.

해방? 기쁜가? 슬픈가? 물론 기쁘지! 8·15해방의 기쁨, 전 민족을 태극기를 휘날리며 길거리로 내몰았던 그 기쁨, 그 감격을 어찌 잊을쏘냐? 나의 어머님도 내 생애에서 그날처럼 기뻤던 날은 다시 없었다라고 말씀하실 정도였는데?

정말 온 민족이 8·15해방의 기쁨을 맞이했을까? 정말 해방은 기뻤는가? 역사는 이중주로 읽어야 한다. 역사의 이중주는 협화음을 내는 두 가닥이 아니라 불협화음을 내는 두 가닥이다. 나는 말한다. 해방은 슬펐다. 너무도 많은 사람들에게 해방은 슬펐다. 아니! "슬펐다"는 고상한 말은 쓰지 말자! 그들은 "좆됐다"는 좌절감 속에서 신음케 되었던 것이다. 우리나라에서 해방을 기뻐한 사람이 더 많았을까? 좆됐다고 생각하는 사람이 더 많았을까? 민중 대다수는 물론 기뻐했다. 그러나 민중을 지배하고 살았던 지배계급 중에는 해방을 기뻐한 사람보다 해방을 저주한 사람이 더 많았다는 사실을 우리는 반드시 상기해야 한다. 역사를 나이브하게 교과서적으로 읽어서는 아니 된다. 해방은 저주와 회한과 좌절과 근심의 대상이었다. 해방을 저주한 사람들! 해방을 슬퍼한 사람들! 해방 때문에 좆됐다고, 패가망신했다고 통곡했던 사람들! 그 사람들의 역사가 진정이 민족의 역사였고, 해방 후 오늘까지 진행되어온 불행한 역사를 야기시킨 주체세력이었다. 이제부터 우리는 이들의 이야기를 해야 한다.

해방의 아이러니

해방의 아이러니는 우선 몇 가지 특징을 지니고 있다. 첫째는 "해방Emancipation"이 우리 민족에게 "독립Independence"을 선물하지는 않았다는 것이다. 둘째는 해방 그 자체가 불행하게도 우리 민족의 주체적 역량에 의하여 독자적으로 수행된 사건이 아니라는 것이다. 우리 민족은 압제의 수난에도 불구하고 많은 훌륭한 지사들이 민족의 독립을 위해 싸웠다. 정말 용감히 싸웠고 희생을 아끼지 않았다. 해방이 이러한 독립지사들의 역량에 의하여 이루어졌다고 한다면 오늘날 우리가 말하는 소위 "꼴통"(=반공에 쩔어 변화를 모르는 외골수의 인간들의 총칭)들의 발악이나 담론이나 권세나 저주는 존재할 길이 없을 것이다. 독립지사들의 주체적 역량에 의하여 역사는 정의롭게 진행되었을 것이다.

셋째로, 해방은 갑작스러운 "권력의 공백"을 초래하였고, 이 공백을 메워가는 세력들의 새로운 전쟁을 야기시켰다.

넷째로, 해방은 이념적인 주체가 확실치 않기 때문에, 우리 민족에게 이념의 갈등과 혼란을 선물했다. 따라서 이 다양한 이념의 갈등은 결국 우리나라가 어떤 나라가 될 것인가? 결국 어떤 나라를 만들어가야 할 것인가에 대한 비젼의 대결을 야기시켰다. 해방 후 우리나라의 지적 세계는 인류사의 모든 이념의 각축장이 되고 만 것이다. 공백을 메우기 위해 모여든 모든 지사들의 갈등적 비젼이 벌이는 "오케이목장의 결투"였다.

이제 독자들의 머리는 기쁘기만 했던 해방의 장이 복잡한 생각의 실마리로 헝클어지기 시작했을 것이다. 조금 단순하게 문제들을 풀어가보자!

본시 "힘의 공백"이라고 하는 것은 "갑자기"라는 말과 관련이 있다. 서정주와 같은 통찰력 있는 시인도 "일본이 그렇게 갑자기 망하리라고는 꿈에도 생각치 못했다"라고 고백했다. 일본천황이 그렇게 항복선언 하는 날이 오리라는 것은 꿈도 꾸지 않았다는 것이다. 그러니까 마음놓고 마지막 순간까지 친일행각을 벌일 수 있었던 것이다. 왜 일본은 갑자기 패망했는가? 여기에는 아주 물리적인 사태, 일본사람들이 "피카동 ピカドン"("피카번쩍" 하더니 "동"하고 터졌다고 하여 일본사람이 히로시마원폭의 경험을 일컫는 말)이라고 부르는 원폭투하사태와 관련이 있다. 미국에서는

오펜하이머Julius Robert Oppenheimer 1904~1967가 그의 뉴멕시코 로스
알라모스실험실Los Alamos Laboratory에서 원자폭탄실험을 성공시킨다.
그것은 1945년 7월 16일의 사건이었다. 그런데 미국정부는 막 실험에
성공한 폭탄을 히로시마(8월 6일: 14만 6천 명 죽임)와 나가사키(8월 9일: 8만
명 죽임)에 투하했다. 이것은 과연 잘한 일인가? 그 악독한 놈들, 죽어 마
땅한 놈들을 이렇게 죽여 마땅한 것일까? 오펜하이머 본인은 이렇게 말
했다: "나는 죽음이 되었다. 세계들의 파괴자인 그 죽음이 되었다. I am
become Death, the destroyer of worlds." (여기서 "죽음Death"은 죽음의 신을 의미
한다. 『바가바드 기타Bhagavad Gita』에서 인용. 오펜하이머는 이론물리학자임에도
불구하고 『기타』를 산스크리트어 원전으로 읽을 실력이 있었다).

어차피 패망해가는 일본을 그런 방식으로 패배시킨 것, 무고한 인민을
무차별하게 죽인 것은 또 하나의 새로운 전쟁패러다임으로 세계를 휘몬
것이다. 히로시마원폭의 소식을 들은 우리 광복군들, 서안西安에서 미군
들과 함께 OSS(Office of Strategic Services. CIA전신) 훈련을 받고 있던 광복
군들은 희비가 엇갈렸다. 미군들은 전쟁이 끝났다고 환호성을 지르고 술
파티를 여는데, 광복군은 풀이 죽어 눈물을 흘렸다. 주체적 해방을 위한
광복의 소명, 그 기회가 사라진 것이다.

해방이라는 공백, 제국주의시대에서 냉전질서시대로!
일본의 갑작스런 패망으로 생겨난 해방이라는 "공백!" 공백이라는 것은
어차피 공백상태로 유지되지 않는다. 공백, 즉 진공은 반드시 주변의 공
기를 빨아들이기 마련이다. 인류의 20세기를 통관하면, 1945년을 전후로
전기와 후기로 나뉜다. 20세기 인류사의 전기는 제국주의 각축시대이다.

그러나 그 제국주의자들은 모두 패망한다. 20세기의 전쟁의 특징은 대규모성이다. 무기가 발달했고 온갖 전쟁테크놀로지가 발달해 많은 사람이 죽었다. 그런데 이 두 차례에 걸친 전쟁(제2차세계대전은 제1차세계대전의 잘못 처리된 업보들이 확대된 광란이다)을 승리로 이끌고, 그 참상을 극복해나간 두 나라가 있었다. 이 두 나라는 19세기까지만 해도 세계사의 주역으로 등장해본 적이 없는 미미한 존재였다. 그러니까 전통적 제국주의를 해본 적이 없는 나라였다. 제국주의자들의 전쟁이 비제국주의 두 나라에 의하여 극복된 것은 인류사의 연변演變의 무상함이요, 상전벽해의 아이러니라 아니 말할 수 없다.

이제 세계는 이 두 나라의 "냉전질서Cold War Order"로 편입될 수밖에 없었다. 이 두 나라는 소련과 미국이었다. 하나는 국제공산주의를 표방했고 하나는 자유민주주의를 표방했다. 당시 소련은 제국주의 대열에 참여한 러시아를 볼셰비키혁명으로 뒤엎은 신흥국으로서 전세계 반제국주의 운동의 구심체였다. 이 두 자이언트는 막강한 힘의 균형을 유지하면서 이 세계를 냉전질서 속으로 끌어들였다. 그러니까 조선대륙의 힘의 공백, 갑작스러운 "해방"이라는 사건은 20세기 인류사가 제국주의시대에서 냉전질서시대로 중추적 전환pivotal change을 일으키는 핵심 포인트에서 일어난 세계사적 사건이었다.

불행하게도 우리 민족은 우리 민족의 "해방"이라는 사건에 주체적으로 참여하질 못했다. 조금 더 정확하게 말하면, 간절하게 참여하기는 했지만, 물리적인 주동세력이 될 수 없었다. 그 주동의 주체는 누구인가? 말할 것도 없이 미국과 소련이었다. 얄타회담(Yalta Conference, 1945년 2월 4일~11일)

에서 이미 루즈벨트와 스탈린이 만나 대강 38선 중심으로 양쪽이 분할개입하는 것으로 적당한 타협이 이루어진 것이다. 미국은 2차세계대전 전쟁의 막바지에서 소련의 대일참전을 요청하면서 그러한 방식의 카드를 낸 것이다. 얄타회담에서 만약 미국이 원자탄방식의 전쟁종료를 정확히 예견하고 있었다고 한다면, 소련의 대일참전을 요구할 필요가 없었을 것이다. 그렇다면 소련은 동구권확보에만 온 정신을 쏟고 있었기 때문에, 미국이 동아시아에는 신경쓸 필요 없다고, 코리아는 우리의 영역이니 상관말라고 요청했다면, 한국의 분단이라는 비극은 초래되지 않았을 것이다. 사실 소련은 막바지에 횡재를 얻은 것이다.

해방의 주체가 38선을 중심으로 각각 미국과 소련이 되면 당연히 독립투사들은 아웃사이더로 밀리게 된다. 독립을 위하여 투쟁해온 많은 건강한 세력들이 아웃사이더로 밀려나게 되는 비극이 이미 "해방"이라는 공백 속에 배태되어 있었던 것이다. 그런데 이 단순한 사실을 그 어느 누구도 정확히 인지하지 못했다. 지금 나는 지나간 역사를 놓고 미네르바의 부엉새가 소요하듯이 통관을 하고 있으니 말하기 쉽지만, 당대를 산 사람들에게 이러한 통관은 허락되기 어려운 난제들이었다.

여운형과 신한청년당, 3·1민족독립만세의거
해방! 이 공백사태를 예견한 사람이 있었을까? 있었다! 단 한 사람이 있었다. 내가 말하는 "예견"이라는 것은 "대책"이라는 구체적 전략을 포섭하는 것이다. 그 사람은 뭐라 할까, 좌·우의 편향이 없는 포괄적인 의식형태, 그래서 거시적이고 화해적이고 미래지향적인 인품을 지닌 자이언트가 아니면 아니 될 것이다. 그런 사람이 딱 한 사람 있었다. 여운형呂運亨

1886~1947(김구보다 나이가 10살 아래다)은 일찍이 중국 남경의 금릉대학金陵
大學에 유학하여 영문학을 공부했는데(1914년) 그는 예관晚觀 신규식申
圭植 1879~1922(청주 사람. 상해에서 대한민국임시정부의 초석을 닦은 애국지사.
손문·진기미·진독수 등과 깊은 교유를 맺음. 중국동맹회의 주요멤버로 활약)의
총애를 받아 손문과도 교유하였다.

젊은 시절 여운형의 가장 뚜렷한 업적은 그가 조직한 신한청년당(신규
식의 "동제사同濟社"와 협력관계)이 달성한 대업에 있다. 신한청년당은 국제
적인 비젼을 가지고 매우 조직적인 활동을 펼쳤다. 그 결과물로 탄생한
우리 민족의 거국적인 독립운동이 바로 3·1민족독립만세의거("3·1운동"
이라는 개념은 "새마을운동"과도 같은 단순 운동으로 들릴 수도 있어, 좋은 의미규정
이 아니다)이다. 여운형은 당시 세계1차대전이 끝난 후 "민족자결주의"를
주창한 윌슨 대통령의 특사 크레인Charles R. Crane이 중국에서 그 설명
회를 연 자리(상해 영파로寧波路 칼튼 카페Calton Café)에 참석하고, 그날 밤으
로 중국인 친구 왕정정王正廷 1882~1961(여운형보다 4살 위. 민국시기의 외교관
이며, 체육사업인. "중국올림픽의 아버지"라고 불린다)의 소개로 크레인을 만나
조선의 자결自決과 독립을 호소한다.

크레인은 약소국인 한국이 외교적 활동으로서 세계인의 주목을 끌기
는 어려우니, 세계인이 주목할 만한 거국적 거사를 일으켜야 할 것이라고
권유하고, 또 파리만국평화회의(파리강화회담講和會談Paris Peace Conference,
1919년 1월 18일에 시작하여 7월까지 감. 32개국 참가)에는 반드시 국가대표를
파견해야 할 것이라는 총체적 처방을 내린다. 크레인은 단지 개인의 자
격으로 응원할 수 있을 뿐이라고 성실하게 답하였다. 여기서 비젼을 획

득한 여운형은 신한청년당의 친구들과 모의하여 국제적인 활동을 전개했다("3·1민족독립만세의거"는 매우 복합적인 구조를 가진 세계사적 사건이며, 그것을 여기 다 논구할 수는 없으나, 그 일대거사의 핵심은 여운형이었다는 것만을 독자들은 기억해주기 바란다).

여운형의 제국호텔 강연, 안중근의 동양평화론

일본은 "3·1의거"의 핵심이 바로 여운형이었다는 것도 잘 알고 있었다. 그런데도 그 해 일본은 일본기독교계의 커넥션을 통하여 그를 동경으로 초청한다. 이 초청에는 여러가지 위험한 복선이 깔려있다는 것은 누구나 알 수 있는 일이었기에 많은 사람이 그의 일본행을 말렸으나 여운형은 세계각국의 기자단과 접촉할 수 있는 좋은 기회라고 판단하여 과감하게 일본행을 결단한다. 그의 연설장소는 당대 일본에서 가장 권위 있고 호화로웠던 제국호텔이었다(나는 유학시절에 여운형의 강연장소를 가본 적이 있다). 1919년 12월 17일, 3·1의거가 아직도 진행중이었던 그 시점, 제국호텔에는 500여 명의 내외신문기자와 각계각층의 유명인사들이 모였다. 이때 그의 연설은 우리민족독립사에서 기념비적인 대사건이었다. 그는 일본어를 잘 하지 못했기 때문에 통역을 장덕수가 맡았다. 장덕수는 유려하게 자신있는 톤으로 여운형의 강연을 번역했다. 그것은 우리민족 전체의 갈망을 만방에 천명한 독립선언이었다.

여운형은 "독립운동은 나의 사명이며 필생의 사업이다"라는 말로써 강연을 시작함으로써 자신의 정체성과 이념의 현주소를 정확히 밝혔다. 그리고 "장래 한국 민족은 신세계 창조의 역사적 한 페이지를 장식할 기회를 반드시 가지게 될 것이다. 대세의 조류와 함께 일어났던 3·1독립만세가 그것을 입증하고 있다"라고 외쳤다. 그리고는 또 말한다. "주린 자는 먹을 것을 구하고, 목마른 자는 마실 것을 찾는 법, 그것은 자연의 이치가 아닌가? 그것은 곧 생존의 자연적인 발로이다. 일본인에게 생존권이 있을진대 똑같이 우리 조선민족에게도 생존권은 있을 것이다. 생존의 자유와 평화의 존속을 위해 민족 독립을 희구하는 것은 신의 섭리이다. 일본은 이 같은 천리天理를 역행하고 있다. 왜 일본은 생존권의 자연적 발로로서 자유와 독립을 갈망하는 조선인들을 총검으로 위협하며 탄압해야 하는 것인가?"

일본인의 생존권과 조선민족의 생존권은 동일한 천리天理임을 강조하며 일본제국의 폭력과 억압에 항의했다. 그리고 또 말한다. "한일합병은 순전히 일본의 이익만을 위해 강제된 치욕적 유물이다. 일본은 자신을 수호하고 상호안전을 위해서 부득이 합병을 할 수밖에 없었다고 말했지만 러시아가 물러난 오늘날에 있어서도 그러한 궤변을 고집할 수 있을 것인가?"라고 문책했다. 계속하여 말한다. "오히려 한국의 독립은 일본에 안전과 평화를 가져다 줄 것이다. 즉 일본은 조선독립을 승인하고 조력함으로써 조선인의 원한에서 풀리어 오히려 친구가 되고, 중국과 그 밖의 여러 이웃나라와 나아가 전 세계의 불신과 의구심에서 벗어날 수 있을 것이며, 이를 통해서 동양의 평화와 세계평화는 가능하게 될 것이다."

이 단의 논지는 안중근 의사의 『동양평화론』의 요지를 계승하고 있다. 일본의 양심세력에게도 이러한 논리와 사유는 계승되고 있었던 것이다. 그리고 마지막으로 외쳤다!

**"우리가 건설하려는 새 나라는
주권재민主權在民의 민주공화국民主共和國이다!"**

통쾌무쌍한 일언이 아닐 수 없다. 3·1의거의 와중 속에서 3·1의거를 주동한 핵심세력인 여운형을 데려다 신변보장에 대한 약속을 지키고 그로 하여금 하고 싶은 말을 할 수 있도록 놔둔 일본식민통치의 법치적 일면도 가상한 것이지만, 그 모든 불안적 요소를 꿰뚫고 적진 한가운데 들어가 포화를 퍼붓는 여운형의 호쾌하고 장쾌한 삶의 자세는 우리가 아는 어떤 조선 지성의 나약한 모습과도 비교할 수 없다. 그를 이광수에 비교할 것인가? 김성수에 비교할 것인가? 그는 대륙의 기상을 지닌 고구려인이었다.

건국동맹

그는 일본의 패망을 예견한다. 그리고 권력의 공백에 대비해야 한다는 생각을 한다. 그는 1944년 8월 10일, 대강 일본패망 1년 전에 조선건국동맹을 결성한다. 그는 2년 전(1942년 4월부터 8월까지 두 차례) 일본 동경을 방문하여 미군기의 최초 동경공습을 직접 목도하였던 것이다. 이 "건국동맹"은 "건국"이라는 표현이 말해주듯이 그것은 "광복"을 준비하기 위한 비밀결사였다. 불언不言, 불문不文, 불명不名의 3불원칙을 고수했다. 그것이 조직된 아지트는 지금 종로의 낙원상가 어느 곳이었다. 그 3대강령 첫 조목은 다음과 같다.

각인 각파를 대동단결하여 거국일치로 일본제국주의 제세력을 구축하고,
조선민족의 자유와 독립을 회복하는 일.

1945년 8월 15일, 정오正午. 일본텐노오 히로히토의 항복선언은 온 세계에 울려퍼졌다(일본인들은 이것을 "大東亞戰爭終結の詔書"라고 부른다). 그런데 그 전날 초저녁에 이미 조선총독부의 정무총감政務總監(조선총독부에서 군사통수권을 제외한 행정·사법을 통괄하던 직책), 엔도오 류우사쿠遠藤柳

作(1944. 7. 24~1945. 10. 24 재임. 1886~1963: 패전 후에는 무사시노은행武藏野銀行 초대총재를 지냈다)로부터 전갈이 왔다. 용산의 조선군 참모부 소속의 어떤 한국인 장교가 몽양 여운형의 집으로 와서 내일 정오에 일본일왕의 무조건항복방송이 있다는 것을 알려왔다. 그리고 몇 시간 후에 엔도오가 직접 몽양 여운형에게 전화를 했다. 내일 아침 8시에 필동의 자기 관저로 와줄 것을 요청했다.

꿈에 그리던 그 순간이 몽양의 눈앞에 다가온 것이다. 다음날 약속시간에 몽양은 엔도오를 필동관저(지금 한국의 집 자리)에서 만났다. 엔도오는 평정심을 유지하려 애썼지만 불안한 기색을 감추지 못했다. 그의 불안의 첫소리는 이와 같다: "일본은 패망하였소. 당신이 치안을 맡아주시오. 이제부터 우리의 생명은 당신의 손에 달려 있소."

조선건국준비위원회
이 얼마나 아이러니칼한 일언인가! 엔도오가 여운형을 선택하였다는 것 자체가, 당시 여운형은 조선인에게 가장 신망받는 리더였을 뿐 아니라, 자기들의 안전을 보장해줄 수 있는 컴먼센스를 지닌 합리적 인물이라는 것을 조선총독부가 정확하게 진단하고 있었다는 것을 의미한다. 친일파 냄새가 가장 안 나는 사람을 선택해야만 했던 것이다.

몽양은 자신이 치안을 맡는 조건으로 다음의 다섯 가지 요구조항을 제시했다.

　　　첫째, 전 조선의 정치범·경제범을 즉시 석방하시오.
　　　둘째, 조선의 수도인 경성의 3개월(8월, 9월, 10월)분 식량을 확보하시오.

셋째, 치안유지와 건설사업에 아무런 구속과 간섭을 하지 마시오.

넷째, 조선의 추진력인 학생들의 훈련과 청년의 조직화에 간섭을 하지 마시오.

다섯째, 조선 내 각 사업장에 있는 일본노무자들을 우리의 건설사업에 협력하게 하시오.

엔도오는 이러한 조건들을 주저 없이 수락했다. 몽양은 이로써 과도기간 동안의 질서유지와 국가권력의 순조로운 이양을 위한 전권을 위임받는다(사실 역사적으로 본다면 몽양은 전권을 위임받은 것이 아니었다. 엔도오는 나중에 협조를 부탁한 것이지 권한을 넘겨준 것이 아니었다고 발뺌한다). 몽양이 엔도오와의 회담을 마치고 나오는 길로 곧바로 조직한 단체가 바로 해방전후사의 주축을 형성하는 조선건국준비위원회이다. 이것을 줄여서 보통 "건준建準"이라고 부르는 것이다. 이것은 1년 전에 결성한 건국동맹을 모체로 해서 발족시킨 것이다. 위원장은 여운형, 부위원장은 안재홍이었다. 곧바로 서대문형무소에 수감된 독립운동가들을 석방시키고 그들을 건준에 편입시켰다. 발족하자마자 곧 건준은 체계적인 조직망을 갖추면서 확대개편해 나아가게 된다.

독자들은 내가 왜 이렇게 여운형에 관해 자세히 쓰고 있는지, 의아하게 생각할지 모른다. 그러나 독자들이 여운형의 인격과 성품과 리더십, 그리고 비젼과 카리스마, 이런 것들을 느끼지 못하면 한국현대사의 핵심을 놓쳐버리기 때문이다. 우리의 기술은 여운형 개인의 문제상황이 아니라, 제주4·3과 여순민중항쟁의 핵심인 "인민위원회"의 성격을 정확하게 부각시키기 위한 것이다. "인민위원회"가 뭔지를 모르면 도무지 역사에 명멸한 사건들의 진로를 알 길이 없다.

하지 주한미군군정 군정총독

일리노이주골콘다Golconda, Illinois의 한 젊은 농부였던 사람이 1945~48년, 3년간 한국인의 생사를 관장하는 최고의 권력자로 군림하게 된 것은 너무도 기이한 운명이라 할 것이다. 존 리드 하지John Reed Hodge 1893~1963가 오키나와 주둔의 미 제10군 제24군단의 사령관에서 주한미군(USAFIK) 총사령관이 된 것은 매우 우연적 사건이었다. 그의 부대가 일본의 갑작스러운 패배로 조성된 한국의 정치적 공백을 메꾸기 위해 가장 빨리 진주할 수 있는 위치에 있었기 때문이다.

이야기가 좀 뒤죽박죽 되었는데(해방후 정치사는 너무 복잡하여 한 줄의 연대기로 논하기가 어렵다), 하여튼 하지 중장은 주한미군군정(The United States Army Military Government in Korea USAMGIK)의 군정총독the military governor(일본총독과 정확히 같은 개념이므로 "총독"으로 번역되어야 한다)이 되었는데, 그것은 당시 황제와도 같은 권력의 자리였다. 하지에 관한 것은 텔레비전 라디오 드라마 등을 통하여 우리 대중에게 알려져 있기 때문에 자세한 상황을 내가 논할 필요가 없으나, 그의 행태와 판단을 특징 지울 수 있는 단 한마디는 "무지"였다. 비하의 말로서의 "무지"가 아니라, 진짜 아무런 지식이 없었다. 한국에 대해 아무것도 모르는 상태에서 한국인의 생사여탈권을 가지는 권력의 핵심에 앉게 되었던 것이다. 그것은 정말 "무지의 비극"이었다.

여운형의 죽음

하지는 처음부터 끝까지 "촌놈"이었다. 그만큼 그는 순진한 데가 있었다. 우직한 군인이었을 따름이고, 간교한 정치적 매뉴버링maneuvering에 취미가 있는 사람이 아니었다. 따라서 처음에는 무지한 상태에서 무조건 "친미, 반소, 반공, 기독교인, 영어 잘하는 인텔리겐치아" 등등의 조건을 갖춘 사람들에게 쏠리었지만 시간이 지날수록 이들을 데리고서는 복잡한 정세를 이끌고 갈 수 없다고 판단하게 된다. 하지는 이승만의 편협한 판단, 독단의 옹고집, 정적을 대하는 방식, 그리고 정치적 무능력에 넌더리를 쳤다. 실제로 하지가 이 땅의 지도자로서 제일 선호한 인물은 여운형이었다.

여운형의 중도적 포용성, 그리고 조직관리능력, 대중적 카리스마, 도덕적 청결성, 그리고 탁월한 웅변능력을 평가했다. 여운형은 조직과 실력을 갖춘 진정한 이 민족의 리더였다. 그리고 미군정이 차선으로 생각한 인물은 김규식, 장덕수 같은 사람들이었다. 이승만도당이 여운형을 내버려둘 리가 없다. 실력대결로 말한다면 언제고 자기를 뒤엎을 수 있는 인물! 여운형은 1947년 7월 19일 오후 1시경, 내가 이 글을 쓰고 있는 곳에서 멀지 않은 혜화동로타리에서 저격된다. 누가 그를 죽였는지는 상식에 속하는 일이다. 여운형의 죽음은 다음해 벌어지는 제주4·3과 여순민중항쟁에도 결정적인 영향을 미친다. 여운형은 해방 후 민중의 가슴속에 자리잡은 진정한 지도자였고 샛별 같은 존재였다. 그 별이 운석이 되어 떨어진 사건은 해방 후 헝클어져만 간 민족사의 최대 비극 중의 하나였다.

여운형을 알아야, "인민위원회"가 이해된다. 나의 친구 브루스 커밍스는 한국전쟁의 기원을 추구하면서 결론적으로 이런 말을 했다: "**한국전쟁의 기원은 결국 미군정의 인민위원회의 탄압에서 찾을 수밖에 없다.**" 이것은 6·25전쟁의 발발원인을 정치적 역학관계나 무력충돌의 사례들이나 국제무역관계 등등에서 찾는 전통적 전쟁사의 사유체계와는 영 다른 것이다. 한국의 외환을 보이지 않는 내우의 깊숙한 곳에서 찾는 방식은 기존의 역사기술방식과는 현저한 차이가 있다. 커밍스의 입론은 정당하다! 자아! 다시 한번 생각해보자! 1945년 8월 15일, 그날의 감격을!

"해방"을 예견했고 준비했고 또 구체적 대책을 마련했고 실제로 패자敗者와의 담판을 벌인 유일한 인물은 몽양이었다. 몽양은 1년 전에 건국동맹이라는 비밀결사조직을 만들었고 해방 바로 그날에 건국준비위원회(건준)를 만들었다. 건준이야말로 해방을 맞이한 우리민족의 주체였고, 당시 건준은 남북한을 통틀어 관리하는 거국적 조직이었다. 이북에는 조만식을 주축으로 결성되었다.

인민위원회의 바른 이해
자아! "인민위원회"란 무엇인가? 한번 생각해보자! 1945년 8월 16일의 조선의 모습을! 8월 16일, 모든 형무소는 텅텅 비었다. 감옥에 갇혀있었던 애국지사들, 독립투사들, 그리고 사상범으로 규정되었던 모든 지식인들이 모두 길거리로 쏟아져 나왔다. 한국사회는 사회주의적인 사유체계, 그러니까 보다 인간평등에 대한 깊은 인식을 가진 건강한 세력들이 갑자기 요소요소에 박히게 된다. 조선의 민중은 일제 강점기를 통하여 "공산주의"에 대한 특별한 편견이 없었다. 왜냐하면 독립투사의 대부분이 공산주의적 사유를 가진 사람들이었고, 공산주의 자체가 억압받는 대중들의 해방을 위한 사상이었고, 또 민족적으로도 공산주의는 민족해방이라는 테제를 가지고 있었기에 일본제국주의의 압제로부터 벗어나려는 독립운동의 사상적 기저와 공산주의는 동질적인 이념으로 여겨졌다.

공산주의는 독립운동을 위한 효율적이고도 체계적인 투쟁이론이었고 혁명사상이었으며 효율적인 방법론이기도 했다. 독립운동이라는 기치 하에서는 공산주의와 민족주의는 서로 포용될 수 있는 이념이었다. 극소수의 극렬한 사회변혁을 꾀하는 관념론자들을 빼놓으면, 사회주의는 점잖은 휴매니즘일 수밖에 없었다.

따라서 조선의 민중들은 공산주의자들도 독립운동에 헌신하는 선각자로 바라보았다. 그러니까 "빨갱이"라는 관념이 민중에게 정착되지 않았던 것이다. 일제 강점기의 문헌에 거의 "빨갱이"라는 말은 등장하지 않는다. 김득중이라는 사학자(국사편찬위원회 편사연구사)가 『빨갱이의 탄생 - 여순사건과 반공국가의 형성』(선인)이라는 해방후 정치사건의 추이를 상세히 보고한 좋은 책을 썼는데, 책제목이 말하고 있는 것은 결국 "빨갱이"라는 말 자체가 여순민중항쟁을 계기로 국민의 심상에 공포스럽고 저주스러운 그 무엇으로 박히게 되었다는 것이다. 이것은 하나의 사례에 불과하지만 매우 중요한 인식론적 과제상황을 노출시킨다. 오늘 우리가 사용하고 있는 상당부분의 보캐블러리vocabulary(어휘, 용어)가 이미 국가권력에 의하여 왜곡된 형태로 의미부여가 된 그 인식체계 속에서 활용되고 있고, 그것이 마치 보편주의적 정론인 것처럼 과거사의 인식을 도배질해버리고 있다는 것이다. 개념의 오염, 그리고 그 오염의 확산, 그것은 진정코 우리가 역사인식에 있어서 매우 조심해야 할 과제상황이다.

생각해보라! 8월 16일 아침, 우리나라의 관공서, 경찰서, 한국인이 징발된 군대조직, 친일기업조직 등등, 국가체제의 권력구조를 담당하고 있던 모든 조직에, 사람들이 여전하게 늘상 하던 대로 태연히 출근했을까?

한 마리 개코도 보이질 않았을 것이다. 좆됐다고 생각한 모든 권력자들은 모가지를 쓰다듬으며 숨기에 바빴을 것이다. 국가가 텅 비어버린 것이다. 그런데 뜻있는 지사들은 다 제자리로 귀환했다. 그들은 어떠한 자세를 취했을까? 당연히 동지들을 규합하고, 다양한 민회民會를 소집하여, "텅 빈 국가"를 다시 정상가동 시키는 작업을 시작했을 것이다. 우선 모든 관공서와 경찰서, 그리고 일제 국영기업, 일본인 기업 등등 가능한 정치·사회·경제의 추뉴樞紐를 장악하는 데 주력했을 것이다. 이것은 너무도 당연한 역사의 추세이며, 조선민중이 자치능력이 있는 깨인 민중이라는 것을 과시하는 자발적인 운동이었다. 그것은 결코 중앙의 건국준비위원회의 지령에 따라 일사불란하게 움직인 조직적 운동도 아니었다. 아주 자연스럽게 진행된 자위·자치·자영운동이었다. 시골의 농민조차도 식민지의 강압정치를 거치면서 상당수가 이미 정치적 농민으로 변해있었던 것이다.

이러한 운동은 토지의 조건들, 지리적 위치, 인구의 이동상태, 근대화된 정도 등등을 포섭하는 지역적·정치적·환경적·생태학적 다양성에 따라 다양하게 이루어진 것이다. 일률적인 어떤 단위조직 규정성이 있었던 것이 아니다. 이것을 우리는 그냥 거칠게 명명하여 "인민위원회"라고 부르는 것이다. 그 명칭도 애초에는 불확정적이었다. 한국측 자료는 그냥 8월 말까지 전국에 145개의 인민위원회가 조직되었다고 말하고 있지만, 이것은 단지 숫자의 장난일 뿐이며 실상 그 조직의 실태는 훨씬 복잡하고 다양한 것이다. 시의 단위로부터 읍·면, 마을 단위에 이르기까지 다양한 형태의 자치조직이 수백 개 생겨났다고 보아야 할 것이다.

"인민"은 공산당의 언어가 아니다

그런데 우리가 이러한 문제를 다룰 적에 갖게 되는 가장 큰 장벽은 앞서 지적하는 바 "개념의 오염"이라고 부르는 인식론적 편견에 관한 것이다. "빨갱이"라는 말처럼, "인민人民"이라는 말만 붙게 되면 우리는 "좌빨"이니 "좌익"이니 "공산주의자"니 하는 터무니없는 망념, 온갖 부정적인 의미규정을 부여하게 된다. 그러나 해방 후 공간에서 "인민人民"이라는 말은 전혀 그러한 색조를 가진 말이 아니었다. "인민"은 조선시대로부터 우리나라 사람들의 가장 흔한 일상적 개념에 불과했다. 대한민국 임시정부의 임시헌장(대한민국 헌법의 원조. 1919년 4월 11일 제정)에도 제3조는 이렇게 되어있다: "대한민국의 인민人民은 남녀 귀천 급及 빈부의 계급이 무無하고 일체 평등임." "인민"이라는 말이 계속 쓰였다. 『맹자』의 「진심盡心」하편을 한번 펴보라!

맹자의 말씀에 이런 말이 있다: "통치자의 보배는 셋뿐이다. 토지와 인민人民과 왕도의 정치, 그 셋뿐이다. 보물과 옥구슬을 보배로 여기는 통치자에게는 반드시 재앙이 그 몸에 미치게 될 것이다.諸侯之寶三: 土地, 人民, 政事。寶珠玉者, 殃必及身。"(나의 『맹자 사람의 길』下권 p.829. 통나무에서 나온 이 『맹자』上·下권의 번역은 한학자인 샤오똥이 『맹자』를 학생들에게 가르치는 데 있어서 이 이상 좋은 교본이 없다고 했다. 『맹자』를 컨템포러리한 언어로 풀어내었다. 꼭 한번 사서 읽어볼 만하다. 『맹자』는 자손들을 위하여 집안에 갖추어 놓아야 할 고전이다). 사대부들의 가장 흔한 레퍼런스인 『맹자』에 이미 "인민人民"은 나라를 구성하는 3대요소 중의 하나로 명기되어 있다. 뿐만 아니라, "인민"의 용례는 『시경』「대아」, 『여씨춘추』, 『관자』, 『묵자』, 『수호전水滸傳』, 『낙양가람기』 등등의 고전에 흔하게 나오고 있다. 따라서

"인민위원회"는 이념적 색깔을 가진 특별한 조직체가 아니라 자생적인 그래스루츠의 "보통사람위원회"였을 뿐이다. 이 인민위원회를 빨갱이들로 규정한 것은 "한민당"의 수구꼴통들이었다.

아브라함 링컨의 게티스버그연설에 나오는 그 유명한 마지막 구절, "government of the people, by the people, for the people, shall not perish from the earth." 이것을 도대체 어떻게 번역할 것인가? "of the people, by the people, for the people"은 "정부government"를 수식하는 말이기 때문에, 다시 말해서 새로 생겨나야 할 국가정부를 규정하는 말이기 때문에 "국민"으로 번역할 수 없다. 그것은 "인민의, 인민에 의한, 인민을 위한 정부"로 번역될 수밖에 없다. 유진오도 헌법을 만들면서 "인민"이라는 단어를 자유롭게 사용하지 못하는 것을 심히 애석하게 생각했다고 한다.

하여튼 인민위원회, 다시 말해서 사람위원회는 1945년 8월 말에만 이르러도 전국에 수백 개의 조직으로서 자연발생적으로 생겨났는데, 건준의 활동이 지방조직으로 확대되면서 건준과 인민위원회는 통합과정을 거쳤고, 그 융합과정에서 지방인민위원회는 지방정부적인 성격으로 발전해나갔던 것이다. 그만큼 건준의 활동은 만인의 신망을 모았던 것이며, 그것은 조선 반만년의 역사에 보기 힘든 민중자치의 찬란한 개화였다.

"민중자치"라는 것을 우리는 너무 서구적 근대이념의 맥락 속에서만 규정한다. 그러나 조선의 민중은 수없는 반체제의 저항의 역사를 가지고 있으며 민중 스스로 자치능력을 과시하는 활빈당전통을 역사의 저변에 깔고 있다. 기실 해방 후 전국이 삽시간에 다양한 단위의 인민위원회로 질서 있게 조직되었다는 것은 내가 생각하기에는 동학혁명의 농민군이 호남지방 각 군현에 설치하였던 집강소執綱所조직의 자치기구의 현대사적 재현이라고 이해하는 것이 가장 정확하다. 자아! 이제 우리는 이 위대한 인민위원회의 기구한 운명을 이야기해야 한다.

해방원점: 두 괴뢰의 등장

우리는 "해방"이라는 원점의 성격으로부터 다시 문제를 재고할 필요가 있다. 해방을 맞이하는 건준이라고 하는 슬기로운 주체세력이 있었고 그것은 전국의 인민위원회 조직의 구심점이 되었지만, 해방을 가능케 한 물리적 주동세력은 미국과 소련이라고 하는, 세계사의 무대를 분할하는 양대 신흥세력이었다는 것은 이미 갈파한 바와 같다. 해방의 주체가 우리민족이 아닌, 미국과 소련이었다고 한다면 이 해방정국 공백의 새로운 모델링의 결말은 이미 명약관화하다. 그것은 미국에 붙어 미국말을 잘 듣는 놈이 이남을 먹을 것이요, 소련에 붙어 소련말을 잘 듣는 놈이 이북을 먹을 것이다. 이 두 놈은 모두 토착세력이 아닐 것이고 소련과 미국에서 자기세력을 키웠거나, 소련과 미국의 지도자들에 특별한 총애를 받는 사람이어야 할 것이다.

이렇게 외세에 기생하는 괴뢰적 인간은 토착세력들을 무척 싫어하게 마련이다. 미국의 괴뢰로서 조선인들에게 거룩하게 보인 인간, 그러한 별종으로서는 이승만을 따라갈 자가 없었다. 소련의 괴뢰이면서도 국내 사람들에게 만주벌의 신화적 독립투사의 이미지를 지녔던 사람, 김일성만 한 적격의 인간이 없었다. 1945년 입국시 이승만은 70세였고 김일성은 33세였다. 이승만은 노회했고 김일성은 정력이 넘치는 청년이었다.

이승만은 오로지 권력의 자리를 차지하는 데만 몰두했고, 김일성은 무엇인가 새로운 비젼의 국가를 만들고 싶어하는 혁명가적 기질을 유감없이 발휘했다.

이승만은 선교사들의 개화열망을 활용하여 미국유학의 길을 텄고 미국으로 건너가(1904년 11월 4일 제물포항을 떠남) 결국 하바드대학에서 석사학위를, 프린스턴대학에서 박사학위를 획득한다(1910년. "미국박사"가 워낙 없던 시절이라 이승만은 죽을 때까지 국민들에게 "이승만 박사"로 더 잘 불리었다). 프린스턴대학에서 그를 귀여워해준 교수(당시 총장)가 훗날 미 28대 대통령이 된 우드로 윌슨Thomas Woodrow Wilson 1856~1924이었기 때문에, 이승만은 어찌 되었든 백악관에 편지를 쓸 수 있는 거의 유일한 인물이었다고 볼 수 있다. 이러한 인적 커넥션을 활용하는 데는 귀재였다. 그리고 생활을 매우 고급스럽게 했는데 그는 돈을 교민들로부터 갹출했고 또 주일이면 미국교회에 나가 미국선교가 한국에서 대단한 성공을 거두고 있다는 인상을 줄 수 있도록 멋있는 간증을 해서, 간증연보돈을 사방에서 긁어댔다.

이승만은 누구인가? 단재 신채호의 일갈

젊은 날의 그는 외모가 멋이 있었고 영어를 잘했다. 이승만이 외교활동노선의 명분을 견지하면서도 실제적으로 독립운동이나 여하한 진실한 투쟁과 무관한 인간이 된 것은, 일차적으로 상해임시정부 인간들에게도 책임이 있다. 아니, 상해임정뿐이 아니었다. 3·1독립만세의거 이후에 사방에서 성립한 임시정부들이 모두 이승만을 국무총리, 국방총리, 집정관총재 등의 이름으로 추대하였던 것이다. 이에 재빠르게 이승만은 미국

워싱턴D.C.에서 한성임시정부의 집정관 총재의 사무실을 열고, 남이 믿거나 말거나, "대한공화국"의 "대통령"이라는 이름을 마구 사용한다. 영어로는 "Dr. Syngman Rhee, The President of the Republic of Korea"라고 했는데, 사실 그때 모든 임시정부에는 대통령제가 없었고, 정부는 어디까지나 임시정부였으나, 그는 일찍이 "임시"라는 말을 떼어버리고 "대한공화국의 대통령"이라는 칭호로서 세계 국가원수들과 파리강화회담 의장에게 한국의 독립선포를 알리는 공문을 발송했다(시카고 한인교포들이 만들어 유포시킨 홍보용 컬러우편엽서에는 그의 한성감옥 죄수사진과 박사학위 수여모를 쓴 두 개의 사진을 걸어놓고 그 사이에 간단한 이력을 써놓았다: 1894년 투옥됨, 1904년 석방됨, 1905년 미국에 옴, 1909년 하바드에서 석사 받음, 1910년 프린스턴에서 박사 받음, 1919년 대통령에 당선됨Elected President. 틀린 것은 없다 하겠으나 이승만의 교활성을 잘 보여주는 역사적 유물이라 할 것이다).

결국 이승만의 공세로 인하여 하는 수 없이 상해대한민국임시정부 의정원은 기존의 대한민국 임시헌장을 대폭 개정하여 대한민국 임시헌법을 공포하고 대통령제를 도입하여, 1919년 9월 11일 이승만을 대한민국임시정부 초대대통령으로 선출한다. 우리 역사의 모든 비극은 여기서부터 출발한다고 해도 과언이 아니다. 우리 역사 전체가 한 교활한 술사術士에게 잘못 걸려든 것이다. 그리고 상해임정은 이승만에게 상해로 와줄 것을 청원하였다. 이승만은 계속 미국에만 거주하다가 이듬해 1920년 12월에나 상해로 밀입국한다(이승만은 중국인옷을 입고 임병직과 함께 12월 5일 오전 10시에 상해에 도착했다. 임병직林炳稷 1893~1976은 미국에서 이승만의 주구로서 활동. 한국반공연맹 이사장 역임). 더 이상 자세한 이야기는 내가 말하지 않겠으나 상해에서 이승만의 여러 가지 행태를 분석하고 분개한 단재 신채호의 일갈이 매우 인상적이다: "이승만은 이완용보다 더 큰 역적이다! 이완용이는 있는 나라를 팔아먹었지만 이승만 이놈은 아직 우리나라를 찾기도 전에 팔아먹은 놈이다!" 단재는 이승만의 외교노선이 아무런 진실성이 없는 방편주의에 불과한 장난임을 깨닫고 임정 자체를 포기하고 북경으로 고고하게 떠나가고 만다. 이승만은 실제로 대한민국의 독립이 아닌 "위임통치"를 주장하고 있었던 것이다.

김일성의 역정

김일성은 어린 청년이다. 불과 중학생 때부터 항일의식이 투철해 무장투쟁론을 펼치고 다양한 서클활동을 했다. 김일성이 다닌 길림의 육문중학교毓文中學校는 명문학교이다. 김일성이 존경하고 따랐던 선생님 상월尚鉞 1902~1982은 공산주의이론가였고 역사학자였고, 소설가 루쉰魯迅의 애제자였다. 그런데 우리나라에서 김일성에 관해 쓰는 것을 보면 쓸데없이 그의 생애를 헐뜯고 확실한 사실마저 부정할 구실을 찾느라고 야단이다. 김일성이가 10대부터 항일활동을 하고, 20대부터 의식 있는 청년들과 함께 게릴라활동을 벌인 것도 너무도 당연한 일이다. 일제강점시대 사람들의 의식 속에 잔상으로 남은 김일성 장군은 "백마를 타고 도포를 휘날리던 할아버지" 같은 불멸의 장군이라는데 그것은 넌센스에 불과하다. 그런 할아버지도 백마도 단 하루의 똥삐이 혹한을 견딜 수 없다. 20대의 청년들이니 견딜 수 있었을 것이다.

조선 청년들이 자체의 역량으로 견디어 낼 수가 없었기 때문에, "동북항일연군東北抗日聯軍"이라고 하는, 중국인민해방군의 동북항일무장조직의 한 부대장(제1로군 제2군 제6사 사장師長)으로 활약하다가(1937년 6월

4일, 혜산진 보천보주재소 습격사건 등), 일제 관동군의 동북항일연군에 대한 집중토벌로 연군이 와해될 위기에 처해지자, 김일성은 그를 사랑했던 중국 상관 주보중周保中 1902~1964(동북항일연군 제2로군 총지휘. 한국인을 사랑하고 보호한 사람. 나중에 길림성 성장이 되어 연변조선민족자치구와 연변대학 탄생에 결정적인 교두보역할을 했다)의 도움을 얻어 하바로프스크 교외(북서쪽 80km)에 있는 소련적군 제88특별국제여단으로 적을 옮기게 된 것은(1940년 11월~ 1941년 1월 사이에 이동) 천운 중의 천운이라 할 것이다.

두 괴뢰의 입국과정

이승만은 결국 맥아더를 설득하여, 그의 도움을 받아 한국에 들어왔고, 김일성은 결국 스탈린의 총애를 받아 한국에 들어왔다. 이승만은 동경에 주둔하고 있었던 미국극동군사령관 맥아더Douglas MacArthur 1880~1964 에게 구애의 편지를 계속 보냈고(당시 맥아더는 일본왕을 손아귀에 주무르는 "푸른 눈의 쇼오군the Blue-Eyed Shōgun"이었다. James L. McClain, *Japan: A Modern History*, p.525. 일본 근현대사에 관해서는 맥클레인의 이 저서가 비교적 객관적이고 풍요로운 정보를 제공한다), 맥아더는 이승만의 편지에 감동을 받고 그를 동경으로 초청했다. 맥아더는 자기 부하인 하지까지 동경으로 불러 3자회담을 마련했다. 이 3자회담의 내용은 공식기록이 없다. 그러나 아마도 이 미팅에서 이미 해방 후 조선역사의 대세는 결정된 거나 마찬가지라고 보아야 할 것이다.

스탈린과 사전조율이 충분히 된 33세의 만주유격대 리더, 소련군 장교 김일성은 본래 만주를 경과하여 신의주로 해서 평양으로 곧바로 내려갈 생각이었으나 국공내전으로 정세가 불안하여, 하바로프스크에서 열차

편으로 블라디보스톡으로 내려가, 그곳에서 소련군함 뿌가쵸프호(뿌가

쵸프Yemelyan Ivanovich Pugachev 1742~1775는 카테린 2세 때 농민항쟁을 일으켰던 대

중적 리더, 실존인물이다. 그리고 푸쉬킨이 그의 소설『대위의 딸』[1836] 속에서 뿌가

쵸프의 이야기를 재해석해서 구현하였기 때문에 유명해졌다. 김일성과 뿌가쵸프, 뭔

가 상징적 커넥션이라도 있을랑가?)를 타고 원산항에 상륙했다. 1945년 9월

19일의 사건이었다. 해방 후에 일어난 사건들의 날짜는 매우 중요하다.

날짜의 선후만 잘 파악해도 역사의 진행속도와 루트가 보이게 마련이다.

해방이라는 공백, 단 25일 동안의 해방?

자아! 해방이라는 공백, 그 공백은 조선의 민중에게는 전무후무했던 유

니크한 자유와 자치와 해탈의 공간이었다. 그런데 그 공백은 메꾸어지지

않으면 아니 되었다. "공백의 메꾸어짐"이라는 것은 그것이 어떠한 방식

을 취하든지간에 민중에게는 비극이었다. 여운형이 남긴 아주 의미심장

한 말 중에 내 가슴을 찌르는 한마디가 있다: "우리 같은 **지도자층이 얼쩡거**

리지 않았더라면 조선민중은 민족단합, 조선의 통일을 벌써 성공시켰을 것이다."

하여튼 해방이라는 공백을 메꾸는 주체세력(주동세력)이, 새롭게 등장

하기 시작한 세계냉전의 기류 속에서는 미국과 소련, 양대세력일 수밖에

없었고, 결국 미국과 소련의 가장 돌출한 두 괴뢰가 이남·이북의 권력을

장악할 수밖에 없었다는 것은 이미 충분히 설파한 것이다. 자아! 그런데

이러한 대세의 진행을 구성하는 디테일에서는 매우 복잡한 문제들이 개

입한다. 미국과 소련은 8·15 직후 곧바로 남·북한에 상륙한 것이 아니다.

외세가 이 땅의 지배권력으로 입성하기 이전에 주체적으로 이 땅을 지킨

사람들, 그 구심점에 여운형이 있었다. 여운형은 1942년 12월 21일부터

1943년 7월 2일까지 매우 혹독한 고문에 시달리며 감옥생활을 했다. 그러나 몽양은 1945년 8월 15일 자기 본래의 위치인 서울에 있었다.

건준이 해방준비의 주체세력으로 등장한 것도 몽양이 서울에서 암약하고 있었다는 사실로부터 시작되는 사건일 뿐이다. 그리고 그때는 "외세의 지배"라는 것이 전제되지 않은 순결한 해방공간시대였다. 다시 말해서 "건국준비"라는 것은 새로운 나라를 스스로의 힘으로, 외세의 간섭 없이 주체적으로 건설한다는 희망과 포부를 담고 있는 말이다. 해방 후 분위기는 건준을 중심으로 건강한 항일세력들이 주도권을 잡는 분위기였다. 그것의 전국적 조직태가 인민위원회였다. 따라서 인민위원회가 조직화되고, 활성화되는 시기는 "좆됐다"라고 생각하는 친일세력들에게는 "죽음의 시기"였다. 이들은 일단 아무 목소리를 내지 않고 숨어지내면서 사태를 관망하고 있었다. 이러한 상황이 2·3년만 지속되었더라면 얼마나 좋았을까? 그러나 이러한 시기는 단 25일에 불과하였다(8월 15일부터 9월 9일까지). 그러니까 우리 민중이 진정 해방의 기쁨을 맞이했던 시기는 우리역사에서 25일밖에 되지 않는다. 다시 말해서 우리는 25일 동안만 해방되었던 것이다. 그 이후로는 독립(홀로 섬)은커녕, 해방(풀려남)조차 되지 않은 것이다. 이것은 무엇을 의미하는가?

소련과 미국의 접근 태도

소련은 매우 치사하게 히로시마에 원폭이 떨어지고 난 1945년 8월 8일에야 대일선전포고를 하고(계속 눈치 보면서 유예하고 있었다) 만주로, 한반도로 진격한다. 8월 11일, 미국은 놀라서 소련에게 38선까지만 진주할 것을 요청한다. 소련 제25군은 1945년 8월 24~5일 잽싸게 평양으로 입성한다. 그것은 오키나와에 주둔하고 있던 미군 제24군단이 서울로 입성한 것보다 보름이나 빠른 것이다. 이미 조선이라는 "공백"을 두고 그것을 차지하기 위한 미·소간의 신경전·각축전은 이미 숨가쁘게 진행되고 있었다. 1945년 9월 7일 동경에서 맥아더는 한반도통치안에 대한 포고령 제1호를 발표했는데, 그 제1조는 다음과 같다: "북위 38도 이남의 조선영토와 조선인민에 대하여 미군이 군정을 펼 것이다."

이 메시지는 명백하게 미국(미군)이 한국을 직접 통치한다는 매우 직접적인 신제국주의적 통치방략을 표명한 것이다. 이것은 제2차세계대전까지만 해도 우방이었던 소련에 대한 급격한 인식의 변화, 그리고 소련군이 38도 이북에 급격하게 진입함에 따라 한국 전체를 적대세력으로 인식하게 되었다는 오류를 내포하고 있는 것이다. 따라서 항복한 일본은 미국의 우방으로, 보호해야 할 대상이 되면서 오히려 적국으로서의 일본이 받아야 할 대우를 일본의 지배국인 한국이 받게 되는 것이다. 한국은 어느새 미국인에게 적대세력으로 둔갑한 것이다. 이것은 양아치들 싸움에 있어서 흔한 현상이다. 양아치들은 실력으로 대결한다. 그리고 깨지는 놈은 철저히 상대방에게 복속한다. 그 놈이 자기보다 더 쎄다는 것을 깨달았기 때문이다. 그러면 승자는 깨진 양아치를 자기 똘마니로서 후하게 대접한다. 승복하고 나면 바로 화해가 성립하고 한통속이 되어버리는 것이다. 그러나 깨진 양아치가 거느리고 있던 군소세력들은 비참한 처우를 받을 수도 있다.

한국은 미국의 적이다
하지는 9월 4일, 오키나와를 출발하기 전에 24군단 장교들에게 이와

같이 지시한다: "한국은 미국의 적이다. 그러므로 항복의 조례와 규정의 적용을 받는다.Korea was an enemy of the United States and therefore subject to the provisions and the terms of the surrender. *The Origins of the Korean War*, p.126."

미국이라는 새로운 지배세력이 정부의 형태(military government)로 군림한다는 사실을 당연히 모든 토착세력들, 주체적 세력들은 반대했지만, 이 사실을 반기는 세력이 있었다. 그동안 숨죽이고 끽소리 못하며 "좆됐다"고 생각한 세력들, 원래 세력 있었고, 많이 배웠고, 영어를 유창하게 하면서, 기독교를 신봉하고, 반공사상에 투철했던 사람들, 그리고 열렬히 황국신민으로서의 자긍심을 가지고 살았던 그 사람들에게는 "미군의 입성"은 암흑속에 빛이었고 부활의 희망이었다. 이들은 9월 8일, 오늘날 우리나라 정당들의 궁극적 뿌리인 "한민당"(한국민주당의 약칭)을 창당하고, 인천 앞바다에 하지의 배가 떠있을 때부터 이미 모든 접촉을 시도했다. 이들이 하지와 그의 부하들에게 철저히 주입시킨 것은 "인민위원회"는 빨갱이들의 조직이며, 이미 이들에 의하여 조선 전체가 장악되었으며, 이들의 분쇄가 없이는 미군정의 통치는 불가능하다는 적대논리였다.

생각해보라! 미국이 점령한 일본, 원폭이 떨어진 일본에는 소련이 없었다. 그러나 미국이 들어가 새롭게 군정을 선포하려는 조선에는 소련군이 이미 버티고 있었다. 그리고 간악한 일본은 패망 후, 그러니까 8·15 이후에는 계속해서 미국에게 온갖 방정과 추태를 다 떨었다. 빨갱이들이 자기들의 신변을 위협하고 있다는 식으로 새빨간 거짓말을 둘러댔다. 그렇게 함으로써 보호를 받으려 했다. 다시 말해서 미국은 한국통치를 위해서는 일제강점의 모든 체제를 다시 부활하여 유지시키지 않으면 안되겠다는 생각을 굳힌 것이다. 미국은 동아시아역사에 대하여 근원적으로 무지했다. 이 지역의 인민이 갈망하는 자유나 정의, 그리고 진리의 기준이 무엇인지, 그런 문제에 관해서는 완벽하게 무지했다. 아니 관심이 없었다.

미국이 세계사에 남긴 가장 큰 오류: 일본천황제의 존속

동아시아역사에 대하여 맥아더가 저지른 가장 큰 오류, 인류사의 근원적 진보에 공헌할 수 있는 결정적 찬스를 놓친 죄악에 가까운 오류는 전후에 일본의 천황제를 존속시킨 것이다. 천황제를 존속시키는 것이 미국의 일본지배를 쉽게 만들고, 동아시아에 있어서 공산주의의 팽창을 막을 수 있는 확실한 길이라고 판단한 것이다(히로히토는 1945년 9월 27일 맥아더의 SCAP 헤드쿼터를 두 발로 찾아가 목숨을 구걸했다. 그리고 미국의 이해관계에 전적으로 복속하겠다는 약속을 했다). 이것은 미국이 나치정권의 독일국가를 근원적으로 해체시킨 것과는 사뭇 다른 방식의 전후처리였다. 일본국가가 근원적 변화가 없이 존속하도록 하면서 몇 명의 전범만 코스메틱한 효과로 처형한 것이다.

천황제의 존속은 일본의 양심세력에게는 천명天命의 배반이었고 두 번다시 올 수 없는 기회의 좌절이었다. 천황제 군국주의의 끊임없는 부활을 보장하는 사악한 결단이었다. 그러나 미국의 프래그머티즘은 현실적 이익만을 우선 시키게 마련이다. 일본에 대한 이러한 생각이 일본의 속국이었던 한국의 통치방식에도 그대로 적용되었던 것이다. 아베 노부유키安部信行 1875~1953(제9대 마지막 조선총독. 현 수상 아베와는 무관) 총독을 파면시키고 그 자리에 미 군정장관 아놀드 소장Archibald V. Arnold 1869~1973을 취임시켰는데 그는 9월 14일, 한국의 경찰조직이 일제강점시대의 그 모습대로 유지되어야 한다는 것을 강조했다. 일제는 다시 시작된 것이다.

일장기에서 성조기로!

자아! 한번 생각해보자! 이 치욕스러운 장면을! 1945년 8월 15일, 일본이 패망했다고 하지만 중앙청 앞에 걸려있는 일장기는 변함없이 휘날리고 있었다. 일본제국주의를 패망시킨 장본인이 우리가 아니었기 때문에 일본의 깃발은 승자를 맞이할 때까지 휘날리고 있었다. 하지 중장의 24군단은 9월 8일 인천에 상륙했고, 9월 9일 서울에 입성한다. 그리고 일본의 강점을 계승한다. 그리하여 조선총독부(중앙청) 제1회의실에서 정식으로 아베의 항복문서가 조인되었다. 그리고 이날 오후 4시 30분 드디어 경복궁 마당에서 일장기가 내려지는데, 대신 올라간 것은 태극기가 아니라 미국의 성조기였다. 한국은 미국의 지배를 받는 새로운 형태의 속국이 된 것이다. 일본제국주의의 지배에서 미국제국주의의 지배로 외형적 변화만 일어난 것이다. 그리고 미국제국주의는 일본제국주의의 조선통치체제를 그대로 계승하려 했다. 우리 역사의 실상을 이해하기 위해서는 다음과 같은 도표를 명료히 파악하는 것이 중요하다.

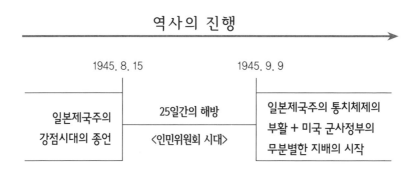

역사의 진행

1945. 8. 15		1945. 9. 9
일본제국주의 강점시대의 종언	25일간의 해방 <인민위원회 시대>	일본제국주의 통치체제의 부활 + 미국 군사정부의 무분별한 지배의 시작

한편, 북한에서는 어떠한 일이 일어나고 있었을까? 이 문제에 관하여 내가 말하는 것을 독자들은 왜곡된 시선으로 삐딱하게 바라볼 수도 있다. 왜냐하면 북한에서 일어난 것은 무엇이든지 부정적으로만 파악하는데, 아니 파악해야만 한다는 당위의식에 우리는 너무 물들여져 있기 때문이다. 나는 북한의 역사진행을 근원적으로 긍정적으로 바라보지 않는다. 그러나 우리가 긍정적일 수도 있는 부분에 관하여서는 마음을 열고 정직하게 수긍해야 한다. 특히 6·25 이전까지의 북한의 사회변화는 매우 긍정적인 측면을 지니고 있었다. 그 긍정적 변화를 전쟁이라는 에너지로 다 소멸시키고, 또 그 재건과정에서 무자비한 유일지배사상으로 변모해간 과정에 우리민족 전체의 비극이 얽혀있는 것이다.

소련은 미국과 달리 직접지배를 구상치 않았다

우선, 소련은 북한을 지배할 생각이 없었다. 다시 말해서 미국이 남한을 군정military government을 통하여 "직접지배"를 꾀하려 했던 것과는 달리, 소련은 "군정"이라는 개념을 내세우지 않았다. 공산주의국가 사이에는 동료의식이 있고, 그것은 코민테른Comintern, 즉 공산주의 인터내셔널Communist International(국제공산당, 제3인터내셔널이라고도 한다. 1919년 3월 러시아공산당 주도 인물들이 설립하여, 1943년 스탈린에 의하여 해체됨)의 원칙과 협력관계에 의하여 계승되어온 것이다. 다시 말해서, 김일성의 입국과 이승만의 입국은 근본적으로 성격을 달리하는 것이다. 우선 우리의 주제인 인민위원회 문제만 가지고 보더라도, 김일성은 철저히 기존의 인민위원회를 존중하도록 훈령을 받았다. 인민위원회는 조선의 민중 속에서 스스로 생겨난 일종의 소비에트("soviet"는 원래 노동자·농민·병사들의 민주적 자치기구를 일컫는 말이었다)이고, 그러한 기반이 없이 공산혁명은 불가능하다는 것을 김일성은 잘 알고 있었다.

스탈린은 아예 북한에서 "공산주의혁명"이라는 말을 꺼낼 필요도 없다고 생각했다. 공산주의는 부르죠아민주주의적 단계를 거쳐서 이루어지는 것이므로 경직된 레토릭에 연연할 필요가 없었다. 스탈린은 해방 이후의 조선의 노동자와 농민계급은 아직 미약한 상황이므로 일제강점기의 조선혁명의 방침을 그대로 유지해야 한다고 판단했다. 따라서 혁명의 목표는 급격한 사회주의혁명이 아니라 부르죠아민주주의혁명이 되어야 한다. 1945년 9월 20일 스탈린의 훈령 중 북한의 국가체제와 관련된 내용은 다음 3개 항이다.

1) 북조선 영토에 소비에트 및 여타의 소비에트권력기관을 창설하거나 소비에트질서를 도입하지 말 것.
2) 모든 반일민주정당 및 조직들의 광범위한 연합을 기반으로 북조선에 부르죠아민주주의 권력수립을 방조할 것.
3) 이와 관련해 적군이 장악한 지역에서 반일민주조직과 정당의 설립을 방해하지 말 것.

한마디로 한국에 대한 소련의 인식체계와 미국의 인식체계는 소양지판의 차이가 있었다. 미국은 한국에 무지했다. 오직 미국의 괴뢰정권을 세워 한국의 영토를 안정적으로 친미세력권 내에 있게 만든다는 지배영역적인 관심만 우선했고, 인민의 삶이나 가치나 지향점에 대해 아무런 본질적 관심을 갖질 않았다. 미국이 후에 월남이라는 분단국가를 대하면서 취한 자세, 그리고 결국 미국의 패망이라는 결론으로 골인한 역사진행방식과 하등의 차이가 없었다. "도미노이론"이라는 하등의 근거도 없는 픽션 때문에 수백만의 월남민을 학살하고 수만 명의 자국민 청년들을 사지로 휘몬 미제국 운영자들의 무지의 클래식한 모델이 이미 한국땅에서 시작되고 있었다.

그에 비하면 소련은 한국을 충분히 이해하고 있었으며, 한국인 스스로 한국사회의 혁명적 변화를 주도해나갈 수 있다고 믿었다. 한국을 바라보는 눈이 사회변화적이고, 가치론적이고, 철학적이었다. 미국은 오직 한국을 영토적 관심에서만, 즉 군사기지적 관심에서만 바라보았다(이러한 문제는 나중에 제주4·3에서 노골적으로 드러난다).

뿌가쵸프호에서 평양공설운동장까지

1945년 9월 19일, 소련군함 뿌가쵸프호에 몸을 싣고 원산항에 상륙한 김일성은 곧바로 평양으로 올라가지 않았다. 각지의 인민위원회를 찾아다니며 그들을 격려했다. 김일성은 인민위원회의 공산주의자들을 만나면서 정보를 수집하고, 그들에게 보천보전투의 영웅이 귀환했음을 알렸다. 1945년 10월 14일 평양공설운동장에는 "소련군환영대회"가 열렸는데, 여기에 보천보전투의 영웅 김일성 장군이 나타난다는 소문이 퍼졌기 때문에 특별히 많은 군중이 모였다. 혹자는 관중이 30만에 이르렀다고 증언하는데 하여튼 10만 가까운 인파가 모여든 것은 확실하다. 이 기념비적인 대회는 훗날 "김일성장군환영평양시민대회"로 기억되었는데, 김일성은 이 대회를 통하여 이미 진정한 국민의 영웅으로 역사의 무대 위에 등장하게 된 것이다. 첫 번째 연사로 소련 제25군 정치사령관 레베데프 소장이, 두 번째 연사로 조선의 간디옹이라 부르는 조만식이 올랐다. 국민의 신뢰를 받고 있던 조만식이 연단에서 보천보전투의 영웅 김일성을 소개한 것은 김일성에게는 엄청난 보증이었다. 세 번째로 연단에 오른 김일성, 짧게 치켜 깎은 머리에 삐쩍 마른 얼굴, 누가 보아도 서른 정도로 밖에는 보이지 않는 젊은 청년이었다. 그러나 그의 얼굴은 해맑은 기운이 넘쳤고 그의 연설은 자신감에 넘쳤다. 처음에 의아스러운 표정을 지었던 평양시민들은 곧 그의 타협을 모르는 투지에서 우러나오는 단호한 카리스마, 그 카랑카랑한 목소리에 매혹되기 시작했다.

> "우리 조선민족이 민주주의 새 조선을 건설하기 위해 힘을 합칠 때가 왔습니다. 각계각층 인민들은 누구나 다 애국적 열성을 발휘해 새 조선 건설에 떨쳐나서야 합니다. 힘 있는 사람은 힘으로, 지식 있는 사람은 지식으로, 돈 있는 사람은 돈으로, 건국 사업에 적극 이바지해야 하며 참으로 나라를 사랑하고 민주를 사랑하는 전 민족이 굳게 단결해 민주주의 자주독립국가를 건설해나가야 하겠습니다."

"힘 있는 사람은 힘으로! 지식 있는 사람은 지식으로! 돈 있는 사람은 돈으로!" 이 말은 김일성의 열정과 헌신과 호소력을 상징하는 명언으로서 두고두고 되씹혀 내려온다. 김일성은 훗날 이 순간을 이와 같이 회상했다:

> "10여만 군중의 뜨거운 열기와 환호를 한몸에 받으며 단상에 서있을 때 나를 지배한 것은 그 어떤 미사려구를 다 동원해도 그려낼 수 없는 행복감이었습니다. 내 일생에서 가장 행복한 순간이 어느 때였는가고 묻는 사람이 있다면 나는 그 순간이였다고 대답할 것입니다. 민중의 아들로서 민중을 위해 싸웠다는 행복감, 민중이 나를 사랑하고 신입한다는 것을 느끼는 데서 오는 행복감, 그 민중의 품에 안긴 행복감이였을 것입니다."

당시의 신문『평양민보』는 10월 14일 당일자 기사에서, "······ 군중에게 준 감동은 강철과 같은 것이어서 산야가 떠나갈 듯한 환호성 가운데, 이 사람과 같이 싸우고 같이 죽으리라는 사람들의 결의는 눈에 보일 듯이 고조되었다"라고 보도하고 있다. 하여튼 김일성의 데뷔는 이런 식으로 진행된 것이다.

이승만과 맥아더

김일성이 평양공설운동장에서 엄청난 인파 속에 역사의 무대 위로 화려하게 등장하는 바로 그날, 10월 14일, 이승만은 맥아더에게로 갔다. 이 모든 사건이 모종의 연관성이 있을 것이다. 소련과 김일성의 행보가 매우 빨랐다. 미군정의 궁극적 배후인 맥아더 또한 김일성의 등장을 상쇄하는 모종의 액션을 취하지 않으면 아니 되었을 것이다. 이승만은 10월 16일, 맥아더가 제공한 전용기를 타고 김포공항에 유유히 안착했다. 돌이켜 보면 그가 "105인사건"(테라우찌 총독의 암살미수사건을 날조하여 105인의 독립운동가를 감옥에 가둔 사건. 이로 인하여 신민회가 와해됨)의 검거열풍을 피해 1912년 미국으로 망명한 지(프린스턴대학에서 박사학위를 받고 일단 1910년에 귀국했다가 다시 떠난 것이다) 33년 만에 고국땅을 밟은 것이다. 그런데 우리가 알아야 할 사실은 이승만의 귀국이 결코 외로운 해프닝이 아니었다는 것이다. 조선민중의 심상에 자리잡은 "이승만신화"는 열광적인 그 무엇이 있었다. 이승만은 자신의 이미지를 원하는 대로 형상화하는 명수였고, 어디를 가나 분란을 일으켰다. 그러나 이승만이 산 시대의 민중의 심리는 너무도 나이브했다. 프린스턴대학의 박사학위 하나만으로도 민족구원의 열기가 모두 그에게로 집중되는 듯 했다.

이승만의 미국의 소리 단파방송

뒤에 다시 거론되어야겠지만, 이승만은 상해임시정부 의정원에서 탄핵을 당해 대통령의 직위를 박탈당했지만, 그는 상해임정의 정통성을 거부하고 마음대로 독립운동자금을 독식하며 여전히 한성정부(한성에서 설립된 임시정부)의 대통령으로서의 정통성을 주장했다(그의 탄핵날짜는 1925년 3월 23일이었다. 박은식이 그의 후임으로 선출됨. 우리나라 대통령으로서 탄핵, 면직된 자는 두 사람뿐이다: 이승만과 박근혜). 그리고 이승만은 1942년 6월부터 "미국의 소리Voice of America" 단파라디오 한국어방송을 시작했는데, 이 방송은 비록 소수가 들었지만 한국민중과 지도자들에게 이승만에 대한 강렬한 이미지를 심어주었다. 그의 걸쭉한 노경의 목소리는 권위가 있었고 내용 또한 매우 선동적이었고 드라마틱한 논리구성과 치열한 애국적 톤으로 포장되어 있었다. 그것은 하늘에서 울려퍼지는 천명의 소리와도 같았다:

> "나는 이승만입니다. 미국 와싱턴에서 해내·해외에 산재한 우리 2천 3백만 동포에게 말합니다. 어디서든지 내 말 듣는 이는 자세히 들으시오. 들으면 아시려니와 내가 말하는 것은 제일 긴요하고 제일 기쁜 소식입니다. 자세히 들어서 다른 동포에게 일일이 전하시오. 또 다른 동포를 시켜서 모든 동포에게 다 알게 하시오. 나 이승만이 지금 말하는 것은 우리 2천 3백만의 생명의 소식이요, 자유의 소식입니다. 저 포악무도한 왜적의 철망, 철사 중에서 호흡을 자유로 못하는 우리 민족에게 이 자유의 소식을 일일이 전하시오. 감옥 철장에서 백방 악형과 학대를 받는 우리 총애 남녀에게 이 소식을 전하시오. 독립의 소식이니 곧 생명의 소식입니다 …… 나의 사랑하는 동포여! 이 말을 잊지

말고 전파하며 준행하시오. 일후에 또다시 말할 기회가 있으려니와 우리의 자유를 회복할 것이 이때 우리의 손에 달렸으니 분투하라! 나와라! 우리가 피를 흘려야 자손만대의 자유기초를 회복할 것이다. 나와라! 나의 사랑하는 2천 3백만 동포여!"

아마도 두꺼운 솜이불을 뒤집어쓰고 이 단파방송을 숨죽여 듣고 있는 동포 누구든지 감격의 눈물을 흘리지 않는 사람은 없을 것이다. 1942년 당시로서 이 내용은 매우 선진적이었으며 희망적이었다. 상해임시정부의 승리와 일제의 패망을 선포하고 있었다. 이 방송은 당시 경성방송국의 지사들이 수신하여 재방송하기도 하여 150명 가까운 한국인 방송인들이 검거되기도 하였다. 하여튼 "이승만이 각국의 지원과 승인을 받아 조선임시정부의 대통령으로서 독립운동을 활발하게 펼쳐나가고 있다"라는 근거 없는 신화가 민족의 독립을 꿈꾸던 지식인들의 심상과 허구 속에 깊숙이 자리잡았던 것이다. 후에 다시 이야기하겠지만 여운형이 건준을 확대하여 만든 조선인민공화국의 중앙인민위원회의 주석으로 어떻게 이승만이 추대될 수 있었는지(부주석은 여운형, 국무총리 허헌, 내무부장 김구, 외무부장 김규식, 재무부장 조만식, 군사부장 김원봉 등등), 이 수수께끼 같은 사건이 어느 정도 쉽게 이해가 갈 수도 있다.

나는 한 평민, 정부의 책임자가 되기를 원치 않습니다

상해임정에서 탄핵당한 이승만은 어느덧 다시 한국의 최고지도자로서 부각되기 시작하였던 것이다. 미군정은 이승만 귀국 나흘 만에(10월 20일), 군정청 앞광장(현 광화문광장)에서 5만여 명의 군중이 밀집한 가운데 치밀하게 연출된 "연합군환영대회"를 연다. 이 대회는 이승만의 신화를 확고부동한 것으로 만들기 위한 것이었다. 하지 중장이 먼저 연단 위로 올라갔다. 그는 말문을 열었다.

> "나는 조선이 영구히 자유로운 나라가 되기를 희망합니다. 그런데 이 자유와 해방을 위해 일생을 바쳐 해외에서 싸우신 분이 계십니다. 그 분이 지금 우리 앞에 계십니다. 이 성대한 환영회도 위대한 조선의 지도자를 맞이하기에는 부족합니다. 그 분은 압제자에게 쫓기어 조국을 떠났지만 그 분의 세력은 큽니다. 그 분은 개인적 야심이라고는 전혀 없습니다. 그 분이 살아서 지금 여기 와 계십니다."(『매일신보』1945년 10월 20일자).

미군정 사령관 하지 중장의 입에서 이런 율로지eulogy(찬사)가 나온다는 것은 진실로 상상키 어려운 것이다. 맥아더와의 3자회담이 없었더라면 이런 식의 소개를 하지가 했을 리 없다. 하지는 이승만을 "평생을 자유와 해방을 위해 싸운 조선인"이라 소개했고, 또 "위대한 조선의 지도자"라고 명명했다. 하지의 찬사를 받으며 무대에 오른 70살의 노인이 바로 이승만이었다.

> "이번에 내가 미국에서 온 것은 한 시민으로, 한 평민으로 온 것입니다. 나는 한 평민이 되기를 좋아합니다. 그러므로 정부의 책임자가 되기를 원치 않으며, 높은 지위와 권세 있는 자리보다는 자유를 나는 더 사랑합니다. 나는 항상 우리민족의 자유를 얻고자 애써 왔으며, 어떻게 하면 자유롭게 여러 나라 사람들과 함께 살아갈 수 있을까를 생각하고, 오늘까지 싸워온 것입니다. 우리는 이 자유를 사랑하는 세계 각국 사람들과 동진병행해야 할 줄 압니다. 그러므로 우리는 이 자유를 얻기 위해, 정당의 분열과 40년간 일본 제국주의의 탄압으로 찌들어온 당파적 정신을 털어버리고, 우리의 주의·주장을 버리고, 오직 통일되어야만 하겠습니다 …… 나는 앞잡이로 나설 터이니 여러분도 다같이 나와 함께 나아가십시다!"

거룩한 사기꾼

진실로 이승만은 "거룩한 사기꾼a holy impostor"이다. 전혀 자기 마음에 없는 이야기를 방편에 따라 마구 뇌까리는 데 아무런 죄의식이 없다. 그리고 그의 언변은 고급스러운 구색을 갖추고 있다. 이런 인간에게 누구든지 걸리기만 하면 당할 수밖에 없다. 이런 거룩한 사기꾼을 민족의 지도자로 모시게 된 그 민족의 장래는 암담할 수밖에 없었다. 나는 이승만의 거룩한 사기가 어디서 생겨나는 것일까 하고 그의 삶의 모든 족적을 추적해보았는데 그것은 그가 양녕대군의 후손이라는 선민의식 때문은 아니다. 그릇된 유교의 관념이나 서구문물의 잘못된 수용 때문만도 아니다.

내가 생각하기에 그를 거룩한 사기꾼으로 만드는 것은, 전혀 낯선 외국 토양에서 기생하면서 살아가는 사람들의 본질적인 아이덴티티 상실과 그것을 메꾸는 기독교라는 보편자의식, 한마디로 예수광신자의 신념과 배타성과 절대자에 대한 호소로써 정당화되는 도덕관념의 상실, 등등의 인격요소이다. 권력의 자리를 전혀 탐내지 않겠다고 공언의 첫 성을 발한 이승만처럼 권좌를 탐하여 그토록 많은 사람을 죽인 자는 유례를 찾기 어렵다. 단군 이래 이승만처럼 실제로 엄청나게 많은 살인공작·명령을 내린 사람은 없다. 자아! 이런 얘기는 아무도 부인할 수 없는 사실로서 역사의 페이지에 쓰여져 있기 때문에 우리는 당당히 말해야 한다. 그러나 지금은 해방 후 정국을 규명하는 것이 더 중요한 과제이기 때문에 잠깐 덮어두자! 그런데 자아~ 왜 이승만은 그의 첫 대중연설의 모두를 "나는 한 평민으로 왔습니다"라는 말로써 장식했을까?

해외세력들의 입국순서

이 명제는 좀 분석이 필요하다. 자아! 다음의 연표를 보자!

> 1945년 8월 15일: 여운형·엔도오 회담. 건준성립.
>
> 1945년 9월 9일: 아베 노부유키 조선총독 정식항복
>
> 1945년 9월 19일: 김일성 원산항 상륙
>
> 1945년 10월 14일: 평양공설운동장 시민대회
>
> 1945년 10월 16일: 이승만 귀국
>
> 1945년 10월 20일: 광화문광장 이승만 연설
>
> 1945년 11월 23일: 김구·김규식·이시영·조완구 등 중경임정 요인 귀국.

이 표에서 알 수 있듯이 여운형은 본토에 있었고, 나머지 정계거물의 귀국일자를 보면 "김일성 → 이승만 → 김구"순서이다. 결국 이 나라 밖에서 활약하던 세 주요세력의 입국순서가 되는데, 김일성의 행보가 제일 빨랐다는 사실은, 김일성과 소련의 변죽이 잘 맞았다는 얘기고, 소련은 정책적으로 이미 일관된 프로그램을 토착세력과의 트러블이 없도록 만들어놓았다는 것을 의미한다(최소한 미국에 비하여 논하자면). 김일성의 행보에 맞추어 재빠르게 이승만은 귀국했다. 그리고 중앙청 앞광장의 단상으로 올라갔다. 그런데 왜 임정 요인들은 이승만보다 한 달이나 더 늦게 귀국하는 것일까? 바로 이 점이 이승만 연설의 핵심포인트와 관련이 있다.

임정 요인들은 대부분이 노쇠한 사람들이었다. 그리고 객지에서 빈곤한 예산으로(윤봉길의사 의거를 계기로 장개석으로부터 임정에 유입된 엄청난 자금을 횡령하여 도주한 자가 있었다. 그래서 임정 사람들은 매우 가난하게 살았다) 살다보니 생활인이 되어 정세의 변화를 기민하게 파악하지 못했고, 재빠

른 기동력을 발휘할 수 없었다. 이런 문제점은 내가 실제로 김일성의 투쟁루트와 임정의 활동무대를 전면적으로 세세히 답사해보면서 느꼈던 측면들이다. 그러나 결정적인 문제는 김구와 임정의 사람들이 귀국의 조건으로 "대한민국임시정부"를 정통성 있는 정부로서 인정해달라고 미국에 그리고 미군정에 요청한 것이다. 그러니까 개인의 자격이 아닌 정부의 자격으로 귀국하려고 노력했다. 미군정도 엄연한 하나의 정부인데 그러한 요청을 수락할 리가 없다. 정부로서 또 하나의 정부를 공존시킬 리 만무한 것이다.

시대감각에 뒤진 임정요인들

이승만도 처음에는 습관대로 "프레지던트President"라는 이름을 써서 비자신청을 했다가 완전 빠꾸당했다. 이에 이승만은 재빠르게 단지 "개인"으로서 귀국하겠다는 의사를 밝힌 것이다. 이승만은 정치적 감각이 뛰어났다. 이승만은 당시 한국문제를 좌지우지할 수 있는 인물은 트루만 대통령이 아니라 맥아더라는 것을 알고 동경으로 간 것이다. 동경에서 3자회담을 했다는 것은, "완벽하게 개인으로 행동하고 미군정의 모든 이해관계에 승복하겠다"는 서약을 함으로써 맥아더의 절대적 신임을 얻었다는 것을 의미한다. 그러기 때문에 하지가 그를 "위대한 조선의 지도자"라고 치켜올렸고, 그에 대하여 이승만은 "저는 한 평민으로 왔습니다"라고 말한 것이다.

결국 "정파적 분열과 당파적 정신을 다 털어버리고 오직 통일되어야만 하겠습니다. 제가 앞잡이로 나설 테니 여러분도 다같이 함께 나아가십시다"라고 말한 것은 나 이승만이 미국의 영도 하에 모든 당파를 쓸어

버리고 권력을 독식하겠다는 것을 협박적으로 선포한 것이다. 당시 "한 달"이라는 시차는 엄청난 "뒤짐"을 의미하는 것이다. 결국 임정 요인들은 뒤늦게서야 오직 개인의 자격으로 들어오겠다는 것을 미군정에 서약하고, 미군정이 보낸 15인승 경비행기 한 대를 타고(비행기가 작아 다 못 탔기 때문에 제2진은 12월 1일에 들어왔다) 김포공항에 내렸는데, 그들을 환영하는 사람은 아무도 없었다. 철저히 냉대받은 것이다.

그러나 이 모두가 임정 요인들이 사태파악을 정확하게 하지 못한 악연의 결과이다. 김구는 정치적 감각이 모자랐다. 이념적으로도 교활함을 모르는 매우 우직한 황소 같은 황해도사람이었다. 이 결정적 시기에 한 달 늦은 그 카이로스의 놓침을 끝내 회복하지 못했다. 결국 이승만도당에 의하여 제거되는 비운을 맞이하고 마는 것이다. 김구는 이승만보다 먼저 동경으로 가서 맥아더를 만났어야 했다. 그러나 김구에게는 그러한 정치적 감각도 방편도 없었다.

여운형의 실책: 조선인민공화국의 창설

이러한 비운은 여운형이라는 위대한 주체세력에게도 똑같이 적용된다. 여운형은 해방 1년 전부터 건국동맹을 만들고 해방의 그날 건준을 만들었다. 가장 기민한 정치적 행동이었으나 그의 행태를 찬양할 수도 있고, 저주할 수도 있는 또 하나의 정치적 행동이 있다. 그것은 "조선인민공화국"의 창설이다. 여운형은 정무총감 엔도오로부터 치안권을 넘겨받을 수는 있었지만, 공식적으로 총독 아베에게 항복문서에 싸인하게 할 수 있는 권한을 가진 인물은 아니었다. 그것은 오직 맥아더의 하수인들이 할 수 있는 일이다. 그러나 본시 통 크기로 유명하고 호쾌한 성품의 몽양은 미군이 이 땅의 주권자로서 입성한다는 것을 근본적으로 용납할 수 없었다.

그래서 미군이 들어오기 전에, 미군정이 시작되기 전에 그들을 맞이하는 민족주체가 정부형태a government form로 있어야만 하겠다고 생각하여, 미군 도착 이틀 전인 1945년 9월 6일 서울 경기여고 강당에서 전국인민대표자대회를 소집하여, 건국준비위원회를 해체하고 그것을 모태 삼아 "조선인민공화국"을 선포한다. 이것은 건준이 역사의 주도권을 장악하기 위하여 주체적으로 만든 정부이고, 전체 한민족을 대표하는 기관임을 과시하면서 매우 포괄적인 조각組閣을 단행하였던 것이다.

우리가 현대사를 논하게 될 때, "인공人共" "인공人共"하게 되는데, 이 "인공"은 김일성이 나중에 만든 사회주의국가인 "조선민주주의인민공화국朝鮮民主主義人民共和國"(1948년 9월 9일 수립)을 가리키는 것이 아니라, 보통 여운형이 건준조직을 확대한 "조선인민공화국"을 가리키는 것이다. 그러니까 앞서 "인민人民"의 용례를 고전을 빌어 설명했듯이, 조선인민공화국은 빨갱이공화국이 아니라, 그냥 "조선사람공화국"의 한문표기일 뿐이다. 조선인민공화국은 "조선사람의 공화국"이라는 뜻일 뿐이다.

자생적으로 발전한 전국의 인민위원회는 "건준"과 연계되어 있었고, 여운형이라는 인물의 애국심, 사상적 포용성, 사심 없는 헌신, 기민한 대처에 대한 믿음이 있었다. 따라서 "조선인민공화국"이 선포되자 일시에 전국의 인민위원회는 조선인민공화국의 지방정부조직으로 승격되고, 보다 조직적으로 세련화된다. 바로 이 시점이 제주4·3과 여순민중항쟁의 비극적 출발점이다.

이것은 무엇을 의미하는가? 앞서 몽양의 행태를 논하면서 찬양의 대상이기도 하고 저주의 대상이기도 했다고 했는데 그것은 무엇을 뜻하는 말일까? 나는 역사는 가치판단과 포폄이 개입되어야만 제대로 된 역사라고 생각한다. 몽양이 "건준"을 "인공"으로 만든 것은 잘한 짓인가? 못한 짓인가? 그런 걸 가지고 뭘 잘잘못을 가리느뇨? 어차피 역사적 사실들인데.

그렇게 사실만을 나열하는 역사는 역사가 되지 않는다. 몇 월 몇 일 건준이 인공이 되었다. 그것이 뭔 역사인가? 그렇다고 내가 "통감"류의 역사를 쓰겠다는 것도 아니다. 그러나 반드시 역사는 반추되어야 하고 반성되어야 한다.

건준을 인공으로 바꾼 것은 민족주체적 시각, 애국주의적·민족주의적 시각에서 보면 매우 정당한 행동이다. 그러나 정치역학이나 현실적 프래그머티즘의 득실로 논하자면 그것은 몽양의 큰 실수였다. "준비위원회 Preparation Committee"는 미군정 하에서도 살아남을 수 있지만, "인민공화국People's Republic"은 살아남을 수 없다. 미군정은 조선인민공화국을 인정할 수 없다. 미군정은 "미국군사정부American Military Government"의 줄임말이다. 그것 자체가 통치기구이다. 어떻게 정부가 또 하나의 정부를 용인할 수 있겠는가? 대한민국임시정부나 건준이나 동일한 오류를 범한 것이다. 오류가 아니라고 주장하여도 가치론적으로는 할 말이 없다. 그러나 현실적 역학상으로는 아무 힘없는 놈이 깡폼 잡아봐야 통하지 않는다는 리얼리티가 전제되어야만 한다. 미국은 일본과도 전혀 다른, 일본보다도 무지막지하게 막강하고 참으로 무지스러운, 말이 전혀 통하지 않는 전혀 별종의 양아치라는 것을 일찍 알아차려야 했다. 탱크를 밀고 들어오는 양아치 앞에서 재크나이프 가지고 깐죽거려봐야 뭔 소용이 있을까? 막강한 양아치에게는 이승만의 접근이 어느 누구의 접근보다도 의미 있는 접근이었다. 그래서 거룩한 사기꾼 승만 리Syngman Rhee가 무서운 것이다.

미군정의 인공 불인: 여운형의 죽음

미군정은 10월 10일 조선인민공화국을 정부로서 부정하고 불법단체로 규정해버렸다. 이승만은 10월 22일에 연 기자회견에서 자신이 인공의 주석으로 추대된 것은 모르는 일이며, 취임을 거부한다고 밝혔다. 김구와 김규식 또한 11월 28일에 열린 기자회견에서 인공의 제의를 모르는 일이라고 근본적으로 부인해버리고 만다. 자아! 그러면 어떠한 상황이 벌어질까? 여운형의 영향력이 갑자기 줄어드는 것은 물론이고, 그의 존재감마저 하락한다. 해방정국에서 하락의 끝은 "죽음"이다. 승만 리는 정적에 대한 처리방법으로 "죽음"이 가장 완벽한 묘방이라는 것을 터득해가고 있었다. 여운형의 혜화동로타리 피습은 12번째 테러였다. 여운형은 12번째의 테러를 피하지 못했다. 1947년 8월 3일, 여운형의 영결식에는 60만 명의 추모인파가 몰렸다. 광복 이후 최다인파였다. 당시 민중 모두가 흰옷을 입어 슬픔을 표현했다. 서울시내 전체가 하얗게 뒤덮였다. 그만큼 여운형은 국민의 존경을 받았던 인물이었다.

인민위원회의 불법화

자아! 더 중요한 문제는 여운형의 몰락에 관한 것이 아니다. 여운형의 몰락은 궁극적으로 4·3, 여순과 관련되는데 그 인과관계를 우리는 명료히 알아야만 한다. 조선인민공화국의 불법화는 결국 그 지방조직이 되어

버린 "인민위원회"의 불법화를 의미하는 것이다. 인민위원회는 본시 자생적인 민중의 요구가 결집된 것이고, 운영도 민주적으로 이루어진 것인데, 그것이 하루아침에 불법단체가 된다는 것은 수긍하기 어려운 일일 뿐 아니라, 해방의 기쁨에 도취되어 새로운 나라의 건설에 희망을 품었던 지방의 민중들에게는 이루 말할 수 없는 좌절이었다. 더구나 한 나라 이북에서는 인민위원회가 격려되고 발전되어 갔을 뿐 아니라, 1946년 2월에는 최고권력기관으로서 북조선임시인민위원회가 결성되어 모든 지방 인민위원회가 힘차게 사회개혁을 주도해나가고 있는 그 정황과 비교의 대상이 될 수밖에 없었다.

남한의 인민위원회 사람들의 좌절감은 분노의 노도가 될 수밖에 없었다. 더구나 지방의 일본경찰력을 접수한 인민위원회 사람들은 무장되어 있었다. 그러나 미군정의 무력 앞에 그것은 코풀이개 휴지만도 못한 것이었다. 미군정이 들어서고 여기저기 무력충돌이 일어났다. 모든 경찰서에 그들이 축출했던 일제경찰들이 다시 고스란히 복귀하여 인민에게 미제 무기를 들이대고 있다는 사실을 인민위원회의 동지들은 받아들일 수 없었다. 인민위원회의 저항은 완강했다.

제주도 인민위원회

이미 1946년 봄경이면 표면적으로 상당수의 인민위원회가 붕괴된 것처럼 보였지만 그 영향력은 지속되었다. 어떻게 해서 1946년 10월 1일 대구지역에서 그토록 대규모의 민중항쟁운동이 발발하여 12월 중순까지 지속될 수 있었는가(무장투쟁의 성격까지 포함) 하는 것도 인민위원회의 전국조직의 잔존이라는 사태를 전제로 하지 않으면 이해되지 않는다. 무기를 포기하지 않은 채 산으로 갈 수밖에 없었던 사람들, 이들을 우리는 그냥 막연하게 "빨치산"이라고 부른다. 그러나 우리나라 최초의 빨치산 은 산으로 피신할 수밖에 없었던 "보통사람위원회" 사람들이었다("빨치 산partisan"은 "*partizan*"이라는 중세 불어에서 온 말이다. 그것은 원래 어느 당파의 멤버라는 뜻이다).

이 남한의 인민위원회 중에서 가장 조직력이 강했고, 가장 사상적으 로 잘 무장되어 있었고, 가장 단결력이 강했으며 행정능력이 뛰어났던 인민위원회가 바로 "제주도인민위원회"였다. 그것은 섬이라는 격절된 환경 속에서 형성된 매우 뚜렷한 저항전통과 특별한 아이덴티티를 지니 는 특수문화와도 관련이 있었다. 제주도인민위원회는 1945년 9월 10일, 정식으로 건준의 지부로서 결성되었고, 미군정청 시찰단 법무부의 우달 Emory Woodall에게 3개항의 요구조건을 제시했다. 첫째, 미군정은 제주 인민위원회의 제주 치안유지 및 다른 업무수행에 일체 간섭하지 말아야 한다. 둘째, 미군은 즉시 일본군인과 일본경찰의 무장을 해제시키고 철 거시켜야 한다. 셋째, 미군은 제주섬의 모든 단계의 행정권을 우리 인민 위원회에 위임해야 한다.

분단과 내전: 민중이 제일 싫어한 것

자아! 제주문제로 건너가기 전에, 우리는 좀더 세밀하게 해방 후 정세 를 분석할 필요가 있다. 좌左니 우右니, 이런 말들이 과연 무엇을 의미하 는지, 구체적인 역사적 맥락 속에서 검토되어야 하는 것이다. 해방 후 공 간을 총체적으로 통관할 적에 이미 여물어 가고 있는 새로운 세계냉전질 서 속에서, 조선의 해방이라는 공백은 미국과 소련이 나눠먹을 수밖에 없는 필연성이 있었다고 하는 것은 이미 누누이 설명한 바와 같다. 따라서 소련의 괴뢰인 김일성과 미국의 괴뢰인 이승만이 양쪽에서 제일 쎈 놈이 될 수밖에 없는 현실론도 이미 숙지한 바대로이다. 그러나 우리 민중 대다수의 입장에서 본다면 이런 괴뢰들에 의한 분할통치는 절대적으로 바람직한 것이 아니다.

우리는 우리역사를 6·25전쟁 이후의 분단상황에서 형성된 관념을 가지고 1950년 6월 25일 이전의 역사를 바라보는 오류를 종종 범한다. "분단"이라는 것은 우리민족의 상식적 관념 속에 없는 단어였다. 뿐만 아니라 있어서는 아니 되는 단어였다. 민중이 원한 것은 분단 없는 자주국가였으며, 통일된 국가의 독립이었다. "독립"이라는 것은 외세로부터 자유롭다는 것을 의미한다. 따라서 민중들, 그리고 인민위원회의 사람들은 분단상황이라는 것은 곧 "내전"을 의미한다는 것을 잘 알고 있었다. 남한·북한이라는 분단된 국체가 고착된 지금 사람들의 사유와는 전혀 다른 사유를 가진 훌륭한 상식을 지닌 조선인들이었다. 당시는 남한·북한이라는 독립된 정부도, 국체도, 관념도 없었기 때문에 오히려 남·북한의 단독정부수립은 곧 남·북한간의 전쟁을 의미한다는 것을 실감하고 있던 것이다. 해방 후 역사전개의 핵심을 파악하는 우리의 시선은 어차피 고착된 양쪽 괴뢰 수령들에게 돌려져야 할 것이 아니라, 소련괴뢰도 아니고 미국괴뢰도 아닌 그 중간파 세력들이 어떻게 강력한 힘을 결성하여 그 괴뢰들을 타도하느냐, 타도하지 못한다 하더라도 강력한 제재를 가할 수 있는가, 그리하여 소련과 미국에게 그들의 지배가 결코 그들의 편의대로만 수월하게 진행될 수 없다는 민족자존의 역량을 과시하느냐 하는 문제로 돌려져야 하는 것이다.

이상주의적 상상: 여운형과 김구의 결합

나는 말한다! 김구가 정치적 감각이 기민한 사람이었다면, 임시정부의 적통성의 인정을 기다리는 그런 어리석은 짓을 하지 말고, 곧바로 8월 상순 해방 전야에 혈혈단신으로라도 귀국하여 여운형과 같이 조선건국준비위원회를 만들었어야 했다. 여운형과 김구의 합작이라면, 다시 말해서 3·1민족독립만세의거의 주축이며 다양한 독립운동의 배후였던 여운형에게 대한민국임시정부의 적통성을 대표하는 김구의 힘이 보태졌다고 한다면, 해방 후 정국을 주도하고, 소련과 미국의 진주를 맞이하는 주체세력으로서 가장 강력한 주축을 형성했을 것이다. 여운형은 일찍이 남경·상해 등지에서 활약하면서 대한민국임시정부 창설에 참여했고, 임정의 의정원 의원도 역임했으며, 외무부차장으로 활동하면서 일본을 왕래하기도 했다. 그러나 나중에 임정의 파벌다툼에 실망하여 임시정부를 떠났던 것이다. 뿐만 아니라, 여운형은 개인적으로도 김구의 은인이었다. 1935년 여운형은 황해도에 살던 김구의 가족들을 상해로 피신시켜 김구와 상봉케 해주는 데 지대한 공헌을 했다. 그 때문에 일경의 요주의 인물로 낙인 찍혀 심문을 받기도 했다.

그럼에도 김구는 여운형을 싫어했다. 그리고 중경임시정부 또한 여운형과 협력하지 않았다. 그 이유인즉슨, 중경임시정부만이 대한민국의 정통성이라는 "임정법통론臨政法統論" 노선에 여운형이 가담하지 않았기 때문이었다. 여운형은 법통이란 항상 변해야 하고 새로워져야 하며, 해방 후에는 다양한 세력들을 새롭게 포섭하여 새로운 임시정부를 건설해야 한다는 것을 주장했다. 이러한 여운형의 주장은 임정의 법통을 어렵게 고수해온 사람들의 입장에서 본다면, 그것은 월권이었고 도전이었다.

그래서 여운형에게 협력하지 않았던 것이다. 1945년 11월 24일, 그러니까 김구가 입국한 바로 그 다음날 여운형은 서둘러 다양한 독립운동세력, 사회주의세력을 규합하여 통일전선을 형성할 것을 설득하기 위하여 서대문 경교장으로 김구를 방문했다. 김구는 여운형을 포용하고 포용하는 인사를 나누기는커녕, 군복 입은 수위에게 몸수색을 지시했다. 여운형은 끌려나가 수치스러운 몸수색을 당했다. 그 이후로 몽양은 백범을 다시는 찾아갈 생각을 하지 않았다(우연히 만나기는 했다. 그럴 때도 김구는 몽양을 차갑게 대했다).

하여튼 해방 후 역사의 비극을 말하자면 이러한 옹졸한 생각들과 인품의 장벽이 수없이 우리의 울적한 심사를 돋운다. 오늘도 마찬가지다. 여운형의 입장에서 본다면 임시정부는 30년간 해외에서 지리멸렬하게 유야무야 중에 있던 조직이니 국내에 기초가 없을 뿐 아니라, 아무런 혁명공적이 없이 호가호위 하려고만 하니, 이들만을 적통으로 받아들이는 것은 혁명세력을 분열시키는 결과를 초래할 뿐이라는 것이다. 생각인즉, 몽양의 생각도 옳다. 그러나 몽양도 보다 더 큰 대의를 위하여 원효 대사가 말하는 일심一心의 지혜를 발휘했어야 한다. 이러한 분기分岐의 핵심에는 백범과 몽양이 바라보는 세계, 그들이 그리고 있던 국가비젼의 근원적 차별성이 내재하고 있는 것이다.

김구의 위대성과 소박함, 그에 내재하는 열등한 정치비젼

나는 대학교 시절에 그 유명한 『백범일지』를 읽었다. 그 상권은 1928년, 김구 나이 53세 때 1년여에 걸쳐 집필한 것이고(1929년 5월 3일 완료), 그 하권은 그로부터 13년 후 66세(1941년) 때에 집필을 시작하여 8·15광복을 맞이할 때까지 운필하였다. 그런데 상권은 개인의 역사 중심이고 하권은 독립운동의 역사가 기술되어 있는데, 그것은 1947년 12월 15일, 도서출판 국사원國士院에서 처음 활자로 간행하였다. 그런데 그때 김구는 국사원본『백범일지』의 말미에 "나의 소원"이라는 글을 첨가하였다. 김구의 정치이념, 국가비젼은 이 "나의 소원"이라는 글에 응축되어 있는 셈이다. 1.민족국가 2.정치이념 3.내가 원하는 우리나라 3단락으로 구성되어 있다. 대학교 시절에 내 손으로『백범일지』를 구하여 읽었을 때의 아련한 감회가 지금도 나에게는 로맨틱한 그 무엇으로 남아있다. 60년대 대학생들은 민족선각자들에 대한 존경심을 가지고 있었다.

그런데 "나의 소원"이라는 글을 읽고 났을 때, 나는 김구라는 사람의 사유체계가 너무도 나이브하다는 생각을 했다. 뭔가 조그마한 읍내 교회의 순진한 목사님 수준의 이야기 이상, 그 아무 것도 없었다. 민족이 중요하다는 것, 독재를 싫어한다는 것, 계급투쟁은 엉터리이론이라는 것, 그리고 내가 원하는 나라는 자유의 나라라는 것 그런 말이 전부였다. 자유라는 것에 관해서도 이야기하는 것은 결국 미국의 언론의 자유, 그 정도가 최상의 이데아였다. 그의 소박함이 그의 진실성의 명증일 수도 있다. 그는 말한다: "언론의 자유, 투표의 자유, 다수결에의 복종, 이 세 가지가 곧 민주주의다."

백범의 최대오류: 완강한 반탁

평화봉사단원들의 밀입을 통하여 어렵게 읽은『모택동선집』이라든가 손문의 삼민주의를 접할 때 느끼는 치열한 이론결구가 별로 없는 것이다. 어떻게 이 정도의 나이브한 사유를 가지고 국가를 건설하겠다는 것일까?

나는 비록 어린 나이였지만 놀라지 않을 수 없었다. 이제 내 나이도 들을 대로 들었으니 솔직히 느꼈던 바를 그대로 토로할 뿐이다. 백범과 몽양이 합칠 수 없었던 가장 단순한 이유는 그들이 바라보는 세계의 모습이 달랐기 때문이었다. 요즈음의 언어로 말하면 백범은 우편향이었고, 몽양은 좌편향이었다. 백범은 별다른 이론이 없이 미국의 자유민주주의라는 외형을 동경하였고, 몽양은 평등한 인민(사람)의 사회를 건설하기 위해서는 자유민주주의이념이나 사회주의이념이나 다양한 종교적 신념을 포섭하는 보다 열린 생각이 필요하다고 생각했으나 그도 확고한 정치철학이론의 체계를 구상한 사람은 아니었다.

백범은 실제로 요즈음 말로 하면 "우익꼴통"에 가까운 사람이었지만 우리가 그를 "국부國父"로서 존경하는 이유는, 그가 평생을 조선민족의 독립을 위하여 하자 없이 헌신했기 때문이고, 연세대 총장 안세희의 사촌형인 안두희에 의하여 암살될 때까지 오로지 남한과 북한의 분열, 즉 단독정부수립의 저지를 위하여 혼신의 노력을 다했기 때문이다. 진정한 민족주의적 행동가로서의 그의 위상에는 흔들림이 없기 때문이다. 그러나 그의 맹목적인 "우파성향"은 "신탁통치"라고 하는 터무니없는 "가짜뉴스쇼"를 국민들이 받아들이게 만들고, 우리역사의 진로를 혼탁하게 만든 죄업을 낳았다. 자아~ 이제 우리는 "신탁통치"가 과연 무슨 말인지, 그 개념부터 명료하게 규정해야만 한다.

신탁통치란 무엇인가?

"신탁통치"란 무엇인가? 이 신탁통치에 관한 것은 너무도 복잡한 복선과 오해가 많이 깔려있기 때문에 내가 이 지면에 다 설명할 길이 없다. 그래서 아주 간략한 요점만 이야기해보자! 우선 독자들의 100%가 해방 후에 "신탁통치信託統治"라는 것을 놓고 격렬한 논의가 있었다는 것은 교과서적으로 알고 있다. 신탁통치안에 대해 찬성하는 것을 "찬탁贊託"이라하고, 반대하는 것을 "반탁反託"이라 한다.

그런데 내가 우리나라에서 국사를 배운 사람들을 놓고 이러한 질문을하면 거의 100% 동일한 대답이 나온다:

"여러분은 신탁통치가 좋은 것이라고 생각하십니까? 나쁜 것이라고생각하십니까?"

그 대답은 천편일률적이다.

"신탁통치는 나쁜 것입니다."

그러면 신탁통치를 찬성하는 놈은 나쁜 놈이 되고, 반대하는 놈은 좋은놈이 된다.

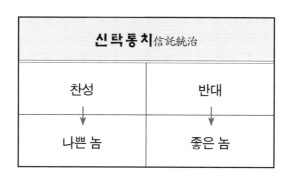

좌익과 우익의 연원

여기서도 똑같이 적용되는 문제는 우리의 인식의 문제이다. 해방 후 정국에서 권력자의 조작된 정보체계에 의하여 그릇되게 형성된 관념을 정론으로 무조건 받아들이고, 그러한 정론이 근원적으로 통할 수 없는 시대를 재단하는 오류를 우리는 인식론적으로 반성해야 한다는 것이다. 이 신탁통치와 관련하여 특별히 문제가 되는 것은, 찬탁·반탁의 문제가 우리나라 이념적 갈등의 알파 포인트가 되었으며, 좌·우라는 의식형태의 원형이 되었다는 데 있다. 찬탁이 곧 좌익을 의미했고, 반탁이 곧 우익을 의미했다. 다시 말해서 좌익·우익이 우리나라에서는 사상신념구조에 대한 상이점으로 생겨난 개념이 아니라, 역사적으로 신탁통치를 둘러싼 의견대립의 문제로써 형성된 관념이었다는 것이다.

신탁통치 인식론

내가 지금부터 말하려고 하는 것은 우리의 통념이 반드시 정반대로 뒤집어져야만 바른 역사, 즉 역사의 실상實相이 파악된다는 것이다. "신탁信託"이란 문자 그대로는 "믿고 맡긴다"는 뜻이다. 내가 어떠한 것을 관리할 능력이 없을 때 그 업무를 어떠한 에이전트에게 믿고 맡기는 것을 "신탁"이라고 한다. "신탁"이라는 것은 반드시 나쁜 것은 아니다. 우리가 신탁은행을 활용하는 것도 효율을 높이는 슬기로운 행위일 수 있다. 자아! 한번 생각해보자! 권력공백이 생겼다. 그런데 이 공백을 장악할 수 있는 대등한 세력의 두 쎈 놈이 있다. 그런데 이 두 쎈 놈은 이 공백을 놓고 싸울 생각은 전혀 없다. 이럴 때 이 두 놈이 하는 일이란 우선 타협을 하는

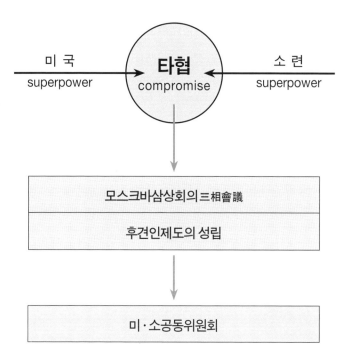

일이고, 타협을 위하여 회담을 여는 것이다. 그 회담의 내용은 당분간 이 공백이 자연스럽게 메워지고 정돈될 때까지 우리가 싸우지 말고 지켜보면서 후견을 하자! 이런 것이 될 수밖에 없다.

"신탁"이라는 말이 "식민통치"를 연상케 하는 자음이 많이 들어있는 듯한 느낌을 주어, "신탁trusteeship"이 또 하나의 "식민통치colonial rule"인 듯한 인상을 일반에게 줄 수도 있으나, 실제의 의미는 "후견guardianship"의 뜻이었다.

어차피 두 슈퍼파워가 부딪힐 것이라면 타협을 하게 하는 것이 좋은 일이고, 공백의 당사자인 우리 입장에서는, 양대 파워의 밸런스를 활용하여 평화로운 공존의 시간을 버는 것이 현명한 것이다. 왜냐하면 우리는 그어느 누구도 스스로 그 공백을 장악할 수 있는 실력과 비전을 가지고 있지 못했다. 갑작스러운 사태에 대하여 숨돌릴 여유가 필요했다.

신탁통치의 원래 의미: 임시조선민주정부 수립

1945년 12월 16일부터 27일까지 소련의 모스크바에서 미국·영국·소련의 외무장관회의가 열려(이것을 모스크바삼국외상회의, 줄여서 모스크바삼상회의Moscow Conference of Foreign Ministers라고 한다) 제2차세계대전 뒤의 일본 점령지구에 대한 관리문제를 비롯하여 얄타회담에 따른 대한민국의 독립문제를 거론하였다. 이 합의문에 조선에 관한 네 문단이 있는데, 그 첫 문단의 내용은 다음과 같다:

1. With a view to the re-establishment of Korea as an independent

state, the creation of conditions for developing the country on democratic principles and the earliest possible liquidation of the disastrous results of the protracted Japanese domination in Korea, there shall be set up **a provisional Korean democratic government** which shall take all the necessary steps for developing the industry, transport and agriculture of Korea and the national culture of the Korean people.

조선을 독립국가로 재건설하며, 또 그 나라를 민주주의적 원칙 위에서 발전시키는 조건을 창조하고, 장구한 일본의 조선통치의 참담한 결과를 가급적 조속한 시일 내에 청산한다고 하는 비전을 가지고, 조선의 산업, 교통, 농업과 조선인민의 토착적 발전에 필요한 모든 시책을 취할 임시조선민주정부 a provisional Korean democratic government를 수립할 것이다.

이 모스크바삼상회의에서 가장 중요한 내용은 제1절에 다 담겨 있으며 그 핵심은 미·소 양국의 후견 아래 남과 북이 하나의 "**임시조선민주정부**"를 수립한다는 것이다. 신탁통치라 하는 것은 임시조선민주정부를 수립하는 방법론에 관한 부차적인 것이다.

방편	**신 탁 통 치** trusteeship

⇓

목적	**임시조선민주정부의 수립** The establishment of a provisional Korean Democratic Government

제2절에는 이 민주정부의 수립을 위하여 미소공동위원회를 설치한다는 내용이 들어있고, 제3절에 최장 5년 기간의 "신탁통치trusteeship"를 4개국이 후견한다는 내용이 들어가 있다: The proposals of the Joint Commission shall be submitted, following consultation with the provisional Korean Government for the joint consideration of the Governments of the United States, Union of Soviet Socialist Republics, United Kingdom and China for the working out of an agreement concerning a four-power **trusteeship** of Korea for a period of up to five years.

신탁통치는 좋은 것이다

자아! 이제 다시 한번 문제를 가다듬어 보자! 이 "신탁통치안" 즉 "공동후견제 임시민주정부 수립방안"은 우리 민족이 반대할 성격의 것이 전혀 아니다. 상식이 있는 사람이라면 미·소의 한국정치에로의 참여를 비권위주의적으로 유도하는 매우 아름다운 방안이라고 판단할 수밖에 없는 내용을 담고 있는 것이다. "기껏 길어봐야 5년의 후견통치"라는 이 절충기간은 모든 사람에게 합리적인 실력발휘를 할 수 있는 여백을 허용하는 매우 좋은 발상의 공간이었다. 이것을 무조건 반대한다는 것은 진실로 어리석은 소치였다.

무엇보다도 이때만 해도, 미국과 소련, 두 강대국 스스로가 적당한 기간 동안에 트러블 없이 조선인 스스로 타협점에 도달하게 만들고 평화롭게 빠져나가겠다는 진정한 의지를 가지고 있었다. 대결의 늪에 빠져 서로가 맞부딪히는 그런 어리석은 역사의 진행을 원치 않았다. 한마디로 "미소공동위원회"는 바람직한 방안이었다.

신탁통치信託統治Trusteeship	
후견통치後見統治Guardianship	
임시조선민주정부의 수립 The establishment of a provisional Korean Democratic Government	
찬성贊託	반대反託
좋은 놈	나쁜 놈
합리적·상황주의적 사유	변통을 모르는 꼴통 사유
좌익	우익
통일론자들	분단주의자들

그런데 왜 이 합리적 방안이 왜곡되어 "반탁"이라고 하는 맹목적 시위가 일어났을까?

동아일보의 가짜뉴스

모스크바삼상회의가 계속되고 있던 1945년 12월 27일 『동아일보』는 제1면 제목을 이와 같이 뽑았다:

"蘇聯소련은 信託統治主張신탁통치주장

蘇聯소련의 口實구실은 三八線分割占領삼팔선분할점령

米國미국은 卽時獨立主張즉시독립주장"

이것은 이 자체만으로 분석해도 엄중한 오류를 내포하고 있다. 이 헤드라인은 마치 문제의 핵심이 "신탁통치안"이며, 이 신탁통치안의 실내용은 38선 중심의 분할점령이라는 것을 말하고 있는 듯한 인상을 준다. 문제의 핵심인 남·북이 단 "하나의" "임시조선민주정부"를 설립한다는 테제를 완전히 빼버린 것이다. 그리고 마치 신탁통치안을 놓고 미국과 소련이 대립하고 있는 인상을 주고있는 것이다. 소련이 신탁통치안을 제시했고, 미국은 그러한 신탁통치안을 반대했으며 그 대신 "즉시독립"을 주장했다는 것이다. 당시 미·소에게 조선의 "즉시독립"이라는 것은 생각할 수 있는 카드가 아니었다. 삼상회의에서 얘기된 적도 없는 내용이었다. 완벽한 오보였다. 아니 "오보"라기보다는 의도된 대중선동이었다.

"신탁통치안"은 오히려 미국이 제시한 것이다. 소련은 본시 조선에 대하여 "직접통치"라는 발상을 근원적으로 가지고 있지 않았으며 토지개혁이나 계급혁명을 통한 사회주의적 유대감을 더 강조하고 있었기 때문에 그 따위 신탁통치라는 발상에 관심이 없었다. 소련은 신탁에 관한 미국의 제안에 대해 신탁이 빨리 종결될수록 좋으며, 최장 5년을 넘어서는 아니 된다는 한도를 제시했다. 그러니까 『동아일보』의 보도는 외신의 오보에 의거했다고는 하나(외신 그 자체가 불확실한 것으로 판정되었다) 실상을 완전히 반대로 전환시켜 국민들에게 반소·반공의 분위기를 조성하려는 의도에서 선동적으로 1면에 등장시킨 것이다. 왜 그랬을까? 그것은 동아일보가 한민당의 기관지였다는 사실과 관련이 있다.

한민당과 반탁

한민당이란 무엇인가? 한국민주당의 약칭인 한민당은 오늘날 우리나라 정당들의 족보체계와 다 걸린다. 그런데 한민당은 누가 언제 만든 것인가? 여러분들은 해방정국에서 "좆됐다"고 생각한 사람들이 많았다는 나의 말을 기억할 것이다. 이들은 좆됐다고 생각했기 때문에 8월 15일부터 움츠러들었고 소리 없이 지냈다. 그런데 움츠러든 사람들은 누에의 굴신작용처럼 반드시 펼 날을 기약하게 마련이다. 오늘날 촛불혁명 때문에 움츠러든 사람들도 마찬가지다. 이들 좆됐다파들은 대체로 가문이 좋고 지체가 높고 지식이 많았고, 영어를 잘했고 서구유학파들이고 기독교도들이 많았다. 이들은 건준에 가담하지 않았고 "건준＋인민위원회" 세상의 형국을 불쾌하게 바라보고 있었다. 그런데 이들에게 희소식이 날아왔다. 와! 미군이 온다! 드디어 미국이 입성한다. 이들에게는 새로운 희망이 생기기 시작했다. 야! 이제 움츠리고만 있을 수 없다. 기지개를 펴자! 이들은 본시 서양파들Westernizers이었기 때문에 미군의 입성, 미국이 조선의 최대의 권좌를 차지한다는 것은, 그야말로 모래밭에서 죽어가는 물고기에게 물을 부어 연못을 만들어주는 것과 똑같았다.

9월 6일, 건준이 "조선인민공화국"을 선포한 것은 이미 독자들이 알고 있다. 여기에 최대의 오류는 "국國"을 만들었다는 것이다. 이 "국"이 여운형의 최대실수였다는 것은 이미 설파한 대로다. 9월 8일, 미군이 인천 앞바다에 나타났다. 정세는 숨막히게 돌아가고 있었다. 바로 그 9월 8일, 미군이 인천 앞바다에 있을 때, "좆됐다"파들은 서울 윤보선의 집인 안동장에 모여 정식으로 창당을 선언한다. 광복 직후부터 보수적인 인사들과 지주, 구미유학생 출신들은 각자 정당을 조직했는데, 원세훈, 이순탁, 조병옥 등은 고려민주당을, 김병로, 백관수 등은 조선민족당을, 백남훈, 장덕수, 윤보선, 장택상, 허정, 김도연, 윤치영, 유억겸 등은 한국국민당을 만들었다. 이들이 통합되어야 한다는 당위성에 합의한 것은 실제로 여운형이 조선인민(사람)공화국을 만든 것에 대한 위기의식에서 비롯된 것이다.

인공의 성립 때문에 평소에 함께 할 수 없었던 모든 우파세력들이 광범위하게 연합하여 최대규모의 연합보수우익정당을 만들게 된 것이다. 이것이 바로 한국민주당, 즉 한민당이었다. 이들은 미군정의 파트너로서의 역할을 자임하고 있었다. 이들은 9월 16일 서울 천도교 대강당에서 1,600여 명의 발기인들이 모여 성대한 창당대회를 열었다. 내가 말하는 여운형의 실책이란 바로 이런 부작용을 두고 말한 것이다. 한민당의 창당목표 그 자체가 "조선인민공화국의 타도"였다.

그런데 한민당은 겉으로 내세우지는 않았지만 지주와 친일파세력이 그 근본기층세력이었기 때문에 민중들로부터 지지기반이 거의 전무했다. 발기인들이 모여 장구 치고 성대한 척 한들 그것은 민초 위를 스치는 구름에 지나지 않았다. 그래서 이들이 고육지책으로 내건 또 하나의 행동강령이 "중경임시정부의 적통성을 지지한다"는 것이었다. 한민당은 이로써 민족주의진영의 적통성을 부여받으려 했던 것이다. 본시 우파라는 것은 민족주의와 결합하여야만 그 존재성을 보장 받는다. 현재 대한민국의 우파들은 민족주의조차 없다(친미를 위하여 민족의 프라이드나 단합을 초개같이 버린다. 우매한 녀석들! 쯔쯔쯧). 그리하여 한민당은 창당강령으로 "조선인민공화국 타도"와 "중경임시정부 지지"를 내걸게 된 것이다.

사실 오늘날 대한민국헌법 전문前文이 "유구한 역사와 전통에 빛나는 우리 대한국민은 3·1운동으로 건립된 대한민국임시정부의 법통과 ……"라는 말로 시작되고 있는 것도 그 근원을 따지고 들어가면 한민당의 임정지지강령과 깊은 관련이 있다. 한민당은 미군정의 파트너였지만, 임정을 등에 업을 필요가 있었다. 미군정은 몽양의 조선인민공화국은 부정했지만, 백범의 대한민국임시정부는 부정까지 할 필요는 없었다. 그것은 어디까지나 "임시"였기 때문에 그냥 하나의 정당처럼 취급해도 무방했기 때문이었다. 그러나 김구는 미군정의 태도가 매우 괘씸해서 이를 갈았다. 그러던 차에 "신탁통치"라는 동아일보 가짜뉴스로 인하여 전 국민을 자파自派로 껴안을 수 있는 절호의 챈스를 획득한 것이다. 우리 임정이 살 수 있는 길은 오직 거족적 반탁운동이다! 신탁통치반대야말로 민족주의 감정을 폭발시키고 미국놈들을 묵사발 내고, 임정의 도통을 한민족의 정맥으로 삼을 수 있는 유일한 챈스다!

임정과 한민당의 반탁결합, 찰떡궁합

이렇게 해서 임정세력과 한민당은 굳건한 동지가 되었고, "신탁통치반대"라는 명분을 통해 두 세력의 결합은 불꽃을 튀기기 시작했다. 바로 그 불꽃에 동아일보는 휘발유를 끼얹었다.

동아일보 제1면 기사가 나간 바로 그날, 12월 27일, 한민당은 곧바로 중앙집행위원회를 소집해 신탁통치 배격을 결의하였고, 각 당파와 제휴해 신탁통치반대를 위한 국민운동 전개를 선언했다. 처음에는 송진우도 그 진상을 파악하지 못한 상태에서 남녀노소를 막론하고 삼천만이 한 명도 빠짐없이 일대 국민운동을 전개하여 피 한 방울도 남김없이 결사적으로 투쟁하자고 주장했다. 12월 28일 오후 중경임정은 각 정당과 종교단체, 언론대표가 참석한 비상대책회의를 통해 "신탁통치반대국민총동원위원회"를 설치하고 반탁운동을 전개하기로 결정했다. 이날 밤부터 산발적인 시위가 시작되었고, 이내 대규모 시위로 발전했다(조한성 지음, 『해방 후 3년』, 생각정원, 2015. pp.120~1. 다방면으로 참고할 만한 매우 좋은 현대사 저술임).

  당시 송진우宋鎭禹 1890~1945는 동아일보의 주필이었으며 동아일보사의 사장이었으며, 한민당의 초대당수(=수석총무)였다. 그는 명실공히 우리나라 모든 보수세력의 구심점이었고, 우익과 민족진영의 영수였다. 문자 그대로 거물이었다. 송진우는 전남 담양의 신평 송씨 양반의 자손인데 어려서부터 성리학자이며 의병장이었던 기삼연奇參衍 1851~1908에게서 유학을 수학하였는데 기삼연은 의식이 출중한 거유였다. 고하 송진우도 어려서 이미 성리학의 심오한 경지에 다다른 전통 한학자로 성장했으며 동시에 신학문을 적극 수용하여(창평 영학숙에서 공부하면서 인촌 김성수를 만났고 나중에 일본에 유학) 정식 미국유학은 한 적은 없지만 영어에 능통했다. 고하(古下: 고향 담양의 고비산古比山 아래 태어났으니 고비산처럼 꿋꿋하게 살라는 뜻으로 선생 기삼연이 지어준 아호. 소아小我를 버리고 대아大我를 위하여 살라는 것이 스승 기삼연의 가르침이었다) 송진우는 한마디로 보기드문 젠틀맨이었으며, 전통 양반의 기품이 넘쳤으며, 동서고전의 교양을 구비했고, 어느 경우에나 합리적인 사유를 할 줄 아는 인물이었다. 고하는 하지와도 상당히 친했고, 하지는 고하를 소식통으로 활용하기도 했다(고하는 미군정의 자문위원이었다).

  고하는 하지를 만나 신탁통치는 본래 미국의 입장이라는 이야기를 듣게 되었고, 외신이 오보였으며, 동아일보의 기사는 잘못된 것이라는 사실을 뒤늦게 알고 세밀하게 영문을 읽는다. 그리고 문제의 핵심이 "신탁통치"가 아니라 "임시조선민주정부의 수립을 위한 미·소 양국의 합리적인 후견"이라는 사실을 깨닫는다. 고하는 정직한 교양인이었고 고매한 유학자였기 때문에 거짓을 그대로 용인할 수가 없었다. 그래서 경교장에 연락하고 12월 29일 밤 김구를 찾아간다(경교장京橋莊은 일제시대 금광업자 최창학崔昌學의 별장이다. 김구는 이곳을 사저이자 공관으로 썼다. 김구 사후 최창학에게 반환되었고 1967년에 삼성재단에서 매입, 그곳에 고려병원[현 강북삼성병원]을 지었다). 경교장에는 각 정당대표들, 좌익, 우익, 중간파 할 것 없이 다 모였고 송진우는 그곳에서 "반탁운동"의 정당성이 없음을 역설했다.

그리고 "조금만 참고 기다리자!" "침착하게 생각하자!"고 하기 어려운 말들을 토로하였다. 그러나 김구는 목멘 소리로 "우리민족은 다 죽는 한이 있더라도 신탁통치만은 받을 수 없으며 우리들은 피를 흘려서라도 자주독립정부를 우리들 손으로 세워야 한다"라고 절규하면서 눈물을 줄줄 흘렸다. 그리고 "신탁통치에 찬성하는 자는 매국노"라고 규정하였다. 합리적 대화가 통할 수 없는 자리였다. 김구의 우직한 눈물의 배경에는 "이 기회에 민중의 데모의 힘으로 미군정의 통치권을 중경임시정부가 이양받아야 한다"는 속셈이 있었던 것이다.

송진우의 죽음: 진정한 민족보수의 사라짐

그러나 고하의 판단으로 중경임시정부의 통치권주장은 미군정에게 용납될 수 없는 억지였다. 고하는 "모스크바삼상회의에서 결정된 신탁통치는 5년 이하이므로 3년이 될 수도 2년이 될 수도 있으니, 여유를 가지고 냉정하게 판단해봅시다"라고 30일 새벽까지 설득을 계속했으나 헛수고였다. 고하는 30일 새벽 6시 15분 자택에서 암살되었다. 남한에서 벌어진 최초의 정치인암살이었다. 그것도 최대의 거물을 암살한 것이다.

송진우암살의 배후를 김구라고 생각하는 사람이 많다. 바로 새벽까지 싸우고 나서 같은 새벽 원서동 자택에서 살해되었으니까. 새문안로(평동)에서 원서동까지, 거리도 멀지 않다. 그러나 이러한 추론은 일고의 가치도 없는 낭설이다. 김구가 외롭게 무시당한 채 김포공항에 떨어진 후부터 그에게 모든 물질적 정착기반을 마련해준 사람이 바로 고하 송진우다. 그리고 정치적 세력이 될 수 있도록 모든 배려를 아끼지 않은 사람이 송진우다. 김구 귀국 다음날로 경교장으로 예방해 불굴의 노애국자에 대한 경의를 표했고 곧바로 거금을 지원했다.

김구는 자기와 중경임정의 가장 강력한 정치기반인 한민당의 최고지도자를 암살하는 그런 우매한 짓을 할 까닭이 없다. 사실 중경임정은 송진우의 죽음과 동시에 한민당이라는 가장 강력한 정치적 후원자를 잃었다. 송진우의 죽음(1945. 12. 30) → 여운형의 죽음(1947. 7. 19) → 장덕수의 죽음(1947. 12. 2) → 김구의 죽음(1949. 6. 26), 이 연쇄살인의 배후에는 상식에 속할 수밖에 없는 유기적 맥락이 있다. 그러나 당시 터무니 없는 우익단체들이 난립해있었기 때문에 송진우의 죽음의 배경에는 오묘한 곡선들이 엇갈리고 있다.

하여튼 송진우의 죽음의 최대수혜자는 이승만이었다. 송진우의 사후, 한민당은 급속히 이승만을 향해 기울었고, 이승만과 강력한 정치적 연대를 형성했다. 그리고 건강한 보수세력은 우리나라의 폴리티칼 아레나 political arena에서 표류하면서 사라졌다. 오늘날까지 우리나라에 진정한 보수, 격 있는 보수가 없는 이유라고도 말할 수 있다.

한편 미국은 자기들을 지원해야 할 우파들이 격렬하게 미국의 정책을 반대하는 모습에 경악했다. 미국이나 소련이나, 반탁의 광란을 바라보면서 합리적 후견방안의 가능성을 배제하게 되었고, 조선민족의 자치능력을 근원적으로 회의하게 되었다. 결국 무분별한 반탁운동이 미국과 소련이 분도양표分道揚鑣(같이 가다가 다른 길로 갈라서면서 제각기 철퇴를 휘날린다)하게 되는 결정적 계기가 되었고 분단을 정당화하게 된 것이다. 자아! 더 이상 이야기할 필요가 없다. 그러나 이러한 시대배경을 모르면 제주4·3과 여순민중항쟁을 이해할 수 없다. 제주도의 인민위원회는 철저히 신탁통치 찬성이라는 합리적 태도를 견지했던 것이다.

신탁통치信託統治	
남·북한이 하나 된 "임시조선민주정부"를 세우기 위한 방안	
미·소의 공동후견정치	
찬성: 좋은 놈	반대: 나쁜 놈
찬탁: 합리적 사유의 인간	반탁: 변통을 모르는 꼴통의 인간
전 국민이 일치단결하여 신탁통치를 찬성했어야 했다	
그러면 분단도 발생하지 않았다	
그러면 제주4·3도 여순민중항쟁도 발생하지 않았을 것이다	

제4장

제주 4·3

탐라에서 제주로

제주는 슬픈 섬이다. 슬프기에 위대하고, 슬프기에 강인하고, 슬프기에 자유를 갈망하는 저항정신이 있다. 제주는 결코 외딴 섬이 아니다. 제주는 본시 독자적인 아이덴티티를 지니는 왕국이었다. 제주는 원래 "탐라耽羅" 또는 "탐모라耽牟羅"라 불렸는데, "탐"은 "섬"의 옛말이고(단음절의 이런 단어들은 우리언어의 고층대를 형성한다), "라," "모라"는 일본에 남아있는 지명 "나라奈良"와 마찬가지로 "나라"의 뜻이다. 그러니까 "탐라"는 "섬나라," 즉 섬으로 된 왕국이라는 뜻이다. 『삼국유사』「황룡사 9층탑皇龍寺九層塔」조에 보면, 선덕여왕이 이 높이 80m에 달하는(아파트 30층 높이) 거탑을 자장慈藏의 권유로 조성할 때, 그 건립목적을 "인국의 침해를 진압하기 위한 것隣國之災可鎭"이라 했다. 이것 또한 고려인의 대장경조성과 상통하는 신라의 문화적 위세를 과시한 것인데, 결국 황룡사 9층탑은 신라의 웅혼한 통일의 비젼을 구현한 것이다(황룡사탑은 당대 세계

최대 규모의 목탑으로 AD 636~645년에 조성되었다. 그리고 31년 후 신라는 삼한 통일의 과업을 성취한다).

황룡사탑 9층의 각 층마다 대적세력의 이름이 정해져 있었는데, 제1층은 일본日本, 제2층은 중화中華, 제3층은 오월吳越, 제4층은 "탁라托羅" 등등으로 되어 있다. 나는 제주역사에 깊은 관심을 갖기 전에는 이런 일연선사의 기술이 무엇인가 과장이나 오류가 개재해 있다고 생각했는데, 이제는 오류라고 생각하는 나의 인식 그 자체가 오류라는 것을 깨달았다. 신라에게 있어서 탁라, 즉 탐라는 일본("일본日本"이라는 국명은 AD 701년의 "大寶律令" 이후의 것이다)이나 중화(중원을 일컬음)나 오월과 대등한, 황룡사 9층의 한 층을 차지할 만큼의 무게감 있는 왕국이었던 것이다. 사실 탐라, 제주섬 자체는 현무암덩어리라서 황토흙이 쌓이질 않고 물이 고이질 않아 풍요로운 농지가 없기 때문에, 그 자체로서 탄탄한 하부구조를 지닐 수 없는 지질학적 조건이 전제되어 있다. 그래서 융성한 대국의 역량이 없는 듯이 보이지만 실상 탐라사람들은 일찍이 우수한 선박을 제조하여 풍요로운 바다의 자원을 활용하고 교역활동을 하여 조선대륙의 남해안, 큐우슈우, 오키나와, 중국대륙의 동해안과 대만에 걸치는 상당히 거대한 지역을 무대로서 활동하였다.

고대로 올라갈수록 해양세계는 더 열려있었다. 그리고 바다에서 건지는 단백질의 양은 토양의 작물에만 의존하는 육지보다 인간생존의 조건에 훨씬 더 유리했을지도 모른다. 『위지동이전』「한전韓傳」조에도 제주도는 "주호州胡"라는 이름으로 나오는데 주호 사람들은 "배를 타고 왕래하며 한韓의 영역에서 물건을 사고 판다乘船往來, 市買韓中"라는 표현이 있다. 선박과 무역개념이 돌출되어 있는 것이다(제주역사 쓰는 사람들이 인용할 때 『후한서』를 기준으로 하는데, 후한後漢은 삼국三國보다 앞섰지만, 『후한서』는 『삼국지』보다 후에 성립한 것이다. 제주의 기술에 관한 한 『후한서』의 기록은 『삼국지』를 베낀 것에 불과하다).

호남가 속의 제주

"탐라"가 "제주"로 변한 것은 공식적으로는 고려 고종 10년(1223년) 때의 일이다. 그러나 이미 고려 태조 왕건 때부터 탐라는 대륙의 질서에 복속되어 갔다. 고려 광종이 쌍기의 건의를 받아들여 과거제도를 실시했을 때에도 탐라인에게 과거를 응시할 자격을 주었다. 탐라인으로서는 고려의 관직이 대륙과의 소통을 위하여 유리한 것이었다.

서울에도 "수유리水踰里"라는 지명이 있는데, "물 건너 동네"라는 의미이다. 마찬가지로 제주섬을 탐라(독립국)라 하지 않고 "제주濟州"라 하는 것은 이미 대륙질서에로 복속되었다는 것을 의미하는 것이다. "바닷물 건너 주현州縣"이라는 뜻이니 행정구역상, 나라가 아닌 주현으로서 대륙질서에 편입되었다는 것을 의미한다. 역사적으로 제주는 전라도에 소속되는 남도의 일부였다. 따라서 조선왕조 때에도 "관찰사"가 배속되질 않고 "목사牧使"(정3품의 외관직外官職)가 부임하였다. 제주목사는 행정위계상 전주에 있는 전라관찰사(종2품 이상의 문관직) 소속의 하위직급이었다.

우리가 잘 아는 단가短歌로서 『호남가湖南歌』라는 것이 있다. 호남의 지명의 의미를 살려서 가사를 이서구李書九 1754~1825라고 하는 명문장가(박지원의 영향을 받은 사가시인四家詩人 중의 한 사람)가 지었다고 전한다.

함평咸平천지 늙은 몸이
광주光州 고향을 보려하고
제주濟州어선 빌려타고
해남海南으로 건너갈제
흥양興陽의 돋은 해는 보성寶城에 비쳐있고
고산高山의 아침안개 영암靈巖을 둘러있다 …

제주목사, 대부분이 날강도

제주가 호남의 한 고을로 인식되고 있음을 알 수 있다. 조선왕조를 통하여 제주목사는 총 286명이 다녀갔다. 목사의 임기는 개국초기에는 30개월이었지만 세종5년(1423) 이후에는 60개월이었다. 그러니까 5년이 임기였다. 그러나 목사의 평균재임기간은 1년 10개월밖에 되지 않는다. 이것은 무엇을 뜻하는가? 그만큼 서로가 편칠 못했다는 것이다. 한마디로 제주목사는 "날강도놈들"이 대부분이었다. 또 목사라는 사람들은 대강 그러한 착취의 미션을 띠고 왔다. 제주도를 구성한 인구의 조상들을 살펴보면 반란이나 반역에서 좌절된 사람들, 망국의 설움을 안고 새로 성립한 국가와 타협할 수 없었던 사람들, 정의로운 주장 때문에 유배온 사람들, 신라의 통일에 불복하고 백제의 부흥을 꾀하다가 주저앉은 사람들, 이성계의 역성혁명에 불복한 고려의 사람들 …… 하여튼 이렇게 고도孤島에서 고존孤存의 삶을 꾸려나간 이들은 체질적으로 대륙의 질서에 순종하기를 거부하며 정의감이 투철했으며, 죽음을 무릅쓰고 경래관京來官(중앙에서 파견되어 온 관리를 일컫는 말) 탐학에 저항했고 시정을 요구했다. 따라서 이러한 저항의 대물림에 대처하는 목민관은 점차 더 포악해 져만 갔다.

말, 전복, 귤: 탐라인의 사무친 한

제주목사가 중앙조정에 상납해야 하는 제주도 특산물로서 대표적인 것을 들라 하면 세 가지를 들 수 있다. 그 첫째가 말馬이요, 둘째가 전복全 鰒류의 건어물이요, 셋째가 귤橘이다. 우선 말을 진상한다는 것, 그것도 한두 마리의 문제가 아니다. 연례공마가 2백 필이요, 3년마다 하는 식년 (式年: 자묘오유子卯午酉년)공마가 3백 필이요, 그 외로도 교역을 위해 징발 하는 공마가 있었는가 하면, 삼명일三名日(정조正朝, 동지冬至, 탄일誕日) 때 마다 20필씩 진상하는 말이 60필이나 되었고, 제주 삼읍 수령이 바뀔 때 마다 바치는 3필이 있었다. 이외로도 온갖 명목으로 수시로 징발하였다. 더 큰 문제는 수송을 결국 제주도민들이 책임진다는 데 있었다. 보통 공 마의 수송은 봄부터 여름에 걸쳐 이루어지는데 제주에서 서울까지 수송 하는 데 약 2개월이 걸렸고, 바다에서의 조난과 수송의 비용이 엄청났다. 바다를 건너는 데 양곡이 최소한 1천 석이 든다. 공마선이 평년에 10척 이나 왕래하는데 그 배에 타는 전문인력이 50명 가량 되었다. 더구나 말 의 고실故失(사고로 죽거나 실종됨)이 생기면 목자들이 그것을 변상해야 했 다. 변상할 능력이 없을 때는 농토를 팔기도 하고, 심지어 아내와 자식을 팔 기도 했으니 목자들의 원한이 하늘에 사무쳤다(말 한 마리값이 비단 1필이다).

우리가 제주해녀를 낭만적으로 바라보기 일쑤지만, 제주해녀들이 전 복을 따러 바다에 들어간다는 것이 그들이 수입을 올리거나 그들이 먹기 위한 것이 아니었다. 궁정의 사치스러운 수라상에 올리기 위한 식자재를 공급하기 위하여 몸을 바치는 처절한 사투였다. 해녀들은 추운 겨울에도 그냥 알몸으로 바다에 들어가곤 했다. 계절과 날씨에 상관없이 무명천으로 만든 물소중이, 물적삼 입는 것이 고작이었다. 해녀들의 옛 노래가사들을 분석해보면(*"칙성판 등에 지고, 혼백상자 머리에 이고"* 등등) 죽음에 대한 의식이 물질을 따라 다녔다는 것을 알 수 있다. 고무옷은 일제 강점기에나 등장했고 그것은 해녀의 삶을 획기적으로 변화시켰다.

우리는 보통 "제주도의 귤" 하면 "김종필"의 이름이 떠오르고 현대사의 사건으로만 생각하기 쉽다. 나는 대학시절에 조선왕조 궁정에서 "귤" 먹는 이야기를 접하면 그것이 제주도민의 피눈물로 진상된 것이라는 사실을 전혀 알지 못했다. 조선조의 궁정에서 귤은 종묘에 바치고, 손님을 접대하고, 신하에게 상을 내리는 용도로 극귀極貴한 음식으로 쓰였다. 평생 귤을 먹어보지 못한 사람들에게 귤의 향기와 맛은 천상의 멜로디를 연상케 하는 그 무엇이었다. 임금이 집현전학사들에게 내리는 최상의 상품이 귤이었고, 성균관 학생들에게 귤을 내릴 때는 "황감제黃柑製"라는 과시科試를 베풀었다. 이 과시에서 수석한 자는 곧바로 전시展試에 응할 수 있었다(전시에는 당락이 없으니 합격이 이미 보장된 셈이다). 금귤金橘, 유감乳柑, 동정귤洞庭橘이 상품이었고, 감자柑子, 청귤靑橘이 중품, 유자柚子, 산귤山橘이 하품이었다.

너영나영
귤진상은 목민관의 치적에 큰 영향을 미쳤으므로 목민관들은 귤징발을 위해 가혹한 짓을 많이 했다. 봄에 꽃이 피면 그 꽃의 갯수대로 귤을 바치라고 터무니없는 강요를 자행하곤 했다. 도민들은 귤꽃이 피는 것이 무서워서 귤나무에다가 끓는 물을 붓곤 했다는 민담이 남아있다. 내가 KBS제주에서 1천여 명의 도민들과 함께 부른 민요 "너영나영"의 가사는 다음과 같다.

아침에 우는새는 배가고파 울고요
저녁에 우는새는 님그려서 운다
너영나영 두리둥실 놀고요
낮에 낮에나 밤에 밤에나 상사랑이로구나

높은산 상상봉 외로운 소나무
누구를 믿고서 왜홀로 서있나
너영나영 두리둥실 놀고요
낮에 낮에나 밤에 밤에나 상사랑이로구나

제주섬 동백꽃 생긴대로 붉은데
어이하여 붉다고 무참히 짓밟나
너영나영 두리둥실 놀고요
낮에 낮에나 밤에 밤에나 상사랑이로구나

제주도 귤꽃은 향내가 구만리
피는게 무서워 끓는물을 붓는다
너영나영 두리둥실 놀고요
낮에 낮에나 밤에 밤에나 상사랑이로구나

지슬하나 못먹고 쌓인한은 한라산
정방폭포 낙수물은 혈루되어 흐른다
너영나영 두리둥실 놀고요
낮에 낮에나 밤에 밤에나 상사랑이로구나

백록담 올라갈 때 누이동생 하더니
한라산 내려올땐 신랑각시가 된다
너영나영 두리둥실 놀고요
낮에 낮에나 밤에 밤에나 상사랑이로구나

내가 너무 역사이야기를 끄집어내어 안되었지만, 실로 4·3을 이야기 하려면 제주도민이 어떻게 살아온 사람들인지를 알아야 한다는 것이다. 그 슬픈 사연을 알지 못하고 서귀포 중문관광단지만을 둘러보고 온 감각으로 제주도를 이야기해서는 아니 된다는 것이다.

이형상의 사람잡는 유교합리주의

제주목사 중에 이형상李衡祥 1653~1733이라는 문제인물이 하나 있다. 제주도문명을 이야기 할 때 보통 "당오백 절오백"이라는 말이 있다. 여기 "500"이라는 숫자는 중요하지 않다. "당"이라는 것은 "신당神堂"을 말한 것이니 제주사람들의 토착문화는 천지대자연의 모든 존재를 신격화하여 경건하게 숭배했다는 것을 의미한다. 제주에는 1만 8천 신들이 살고 있다고 말한다. 제주인들의 일상적 삶 모든 구석구석에는 신들이 자리잡고 있는 것이다. 이것은 모든 종교의 가장 진화된 원형이며, 인간의 종교의식이 지향하는 가장 숭고한 궁극태이다. 종교의 가장 진실한 모습은 본래 제도나 권위에 얽매이지 않은 다신론의 개방태이다. 우리가 말하는 유일신론이란 인간세의 정치권력의 탐욕스런 진화에 수반되는 종교의식의 퇴화, 그 악폐일 뿐이다. 그 중에서도 최악의 퇴화형태의 소산이 구약이 말하는 야훼Yahweh 따위의 전쟁신이다.

우리는 제주해녀나 뭇 민중이 섬기는 당오백을 토속신앙Indigenous Faith이니 원시종교Primitive Religion니 하는 따위의 서구 종교학이나 인류학의 개념을 써서 이해하면 매우 불경스러운 것이다. 그것은 제주도민의 삶에서 우러나온 경건한 생명력의 발출이요, 천지만물의 코스모스를 유기적 일체로 파악하는 포괄적 조화Comprehensive Harmony의 세계관이다. 제주여인이 자나깨나 같이 살아온 부뚜막을 부뚜막신으로 모시는 것은, 수염 난 이방인 늙은이 같이 생긴 하늘의 영감탱이를 절대유일신이라고 모시며 기도하는 유일신론의 행태에 비한다면, 훨씬 더 본질적이고 궁극적이고 신실하고 경건한 것이다.

이형상은 일반 목사놈들처럼 타락한 탐관오리가 아니었고, 태종의 둘째아들인 효령孝寧대군의 10대손으로 교양 있는 인물이었다. 그가 제주목사로 부임한 것은 숙종 28년, 1702년 3월, 그의 나이 50세 때였다. 그는 부임하자마자 제주의 실태를 파악하려고 애쓴다. 그러나 제대로 된, 지도 하나, 역사책 하나, 관청의 문건기록 하나도 제대로 정비된 것이 없었다. 이형상은 이것저것 점검한 후에, 부임한 지 7개월이 지난 10월, 목사 순력에 나섰다. 이형상의 순력은 한 달 동안 계속되었는데, 병와甁窩(이형상의 호)는 순력에서 본 각 지역의 상황을 28쪽, 총 41면으로 된 그림으로 남겼다. 그것이 『탐라순력도』인데, 17·18세기 제주의 현황을 파악하는

데 더없이 소중한 자료이다.

이『탐라순력도』는 그가 순력을 마치고나서 그 이듬해인 1703년 5월에, 동행한 화공 김남길과 함께 제작에 들어갔다. 그러나 병와는 제주도에 오래 머물러 있질 못했다. 장희빈사건에 연루되어 제주로 유배 온 오시복吳始復 1637~1716(남인의 핵심인물, 본관은 동복. 1701년 무고의 옥사에 연루되어 대정현에 안치됨. 이형상 또한 남인으로서 대선배인 오시복의 인덕과 학문적 경지를 존숭했다. 두 사람 사이에 오간 간찰이 남아있다)을 잘 대해주었다는 이유로 파직을 당한다. 이형상 목사는 부임한 지 1년 3개월 만에 임기도 채우지 못하고 제주를 떠났다.

탐라순력도와 남환박물, 당오백 절오백 소실

이형상은 그 후 경상북도 영천에 은거할 때 그 유명한 자화상을 그린 공재恭齋 윤두서尹斗緖 1668~1715(해남 녹우당에서 태어나서 녹우당에서 세상을 떴다. 윤선도의 증손. 정약용의 외증조부. 나 도올의 친할머니가 공재의 7대손 종녀이다. 남인 선비화가)로부터 편지를 받는다: "다녀오신 탐라는 아직까지도 생소한 곳이라 그곳의 다양한 풍물과 고적 등이 몹시 궁금합니다. 청컨대 제주목사 재임시 직접 경험한 색다른 것들을 한 권의 책으로 엮으심이 어떠실지요." 이렇게 해서 탄생된 책이『남환박물南宦博物』(1704)이다. 37개 항목에 걸쳐 제주의 문물이 백과사전 식으로 기술되어 있다. 이와 같이 이형상은 매우 소중한 기록들을 남겼다. 제주의 다양한 면모를 파악하는 데 큰 도움을 준다.

여태까지 내가 기술한 이형상의 모습은 매우 진지한 군자처럼 보인다.

이형상은 훌륭한 인물일까? 이형상은 훌륭한 인물임에 틀림이 없다. 정조 20년 그는 청백리로 추서된다. 그러나 그의 훌륭함은 편협한 유교적 합리주의Confucian Rationalism 울타리에 갇힌 훌륭함이었다. 그는 제주 문화를 상세히 조사하면서 제주민의 자생적인 유구한 전통문화에 감복한 것이 아니라, 그것을 저주하고 박멸되어야 할 것으로 생각했다. 아름다운 것들이 아름답게 보일 수 없도록 유교도덕적 이념의 잣대가 선재先在했다. 합리주의자들의 연역적 획일주의는 무서운 폭력을 수반한다. 나는 이런 폭력을 "형이상학적 폭력Metaphysical Violence"이라고 명명한다.

이형상은 동성간의 혼인, 여성들의 개가, 일부다처제, 해녀들의 나체잠수 등등의 제주 고유풍습을 다 금지시켰을 뿐 아니라, "당오백 절오백"을 모조리 불태웠다(구체적으로는 제주목과 정의현, 대정현에 있는 신당 129개 소를 불태웠고, 400여 명의 무격의 안적을 불태우고 농민으로 환적시켰다). 병와는 제주문화의 대파괴자가 된 것이다.

여기서 내가 긴말은 하지 않겠으나, 제주도의 문제는 항상 좋은 이념이나 삶의 개선을 빌미로 외재적 잣대에 의하여 내재적 고유성을 파괴하고, 외부의 이념에 의하여 자생적 삶이 지향해야 할 고등한 가치들을 파괴시킨다는 것이다. 문제는 제주도민들이 자신의 문화의 고유성과 정당성에 대한 확신이 부족하다는 데 있다. 이형상의 경우는 유교라는 형이상학적 폭력의 한 사례였으나, 19세기에서 20세기에로의 전환의 시기에 천주교라는 허울을 뒤집어쓴 터무니없는 형이상학적 폭력이 바로 "이재수의 난"이라고 부르는 민중의거의 원인이었다.

제주도로 온 최악의 중세기독교: 신축의거

우리는 기독교를 생각할 때 반드시 기독교의 역사를 생각해야 하고, 기독교의 역사를 생각할 때는 반드시 중세기독교의 온갖 수탈, 폭력, 범죄, 강탈, 강압, 인권유린을 생각하지 않을 수 없다. 유일신론monotheism 이란 본시 철학자 화이트헤드A. N. Whitehead 1861~1947(『과정과 실재』의 저자)의 말대로 이집트・페르시아・로마의 황제교를 모델로 한 것이다. 교회의 권력이야말로 황제권력의 절대성을 승계한다는 생각은 전 교회사에 일관된 것이었다. 우리는 조선에서의 천주교의 역사를 생각할 때 억압받은 남인들이 주체적으로 수용한 측면만을 생각하고, 또 기독교의 교리가 "인간평등"을 가르친다는 건강한 일면만을 우리민족의 "개화開化"와 결부시켜 부각시키는 성향이 있다.

그러나 기독교는 인간평등을 가르치지 않는다. 그들이 말하는 평등이란 오직 원초적으로 신자信者와 불신자不信者의 이원적 가름 위에서만 성립하는 것이다. 예수를 안 믿는 사람들은 악마이며, 구원의 가능성이 없다. 따라서 믿는 자들의 눈에는 불신자들은 사람이 아닌 것이다. 물론 근대로 들어오면서 이러한 생각은 수정되지 않을 수 없었고 다양한 인도주의적 교리해석이 생겨났지만 오늘까지도 기독교는 구교・신교를 막론하고 인간을 바라보는 시각에 깔려있는 "배타성exclusiveness"은 극복되지 않고 있다. 우리나라에 유입된 천주교는 기본적으로 중세기적 성격의 가치관을 그대로 지니고 있었고, 그러한 가치관은 이미 동학의 창시자 최수운이 지적한 바와 같다(서학의 부정 위에서 동학이라는 개념을 창시했다).

우리나라 기독교사에는 중세기독교의 포악함이 없었는가? 우리나라

기독교사의 중세기적 성격을 드러낸 사건이 바로 이 신축의거辛丑義擧 (많은 사람들이 이 제주도민의 "의거"를 신축민란이니, 제주민란이니, 이재수의 난이니, 하는 따위의 이름으로 부르기도 하고, 또 심지어 교회의 입장에서 제주도신축교난辛丑敎難이니, 신축성교란辛丑聖敎亂이니 하는 엉뚱한 이름을 붙이고 있는데 다 부당한 명명이다. 이것은 "신축제주민중의거辛丑濟州民衆義擧"로 불러야 마땅하다. 약하여 "신축의거"라 한다. 박광수 감독의 『이재수의 난』[1999]은 다루기 어려운 주제를 다룬 공은 있으나 이 역사적 사건의 본질을 드러내지 못했다). 이러한 사건이 왜 하필 제주도에서 일어났을까? "육짓것들"이 제주도를 바라보는 기나긴 인식의 오류를 전제하지 않으면 이런 사태의 심층이 이해되지 않는 것이다. 이형상의 경우는 유교적 합리주의가 그 오류의 기준이었다면, 신축년, 1901년의 오류의 주범은 폭력적 중세기독교와 그러한 멘탈리티에 감염된 몇몇 양아치 신부들의 횡포였다(이 사건의 주범인 라크루스, 뭇세, 김원영金元永이니 하는 인간들을 "신부"라고 부를 수가 없다. 그들은 인간보편의 휴매니즘이나 문화적 상대주의 가치에 대해 전혀 몰지각한 저열한 인간일 뿐이었다. 잘못 세뇌된 철없는 아이들일 뿐이었다).

천주교는 반성하라! 교폐와 세폐

이 사건이 오늘날까지도 제대로 조명되지 않는 것은, 제주도에 천주교 세력이 막강한 여론층을 형성하고 있기 때문이다. 교회사를 쓰는 사람들의 사관이 호교론적 변명에만 사로잡혀, 사태의 근원에 대한 깊은 반성이 없기 때문이다. 그러나 신축의거는 천주교의 문제와 분리시켜 생각해야 마땅하다. 그것은 우리가 생각하는 천주교의 모습이 전혀 아니기 때문이다. 실상 한국의 천주교는 김수환 추기경의 삶 이후에나 제 모습을 찾기 시작한 것이다.

그것은 한마디로 교폐教弊(교회가 들어서면서 생겨난 민간폐해)와 세폐稅弊
(교회조직과 봉세관이 결탁하여 가혹하게 평민을 착취함)에 대한 민중의 항거였
다. 19세기 우리나라 선교의 주류를 형성한 조직이 파리외방선교회(파리외
방전교회傳敎會라고도 한다. Société des Missions Étrangères de Paris, Paris Foreign
Missions Society. 1658년에 설립되어 아시아와 북미지역에 향후 350년간 4,200여 명
의 선교사를 파견하였다)인데, 이 선교회는 동방문화에 그 자체에 대한 깊은
이해가 있는 제수이트와는 달리, 지극히 고답적이고 자기들이 생각하는
종교적 가치 이외의 모든 문화를 야만과 죄악과 저주로 간주하는 극도의
배타적 선교정책을 견지하였고, 또 프랑스 정치세력과 결탁하여 제국주
의적 침략의 전초기지역할을 충실히 수행하였다. 프랑스함대와 불가
분의 관계를 유지하였다.

우리나라에서 최초로 참형당한(기해박해) 3인의 외국신부, 샤스땅
Jacques Honoré Chastan, 앵베르 주교Laurent-Joseph-Marius Imbert, 뻬에르
모방Pierre Philibert Maubant(모방은 최초로 조선땅을 밟은 외방선교회 신부로서
김대건을 발탁하여 마카오로 유학시켰다)도 다 파리외방선교회(MEP) 신부들
이었고, 명동성당을 짓는 데 공헌한 뮈텔 주교Gustave Charles Marie Mutel
1854~1933도 파리외방선교회 사람이다. 해주지역의 포교에 공이 큰 안중
근이 뮈텔을 찾아가 황해도 고향에 대학교건립을 요청하자, 조선인이 고
등교육을 받고 개화되면 신앙심이 떨어진다는 주장을 서슴치 않고 하면
서 거절하였다는 이야기는 유명하다. "외국신부놈들 믿을 놈들 못 된다.
조선인의 각성에 근본적인 관심이 없다"라고 생각하고 독립투쟁에 전념
키로 한 안중근의 사상역정은 본인의 명료한 진술로서 남아있다. 후에
뮈텔 주교는 안중근을 일방적으로 출교시켰으며, 로마카톨릭과의 관계를

전면부정하고 안중근의 의거를 살인행위로 단죄했다. 뮈텔은 한국인들을 개돼지 취급하는 우월의식이 있었으며 한국인 성직자마저 동역자로 인식하지 않았다(한국인 원로신부님 최석우의 증언). 신축제주민중의거 또한 바로 뮈텔 주교 수하의 신부들의 몰지각, 토착문화경멸, 사람비하, 횡포에서 비롯된 것이다. 빌헤름 홍신부도 황해도 교인들에게 몽둥이 폭력을 일삼았다는 이야기는『안응칠 역사』에 명료하게 기술되어 있다.

파리외방선교회의 제국주의: 뮈텔과 꼴랭 드 플랑시

병인양요(1866년)를 거쳐, 조불수호조약(1886년 6월 4일)이 맺어지자(한성판윤 김만식金晚植 1834~1900과 프랑스 외무부 전권대신 조르주 꼬고르당Francois-George Cogordan 사이에서 조인됨) 프랑스는 조선 내의 선교의 자유를 보장받는다. 그것은 프랑스인에게만 주어진 특별한 우대였다. 그리고 1888년 6월 12일, 중국에서 근무하던 외교관 꼴랭 드 플랑시Collin de Plancy 1863~1922 (한문이름 갈림덕葛林德, 중국발음 꺼린더)가 초대 불란서 주한대리공사로 부임한다. 플랑시는 파리대학 법과를 졸업한 후, 동방어학원(École spéciale des langues orientales, 현재의 명칭은 Institut national des langues et civilisations orientales. 돈황학자 폴 펠리오Paul Pelliot를 위시하여 수없는 훌륭한 학자들을 배출한 어학기관. 1669년 창설)에서 중국어와 한문을 공부하고 중국에서 6년을 근무하다 왔기 때문에 고전적 소양이 있는 인물이었다(바로 이 인물이『직지심경』의 최초콜렉터이자, 활자본이라는 사실의 발견자이다). 그는 개인적으로 고종의 사랑을 받았으며, 고종의 무희(정재무呈才舞 무원)를 하사받기도 했다.

그는 1891년 6월, 일본으로 전속발령 받았는데, 일본에서 5년간 근무한 후, 다시 1896년부터 1906년까지 10년간 총영사 겸 서울주재공사로서 한국에 체류하면서 고종의 비호 하에 막강한 실력을 행사했다. 그리고 뮈텔Mutel(한국이름 민덕효閔德孝)은 1880년 11월 황해도 장연에 상륙하여 활동하다가 1885년에 파리의 외방선교회 신학교 교감으로 임명되어 돌아갔다. 그런데 1890년 2월 21일 블랑 백 주교가 신병으로 영면하자, 교황청에서는 뮈텔 민 신부를 조선교구의 제8대 주교로서 임명한다. 그리하여 뮈텔은 1890년 11월 26일 파리를 떠나 마르세이유를 거쳐 다음해 1891년 2월 22일 아침 제물포에 상륙한다. 그러니까 1901년 경이라는 시점은 인종차별주의자이며 고종과도 안면이 있었던 뮈텔 주교(대원군의 부인이 천주교신도였으며 뮈텔에게 세례를 받았다. 1896년 10월)와 고종의 막강한 후원을 받는 꼴랭 드 플랑시 공사, 이 양대기둥이 프랑스 신부들을 우쭐거리게 만드는 분위기를 조성하고 있었다.

명동성당의 위세

1898년 1월 8일 여흥부 대부인 민씨가 죽는다. 그리고 한 달 후 그토록 천주교를 탄압하던 흥선대원군이 승하한다(1898년 2월 22일). 그리고 바로 그해 5월 29일 대원군의 죽음을 비꼬기라도 하는 듯, 조선왕조의 상징인 경복궁을 굽어 누르는 기세로 종현鍾峴 마루 위에 치솟은 한국카톨릭의 상징, 명동천주교당이 완성된다(1892년 8월 5일 정초. 프랑스인 요왕 코스트J. Coste 신부가 설계. 고종도 왕궁보다 더 높게 명동성당이 올라가는 것에 분개했다. 그러나 뮈텔은 무시하고 공사를 강행했다). 바로 이러한 프랑스인들의 대조선선교전략이 성공을 거둔 듯이 보이는 그 시점, 1899년 말 뮈텔 주교는 프랑스인 뻬이네 배Jean-Charles-Peynet(裵嘉祿 1873~1948) 신부와 한국인 신부 김원영金元永 아우구스티노 1869~1936에게 제주선교를 명한다.

김원영의 『수신영약』, 수치스러운 문화박멸론의 대명사

사실 우리는 그냥 막연하게 신부라고 알고 있지만, 모두가 20대의 무지한 청년들이었다. 뻬이네는 당시 26세였고, 그 중 한국인 김원영(아우구스티노)이 나이가 많은 편이었다. 그런데 문제는 한국인 김원영만 해도 완벽하게 천박하고 삐뚤어진 세계관을 가진 인물이었다. 이형상의 경우는 주리론적主理論的 합리주의라도 있었지만 김 신부라는 작자는 비합리주의적 배타성만을 소유한 독선, 독단, 도그마의 화신이었다. 남부지역을 맡던 김원영은 1900년 초 제주도의 다양한 토착문화를 박멸하기 위해 『수신영약修身靈藥』이라는 책을 쓴다. 하도 내용이 졸렬하고 더러워서 내가 인용조차 할 가치를 느끼지 못하겠는데, 결국 일체의 제주토속문화를 버리고 오로지 예수만 믿는 것이 최상의 영약(영혼구제의 묘약)이라는 뜻이다.

김원영은 유교적 소양이 있는 인물이기에 "수신修身"이라는 말까지 동원했으나 수신과 관련된 일체의 기존의 관습을 부정해야 한다는 의미를 내포한다. 즉 유교적 합리주의의 냉혹성에다가 기독교적 비이성주의의 배타성을 가미하여 최악의 문화박멸운동을 전개하는 것을 본인의 전도사명 및 신앙의 핵심으로 삼았던 것이다. 이것은 프랑스 파리외방선교회가 가지고 있었던 일반적인 제국주의 성향과 깊게 관련된다. 사실 20세기의 최대 비극 중의 하나인 "월남전" 그 자체가 그 정신적 근원을 파고들면 월남에 파견된 파리외방선교회의 선교전략의 맹목성과 그를 빌미로 한 프랑스정부의 제국주의적 무력개입에 기인하는 것이다. 결국 파리외방선교회와 프랑스 정부의 제국주의는 디엔비엔푸 전투Battle of Dien Bien Phu(1954년 5월 7일, 프랑스대군이 베트민에게 완벽하게 무릎을 꿇는 사건)로써 종결된다.

파리외방선교회의 양아치 신부들: 김원영, 라크루스, 뭇세

제주도에 내려온 프랑스 신부들의 멘탈리티는 중세기십자군 멘탈리티와 동일했다.『수신영약』속에서 제주민은 야만인, 그리고 제주도는 미신적인 무교의 마법사들이 지배하는 곳으로 인식되고 있다. 천주교회의 사명은 제주도민의 전통적인 토착문화, 가치체계, 전통, 관습 및 신앙체계를 모두 파괴하는 데 있으며, 제주도는 천주교의 가치질서 아래 근원적으로 재편되어야한다고 생각했다(박찬식,『제주민란 연구』p.94). 이것은 기독교라는 황제신관의 저열한 종교형태가 종교의 가장 개방적이고 승화된 이상적 형태인 자연종교를 박멸하겠다는 것이다. 저등한 것으로 고등한 것을 박멸하는 방식은 폭력일 뿐이다. 형이상학적 폭력에 물리적 폭력까지 첨가된다.

나이 서른 살밖에 안 먹은 풋내기 김원영은 제주도와 제주도민에 대한 멸시와 저주 끝에 사형私刑(린치)을 정당한 것으로 생각했고, 사형의 반복 끝에 사람을 죽이는, 성직자로서는 도저히 할 수 없는 짓들을 자행하게 된다(오신락吳信洛 노인을 치사시킨 사건 등). 이런 지경까지 이르게 된 것은 파리외방선교회의 신부들이 고종황제의 비호를 받는 존재라는 생각, 그들 자신이 곧 하나님을 모신 황제라는 생각에 빠진 착각 속에서 발생하는 것이다. 그들은 목에다 고종황제가 주었다는 "여아대如我對"(짐을 대하듯 대하라)라는 나무팻말을 차고 다녔다. 프랑스 선교사들의 지위가 제주목사의 권위를 제압함은 물론, 완벽한 치외법권의 지위를 보장받았다. 실정법상 그것이 과연 가능했는지 어떤지는 알 바 없으나, 역대로 모든 제주목사가 탐학했고 민심으로부터 이반되어 있었기 때문에, 이들 "푸른눈 큰 코쟁이"들의 횡포를 제압할 능력이 있는 사람은 제주도에 아무도 없었다.

삐이네는 제주도의 풍토가 맞지 않아 건강악화로 다음해 5월 김제 수류성당水流聖堂(전북 김제시 금산면 화율리에 있는 전주교구 소속 교회. 1889년에 장약슬張若瑟 J. Vermorel 신부가 설립. 많은 신부를 배출한 곳으로 유명)으로 적을 옮긴다. 그리고 그곳에 있던 마르첼리노 라크루스Marcel Lacrouts 1871~1929(한국이름 구마슬具瑪瑟. 1871년 5월 1일 프랑스 보르도에서 태어남. 1890년 9월 15일 파리외방선교회에 입회, 1894년 7월 1일 사제서품 받음. 1894년 8월 29일 프랑스 출발, 10월 25일 서울에 도착, 전라도지역에서 활동. 수류성당의 제3대 주임신부) 신부가 1900년 6월 5일 제주도로 부임한다.

그리고 그 다음해(1901년) 5월 10일에는 장 제르마노 뭇세Jean Germain Mousset 1876~1957. 6. 8(한국이름 문제만文濟萬. 파리 출생. 1900년 파리외방선교회 신학교 졸업, 24살에 사제가 됨. 그해 10월에 바로 선교사로서 한국에 입국. 제주도가 첫 부임지)가 도착한다. 자아~ 한번 생각해보자! 라크루스는 제주도에 부임했을 때 나이가 겨우 29세이고 뭇세는 25세이다. 내가 나이를 탓하는 것이 아니라, 겨우 신학교 4년 나온 아무것도 모르는 프랑스 청년들이다. 그런데 이들에게 외국문화에 대한 겸손한 교양과 지식이 갖추어져 있지 않고, 오직 황제권력에 준하는 정치권력이 무상으로 주어져 있을 때, 이들은 필경 "또라이" 아니면 "양아치"가 될 수밖에 없다. 이놈들은 정말 또라이였다. 내가 이런 말을 했다고 나를 단죄할 자가 있다고 한다면 얼마든지 단죄해보라! 우리 집안에서도 신부가 2명이나 배출되었고, 그 중 한 명은 무녀독남의 종손이다(신부가 됨으로써 우리 집안 종가의 핏줄이 끊어졌다). 기독교가 지향하는 것은 아가페적 사랑이고(고린도전서 13장), 아가페적 사랑이라는 것은 무한한 인내와 온유함으로써 소외된 자들과 더불어 할 때만이 달성되는 것이다. 안식일이 사람을 위하여 있는 것이지,

사람이 안식일을 위하여 있는 것이 아니다(마가 2:27). 마찬가지로 교회가 사람을 위하여 있는 것이지, 사람이 교회를 위하여 있는 것이 아니다. 우리나라 천주교에도 정의구현사제단이 있고 건강한 교역자들이 얼마든지 있다. 천주교사도 반성을 모르면 역사가 아니다. 한국천주교는 과거의 죄악으로부터 끊임없이 해방되어야 한다. 그러려면 철저히 알고 반성해야 한다. 한국천주교회사는 유감스럽게도 억지춘향의 호교론적 궤변을 늘어놓는데 더 열을 올리고 있는 것이다.

폭력과 탐학의 선교: 십자군의 부활, 우매한 고종황제

제주에서의 초기전교활동은 김원영 신부가 주도하였는데, 1900년 3월 22일자 김원영이 뮈텔에게 보낸 편지에 의하면 "신자 수가 5명인데, 부활절 때까지는 10~15명이 될 것"이라고 하였다. 이것은 제주도라는 독특한 풍토에서 낯선 천주학의 전교傳敎가 얼마나 힘든 일이었나 하는 것을 잘 말해주고 있다. 그런데 마르첼리노 라크루스(보통 "라크루"라고 번역하는데 나는 류홍렬의 『한국천주교회사』의 표기에 따른다)가 부임한 후로는 교세가 급격히 팽창한다. 그가 온 지 불과 7개월 만에 정식으로 성세를 받은 교우가 242명이나 되었고 예비교우가 700여 명을 헤아리게 되었는데, 당시 제주도의 인구가 4만여 명밖에는 되지 않았으니, 인구의 40분의 1이 교회로 나오게 되었다는 것을 의미한다.

종교나 조직의 급격한 팽창에는 반드시 사기성 꼼수가 개재한다. 라크루스는 완전 또라이였다. 전통이 있고, 가세가 있고, 교양이 있는 자들은 본시 보수적이라서 교회와 같은 낯선 공동체에 가질 않는다. 모이는 사람들은 우선 억압받거나 핍박받는 자들이다. 이들에게 감옥에 갇혀있는 식구나 친척이 반드시 있을 것이다. 라크루스는 치외법권의 지위를 활용하여 국가법률체계를 무시하고 제주도 감옥에 가서 자의로 옥문을 부수고 교인을 해방시킨다(이범수 사건). 감히 자의대로 옥문을 부술 수 있는 사람, 그래도 제주목사가 벌벌 떨기만 하고 아무런 대책도 세울 수 없는 그런 막강한 권력의 소유자! 그 뒤에는 고종황제가 있고, 프랑스함대가 있고, 여호와 하나님의 구원보증수표가 있다!

할렐루야 아멘! 가자! 교회로! 옥문에서 해방된 사람은 갈 곳이 없었다. 교회 안으로 잠입하면 아무도 건드릴 수 없었다. 교회는 점점 온갖 양아치, 잡범들의 도피처가 된다. 이들은 먹고살기 위해서 노략질을 일삼는다. 예수라는 간판을 내걸고, 남의 집 재산도 마구 갈취하고, 아녀자들을 겁탈하고, 길거리에서도 닥치는 대로 예수 안 믿는다고 때리고, 교책을 강매하고, 남의 염전에서 마구 소금을 퍼오고, 입교를 강요하고, 모든 토착신앙을 배척하고, 유구한 전통의 매장풍습을 부정했다. 교회에 온갖 형틀을 구비하고 마음대로 린치를 자행했으며, 교회의 마당은 관아보다 포도청보다 더 무서운 공포의 공간이 되었다. 이런 모든 횡포를 합쳐 부르는 신개념이 "교폐教弊"라는 말이다. 이 "교폐"를 천주교측에서는 "교난教難"(천주교가 수난을 당함)이니 "교란教亂"(천주교를 어지럽힘)이니 하는 말로 표현하고 있으니 적반하장도 유분수지, 어처구니가 없을 뿐이다.

외방선교회 양아치선교와 남인들의 주체적 경건신앙을 같이 보는 천주교사
이러한 양아치들의 입교에 따른 급작스런 교세의 팽창에 관하여 천주교회사 사가 류홍렬柳洪烈은, "이것은 육지에서 불우한 남인학자들이 먼저 천주교를 믿기 시작한 사실과도 비슷한 일이었다"(『한국천주교회사』중보판 하권, p.363)라고 이야기하고 있으니, 참으로 한심하기 그지없다. 호교론에 눈이 멀면, 이벽, 이가환, 이승훈, 권철신, 정약종, 정약용과 같은 남인학자들을 제주도의 양아치들과 같은 급의 인간들로 치부해버리고 만다는 얘기인가? 교인수 한 수급으로 계산하고 만다는 것인가?

프랑스 양아치 밑에 꼬이기 시작한 양아치들은 보다 조직적인 착취세력과 결탁한다. 폭력은 국가폭력보다 더 조직적이고 광범위하고 처절한 것은 없다. 인간은 모여 살면서 결국 국가를 만들었고 국가에 일단 소속된 국민들은 끊임없이 국가의 폭력화의 위험성에 시달린다. 결국 민주 Democracy라는 것도 알고 보면 얼마나 국민들이 효율적으로 국가폭력을 방지할 수 있느냐에 관한 것이다. 복지라는 것은 코스메틱이고 더 본질적인 국가의 속성은 폭력이다. 이 폭력의 다양한 형태를 우리는 제주도라는 무대 위에서 체험하게 되는 것이다.

양아치 신부와 봉세관의 결탁

1900년부터 조선왕조는 부족한 왕실의 재정을 메우기 위하여 각 지방에 봉세관捧稅官을 보내어 이제까지 명목에 없는 세금을 마구 걷어들이게 하였는데(이로 인하여 전국 각지에서 민란이 일어났다. 조선왕조 말기현상이었다), 제주도에는 1900년 가을부터 평안북도 사람(하필이면 또 서북청년단의 고향일까?) 강봉헌姜鳳憲을 봉세관으로 보내어 온갖 잡세를 걷게 하였다. 민중의거가 일어나기 몇 달 전인 1900년 12월의 조사보고에 의하면, 제주도의 목사와 군수들이 이곳에서 걷은 세금을 가로채 쓴 것이 1만 냥 이상이나 되었고, 특히 제주군수 김희주金熙冑는 백성과 아전들로부터 사사로이 1만 5천 3백여 냥의 돈을 착복하여 파면되었다고 하니 도무지 제주도민이 착취당하는 실상이 어떠한 수준인지 상상키 어렵다. 이러한 판에 또다시 강봉헌이라는 날도둑놈이 밀어닥친 것이다. 강봉헌이 와서 보니 이미 토색질을 해먹는 거대한 단체가 형성되어 있는지라, 머리를 굴려 천주교당에 입당하여(1899년 음11월에 입도한 것으로 기록되어 있음), 교당의 양아치들을 동원하여, 온갖 폭력과 악행으로 말도 안되는 온갖 잡세를 걷어들였다. 오래 전에 폐지되었던 민포民布를 다시 징수하는가 하면, 가옥, 수목, 가축, 어장, 어망, 염분, 노위蘆葦(갈대), 심지어 잡초에까지 세금을 매겨 거두었다. 이를 가만히 보고만 있을 수 있겠는가? 누가 이를 당하고만 앉아있을 수 있겠는가?

대정현에서 유지들이 모여 상무사商務社를 조직하게 되었고, 이재수李在守 1877~1901, 오대현吳大鉉 1875~1901, 강우백姜遇伯 1852~1901 세 장두에 의하여 의거가 일어났고, 제주성이 함락되어(1901년 5월 28일) 몇몇 불란서 양아치들의 꼬임을 받아 천주교도임을 자청한 어리석은 교민들이 300명~500명 처형된 사건의 시말은 내가 여기 췌언치 않는다(『삼군평민교민물고성책三郡平民敎民物故成冊』에 의하면 물고자[사망자]는 317명이다. 『물고성책』에 기술되지 않은 교민들의 숫자를 합치면 354명이 된다. 그러나 더 많은 사람이 죽었을 것으로 사료된다).

이재수와 드 플랑시

다행스럽게 지금 대정현에는 "제주대정삼의사비濟州大靜三義士碑"가 추사적거지 인근에 우뚝 서있다. "종교가 본연의 역할을 저버리고 권세를 등에 업었을 때 생겨나는 폐단에 교훈적 표석이 될 것이다"라는 의젓한 충고의 말과 함께! 삼의사는 당당하게 의거민군 1만 명을 해산하고 자수한다. 1901년 7월 13일 이들은 서울로 호송되어 7월 27일부터 평리원에서 재판을 받았다. 10월 9일 최종판결이 내려지고 다음날 10월 10일 교수형에 처해졌다.

재판과정에서 심리에 참여한 프랑스 공사 드 플랑시는 이들의 사형을 강력히 주장했다. 이재수는 드 플랑시가 회심관들과 귓속말로 얘기를 나누자, "야 이 개만도 못한 놈아! 네가 어떤 놈이길래 감히 계상階上에 올라서 있느냐! 당장 내려오지 않으면 마땅히 네 놈을 쳐 죽이리라" 하고 당당하게 호통을 쳤다 한다. 훗날 문상길 중위의 최후진술을 생각나게 하는 대목이다.

제주도는 일제강점기를 통하여 많은 변화를 거친다. 제주도는 기미년 독립운동이 일어나기 이미 5개월 전, 독자적으로 "법정사 항일운동"을 일으키기도 했고(서귀포 법정사法井寺의 스님들이 주동하여 일본제국주의의 축출과 국권회복이라는 양대목표를 세우고, 1918년 10월 7일 700여 명의 도민이 무장 봉기한 사건. 이틀만에 진압되었지만 그 봉기가 소리 없이 진행되었다는 것 자체가 제주도민의 특유한 단합심을 과시한다), 1930년대에는 238회에 걸쳐 연인원 1만 7천여 명이 참가해 일제 식민지약탈에 저항했던, 역사 이래 여성집단이 주도한 최대규모의 항일투쟁, "제주해녀항일운동"을 전개하기도 했다.

키미가요마루
그러나 무엇보다도 제주도민의 삶에 큰 변화를 가져온 것은 1922년부터 1945년까지 제주 11개 포구를 돌아 오오사카까지 사람들과 물자를 실어나른 키미가요마루君が代丸 정기화객선이다(제주도에는 접안 가능한 항구

가 없다. 그래서 11개 포구에서 소형 페리로 승·하선했다). 이 키미가요마루로부터 우리는 이제 4·3의 이야기를 풀어가야 한다.

돌이켜 제주역사를 전관해보면 우리가 말하려는 사건들은 상호밀접한 유기적 관련이 있다. 이 모두가 외재적 가치잣대에 의하여 내재적 고유가치를 훼멸하는 데서 오는 비극이다.

슬픈제주		
유교의 편협한 합리주의 Confucian Rationalism	기독교의 비이성적 배타주의 Christian Irrational Exclusivism	미제교美帝敎의 무지와 폭력 American Imperialism: Ignorance & Repression
이형상 목사의 『탐라순력도』	파리외방선교회 양아치들의 황제적 폭력	종미 이승만과 그의 무리들의 국가폭력
당오백·절오백의 철거	신축의거	제주4·3
한국통사의 압축태		

"키미가요"가 일본의 국가에 쓰인 10세기 경의 와카和歌 가사라는 것은 독자가 알 것이다. 천황의 장수를 비는 매우 군국주의적 노래인데(원래는 애인의 장수를 비는 사랑시가), 그것은 1880년부터 국가처럼 불려오다가, 헤이세이 11년(1999년)에나 정식으로 "국가國歌"가 되었다. "마루丸"라는 것은 일본의 배에 꼭 붙이는 명칭인데, 그것은 "마로麿"라는 명칭이 전화轉化된 것이다. 사랑하는 사람이나 애착을 느끼는 물건에 붙이는 애칭이

전용된 것이라 한다. 그러나 제주사람들은 일제강점기로부터 "키미가요 마루"라 부르지 않고 "군대환"이라고 불렀다 한다.

군대환은 그야말로 제주도사람들에 새로운 코스모스cosmos를 선사한 레바이아탄Leviathan(거대한 것)이었다. 일제강점기 제주도말에 "군대환처럼 크다"라는 말이 유행했다고 하는데, 군대환의 출현은 오오사카 지역을 제주도의 익스텐션extension(연장체)으로 만드는 효과를 가져왔다. 당시 오오사카 지역은 1920년대로부터 "동방의 맨체스터Manchester of the Far East"라고 불릴 정도로 공업도시로서 발전을 했는데 공장노동자의 수급을 위해 군대환이 출현한 것이다. 오오사카의 공업발전을 위하여 대거 노동자가 진출한 것은 한국인, 그것도 거의 전적으로 제주도민 그룹이 최초였다.

군대환은 제1군대환, 제2군대환 두 세대가 존재한다(군대환 이외로는 "관부연락선關釜連絡船"이 1905년부터 1945년까지 운행되었는데, 그것은 부산과 시모노세키下關를 연결하는 3천 톤급의 철도연락선鐵道連絡船이며 성격이 군대환과는 좀 달랐다). 제1군대환은 네덜란드에서 건조된(1891년) 669톤 급의 "스와르데크룬Swaerdecroon"호를 아마사키 기선부尼崎汽船部(선박회사 이름)에서 사서 제주항로에 투입한 것이다. 그런데 이 배는 1925년 태풍을 만나 제주도 해안에서 좌초하였다. 그러자 아마사키 기선부는 소비에트연방으로부터 군함 만주르호Mandjur(1,213톤. 태평양함대 소속의 포함砲艦. 1886년 건조됨)를 구입하여 제2군대환으로 개조하였다. 군함을 상선으로 개조하였기 때문에 모양이 매우 특이하였다. 이 배는 20년간 제주도민을 부지런히 나른 후, 1945년 6월 1일 미군 B-29폭격기의 오오사카

대공습으로 아지카와安治川(오오사카항구 입구) 부근에서 격침되었다.

오오사카의 이쿠노쿠, 이카이노

키미가요마루가 아침 일찍 오오사카를 출항하면 다음날 저녁에 제주도에 도착하는 이틀항해였는데, 운임은 12엔 50전이었다. 당대 오오사카에서 일하는 숙련여공의 하루품삯이 1엔이었는데 12엔 50전이라는 운임은 꽤 고액의 운임이었다. 그래도 올라타기만 하면 제주도민은 마냥 즐겁기만 했다. 선상에서는 흰 쌀밥과 우메보시 등 맛있고 깔끔한 일본식사가 제공되었는데, 평생 보리밥만을 먹고 쌀밥을 먹어보지 못한 도민들에게 그것은 가히 환상이었다. 그런데 현해탄을 건너갈 때 배멀미가 심해 다 토해내면, 그것이 그토록 아까웠다고 한다.

제주도민은 오오사카의 "이쿠노쿠生野區" 지역 중심으로 거대한 "조선부락朝鮮部落"을 형성해갔다. 당시 공장취직(고무공장 등)은 어렵지 않았고, 또 주거환경도 제주도섬에 비해 나쁘지 않았고, 또 상부상조의 고향인맥이 잘 형성되어 있었기 때문에 한번 오오사카에 왔다가 돈을 벌어 고향에 돌아오는 아가씨들은 다음에 오오사카로 돌아갈 때는 친구나 친척을 서너 명 데리고 떠나게 마련이다. 고향에 돌아온 아가씨들의 수다를 듣는 꼬마들은 "나는 언제 군대환을 탈 수 있을까" 하고 온갖 환상을 펼치게 마련이다.

군대환의 정원은 365명이었는데, 항시 정원의 2배 가까이 탔다고 한다. 그리고 매달 2번 항해했으니 상당한 인구가 이동했다는 것을 알 수 있다. 어린아이는 무료선객인데 매번 80명 정도 되었다고 한다. 배 안에 벌어지는 일들의 다양한 풍속도가 그려지곤 한다.

오오사카 조선부락의 핵심지구가 "이카이노猪飼野"라는 곳인데, 지금도 그곳에 "코리아타운"이 형성되어 있다. 코리아타운의 정경이 보통 한국인거리와는 다른 풍미를 풍기는데, 그것은 제주도의 토착적 문화가 보존되어 있기 때문이다.

이쿠노쿠에는 "히라노가와平野川"라는 개천이 흐르고 있는데, 이 개천의 옛 이름은 "백제천百濟川"이었다. 그리고 제주사람들이 정착한 "이카이노猪飼野"라는 곳은 글자 뜻 그대로 "돼지멕이들"이라는 의미를 지니는데, 옛날 백제로부터 건너온 도래인渡來人(매우 애매한 개념으로 일본사학자들이 쓰고 있는데, 도래인들은 선진기술의 소유자로서 일본고대사회의 지배자들이었다)들이 돼지를 멕이는 선진기술을 소유하고 있으면서 돼지를 퍼뜨린 곳이라는 데서 그 지명이 유래되었다고 하는데, 하여튼 오오사카의 조선인촌이 백제시대로부터 연속성이 있어온 유구한 전통을 지니고 있다는 것은 재미있는 사실이다. 실제로 오오사카의 한인촌은 거의 다 제주도사람들로 구성되었고, 제주도 고향의 지연이 오오사카에서도 그대로 유지되었다. 제주도 북부 조천면朝天面 사람들은 오오사카에서도 같은 지구에 모여 살았다.

김정은의 친엄마 제주여자 고용희

사실 내가 지금 말하려고 하는 것은 제주4·3을 이해하기 위해서는 제주도민의 구체적 삶, 그들의 의식의 변화, 인민위원회가 완강한 저항을 하게 되는 그 밑바닥의 정서, 이런 것들은 역사적 사건들의 열거만으로 알기가 어렵다는 것이다. 일례를 들면, 김정은 위원장의 친엄마인 고용희高容姬(과거 문헌에 고영희高英姬라고도 불렀다. 김정철·김정은, 김여정의 엄마.

2004년 5월 24일 파리에서 질병으로 사망)도 바로 이러한 제주도민의 문화 속에서 태어난 여인 중의 하나이다. 고용희는 1952년 6월 26일 오오사카의 쯔루하시鶴橋에서 태어났는데, 그곳은 바로 이카이노와 연접한 옆동네이다. 고용희의 부모는 북제주사람으로 1929년에 군대환을 타고 오오사카로 건너가 정착하였고, 제주4·3의 꼬라지를 보고 고향에 돌아갈 것을 단념하고 북송선을 탄 많은 사람들 중의 하나이다.

조선인들의 의식화운동

조선인들은 어디를 가든지 민족의 정기를 잃지 않고, 자녀의 교육이나 사상운동이나 신문발간 등 다양한 문화활동을 벌인다. 1923년에는 『굳센 조선인太い鮮人』『신광新光』, 24년에는 『노동동맹勞働同盟』, 『척후대斥候隊』, 25년에는 『사상운동思想運動』, 28년에는 『대중신문大衆新聞』, 29년에는 『무산자無産者』, 30년에는 『오오사카조선신문大阪朝鮮新聞』, 35년에는 『조선신문朝鮮新聞』등의 신문이 동경에서 발간되었다. 물론 빈약한 재정과 탄압 속에서 발간되었으므로 대부분 오래 지속하지 못하였지만 재일조선인 사회가 당시의 시대적 요청에 민감하게 반응하고, 정의로운 사상동향을 과시하고 있었다는 것을 알 수 있다.

1935년에는 이카이노에서도 완벽한 조선어판 신문(국한문혼용)이 발간된다. 창간호는 1935년(昭和 10년) 6월 15일 발행되었는데 발행인은 민족주의자이며 노동운동의 지도자로서 수없이 체포·투옥된 선각자, 김문준金文準 1894~1936(제주도 출신. 1917년 수원농림학교 졸업. 1927년 오오사카로 건너가 재일본조선노동총동맹 산하 오오사카 조선노동조합 집행위원이 됨. 신간회 오오사카지회 설립. 1929년 가을 오오사카 고무공조합을 설립. 재일조선노총 중앙집행위원)이었다. 1935년은 월2회 발행하다가 1936년은 월3회 발행했다. 1면에는 사설, 정치경제, 사상문제, 2면에는 국제문제, 3면에는 조선본국의 문제, 4, 5, 6면에는 오오사카를 중심으로 한 재일조선인의 사회적 문제를 다루었다.

이카이노에서 생활하는 사람들의 사건과 사회문제를 충실히 반영하는 기사들이 꼭 실렸다. 오오사카의 재일조선인사회를 중심으로, 주택문제, 노동자들의 생활실태, 노동쟁의勞働爭議, 교육문제, 범죄, 그리고 남녀문제 등이 다루어졌다. 이 신문은 김문준씨가 체포되어, 끔찍한 고문을 받고 가석방되었으나 결국 사망하는 바람에 얼마 지속되지 못했지만 (1936년 9월 20일 제27호가 최후 발행이었다), 당시 1930년대 재일조선인사회의 실태를 파악하는 데 더없이 귀중한 자료를 제공하고 있다.

일본은 이미 19세기 말엽 "자유민권운동"이 발발하여 민주의식이 싹트기 시작하였고, 각종의 민권의식이 조직적인 운동으로 발전하고 있었다. 제주도민은 오오사카 지역에서 살면서 이러한 선진문명의 훈도를 받았다. 그러니까 내가 말하고자 하는 것은 해방 이후 우리나라 정국에 있어서 가장 선진적 의식을 지니고 있었고, 가장 단합된 조직적 활동을 할 수 있었던 역사적·지정학적 조건을 갖춘 민중이 바로 제주민중이었다는 것이다. 그런데 이쪽 대륙에서는 제주도를 외딴 섬으로, 문화의식이 낮은 곳으로 잘못 인식하고 있었다. 제주도는 일제강점기를 통하여 상대적으로 자유롭고, 경제적으로도 유족하며, 교육적으로도 선진문물을 흡수하여 깨어 있었고, 국제적 감각이 있는 문화를 유지했다.

제주인민위원회의 선진성, 비종속성

1945년 9월 10일 건국준비위원회(건준)의 지부가 제주시에 설립되었고, 건준은 곧 인민위원회로 개편되었다. 제주도인민위원회는 9월 22일 제주농업학교에서 각 읍·면 대표들이 참석한 가운데 결성되었다. 도내 각 면과 마을에서 인민위원장이 면장이 되고, 이장이 되어 도의 행정을 자연스럽게 주도하였다(제주도 전체 위원장은 오대진. 당시 나이 48세). 미군정이 시작되었다고는 하나, 실제로 제주도의 행정을 장악할 수가 없었다. 그만큼 제주도의 인민위원회는 정체성과 조직력 그리고 민중의 지지기반이 탄탄했다. 해방 후 갑자기 외부에서 6만 명의 인구가 제주도로 유입되었는데, 일본에서 이미 조직적인 조합운동을 해본 사람들이 많았다. 이들을 "좌익"이라는 이름으로만 부를 수는 없다. 군정의 정보요원으로 근무했던 그랜트 미드Grant Meade(미드는 *American Military Government in Korea*라는 책을 썼다)는 이런 말을 남겼다:

> "제주도인민위원회는 모든 면에서 제주도에서의 유일한 당이었고
> 유일한 정부였다."

그러나 미군정과 제주도인민위원회의 대립상황이 불가피한 충돌을 일으킬 것은 명약관화한 것이었다. 미드는 또 이런 말을 했다: "양자간의 충돌은 불가피하다. 화합이나 타협은 일시적인 것일 뿐이다. 지역의 공적인 평화를 획득하기 위해서는 인민위원회의 모든 요구를 받아들이거나, 강력하게 그들을 거부하고 모든 래디칼 분자들을 분쇄시키는 방법밖에는 없다. 중간의 어설픈 길은 없다."

북국민학교 3·1절기념 제주도대회

1947년 3월 1일, 제28주년 3·1절기념 제주도대회가 제주시 북국민학교에서 열렸다. 이날 제주 북국민학교에는 제주읍·애월면涯月面·조천면朝天面에서 주민 3만 명이 모였는데, 이런 숫자는 자발적 참여가 아니면 동원이라는 수단으로는 불가능한 규모이다. 옥죄이던 인민위원회는 민전民戰(민주주의민족전선, 2월 23일 결성. 3·1절기념행사 주도) 등을 통해 세勢를 과시했다. 이미 그 전해 1946년 10월에 대구10월항쟁이 일어나야만 했던 그 시대 분위기를 연상해보면, 당시 제주인민들의 삶이 얼마나 고통스러운 것이었는지 쉽게 이해가 간다. 새나라, 새세상, 새질서를 꿈꾸었던 사람들, 환희와 희망 속에서 고향으로 돌아온 사람들에게 들이닥친 미군정이라는 전혀 이질적인 외재적 통치체계는 그들에게 절망감만 안겨주었던 것이다.

그 동안의 욕구불만을 표출하기 위하여 북국민학교에 모여, "3·1정신으로 온전한 통일과 온전한 독립을 쟁취하자! 외세는 물러가라!"라는 구호를 목힘줄이 끊어져라 힘차게 외쳤던 것이다. 제주도민 전체가 "외세에 의존하면 남북분열이 초래될 뿐이고, 분열이 초래되어 단독정부가 남북에 들어서면 민족상잔의 전쟁이 불가피해진다"는 논리를 정확히 꿰뚫고 있었다. 기나긴 제주도역사 속의 피압박, 일본에서 이미 모든 개화사상으로 노출되었다는 사실, 그리고 대륙을 섬에서 바라보는 거리감, 그리고 그 거리감에서 생겨나는 단결력 등등의 요소가 제주도민의 선진의식을 형성하고 있었다. 제주도 민중들은 대륙의 민중보다 훨씬 더 정확하게 사태를 파악하고 예견하고 있었다.

이러한 기초적인 당위의식을 좌·우라는 이념적 카테고리에 의하여 쉽게 규정해버리는 오류를 범해서는 아니 된다. 우리나라 사가들의 역사기술방식이 자기 철학이 없이 항상 기존의 개념, 그것에 수반되는 인식체계에 매몰되고 있다는 사실이 반성되지 않으면 아니 된다.

가두시위: 6명 사망, 8명 부상

오후 2시에 관덕정 뒤편에 위치한 북국민학교에서는 식이 끝나자 가두시위로 연결되었다. 시위대가 관덕정 서쪽으로 빠져나갈 즈음 기마경찰의 말발굽에 어린아이가 치어 다치는 사태가 발생했다. 그럼 당연히 경찰은 말에서 내려와 그 다친 어린아이를 어루만져 주며 치료라도 약속했더라면 이 엄청난 비극은 발생하지 않았을 것이다.

다친 어린애에게 사과하는 제스쳐라도 하기는커녕, 몰려드는 사람들을 짓밟을 듯이 말 위에서 거만하게 거동하는 꼬라지를 본 민중은 성이 났다. 흥분한 관중들이 돌을 던지며 항의하자 관덕정 광장 앞에 있던 제주경찰서 망루에서 미군정경찰(당시는 대한민국정부 수립 전이다)이 관중들을 향해 총을 쏜 것이다. 이 장면은 우리나라 역사화History Painting(역사의 주요장면을 서술하는 스토리를 담은 그림. 서양회화사에서 역사화는 최고의 양식으로 존중되었다)의 최고봉이라 할 수 있는 강요배姜堯培 1952~ (제주도 출신. 서울대 미술대학 회화과 졸업. 민중미술운동의 1세대 리더) 화백의 그림으로 실감나게 표현되었다. 나는 강 화백의 형님 강거배姜莒培 1944~1998(서강대 불문학과 교수) 교수님을 잘 아는데, 강거배 선생은 한국에서 나의 이름이 전혀 일반에게 알려지지도 않았을 때에, 나의 논문, 『기철학이란 무엇인가』(1985. 6.)를 읽고 훌륭한 글이라 생각되어 그것을 불어로 번역하여 유네스코 잡지에 실었다. 참 희한한 인연이라 하겠는데, 나는 그때 그 분이 제주도 분이라는 것도 전혀 몰랐다. 그 분의 서강대 연구실에서 그 분이 내 논문내용 중 이해가 안되는 부분을 물어보시곤 했는데, 어떤 것은 내가 불어단어로 말해주면, 놀라운 듯한 표정을 짓곤 하셨다. 서강 연구실에서의 담소가 엊그제 일 같은데, 그토록 위대한 학자가 그토록 일찍 돌아가시리라고는 꿈에도 생각치 못했다.

순식간에 민간인 6명이 죽고 8명이 부상당했다. 이들 가운데는 15세 국민학생과 젖먹이 아이를 가슴에 안은 채 피살된 여인도 있었는데, 더욱 가슴 아픈 사실은 죽은 이들이 모두 등에 총을 맞았다는 사실이다. 항의하는 군중이 아니라 도망가는 군중을 향해 등뒤에서 고의적인 "살인"을 한 것이다. 공포만 쏘아도 해결될 일을 이렇게 과격하게 진행시킨 사건의 내막에는 "우발적"이라는 수식어를 넘어가는 그 무엇이 있다. 아무리 총을 든 경찰이라 할지라도 먼 망대에서 사람을 쏜다는 사실은 상관의 고의적인 판단이 없이는 불가능한 행위패턴이다. 이들에게 총을 겨눈 경찰이 "응원경찰"이라 하는데 뭔 말인지 잘 이해가 되질 않는다.

응원경찰이란 무엇인가? 도島에서 도道로의 승격

1946년 8월 1일, 미군정은 전라도에 속했던 섬이었던 제주를 "도島"에서 독립된 "도道"로 승격시키는 행정개편을 단행한다. 도道로의 승격이란 여러모로 좋은 일일 것으로 들린다. 인민위원회는 찬성했을까? 열렬히 반대했다. 그냥 "도島"라는 말을 고집했다. 왜 그랬을까? 미군정이 섬을 독립된 도道로 만들려고 한 것은, 그래야 보수세력의 입지를 강화시켜 인민위원회를 축출하기 위한 새로운 행정체계를 만들 수 있기 때문이었다.

도로 승격되어야 도 수준에 맞게 경찰병력을 증강시킬 수 있고 독립된 조선경비대(당시의 군대를 일컬은 말. 당시 우리나라는 독립된 국가가 아니었기 때문에 "국군"을 둘 수 없었다) 1개 연대를 창설할 수 있었다. 조선경비대 제9연대는 제주도의 독자적인 연대로서 도로 승격된 후 3개월여 만에 대정면 모슬포에 창설된다(1946년 11월 16일). 그래서 인민위원회는 물론 전남과 분리된 독자적인 노선을 추구했지만, 제주도의 행정개혁 문제는 미군정이 관여할 성격의 문제가 아니라고 생각했다. 그것은 조선의 정부수립 후에 추진되어야 할 사항이라고 반대입장을 표명했던 것이다.

복시환 사건

또 1947년 1월에 "복시환사건福市丸事件"(배이름은 후쿠이찌마루)이라는 좀 오묘한 사건이 터진다. 오오사카에 남아있는 서귀포西歸浦 · 법환리法還里 출신 교민들이 제주도로 귀향한 동포들이 여러모로 생활고에 시달린다는 소리를 듣고 돈을 모아 배를 하나 임대하여 전기생산시설과 생활용품들을 잔뜩 실어보낸다. "군대환"의 역사에 있어서도 오오사카 제주교민들은 군대환의 요금이 너무 비싸다고 생각하여, 교룡환交龍丸이라는 배를 임대하여 독자적으로 화객선을 운항시킨 적이 있다(요금을 6엔 50전으로 했다. 그때 군대환 회사는 3엔으로 내렸는데도 제주도사람들은 계속해서 교룡환을 탔다고 한다. 그러나 교룡환은 적자가 누적되어 결국 1933년 12월 1일로써 운항을 마감했다). 그러니 복시환을 임대해서 고국의 동포를 돕기 위해 발전기시설과 생활용품들을 보낸 눈물겨운 정성은 참으로 엄청난 일이요, 제주도 사람들의 끈끈한 정을 나타내는 아름다운 미담이라 할 것이다. 복시환에는 당시 1천만 원을 넘는 물건이 실려있었는데 이 배를 경찰당국은 밀수선으로 몰고갔다. 그러자 이 배의 물건을 놓고 온갖 모리배들이 끼어들었고, 이놈 양아치들이 물건을 팔아 처분하는 과정에서 경찰들이 엄청 콩고물을 뜯어먹었는데, 군정청의 경찰고문과 패트리지 대위와 경찰 총수인 신우균 제주감찰청장까지 같이 해먹은 것이다. 결국 중앙조사 단이 내려와 수사해본 결과 모든 것이 부정비리로 밝혀졌고, 신우균 제주 감찰청장은 1947년 2월 20일자로 파면된다.

이 사건을 계기로, 경무부에서는 제주도의 경비강화를 위한다는 명목 으로, 충청남도에서 50명, 충청북도에서 50명, 총 100명의 경찰을 제주도 로 파견한다. 이 100명의 경찰을 요새말로는 좀 낯선 말이지만 "응원경 찰"이라고 부르는 것이다. 응원경찰이 100명이나 신규로 파견되었다는 것 자체가 제주경찰의 입장에서는 매우 기분 나쁜 일이다. 자기들 대빵 (수장)이 모가지 짤린 판에 응원경찰의 존재는 자기들의 존재에 대한 중 앙의 불신을 의미하기 때문이다. 그런데 재미난 사태는 3·1절발포의 주체가 바로 이 응원경찰이었다는 사실에 있다. 어떠한 흑막이 내재되어 있는지는 모르지만 이 3·1절발포야말로 6명의 목숨을 앗아갔을 뿐 아니 라, 한라산금족령이 해제되기까지(1954. 9. 21.) 7년 7개월 동안, 인류사상 유례를 찾아보기 힘든 제노사이드, 제주 인구의 10분의 1을 넘는 3만 이상의 생명을 앗아간 그 참혹한 드라마의 효종曉鐘이요 조종弔鐘이었다.

나의 이발소 아저씨

우리세대 사람들은 한번 이발을 어느 분에게 맡기면 계속 그 사람에 게 가는 습관이 있다. 나는 산너머에 있는 목욕탕에 가면 그곳에 있는 아 저씨에게 계속 머리를 깎았다. 나보다 여섯 일곱 살 위의 사람일 것이다. 나의 중국고전역서,『중용』을 선물로 주었더니 그것을 읽고 소화해서 머리 깎으면서 줄줄 이야기하는데 참으로 듣기가 좋았다. 그래서 『맹자, 사람의 길』상·하권을 주었는데 또 열심히 읽고 맹자얘기를 계속했다. 그러면서 자기는 무학자라고 했다. 학교를 제대로 다니지 못했다는 뜻이다. 그러다가 그의 인생전변이야기를 듣게 되었는데, 뒤늦게 나는 그가 제주도사람인 것을 알았다. 하도 어려서 섬을 떴기 때문에 그곳 액센트가 배어있질 않았다. 그런데 그는 어느날 기맥힌 얘기를 했다. 자기집이 제주읍에서 가까운 해변가에 있었는데, 여섯 일곱 살 때 자기 엄마·아버지가 모두 해변에서 죽창에 찔려 시체가 되어 떠내려가는 참혹한 모습을 보면서 울지도 못하고 서있기만 했다는 것이다. 나는 양진건 교수와 화북리禾北里 곤을동坤乙洞에 갔을 때, 나의 이발사가 바로 이 마을 출신이라는 것을 직감했다.

나의 이발사는 어린 나이에 혈혈단신으로 제주를 탈출했고, 기구한 인생을 살았다. 그래도 이발사가 되어 술 안 먹고 건실하게 살았고, 딸·아들을 셋이나 키웠다고 했다. 고향은 안 가봤냐고 했더니 제주를 뜬 후 단 한 번도 돌아가본 적이 없고, 죽을 때까지 가볼 생각이 없다고 했다. 부모님제사는 돌아가신 날을 알기 때문에 안방에 위패 모셔놓고 꼬박 모시니까 걱정 없다고 했다. 나는 제주4·3의 역사가 이 이발사의 삶, 아니 수를 헤아릴 수 없이 많은 제주 혼령들의 이야기, 그 이상의 쇄설瑣說이 필요 없다고 생각한다.

제주KBS홀에서 울려퍼진 슬픈 제주

나는 2018년 11월 17일 제주KBS에서, "제주4·3을 말하다"라는 강연을 했는데 그 3부 마지막을 다음의 문장으로 끝내었다. 방청석을 메운 1천

명을 넘는 제주도민 그 어느 누구도 피눈물을 흘리지 않는 사람이 없었다. 유튜브에 올라가 있으니 독자 중에 안 본 사람은 그 현장의 분위기 속에서 울려퍼지는 나의 육성을 꼭 한번 들어보기 바란다.

〈슬픈 제주〉

나는 슬픕니다. 내가 지금 여기에 존재한다는 것 자체가 슬픕니다. 여러분도 슬픕니다. 무언가 속시원히 다 말할 수 없는 사연들이 우리의 머리를 헝클어트리고 가슴을 짓누릅니다.

제주는 슬픕니다. 제주는 슬픕니다. 지금 여기 누군가 일어서서 제주는 슬프지 않다고 말한다면 나는 외칩니다. 그대는 위선자! 그대는 진실을 외면하는 거짓말쟁이, 연기緣起의 굴레를 망각한 허구!

제주는 슬픕니다. 진실도 화해도 존재하지 않습니다. 그것은 다 둘러대는 말일 뿐, 존재하는 것은 오직 슬픔뿐입니다.

슬픔에는 이념이 존재하지 않습니다. 어떠한 이념적 상찬이나 폄하나 언어의 꾸밈이나 위로도 모두 제주를 자기 구미대로 말아먹고 싶어하는 인간들의 장난에 지나지 않습니다. 슬픔은 그냥 슬픕니다. 영원히 슬픕니다. 그 기억은 사라지지 않습니다. 기억은 절대 자살하지 않습니다. 아라야식의 굴레 속에서라도 끝없이 자기생명을 유지합니다. 우리가 제주를 구원하는 유일한 길은, 슬픈 제주를 슬프지 않게 만드는 것이 아니라 우리 모두가 그 슬픔에 동참하는 길밖에는 없습니다. 슬픔을 슬프게 느낄 때만이 그 슬픔은 정의로운 에너지를 분출합니다.

슬픈 제주는 알고보면 우리 민족 전체의 모습입니다. 슬픈 제주는 외딴 섬의 이야기가 아니라 조선대륙 전체의 이야기입니다. 조선민족의 외세에 대한 항거, 관념적 폭력에 대한 저항, 분열획책에 대한 주체적 항변, 정치적·사회적 압제에 분연히 일어서는 민중의 항쟁, 이 모든 것이 제주라는 고립된 무대 위에서 극적으로 구현되어 왔습니다.

오늘 이 순간, 남북이 분열되고, 미국·러시아, 미국·중국의 줄다리기가 계속되고 있고, 일본의 야욕이 반성의 기미를 보이지 않고 있는 이 순간, 제주의 슬픔은 계속되고 있습니다. 슬픈 아일랜드에서 예이츠, 버나드 쇼, 사무엘 베케트, 오스카 와일드, 조나단 스위프트, 제임스 조이스와 같은 세계문학의 거성들이 쏟아졌듯이, 나는 앞으로 슬픈 제주에서 백두에서 한라까지 그 모든 생의 약동을 하나로 통합하여 분출하는 세계문명의 거대한 축이 탄생되리라는 것을 믿어 의심치 않습니다.

제주의 사람들이여! 우리 같이 슬픔을 말합시다! 슬픔을 노래
합시다! 우리의 슬픔을 조작하는 모든 관념으로부터 해탈
합시다!

나는 말합니다. 종교도, 정치도, 국가도, 어떠한 위대한 형이
상학도 한라산 기슭 해안가 현무암에 덮인 이끼 한 오라기일
지라도 하나님으로 경배하는 당오백 제주도 해녀의 경건한
생명력 앞에 무릎을 꿇어라!

집필의 고통

앞서 말했지만, 역사는 사실의 나열만으로 이루어지지 않는다. 역사
가 우리 실존에 어떤 의미체로 등장하지 않으면 그것은 역사가 아니다.
역사가 된다는 것은 이미 의미를 가지게 되었다는 것이다. 의미historical
significance라고 하는 것은 반드시 나 여기 오늘의 삶의 정감 속으로 투
입되어야만 한다. 우리는 너무도 우리의 감성과 무관한 역사를 배워왔
다. 나는 이 글을 통하여 독자들이 우리민족의 현대사를 "느끼게" 하려
는 것이다. 역사의 의미는 "느낌Creative Feeling"으로 구성되는 복합체
Complex unity이다. 나는 불과 한 달 동안에 이 방대한 사서를 집필하고 있
다. 아니, 한 달 정도의 여백밖에 없는 불가피한 상황 속에서 필사적으로
이 글을 쓰고 있는 것이다. 2019년 벽두의 KBS 3·1운동 및 임시정부수립
100주년기념 특집, "도올아인 오방간다"를 시작하기 전에 나는 이 원고
로부터 벗어나야 한다. 이 원고를 집필하게 된 직접적 동기는 "여순민중

항쟁"의 진상을 온 천하사람들이 알도록 해달라는 여수MBC 김지홍 피디의 간곡한 부탁 때문이었다. 그러나 지금 내가 제주와 여순에서 일어난 세세한 사건을 밝히는 것만이 내가 해야 할 일은 아니다. "여순민중항쟁"의 본질을 조선민중이 정확하게 깨달아, 다시는 이러한 불행한 역사가 되풀이 되지 않도록 만드는 것이 내가 해야 할 일이다.

나도 이미 고희를 넘었다. 원고지에 만년필을 옮기고 있는 이 절박한 운필(나는 피씨를 사용하지 않는다)의 시간들이 신체적으로 감당키가 어렵다. 많이 쓸 때는 하루에 6·70매(200자 원고지) 쓰고 나면 어깨가 떨어질 듯 아프고, 허리, 궁둥이가 다 쑤신다. 남은 시간 간략하게 제주사태의 전개와 여순민중항쟁이 어떻게 연결되는지, 그리고 왜 여순사태가 "반란"이 아니고 "민중항쟁"인지를 약술하는 것으로 본고를 끝내려 한다.

3·1절 대민발포 이후의 제주총파업

제주경찰의 3·1절 대민발포는 천 프로, 만 프로 경찰이라는 국가권력의 잘못이다. 변명할 여지는 0.000001프로도 없다. 그런데 우리나라에는 아직도 이런 국가권력의 횡포를 정당한 것으로 생각하는 사람들이 많은 것 같다. 틈만 있으면 태극기부대로 나가고 싶어하고, 국가의 근원을 뒤 엎어 버리고 싶어한다. 언제나 상식이 굳건한 반석으로 자리잡는 사회가 될 것인가? 사람을 죽이는 사태에 이르렀는데도 공권력이 전혀 반성의 기미를 보이지 않고, 오히려 시위주동자를 검거하는 일에 주력하자, 제주도는 3월 10일 제주도청을 시발로 총파업에 돌입한다. 단합 잘하기로 유명한 제주도민들이 사태를 유야무야 방관할 리가 없다. 도청, 관공서는 물론, 은행, 회사, 학교, 운수업체(제주도는 철도가 없었다), 통신기관 등

도내 156개 단체 직원들이 파업에 들어갔고, 현직 경찰관까지 파업에 동참했다.

당시 우리나라사람으로서 경찰의 총대빵이었던 미군정 경무부장 조병옥이, 1947년 3월 14일 제주도에 온다. 우리는 조병옥趙炳玉 1894~1960 하면 민주당 대선후보로서 이승만과 대립하다가 4·19직전에 미국 워싱턴 D. C.의 월터리드 육군의료센터Walter Reed Army Medical Center에서 애석하게 사망한 사람으로만 생각하여 그의 야당적 삶의 일면만을 부각시키기 쉽다. 그는 나와 동향인 천안사람으로, 숭실중학교를 졸업하고, 배재학당 교사를 거쳐, 1925년 미국 컬럼비아대학교에서 경제학박사 학위를 받았다. 그가 귀국한 후 해방을 맞이하기까지 그의 강점기 활동은 별 하자가 없다. 흥사단, 수양동우회, 신간회, 광주학생운동 지원활동을 하면서 두 번이나 옥고를 치렀다. 그러나 해방 후 그의 행보는 해석하기 어려운 체제지향의 사악한 인간으로 변모한다.

경찰통수권자로서 친일파경찰을 대거 다시 기용하는 것을 애국의 길로 자랑스럽게 여겼으며 이승만·장택상과 더불어 극우반공주의체제를 구축하는 것을 자신의 사명으로 삼았다. 그는 일제 강점기 경찰을 프로잽pro-Jap(친일)이 아닌 프로잡pro-Job(전문가집단)이라고 찬양했다. 그리고 그는 철저하게 미군정의 권익을 보호하는 주구 노릇을 기쁘게 했다. 이러한 조병옥의 변신은 이승만에 비해 자기가 뒤질 것이 아무것도 없다는 생각에, 자기도 이승만처럼 미국의 뒷다리만 확실하게 잡으면 확실히 대통령자리를 해먹을 수 있다는 집념이 있었던 것 같다. 제주와 여순의 동족학살을 기쁘게 주도한 인물이, 조병옥이라는 이해하기 힘든 카멜레온

이었다. 지식의 허구성을 확실하게 느끼게 만들어주는 괴물이 아니고 또 무엇이랴!

조병옥은 나쁜 사람, 경찰발포는 정당방위

조병옥은 총파업을 경기도 응원경찰 99명을 새롭게 동원하여 강경히 대응, 분쇄해 나간다. 그리고 3월 19일 담화문을 발표하고 경찰의 발포는 "정당방위"였다고 항변하고, 북조선과의 통모로 사건이 발생하였다고 쌩거짓말로 포장하면서, 제주도를 "빨갱이섬"으로 규정한다. 이미 박정희시대 때, 그리고 그후 전두환시절, 그리고 이명박·박근혜시대 때까지 그렇게도 울궈먹고 또 울궈먹던 "북풍"의 원조, 그 프로토타입이 이미 조병옥으로부터 시작되고 있는 것이다. 조병옥은 제주도민은 이미 70%가 좌익정당에 동조적이거나 가입되어 있다고 선전하면서, 제주도는 "좌익의 본거지"라고 규정했다. 제주도민의 자각적 선진의식을 이렇게 이념의 굴레를 씌워 매도하기 시작한 것이다. 이에 도민은 전체가 분노하지 않을 수 없었다. 도민의 항변은 인간의 항변이며 자주적 삶을 향한 근대시민의 항변일 뿐이다. 어찌 사람을 죽여놓고 인간의 도의를 느끼지 못하고 좌·우익을 논하는가?

초대 도지사 박경훈, 양심있는 인물

이에 당시 도지사 박경훈은 모든 사태의 책임을 지겠다며 항의성 사직서를 제출한다. 박경훈朴景勳 1909~1973은 제주도의 뼈대 있는 집안의 자식으로서(제주도 무역업자 갑부 박종실朴宗實의 4남1녀 중 장남. 경성공립중학교 졸업. 경성제국대학 법문학부 졸업) 초대도지사가 되었는데 제주도민중의 한 사람으로서 그 억울함을 공유할 수밖에 없었던 것이다(박정희시대에 국무총리서리, 대통령권한대행을 지낸 박충훈朴忠勳이 바로 박경훈의 넷째동생이다).
그가 발표한 "도민에게 고함"이라는 글 속에는 "해방된 오늘 아직도 완
전자주독립을 실현하지 못한……""금반 사건에 무참히 희생당한 인민
에 대하여서는 30만 도민 전부가 한없이 동정과 조의를 표하고 있는 바
입니다……""오는 앞날 우리의 통일민주독립을 위하여……" 등등의
표현이 나오고 있는데 이때만 해도 진실과 도덕이 살아숨쉬는 분위기
였다고 말할 수 있다. 그러나 박경훈의 양심과 양식은 무참히 짓밟혔다.

미군정청 안재홍 민정장관은 박경훈을 해임시키고, 아주 극우파의
또라이 같은 인물 유해진을 후임으로 부임시킨다. 유해진의 부임과 더
불어 제주도에 부임한 거대한 새로운 세력이 있었다. 그것이 무엇일까?
세칭 서청, 서북청년단(본명은 서북청년회이지만 깡패단체 같은 악랄한 성격의
것이라 조선의 민중은 서북청년단이라 불렀지 서북청년회라 부르지 않았다)이라
는 것이다. 우리는 이제 이 서청 양아치들, 파리외방선교회 양아치들에
뒤이은, 그것과 성격이 매우 유사한 이 양아치들에 관해 진지한 토론을
해야 한다.

서북청년단

앞서 논의했듯이 김일성이라는 젊은 청년의 패기는 대단한 것이었고,
구체적인 사회개혁비젼이 있었다. 이런 말을 하면 또 태극기부대류의 꼴통
들은 나를 "빨갱이"라고 욕지거리를 퍼붓겠지만, 이제 그들만이 역사발
언의 자유를 얻는 세상이 아니다. 그들은 70년 동안 실컷 마음 놓고 "빨
갱이죽일놈"을 외쳐왔는데, 왜 우리는 지금 와서도 진실된 사실을 이야
기할 때는 기가 죽어야 하는가! 이제는 우리도 적극적으로 이 사회 꼴통

제거작업에 팔뚝 걷어붙이고 나서야 할 때다!

김일성은 1945년 9월 19일 원산항에 도착한 후, 10월 14일 평양시민 10만 인파 앞에 나서기 전에 이미 10월 8일, 개성 소련군경비사령부 관사에서 박헌영을 만난다. 이것은 남과 북을 대표하는 공산당 지도자 두 사람의 첫 대면이었다. 코민테른의 원칙에 따라 공산당은 1국1당밖에는 허용되지 않는다. 그런데 이미 조선에는 일제시대 때부터 결성과 해체를 반복해온 "조선공산당"의 전통이 있었다. 박헌영은 9월 11일 서울에다가 당중앙을 조직하면서 조선공산당을 재건했다. 북한영역도 이 서울의 중앙당의 지도에 따라 지방당 조직들이 꾸려져 있었다. 남한에 미군정이 진주한다는 사실을 전제로 하면 당중앙이 서울에 있다는 사실은 당중앙이 북한의 지방당조직을 제대로 지도하지 못한다는 것을 의미했다. 김일성은 귀국하면서 장래의 합법적이고도 정통적인 활동을 하기 위해서는 북한에 독자적인 공산당 지도조직을 창설하기를 원했다. 그러나 그것은 1국1당의 원칙에 위배되기 때문에 실현 불가능했다. 그럼 당중앙을 평양으로 옮기는 방안을 제안했지만, 서울의 공산주의자들이 허락할 리 없다. 김일성의 최후타협안은 북한에 "조선공산당의 북조선분국"을 창설하는 것이었다.

김일성과 박헌영

박헌영은 현실적으로 이 분국이 자신의 정치적 입지를 뒤흔든다는 것을 알았지만 타협하지 않을 수 없었다. 김일성이 평양에 모습을 드러내기도 전에 가장 긴요한 문제, 공산당조직의 핵심적 과제를 해결했다는 것은 그가 얼마나 날카로운 정치감각의 소유자인지를 말해주는 것이다. 북조선분국의 설치는 이미 "박헌영의 몰락"을 예견하는 것이다. 북조선분국의 왕성한 활동으로 조선공산당은 결국 "남로당"(남조선노동당南朝鮮勞動黨. 1946년 11월 23일 서울에서 결성)으로 퇴행하고 결국 북조선노동당 속으로 흡수·해체되고 마는 것이다.

김일성은 북한에 이미 조직된 인민위원회의 왕성한 활동을 인정하고 격려하면서 1946년 2월 8일에는 북조선임시인민위원회라는 중앙조직을 수립한다. 이것은 북한 최초의 중앙정권기관으로서 행정권·입법권·사법권을 총괄하는 국가최고기관이었다. 다음날 2월 9일, 김일성은 북조선임시인민위원회의 위원장으로 선출된다. 이미 1945년 12월 17일 조선공산당 북조선분국의 책임비서로 선출되어 당권을 장악한 김일성은 임시인민위원회의 위원장까지 맡게 되면서 당과 중앙정권을 아우르는 명실상부한 북한의 최고지도자가 되었다.

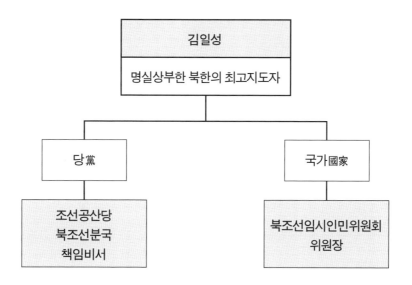

위대한 변화

1946년 초부터 이렇게 최고의 권력을 장악한 김일성은 사회주의개혁의 맹렬한 드라이브에 열을 올렸고, 이러한 개혁드라이브는 남한의 민중이 억압과 부조리와 억울함과 기아에 시달리는 현실과는 대조적으로 북한민중의 열렬한 환영과 지지를 받았다. 제일 먼저 그는 토지개혁에 착수했다. 해방이 되자마자, 자체적으로 조직된 인민위원회는 소작제의 비율을 3·7제로 바꾸었다. 이것만 해도 농민들에게는 더없는 축복이었다. 김일성은 1946년 3월 5일, "북조선토지개혁에 관한 법령" 17개조를 발표했다: "토지는 밭갈이 하는 농민에게!" 조준이나 정도전이 꿈꾸었던 "경자유전耕者有田"의 이상, 그들 신진유생들이 끝내 이루지 못했던 그 꿈을 공산당과 인민위원회의 힘으로 단숨에 해결했다. "무상몰수 무상분배"의 원칙에 따라 1가호 당 평균 15마지기의 땅이 골고루 배분되었다. 그리고 5정보(50마지기 정도) 이상의 땅을 지닌 자는 부농으로 간주되며, 부농은 땅을 뺏기는 것은 물론 모든 재산을 몰수당한 후 꼭 타지로 이주되어야만 했다. 종교단체, 교회나 절, 모두 5정보 이상의 토지는 다 몰수되었다. 대지주들을 타지로 이주시키는 것은 소작농들과의 분쟁을 피하기 위한 당연한 시책이었다.

노동법이 새로 제정되고 8시간노동제가 확립되는가 하면, 임신여성은 해산 전 35일, 해산 후 42일간의 휴가가 보장되었다. 남녀평등법이 제정되어, 첩, 성차별, 매춘, 유아살해가 엄금되었다. 친일파, 일본인기업 등 중요산업시설이 조직적으로 국유화되어 남한에서 보여지는 적산가옥 거저 처먹기 식의 혼란은 없었다. 문맹퇴치운동이 매우 활발하게 진행되었으며 국가예산 17%가 교육비에 투입되었다. 불과 1년 만에 1,110개의

6년제 인민학교가 새로 세워졌으며, 1946년에는 2,482개의 인민학교에서 118만 3천 명의 학생들이 교육을 받을 수 있게 되었다. 1946년에 이미 중앙당교, 평양학원(군 사관학교에 해당), 김일성종합대학(1946. 10. 1. 개교), 만경대혁명학원(지도자 양성기관) 등이 창립되었다.

컬럼비아대학의 한국학 교수 암스트롱의 북한사회변화 평가

컬럼비아대학의 한국학 교수 찰스 암스트롱Charles K. Armstrong은 『북조선혁명 *The North Korean Revolution, 1945~1950*』이라는 책을 썼는데, 이 시절의 북한사회변화를 매우 자세하고도 객관적으로 묘사하고 있다. 이 시대의 변화는 조선 초기의 사회변화보다 더 격렬한 세기적 변화였으며 그 시대의 혁명유산은 현재에도 여전히 존재하며 미래의 상황에서도 긍정적 영향력을 계속 발휘할 것이라고 말하면서, 북한은 쉽게 붕괴될 수 없는 자체적 역량을 가지고 있는 나라라고 진단하였다. 나는 그의 초청으로 컬럼비아대학 코리안 콜로퀴엄Korean Colloquium에 불려가 "당면한 한국의 위기상황 – 역사적·문화적 맥락에서The Current Korean Crisis in Historical and Cultural Perspective"(2003. 2. 27.)라는 주제로 강연을 했는데 수백 명의 청중이 몰려들었다. 다행히 내가 그와 나눈 대화가 『문화일보』에 실려있다(2003년 3월 3일자. 한반도전문가 암스트롱 교수와의 뉴욕대담).

자아! 내가 지금 결코 북한역사자랑을 하고 있는 것이 아니다. 단지 서북청년단이 무엇인지를 해설하기 위하여 그 배경을 설명했을 뿐이다.

5정보 이상의 땅을 가지고 조상 대대로 물려받은 유서 깊은 땅을 황당하게 빼앗겼다고 생각하는 사람들, 인민대중의 환호 속에 끽소리도 못하게 된 사람들, 이 사람들은 행복했을까, 불행했을까? 역사의 대국을 볼 줄 아는 혜안이 있었다면 좋은 사회가 도래했구나 하고 인도주의적 비젼을 가지고 사태를 받아들일 수도 있겠지만, 그런 사람은 천만 명 중에 하나 있을까 말까! 전혀 없었다고 봐야 한다. 이를 갈겠지! 공산당 새끼들, 네놈들이 내 땅을 뺏어! 이게 도대체 말이 되간!

공산당 입장에서 이 불평불만분자들을 어떻게 처리했을까? 보도연맹처럼 싸그리 죽여버렸을까? 김일성은 전혀 그런 수고를 할 필요가 없었다. 당시 38선은 폐쇄된 경계가 아니라, 열린 경계였다(아직 국가선포 전이므로 "국경"은 아니다). 갈 사람은 가라! 가려면 가라! 우리는 붙들지 않겠다. 북한에서 불평등한 대접을 받았다고 느끼는 자들, 공산당의 사회주의개혁에 이를 가는 자들은 남으로 남으로! 행렬이 이어졌다. 1946년 1년 동안에 약 48만 명이 남하한 것으로 집계되고 있다. 이들은 우선 어디로 갈까? 이승만이 다 집 마련해주고 먹여주고 배려해줄까? 택도 없는 일!

열렬한 이승만 지지세력

북한에서 쌩피 본 사람들은 대체적으로 서북지방 사람들이었다. 한국은 남·북으로도 나뉘지만, 동·서로도 나뉜다. 북쪽에도 풍요로운 지역은 서쪽이었다. 대륙문물을 제일 먼저 흡수하는 지역이기도 하고 풍요로운 곡창지대가 있어 빈부의 차이가 심했다. 황해도, 평안남·북도는 지주가 많았고, 특히 기독교의 세력이 왕성한 기반을 형성하고 있었다. 공산당을 피해 남쪽으로 내려온 사람들은 대체로 서북지역사람들이었는데, 이들이 제일 먼저 모이는 곳이 교회였다. 우리나라 해방 후 대형교회문화가 생겨나는 현상도 이러한 분단현실 속에서 잘 설명된다. 영락교회는 서북지역사람들의 집결지였다(한경직韓景職 1903~2000 목사는 평안남도 평원 사람이다. 월남하여 베다니전도교회를 설립. 후에 영락교회로 개명).

기실 서북청년단은 영락교회 청년조직으로부터 발전하였다. 여기저 기서 자연 생성된 월남자들의 단체들을 통합하여 1946년 11월 30일에 결성대회를 종로YMCA 대강당에서 열었다. 공식적인 사무실은 한민당본부가 있었던 동아일보 사옥의 한 귀퉁이를 썼다. 서북청년단은 이승만, 김구, 한민당의 재정지원을 받았다. 김구가 서북청년단을 적극 지원한 것만 보아도 김구의 정치적 이념의 한계를 잘 말해주고 있다. 김구도 서북 사람이고 반공과 우익적 신념에 투철했다. 김구를 쏘아 죽인 안두희安斗 熙 1917~1996야말로 평안북도 용천사람으로 열렬한 서북청년단의 핵심 멤버였다. 그도 서북의 부호집안의 아들이며, 결국 이승만도당의 조종으로 김구에게 4발의 총알을 선사한다.

서북청년단의 특징은 반공정신의 맹렬성과 맹목성에 있다. 북한에서 당한 저주를 풀기 위해 "빨갱이"라는 이름만 들으면 무조건 폭력과 만행을 서슴치 않았다. 북한에서 내려온 이 열혈한熱血漢 청년들이야말로 이승만은 정권장악의 가장 확고한 지지세력이 될 수 있다고 생각한 것이다. 이승만은 서북청년회에 각종 서류를 발급할 수 있는 권한을 주었다. 북한 고향을 불시에 떠나온 사람들이 무슨 증명서가 있을 수가 없었다. 그곳에서 대학을 다녔다는 것을 보증할 수 있는 서류가 없었다. 남한에서 대학에 편입하기 위해서는 서북청년회의 서류가 필요했던 것이다.

서청의 만행, 서청의 아버지 조병옥, 장택상

이승만은 이 서북청년단의 인력을 남한사회의 반공화를 위한 프론티어로 활용했다. 며칠간의 훈련만 받으면 곧바로 경찰과 군인의 계급장을 달아주었다. 겉으로 보면, 버젓한 군인이고 경찰이었다. 그러나 이들에게는 월급이 지급되질 않았다. 마음대로 약탈하고 겁탈하고 죽이고 할 수 있는 권한을 주는 것이다. 서북청년단에 관한 한, 아무런 룰rule이 없었다. 이 서북청년단의 아버지가 바로 조병옥이고, 장택상이었다. 빨갱이라면 전후좌우맥락을 무시하고 때려잡는 사람들, 이들은 대체로 반공의 투사들이었고, 열렬한 예수쟁이였고, 인간평등관을 거부하는 서북의 지주자제들이었다. 오늘날까지도 "기독교인 = 반공투사 = 반북반통일 = 우익숭미"의 정서가 우리사회의 저류를 흐르고 있는 현실은, 소수정객의 탐욕에서 비롯된 그릇된 역사인식이 보정될 기회를 얻지 못했기 때문이다.

1948년 4월 3일 전까지 제주도에는 서청경찰 760명이 투입되었고, 조선경비대 옷을 입은 서청 1,700명이 추가 투입된다. 이들의 만행은 너무도 끔찍했다. 47년 1년 동안에 2,500명의 무고한 제주도민들이 검속되었고, 1948년 3월 6일 조천지서에서는 어린 조천중학생 김용철 군이, 14일에는 모슬포지서에서 청년 양은하가 고문치사 당하는 비극이 벌어진다. 4·19가 마산상고 김주열 군의 주검이 도화선이 되었듯이, 6월항쟁이 서울대 언어학과 박종철 군의 고문치사가 도화선이 되었듯이, 제주도민은 더 이상 앉아서 당할 수만은 없었다.

4월 3일의 거사

결사항쟁이다! "탄압이면 항쟁이다!"를 선언하지 않을 수 없었다. 인민위원회 비밀회의에서 무장투쟁이 12:7로 가결되었다. 공격은 경찰과 서청으로 한정되었고, 다가오는 남한만의 5·10단독선거반대는 봉기 결행의 주요명분이 되었다.

1948년 4월 3일 새벽 2시 350명의 무장대가 12개 경찰지서와 우익단체들을 공격하면서 4·3민중항쟁은 시작되었다. 4월 3일 하루 동안에 경찰: 사망 4명, 부상 6명, 행방불명 2명, 우익인사 등 민간인: 사망 8명, 부상 19명, 무장대: 사망 2명, 생포 1명의 인명피해가 발생했다. 4월 3일 무장대가 행동을 개시하면서 2개의 호소문을 뿌렸는데, 그 하나는 경찰·공무원·우익단체에게 보내는 경고문이다:

"친애하는 경찰관들이여! 탄압이면 항쟁이다. 제주도 유격대는 인민들을 수호하며 동시에 인민과 같이 서고 있다. 양심 있는 경찰원들이여! 항쟁을 원치 않거든 인민의 편에 서라. 양심적인 공무원들이여! 하루빨리 선을 타서 소여된 임무를 수행하고 직장을 지키며 악질 동료들과 끝까지 싸우라. 양심적인 경찰원, 대청원들이여! 당신들은 누구를 위하여 싸우는가? 조선사람이라면 우리 강토를 짓밟는 외적을 물리쳐야 한다. 나라와 인민을 팔아먹고 애국자들을 학살하는 매국 배족노들을 거꾸러뜨려야 한다. 경찰원들이여! 총부리란 놈들에게 돌리라. 당신의 부모 형제들에게 총부리란 돌리지 말라. 양심적인 경찰, 청년, 민주인사들이여! 어서 빨리 인민의 편에 서라, 반미구국투쟁에 호응 궐기하라."

여기서 말하는 "대청"이란 "대동청년단"을 가리킨다. 그것은 광복군 총사령관을 지낸 지청천이 1947년 9월 21일 당시의 청년운동단체를 통합하여 결성한 조직이며 김구노선보다도 오히려 이승만노선에 보다 충실

했던 또 하나의 우익단체였다. 또 하나의 호소문은 도민 일반에게 보내는 것이었는데, 다음과 같다:

"시민 동포들이여! 경애하는 부모 형제들이여! 4월 3일, 오늘은 당신님의 아들 딸 동생이 무기를 들고 일어섰습니다. 매국 단선단정을 결사적으로 반대하고 조국의 통일독립과 완전한 민족해방을 위하여! 당신들의 고난과 불행을 강요하는 미제 식인종과 주구들의 학살만행을 제거하기 위하여! 오늘 당신님들의 뼈에 사무친 원한을 풀기 위하여! 우리는 무기를 들고 궐기하였습니다. 당신님들은 종국의 승리를 위하여 싸우는 우리들을 보위하고 우리와 함께 조국과 인민의 부르는 길에 궐기하여야 하겠습니다."

4·3은 결코 무장봉기가 아니다

"제주4·3"도 특별법이 제정되어 "진상규명 및 희생자 명예회복"이 이루어졌음에도 불구하고, 4·3을 기껏해야 "4·3사건"이라고만 객체화시키고 그것의 성격규정을 정확히 하지 않고 있는 것은 매우 유감스러운 일이다. 제주4·3은 1987년 4월 3일 제주대학교 학생들이 학내에서 4·3사건위령제를 지내면서 4·3을 "민중항쟁"으로 규정하였고, 1992년 3월 서울 학고재에서 강요배 화백이 역사화전시를 열면서 "민중항쟁"이라는 명칭을 사용하였듯이, 4·3은 반드시 "민중항쟁"으로 규정되어야 한다. 여기서 우리가 조심해야 할 사실은 제주4·3민중항쟁의 본질이 4·3에 있질 않다는 것이다.

4·3은 결코 "무장봉기"가 아니다. 억눌린 민중이 소총 몇 자루 가지고 경찰서를 습격한 사건을 민중항쟁의 핵심적 사태로 인지하는 것은 전적

으로 오류에 속하는 것이다. 그것은 민중항쟁의 가냘픈 호소일 뿐이다. 그들을 결코 "무장대"라고 불러서도 아니 되는 것이다. "무장대"가 되려면 무력을 계속해서 공급받을 수 있는 루트가 확보되어 있어야 한다. 아프가니스탄의 탈레반이나, 월맹의 호치민과 같이 지속적으로 무기를 공급받을 수 있는 상황이 아니었다. 그러니까 4·3사태 이후의 토벌이라는 것은 "무장 대 무장"의 전쟁이 아니라, 그냥 정부병력의 민간학살일 뿐이다. 4·3의 의미를 침소봉대할 수 없다. 산으로 피신 간 사람들은 무장투쟁을 위해 간 것이 아니라, 단지 학살을 피하기 위한 도피였을 뿐이다. 한 번도 제대로 싸워본 적이 없다. 또한 사가들이 오해하는 거대한 오류 중의 하나가 "무장대의 무장봉기"를 "남로당"과 관련시키는 것이다.

남로당은 픽션이다

4·3은 남로당과 아무런 관계가 없다. 4·3의 경찰서습격사건은 남로당에서 지시한 것도 아니고, 중앙당과 조직적인 연계가 있었던 것이 아니다. 예를 들면, 대구10월항쟁이라 부르는 그 거대한 운동조차도 남로당은 전혀 관계가 없었다. 남로당이라는 것은 1946년 11월 23일에 창립된 것이고, 당시는 그냥 조선공산당이었는데, 조선공산당은 그러한 대규모 민중투쟁을 지도할 정도로 유능하지 못했다. 미군정은 대구10월항쟁이 공산당의 사주로 일어났다고 말했지만 자기들이 거짓말을 하고 있다는 것을 누구보다도 더 잘 알고 있었다. 민중이 요구하는 개혁을 실행에 옮길 생각이 없었기 때문에 그렇게 핑계를 댄 것뿐이다. 두 달여에 걸쳐 진행된 10월항쟁은 막대한 인명피해와 경제적 손실만을 남긴 채 종료되었는데 피해자는 오직 항쟁에 직접 나선 민중들이었다. 특히 조선공산당의 피해는 막심했다. 10월항쟁을 제대로 지도하지 못했고, 무책임한 선전과

선동만 반복하다가 지방조직을 대부분 희생시키고 말았다. 조선공산당
은 대중의 지지로부터 급격하게 멀어져만 갔고, 계파간의 분규와 조정에
쓸데없는 조직싸움만을 일삼았다.

4·3은 남로당과 관련없다

제주4·3민중항쟁 지도부의 몇 사람이 남로당에 헌신하는 정체성을 지
니고 있었다 할지라도 그것은 허구적인 정체성이었고 실제 제주민중항
쟁과는 아무런 관련이 없었다. 제주민중항쟁은 오직 핍박 받는 제주민중이
피압박의 막다른 골목에서 분노를 표출한 사건일 뿐이다.

미군정은 4월 17일, 모슬포 주둔 국방경비대 9연대에게 사태진압을 명
령한다. 그러나 당시 9연대 연대장을 맡고 있던 김익렬金益烈 1921~1988은
도덕성을 갖춘 정통적 군인이었고(경남 하동 출신), 활달한 성격에, 불교도
였기 때문에 기독교인이 가지고 있는 이념적 편견이 없었다. 친일잔존세
력이었던 경찰에 비해 민족적인 성향이 강했던 제주9연대는 이 사건을
경찰 및 서청 같은 극우세력의 횡포로 인해 야기된 것으로 판단하여 "선
선무 후토벌"의 원칙을 정하고, 무장대와의 평화적인 해결방안을 모색
했다. 이 결과 1948년 4월 28일(최근 발굴된 사료에 의하면 이들이 만난 것은 30
일로 간주됨), 9연대장 김익렬 중령과 연대 정보참모 이윤락 중위, 그리고
무장대측 군사총책 김달삼金達三 1923~1950(제주인. 본명 이승진李承晉. 오오
사카 성봉중학교, 토오쿄오 중앙대학에서 수학. 일본 후쿠찌야마福知山 육군예비사
관학교를 나와 소위 임관. 대정중학교 사회과 교사) 등이 만나, "72시간 안의 전
투중지, 무장해제와 하산이 이루어지면 책임을 묻지 않는다"는 내용을
골자로 하는 평화협상을 성사시켰다. 핵심은 무장대의 신변을 보장하겠

다는 이야기인데, 김익렬은 그 보장을 위해 자기 가족을 인질로 잡혀도 좋다고까지 말했다고 한다.

김익렬의 평화적 해결, 그것을 무산시키는 조병옥

김익렬은 성실한 해결을 원했던 것이다. 그러나 제주에서의 작전을 마치고 서울로 돌아간 슈M. W. Schwe 중령은, 제주사태를 무력으로 진압하는 것이 더 근원적이고 후환이 없는 효율적 대책이며 현재의 병력만으로도 충분히 진압이 가능하다는 보고서를 올렸다. 이 보고서는 하지 장군에게 도달되었고, 하지는 신속한 무력진압을 결정한다. 따라서 김익렬과 김달삼의 평화협상은 미군정 수뇌부에 의하여 무시되었다. 참으로 어리석은 결정이었다.

5월 5일, 미군정 수뇌부가 참석한 가운데 긴급대책회의가 열렸다. 이 회의는 미 군정장관인 딘William Frishe Dean 1899~1981 소장(군정장관은 하지 총독 다음의 제2인자. 아놀드, 러치에 이어 제3대 군정장관. 1947. 10. 30.~1948. 8. 15까지 근무. 6·25전쟁 때 대전 부근에서 부하들과 같이 싸우다가 북한군에게 포로가 되고 전쟁 내내 평양 부근 감옥에 머물렀다. 1953년 9월 4일 판문점을 통해 귀환)이 소집한 것인데, 제주도 군정장관 맨스필드, 군정 하의 경찰수장이며 미국의 앞잡이 노릇에 열심이던 조병옥, 당시 미군정청 내 한국인 최고끗발이었던 민정장관 안재홍安在鴻 1891~1965, 당시 조선경비대 총사령관 송호성宋虎聲 1889~1959(광복군 지대장 출신. 만주군관학교 출신들과는 계보가 다르다), 제주도 경찰국장 최천崔天 1900~1967(통영 사람), 도지사 유해진柳海辰, 그리고 김익렬 연대장, 그리고 딘 장군 전속통역관, 모두 9명이 참석했다. 김익렬은 이 자리에서 딘 소장을 설득할 생각이었던 것 같다. 그러나 이 자리는 이미 평화협정을 묵살시키고 대대적인 무력진압을 강행하기로 결의한 사람들의 자리였다. 더구나 조병옥의 의지는 결연했다. 아마도 미군정 사람들에게 잘 보이기 위한 절호의 기회로 생각했을 것이다. 회의는 자연스럽게 김익렬과 조병옥의 대결국면으로 흘러갔다. 김익렬이 평화적 해결의 중요성을 역설하자 조병옥이 언성을 높여 김익렬을 비난했다.

"야 너! 그 공산당새끼 김달삼인가 하는 놈 하고 일본에서부터 짝짜꿍 아닌가? 후쿠찌야마 육군예비사관학교 같이 다니지 않았니? 한 패끼리 뭔 수작이냐?"

"후쿠찌야마福知山"는 쿄오토京都 서북방으로 있는 매우 아담한 도시인데 그곳에 있는 육군예비사관학교에 오오사카 지역 사람들이 많이 들어갔다. 육군예비사관학교라는 것은 일본육군사관학교와는 전혀 급이 다른 학교로서 특별갑종간부후보생特別甲種幹部候補生의 집합교육集合敎育을 행하였다. 이들은 정식 현역 소위가 되는 것이 아니라 예비역 장교가 되는 것이다(항상 전쟁에 불려나갈 수 있는 상태의 민간인). 좀 이해하기 힘든 특별한 제도인데, 훈련기간이 7개월 정도였다. 끝난 후 곧바로 소위로 임관되는 사람도 많았다. 김익렬도 김달삼도 다 이 학교를 다닌 것은 사실이지만, 양인은 기수가 달라 전혀 만난 적이 없다. 김익렬은 후쿠찌야마 육군예비사관학교를 졸업 후, 다시 1946년 1월 군사영어학교를 졸업하고, 1947년 9월에 제9연대 부연대장(소령)으로 부임했다가 1948년 2월 연대장(중령)으로 승진한 정통군인이었다. 조병옥의 경멸투의 발언에 화가 치밀어 올랐지만 꾸욱 참았다. 그런데 조병옥은 또 다시 터무니없는 자극적 발언을 한다.

"야~ 니 애비가 빨갱이잖아. 우리한테 다 기록이 있어. 빨갱이 자식이
니깐 빨갱이 새끼들하고 협상하는 거지 ……"

문제아 박진경, 제주도민 30만을 다 죽여도 오케이

순간 김익렬은 책상 위로 뛰어올라 갔고 조병옥의 멱살을 잡았다. 한
방 주먹을 날리려는데 주변 사람들이 뜯어말렸다. 조병옥은 김익렬보다
나이가 27살이나 위니까 한 세대 위의 사람이다. 그러나 김익렬의 부친
이 공산주의자니 운운하는 것은 전혀 근거없는 날조였다. 만약 그것이
사실이라면 김익렬은 영예롭게 군생활을 마치지 못했을 것이다. 김익렬
은 이후에도 한국전쟁에서 많은 군공을 세웠다. 제1·2군단장, 국방대학
원장을 역임하고 1969년 1월 중장으로 예편하였다. 김익렬 중령은 다음
날(5월 6일)로 9연대장 자리에서 전격 해임된다. 후임으로 박진경朴珍景
1920~1948 중령이라는 문제아가 뒤를 잇는다. 그의 취임사는 다음과 같다:

> "우리나라의 독립을 방해하는
>
> 제주도폭동사건을 진압하기 위해서는
>
> 제주도민 30만을 희생시키더라도 무방하다."

차지철을 무색케 하는 이 인물은 누구인가? 박진경은 경상남도 남해군
이동면 무림리에서 태어났다. 오오사카외국어학교를 거쳐 일본육군공
병학교를 졸업하여 일본군 소위로 임관된 나름대로 머리가 잘 돌아갔던
인물인데, 일제 강점기 때 이미 제주도에 주둔한 일본 38군단 소속 소위였
다. 그의 부친은 대일본파시스트집단인 대정익찬회大政翼贊會(1940년 10
월 12일부터 1945년 6월 13일까지 존속했던 일본제국의 관제 국민통합단일기구)의

중요간부였다. 박진경이 국방경비대 사령부의 인사부에서 일하다가 9연대장으로 임명된 이유는 일제시대 일본군으로서 제주도에 복무한 경험이 있어 섬의 지형과 산악요새에 관해 많은 지식이 있었기 때문이다. 해방 후에는 군사영어학교를 졸업하고 육군 소위로 임관, 국방경비대 인사참모를 역임하였다.

미군정이 그를 연대장으로 임명한 이유는 사람들이 꺼려하는 "토벌작전"(토벌은 진압보다도 더 무자비한 언어이며, 인간을 무조건 적으로 간주하고 사살하는 것이다. 동족을 무조건 토벌하는 것은 가치관이 제대로 박힌 군인이라면 군인일지라도 할 수 없는 일이다)을 충실하게 아무 거리낌 없이 완수해낼 인물이라고 보았기 때문이다. 박진경은 영어를 잘했으며 지휘능력이 탁월하여 미군정의 신임이 두터웠다. 박진경은 제주도비상경비사령부를 설치하고, 강력한 "초토화진압작전"을 수행하였는데 중산간 마을을 누비고 다니면서 마구잡이식으로 주민을 잡아들였다. 5월 27일까지 포로의 수는 3,126명에 달했고 6월 중순에는 6,000여 명에 달했다. 박 중령의 무자비한 토벌작전을 말해주는 손선호(후술) 하사의 진술이 있다: "박 대령의 30만 도민에 대한 무자비한 작전공격은 전 연대장 김익렬 중령의 선무작전에 비해 대원들의 불만이 크지 않을 수 없었다. 그러한 그릇된 결과로 다음과 같은 사태가 빚어졌다. 우리가 화북이란 부락을 갔을 때 15세 가량 되는 아이가 그 아버지의 시체를 껴안고 있는 것을 보고도 무조건 사살해야 했다."

박진경 사살
불과 27일 만에 초토화진압작전의 성공적 추진을 인정받은 박진경은

1948년 6월 1일 중령에서 대령으로 진급한다(딘이 직접 계급장을 달아주었다). 1948년 6월 17일, 박진경의 대령승진 축하연이 요정 옥성정에서 차려졌고, 미군장교와 11연대(박 중령 부임 후 9연대는 11연대로 개편된다. 제주도 향토연대의 성격을 해체시키기 위한 조치였다) 참모들이 동석하였다. 박진경은 6월 18일 새벽 1시에 귀가하여 부대숙소에서 잠이 들었다. 새벽 3시 15분 단 한 방의 M1소총 총성이 울렸다.

박진경의 도민학살을 견디다 못해 그의 암살을 기획한 것은 문상길文相吉 중위와 손선호孫善鎬 하사였다. 그리고 그 거사에 동조한 양회천梁會千 이등상사, 신상우申尙雨 하사, 강승규姜承珪 하사, 배경용裵敬用 하사, 이정우李禎雨 하사(입산 미체포), 황주복黃柱福 하사, 김정도金正道 하사의 이름도 같이 기억되어야 한다. 문상길 중위는 충청도 사람으로 육사 3기다. 제3중대장이었으며 독실한 기독교인이었다. 그의 최후진술은 다음과 같다:

문상길 중위와 손선호 하사: 제주시내에 그들의 동상을 세워라!

"이 법정은 미군정의 법정이며, 미군정장관인 딘 장군의 총애를 받던 박진경 대령의 살해범을 재판하는 사람들로써 구성된 법정이다. 우리가 군인으로서 자기 직속상관을 살해하고 살 수 있으리라고는 생각하지 않는다. 우리는 죽음을 결심하고 행동한 것이다. 재판장 이하 전 법관도 모두 우리민족이기에, 우리가 민족반역자를 처형한 것에 대해서는 공감을 가질 줄로 안다. 우리에게 총살형을 선고하는 데 대하여 민족적인 양심 때문에 대단히 고민할 것이다. 그러나 그런 고민은 할 필요가 없다. 우리는

> 이 법정에 대하여 조금도 원한을 가지지 않는다. 안심하기 바란다. 박진경
> 연대장은 먼저 저세상으로 가고, 수일 후에는 우리가 간다. 그리고 재판장
> 이하 모든 사람들도 저세상에 갈 것이다. 그러면 우리와 박진경 연대장과
> 이 자리에 참석한 모든 사람들이 저세상 하느님 앞에서 만나게 될 것이다.
> 이 인간의 법정은 공평하지 못해도 하느님의 법정은 절대적으로 공평하다."

문상길의 나이 불과 22세였다. 총살형집행장이 낭독되고 마지막 유언의
기회가 주어진다:

> "스물두 살의 나이를 마지막으로 나 문상길은 저세상으로 떠나갑니다. 여러분은
> 한국의 군대입니다. 매국노의 단독정부 아래서 미국의 지휘하에 한국민족을
> 학살하는 한국군대가 되지 말라는 것이 저의 마지막 염원입니다. 이제 여러분과
> 헤어져 떠나갈 사람의 마지막 바람을 잊지 말아주십시오."

이 22세의 조선청년의 마지막 메시지에 "민중항쟁"의 본질이 다 담겨
져 있다: **"매국노의 단독정부 아래서 미국의 지휘 하에 한국민족을 학살하는
한국군대가 되지 말라."** 이것이 곧바로 우리가 얘기할 여순민중항쟁의
본질적 테마를 형성하는 것이다.

연대장의 숙소를 관리한 사람이 손선호 하사였기 때문에 M1소총 방아
쇠를 당긴 것은 손선호였다. 박진경을 깨우고 난 후에 방아쇠를 당겼을
것이다. 문상길이나 손선호나 얼마든지 도주하려면 도주할 수도 있었다.

그러나 손선호는 이와 같이 진술했다:

> "박 대령을 암살하고 도망갈 기회도 있었으나, 30만 도민을 위한 일이므로 그럴
> 필요도 없었다. 나 하나의 생명이 30만 도민을 위한 것이며 3천만 민족을 위한
> 것인만큼 달게 처벌을 받겠다."

손선호의 나이는 당시 20세였다. 이들이 처형된 곳은 경기도 수색의 산기슭이었고, 때는 1948년 9월 23일이었다. 지금부터 전개된 제주의 역사에 관해서는 나는 더 논의를 전개할 필요성을 느끼지 않는다. 향후의 자세한 이야기는 이 책 부록 연표에 상술되어 있기 때문이고, 또 다양한 해설서가 나와있기 때문이다. 4·3의 정신은 이미 봉기한 사람들이 도민에게 보내는 호소문에 요약되어 있다: **"매국, 단선, 단정을 결사적으로 반대하고 조국의 통일독립과 완전한 민족해방을 위하여!"** 결국 그 핵심은 단선(단독선거) → 단정(단독정부)의 반대였다.

즉 민족분열, 국가분열, 문화분열의 위험성을 제주도민들은 정확히 꿰뚫고 있었고, 그 귀결은 대결과 충돌, 즉 동족상잔의 전쟁밖에는 없다고 하는 비극적 결말을 예언하고 있었다. 이 비극을 예방하는 최선의 길은 외세로부터의 온전한 해방이라는 것이다. "매국, 단선, 단정"이라는 테제는 오늘날 21세기 대한민국의 역사에까지 해결되지 않은 채 남아있다. 그리고 국민의 많은 사람들이 외세에 의존하여 분단된 상태로 사는 것을 근원적으로 극복되어야 할 테제라고 생각치 않고 있다. 4·3 바로 한 달 후 이승만의 꿈인 단선(단독선거)의 실현, 즉 5·10제헌국회의원선거가 이루어진다.

제주도민의 이승만 보이콧

그런데 제주도민은 이 선거를 보이콧해버렸다. 2개의 선거구가 근원적으로 투표율미달로 무효처리 된 것이다. 이것은 이승만정권의 근원적인 정통성·정당성이 깨진 것이다. 국민의 심판을 받아야 하는 선거 자체가 무효화된 것이다. 양심 있는 인물이라면 여기서 사퇴를 했어야 한다. 그러나 이승만이 택한 길은 "민중학살"이었다. 대규모 학살을 통하여 국민에게 국가권력의 가증스러운 힘을 보여주는 것이다. 이 학살로 생긴 무의식 속의 공포감이 이승만이 정권을 장악하는 유일한 활로가 된 것이다. 이러한 문제와 관련하여 내가 하고 싶은 말이 하나 있다.

문상길 중위와 손선호 하사는 역사의 뒤안길로 소리 없이 사라졌다. 그런데 박진경 대령은 이승만에 의하여 준장으로 추서되었고, 박진경의 장례식은 대한민국육군장 제1호로 기록되었다. 그리고 1952년 11월 7일 30만 제주도민과 군경원호회 명의로 박대령순직충혼비를 세웠다. 뿐만 아니라 그의 고향인 남해군에도 그를 기리는 동상이 세워졌다(1990년). 빨치산토벌작전에서 큰 공을 세우고 장렬하게 산화한 장군영웅으로서 숭배되고 있는 것이다.

청주에 가면 "3·1공원"이 아주 널찍하게 자리잡고 있다. 삼일운동 민족대표 33인 중 이 지역 출신이 여섯 분이나 되기 때문에 그 분들의 동상이 세워져 있는 것이다. 그런데 한 분의 동상이 거대한 받침돌은 그대로 있는데 동상이 없는 것이다. 그 이름 정춘수鄭春洙 1875~1951. 그는 1930년대에 이르러 동대문교회(1891년 미국 북감리회의 윌리엄 스크랜톤이 시작한 감리교 소속 개신교 교회. 최근 동대문성곽공원조성사업으로 철거됨)의 담임목사를 맡는 등 서울에서 목회활동을 하다가 1938년 흥업구락부(이승만계열 기독교단체)사건으로 전향서를 발표한 뒤부터 친일활동에 나섰다. 일본제국이 일으킨 중일전쟁과 태평양전쟁에 적극적으로 협력했고, 내선일체, 신사참배독려, 일본군을 위한 온갖 헌납운동에 헌신했다.

박진경의 충혼비와 동상을 철거하라!

청주시민단체들은 합심하여 1996년 2월 동상을 밧줄로 걸어 통쾌하게 쓰러뜨리고 역사를 있는 그대로 밝혔다. 정춘수의 이름만 남기고 동상은 사라진 것이다. 그의 죄업을 끊임없이 묻고 있는 것이다.

지금 제주도에 4·3공원이 만들어진 것도 훌륭한 일이지만, 더 의미 있는 사건은 박진경 추모비와 같은 악업을 이 땅에서 사라지게 만드는 일이다. 그의 가족이 얼마든지 추모할 수 있다. 그러나 어찌 "제주도 공비소탕에 불철주야 수도위민守道爲民의 충정忠情으로 선두에서 지휘하다가 불행히도 단기4281년 6월 18일 장렬하게 산화散花하시다"라는 비문을 30만 도민의 이름을 도용하여 "추모追慕의 뜻을 천추千秋에 기리 전傳한다" 할 수 있는가! 제주도민은 아직도 부당한 공권력의 공포에서 헤어나지 못하고 있지 아니 한가?

한마디만 추가하자면 여태까지 이야기한 박진경이 중령이니, 대령이니, 준장이니, 천추에 남을 장군이니 하고 운운하니까 막연하게 형성된 그에 대한 이미지가 실상을 전하지 않는다. 독자들이 확연히 알아야 할 사실은 그가 부임하고 암살되었을 때 그는 불과 28세의 애숭이였다는 것이다. 그는 우쭐해서 철모르고 날뛰는 어린아이였을 수도 있다. 나이가 우리 판단의 기준이 되어서는 아니 되지만 한번 되짚어볼 만한 이야기라는 것이다.

경찰의 날을 재고하시오!

한마디만 더 이야기하겠다. 우리나라 경찰의 날이 "10월 21일"로 되어있다. 이날 미군정청 경무국 경무과장 자리에 조병옥이 취임했다. 과연 조병옥이 대한민국경찰의 시조가 되어야 할까? 대한민국 임시정부 초대 경무국장에 애국안민愛國安民을 내세우는 김구가 취임한 1919년 8월 12일이야말로 경찰의 날이 되어야 하지 않을까? 독자 여러분! 대한민국 "경찰의 날"은 10월 21일에서 8월 12일로! 어떻게 생각하세요?

제5장

여순민중항쟁

군사영어학교

이제 마지막으로 우리는 우리의 본론으로 진입해야 한다. 사실 이 책은 여순민중항쟁을 기술하기 위하여 기획된 것이다(여수MBC 김지홍 군의 간곡한 부탁으로). 그런데 나는 여순민중항쟁을 기술하기 위해서 그 사건이 일어나게 된 무수한 근인近因과 원인遠因을 기술했어야만 했다. 그래야 그 사건의 디프 스트럭쳐deep structure가 드러나기 때문이다. 그런데 여기에 오기까지 나의 손목과 발목을 붙잡는 너무도 짙은 이야기들이 많았다. 독자들의 무지는 곧 나의 무지에서 비롯된 것이다. 내가 나의 무지를 깨우쳐가는 과정이 곧 독자들이 무지를 깨우쳐가는 역정이었다.

이제 우리는 여순이야기를 해야 한다! 그런데 나는 너무 팔이 아프다. 팔뚝이 떨어질 듯 아프고 무릎, 고관절이 심하게 아프다. 하루 이틀 사이로 이 원고로부터 해방되지 않으면 난 정말 죽을 것 같다는 느낌이 든다. 여수는 나에게는 연이 있는 곳이다. 나의 증조부가 무관벼슬을 한 사람이고 전라도병마절도사를 지낸 사람인데, 여수 진남관을 쳐다보면 나의 증조부가 한두 번쯤은 앉아있었을 것이라는 생각이 든다. 순천에는 나의 큰집의 조카가 살았는데 나이가 나보다 많았다. 날 "아저씨, 아저씨" 하면서 잘 돌봐주었는데 매우 수려한 여인이었다. 내가 요즈음 가깝게 왕래하는 순천 사람으로는 내 한복을 정성껏 지어주는 디자이너 김혜순이 있다(뉴욕 메트로폴리탄 박물관 등, 구미각국의 권위있는 무대에서 한복패션쇼를 행함). 순천은 예로부터 인물이 많이 나는 곳이다.

해방 후, 우리나라에는 명실名實을 갖춘 "군대"라는 것이 없었다. "국군"이 있으려면 먼저 "국國"이 있어야 되는데, 1948년 8월 15일 이전까지 우리나라에는 "국國"이 없었다. 제주4·3도 국이 없는 상태에서 일어난 민중항쟁사태이다. 소련과 미국은 각각 자기들의 주둔지에서 군대를 만든다는 약정이 없었기에 함부로 군을 창설할 수는 없었다. 그러나 미래를 위해 예비단계의 군을 만들어야만 했다.

미군은 1945년 9월 9일 미군정을 시작했고, 10월 20일 이승만은 연합국환영대회에 모습을 드러냈고, 12월 5일에는 군사영어학교가 개교된다. 미군은 우선 영어를 가르쳐야 했고, 영어를 가르치는 것을 통해 미국의 우수성과 시스템을 학생들의 가슴속에 각인시켰다. 미군정은 이 영어학교에 광복군 출신 20명, 만주군 출신 20명, 일본군 출신 20명의 입학정원을 공평하게 배분했다. 그런데 광복군은 우리를 때려잡던 만주군·일본군새끼들과 한자리에서 어떻게 공부하냐고 입학을 거부했다. 광복군이나 임정파들은 이렇게 매사에서 시대에 뒤지는 일만 했다. 사실 군사영어학교야

말로 육군사관학교의 전신으로 이곳 출신들이 한국군대의 주류를 이루었다. 백선엽白善燁, 이형근李亨根, 정일권丁一權, 김종오金種五, 민기식閔機植, 장창국張昌國, 김용배金容培, 김계원金桂元 등이 모두 영어학교 출신이다.

남조선국방경비대

1946년 1월 15일, 지금 육사가 있는 태릉 자리에(구 일본군 지원병훈련소 시설) 남조선국방경비대가 창설되었다(1946년 6월 15일 "국방경비대"라는 명칭은 "조선경비대"로 개칭된다). 당시 자의적으로 생겨난 사설군사단체도 많았다. 미군정은 이런 단체들에 대한 해체령을 내리고 국방경비대를 창설한 것이다. 그리고 각 도 별로 1개 연대씩 창설하는 방식으로 병력을 늘려나갔다. 15개 연대의 전모를 파악하는 것이 해방 후 역사를 읽어내는 데 큰 도움을 준다. 5개 여단 속에 15개 연대가 분속되어 있다(1개 여단이 3개 연대 관리).

부대명	창설일	장소
제1연대	1946년 1월 15일	경기 태릉
제2연대	1946년 2월 28일	충남 대전
제3연대	1946년 2월 26일	전북 이리
제4연대	1946년 2월 15일	전남 광주
제5연대	1946년 1월 19일	경남 부산
제6연대	1946년 2월 18일	경북 대구
제7연대	1946년 2월 7일	충북 청주
제8연대	1946년 4월 1일	강원 춘천

제 9 연대	1946년 11월 16일	제주 모슬포
제10연대	1948년 5월 1일	강릉
제11연대	1948년 5월 4일	수원
제12연대	1948년 5월 1일	군산
제13연대	1948년 5월 4일	온양
제14연대	1948년 5월 4일	여수
제15연대	1948년 5월 4일	마산

표에서 볼 수 있듯이 원래 창설된 것은 1946년 1월~11월 사이 제9연대까지였고, 제10연대로부터 제15연대까지는 1948년 5월 1일~4일 사이에 추가로 창설된 것이다. 여수의 제14연대는 1948년 5월 4일 창설된 것이다. 그러니까 여순민중항쟁시 그것은 5개월 남짓한 역사밖에는 갖질 못했다.

여수 제14연대

1개 연대는 3개의 대대로 구성되고, 1개의 대대는 4개의 중대로, 1개의 중대는 4개의 소대로, 1개의 소대는 4개의 분대로 구성되었다. 14연대는 3개 대대, 12개 중대, 48개 소대와 192개 분대로 구성되었다. 당시 1개 분대의 병력은 12명이었다. 이를 토대로 제14연대 병력을 산출하면 2,304명의 병력과 연대의 본부중대와 군기대(헌병), 의무대, 통신대 등을 합하여 한 2,700명 정도가 될 것이다. 연대편제상 병력은 2,781명이었다는 주장도 있다. 그러나 14연대는 전남 광주 제4연대의 1개 대대를 꿔다가 여순지역 사람들을 새로 모집하여 급조한 향토연대이므로 모집기준도

엉성했고, 모집한 사람들도 들쭉날쭉했고(세태의 불안정에 따라 탈영자도 생겼다), 출신별 간의 대립 및 갈등으로 결원이 생겨 조직이 완정하게 유지되지 않았다.

여순민중항쟁 당시 1개 중대 병력은 순천에 파견되어 있었으며, 보성에 터널경비로 5중대(중대장 박윤민)의 일부 병력도 파견되어 있었다. 그리고 제주도로 출항하는 수송준비로 300명 정도의 병력이 여수신항에서 연대장 지휘 아래 있었다. 이런 점을 감안하면 부대에 남아 있었던 14연대의 병력은 1,700~2,000명 정도였다.

여수에 가면 엑스포역과 구시가지에서 서쪽으로, 좌청룡 우백호로 폭 둘러싸인 가막만 청정해변가에 신월동이라는 곳이 있다. 일제강점기는 여수면 신월리라 불렀다. 이곳에 일제말기에 대규모 여수항공기지가 건설되었고 활주로, 격납고, 무기고, 탄약고, 연료창고 등이 아직도 그 형태를 유지하고 있다. 이 신월동에는 지금 한화방위산업공장이 들어차있어 접근하거나 사진을 촬영할 수 없다. 나는 한화 직원들의 정중한 안내로 여순항쟁 때 무기고로 사용된 지하동굴을 답사할 수 있었다. 청정하기 그지없는 가막만의 싱그러운 기운이 감도는 이곳이 바로 여수 14연대 2천여 명의 군인들의 주둔지였다.

반란에서 민중항쟁으로!

내가 어렸을 때 "여순반란"이라고 들은 것은, 여수에 주둔하고 있던 14연대의 군인들이 지창수 상사 등의 빨갱이 선동으로 반란을 일으켜 양민을 학살한 사건이라는 것이었다. 대학교 때 현대사에 대한 의식이 생기면서, 그것은 반란이 아니고, 제주에서 서청과 경찰이 양민을 학살하는데 힘이 모자라 여수에 있는 군대까지 동원하여 제주도로 가라고 국가에서 명령하니까 지창수 등 14연대의 의식 있는 군인들이 그 명령에 불복하고 일어나서 시가전을 감행하다가 결국 쫓기어 지리산으로 들어가게 된 사건 정도로 이해하게 되었다. 그래서 그때는 여순반란이 아니고, "여순항명사건"이라고 불렀다. 그러나 요즈음에나 와서, 독립운동사 공부를 마치고 해방정국을 치밀하게 공부하면서 그것은 "항명"이 아니라 반드시 "민중항쟁"으로서 인식되고 명명되어야 한다는 확고한 의식을 갖게 되었다.

역사는 사건의 객관적 기술이 아니다. 역사 속에서 어떠한 해프닝이 "사건"이 되려면 반드시 그 사건이 역사적 의미historical significance를 갖는 것으로서 해석되어야 한다. 내가 길거리를 지나가다가 오줌을 누었다는 것으로 역사가 되지 않는다. 그런데 그 장면을 목격한 어느 귀부인이 쇼크사를 일으켜 결국 거대한 정쟁의 회오리바람이 일게 되었다고 한다면 그것은 역사적 사건이 된다. 동일한 행위가 전혀 다른 맥락에서 해석되는 것이다.

여순민중항쟁은 결코 군인들의 항명이 아니다. 항명은 항명이되 항명이 아니다. 다시 말해서 동일한 사건사태가 반란으로도, 항명으로도, 민중의거로도 해석될 수 있는 것이다. 이 해석의 차이는 인식의 차이이며, 그 인식의 변화를 가능케 하려면 그것을 바라보는 우리의 시각이 변화를 일으켜야 한다. 시각의 변화는 근인近因과 동시에 모든 원인遠因을 밝혀야만 달성케 되는 것이다.

여수의 연혁

역사적으로 백제의 강역권에 있을 때 이 지역은 감평군欿平郡(순천), 원촌현猿村縣(여수 여천), 돌산현突山縣(돌산), 마로현馬老縣(광양)으로 나누어져 있었다. 그리고 신라 신문왕神文王 5년(685) 때는 무주武州 관할 하의 해읍현海邑縣(여수 여천), 여산현廬山縣(돌산), 희양현晞陽縣(광양현)으로 나누어져 있었다. 그러다가 고려 태조 23년(940)에 전국행정구역을 주州·부府·군郡·현縣으로 크게 개혁하였는데, 이때 이 고장은 무주武州(광주) 승평군昇平郡(순천) 관하의 여수현, 돌산현, 그리고 광양현 등 현재의 지명으로 바뀌었다.

조선시대에 여수와 순천의 관계를 말해주는 함축적인 용어로써 "삼복삼파三復三罷"라는 말이 있다. 세 번 복현復縣되었다가 세 번 다시 파현罷縣되었다는 얘기인데, 이것은 과연 어떠한 역사적 배경을 이야기해주고 있는 것일까? 순천에는 순천부順天府가 있었고 여수에는 전라 좌수영左水營이 있었다. 실상 품계로 말하면 순천부사는 종4품의 당하관堂下官에 지나지 않고, 여수의 전라좌수사는 군사적으로는 순천부사를 통괄할 수 있는 정3품의 당상관이다. 그러나 상문경무尙文輕武의 조선조 정치체제 하에서는 묘당廟堂을 등에 업고 있는 순천부사가 변방의 일개 무변에 지나지 않는 전라좌수사를 좌지우지했다. 물론 전시에는 상황이 역전되었다.

여수는 역향이었다: 조선을 거부하고 고려제국의 적통을 지킴

고려 말기까지 실제로 여수현과 돌산현은 순천의 다스림을 받는 속현에 지나지 않았다. 그런데 고려 충정왕忠定王 2년(1350)에 순천의 기반에서 벗어나 독립된 영현領縣으로 승격되어 현령縣令이 새로 임명되어 여수현성麗水縣城을 쌓았다. 그러나 조선왕조에 들어서서는 여수현령으로 있던 오흔인吳欣仁(오한림吳翰林)이 이성계의 쿠데타에 불복하고 이성계의 칙사를 석창성石倉城(여수현성)에서 맞지 않은 채 관직을 내팽개치고 산수간山水間에 숨어버린다(사실 오흔인이야말로 최초의 빨치산인 셈이다). 이성계는 이를 괘씸히 여기고 여수를 "역향逆鄕"(반역의 고장)으로 규정해버린다. 그리고 승강지법昇降之法을 적용하여 여수현을 혁파하고 순천부에 귀속시킨다.

여수라는 지명 그 자체도 사라지고, 적량부곡赤良部曲, 율촌부곡栗村部曲, 진례부곡進禮部曲, 소라부곡召羅部曲, 삼일포향三日浦鄕 등으로 개편되어 순천부의 일개 면이 되어버린다. 향鄕이나 부곡部曲에 사는 사람들은 천민으로 취급되어 여수지역은 천민촌으로 인식된다. 여수사람은 순천과 혼인길마저 끊겼다는 얘기도 항간의 흔한 얘기였다. 여수남자가 순천여자 얻기 어렵다는 얘기는 내가 어렸을 때만 해도 할머니들 오가는 얘기 속에서 듣던 말이었다. 지금은 여수와 순천의 관계가 역전되었지만, 역사적으로 순천사람들은 여수사람을 좀 천하게 바라보는 성향이 없지 않았다. 역향이라는 낙인은 쉽게 없어지지 않았다.

태조 5년(1396) 여수현을 혁파하여 순천부順天府에 예속시켜 이 고장은 어쩔 수 없이 부府·군郡·현縣으로 통칭되던 당시의 정상적인 행정구역이 되지 못하고, 학대와 모멸의 대상이 되는 순천부 관하의 한낱 부곡·향 등으로 전락되어 조선 500년 동안 변방의 서러움을 톡톡히 맛보아야만 했던 것이다.

여수지민: 한 몸에 두 지게 진 꼴

그러나 여수의 불행은 거기에 그치지 않았다. 성종 10년(1479) 전라좌수영이 설치되자 여수민중들의 삶은 더욱 어려운 방향으로 그 고통이 가중되기 시작했던 것이다. 다시 말해서 민중을 수탈하는 기관이 둘이나 되어 양쪽에서 뜯어멕히게 되었던 것이다. 순천부사와 전라좌수사의 알력과 갈등은 결국 무력한 이 고장 백성들을 서로 뜯어먹는 위력과시와 권력투쟁으로 나타나, 여수지역 주민들은 딴 고장에 유례가 없는 이중부담, 이중노역의 쓰라린 고통을 받아야만 했다.

따라서 조선왕조 500년을 통하여 여수인민의 소원이란 "복현復縣," 즉 고려조에서 독립된 현으로 대접받던 그 상태를 회복하는 것, 현으로 회복시켜달라는 투쟁이었다. 그것은 곧 "순천부順天府의 악랄한 착취로부터의 해방"을 의미하는 것이었다. 그러나 순천부는 여수를 속방시하였으므로 자기들에게 배정받는 모든 공조공과公租公課를 여수주민에게 떠맡기는 짓을 일삼았고, 특히 김해苔, 미역부藿, 전복全鰒, 조기乾秀魚, 버섯蕈藿, 민어, 농어, 돔, 홍합 등의 해산물진상품은 거의 대부분을 여수에 의존해왔다.

좌수영은 좌수영대로 이런 공조공과를 여수주민들에게서 거둬들이는 수밖에 없었으니, 여수주민들은 이러한 이중과세에서 벗어나기 위해 몸부림칠 수밖에 없었다. 그러나 순천부는 이 꿀단지 같은 여수라는 보급 샘물을 놓치지 않으려고 온갖 악랄한 수단을 다 동원하여 복현을 막았다.

운초雲樵 정종선丁鍾璿 1811~1877(고종 때 최후 복현운동의 리더. 당대 여수인 민의 정신적 지주)의 복현상소문復縣上疏文의 일단을 들여다보면, 여수인 민들의 실정을 이해하는 데 도움을 주는 생생한 그림이 떠오른다:

"…… 여수 5면은 좌수영과 순천부 사이에 끼어있어, 순천부에서 는 좌수영 밑에 있다 하여 잘 돌보지 아니 하고 좌수영에서는 또 순천부 관할이라 하여 사랑하지 아니 하니 여수는 의지할 곳이 없는 땅이 되어버렸습니다. 그러나 한편으로는 순천부의 백성이 요 또 한편으로는 좌수영의 졸卒인지라, 두 곳의 백성노릇을 하 다보면 살자니 살 틈이 없고 죽자니 죽을 틈이 없습니다. 여수지 민麗水之民은 마치 한 몸에 두 지게를 진 꼴이 되어, 가령 한 집에 4~5명의 일손이 있다 치면, 아버지는 좌수영의 부역에 나가고 아들은 순천부의 부역에 나가야 하며, 형이 수영水營의 부역에 나가면 동생은 본부本府의 부역에 나가야 하고, 또 어떤 때는 하루 사이에도 오전에는 수영의 부역에 나갔다 오고 오후에는 본부의 부역에 나가야 할 때가 있습니다.

또 여수 5면五面에는 본부면주인本府面主人과 좌수영면주인左水 營面主人이 따로 있는데 가을이 되면 이들이 집집마다 돌아다니 면서 나락을 거둬가고 여름에는 보리를 거둬가는데, 만약 곡식이 없으면 집안을 샅샅이 뒤져 속케(무명)까지도 빼앗아 갑니다. 그런 데 속케조차 본부의 면주인과 좌수영면주인이 서로 시샘하면서 빼앗아 가는 판이니 백성들이 어찌 지탱해낼 수 있겠습니까?"

삼복삼파

이 절절한 호소 속에 왜 우리는 여수인민위원회의 "여수꼼뮨"이라고
도 부를 수 있는 8일간의 저항이 그토록 치열할 수 있었는가 그 통시적 심
층구조diachronic deep structure의 연원을 살펴볼 수 있게 된다. 여수야말
로 대륙의 끝단에 위치한 또 하나의 제주였다.

여수인민들의 치열한 복현운동은 3번이나 "복현"이 성취되는 성과를
거둔다(제1차 복현: 숙종 22년, 제2차 복현: 영조 원년, 제3차 복현: 영조 26년). 그
러나 이 복현은 순천부의 방해공작에 의하여 곧 다시 "파현罷縣"되었고,
복현운동에 목숨 걸고 나선 사람들이(서울에 올라와 신문고를 치는 등) 피화
치사被禍致死되고 만다.

여수복현은 결코 조선왕조 오백년역사에서 이루어지지 못했다. 고종
조에 와서 다시 맹렬한 복현운동을 벌였지만 주동자인 최창모崔昌模,
정동열鄭東烈, 유봉의兪鳳儀 세 사람만 화를 입고 유금流禁되는 사태만
빚어진다(고종 24년). 그러나 이러한 500년에 걸친 뼈저린 복현운동의
결과로 결국 고종 34년(1897), 조선왕조가 막을 내릴 즈음 여수는 설군
되기에 이른다.

역사를 이해한다는 것은 매우 중요한 것이다. 포괄적으로 역사를 이해
하게 되면 완벽하게 단절된 우연이라는 것은 성립하기 어렵다. 제주도와
여수 제14연대, 그 열쇠를 풀기 위하여 몇 마디만 더 첨가하겠다.

약무여수 시무국가

우리가 잘 아는 말로서 "약무호남若無湖南, 시무국가是無國家"라는 문구가 있다. 서애 류성룡에게 보내는 이순신의 서한에 들어있는 이 말로 모든 호남사람(전라남·북도 사람들)들이 자신들의 존재이유에 대한 자긍심으로 받아들이고 있다. 물론 이순신의 전공에는 호남사람들의 피땀이 배어있다고 말하지 못할 바가 아니나, 실로 여기서 말하는 "호남"이란 구체적으로 "여수麗水"였다. 아무리 호남지대가 곡창지대라고는 하나 일개 좌수사의 명령이 호남 전체에 미칠 수가 없었고, 물자의 수송이 어려운 마당에 그리 원활하게 이순신에게 호남물자의 보급이 이루어진 것도 아니다. "약무호남, 시무국가"는 실제적으로 "약무여수若無麗水, 시무국가是無國家"라는 말로 구체화되어 이해되어야 한다. 이순신은 불과 종6품의 정읍현감자리로부터 갑자기 진도군수珍島郡守(종4품)로 고속승진 되었고, 부임하기도 전에 다시 가리포 수군첨절제사(종3품)로 임명되었다가, 곧 다시 부임하기도 전에 전라좌수사(정3품)로 임명된다. 7품계를 갑자기 뛰어넘은 초고속승진이라 하겠으나 그의 공직생활 14년의 쓰라린 체험과 47세라는 나이를 생각하면 고속도 아니었다.

선조라는 기묘한 앰비밸런스의 인물

이 고속승진을 가능케 한 것은 선조 본인의 통찰력이었다. 왜적의 침입에 대한 불안감을 막연하게나마 직감하고 있었고, 이순신만한 적격자가 없다는 것을 정확히 파악할 수 있는 예지는 있는 사람이었다. 선조의 비겁함과 비루함은 이러한 통찰력 때문에 오히려 자기가 선택한 인물의 역량을 결정적인 카이로스(타이밍)에 꺾고, 그 인물의 도덕성이 발양될 수 없는 역환경을 조성한다는 데 있다. 인물을 발탁하고 또 인물을 죽이는

데 그는 귀재였다. 선조시대에는 정말 많은 인재가 정가에 등장하지만 또 대다수의 인재들이 궁극적 기량을 발휘하지 못한다. 선조가 조선왕조 최초의 "서자"출신의 왕이라는 핸디캡이 그에게 기묘한, 아니 악마적 앰비밸런스를 선사했는지는 모르겠으나, 후대의 이승만을 연상케 하는 타나토스Thanatos의 그림자가 선조 주변을 배회했다.

여수와 이순신

임진왜란이라는 끔찍한 대란이 일어나기 14개월 전 이순신이 온 곳이 바로 다름 아닌 여수였다. 현금의 진남관鎭南館 주변으로 전라좌수영 본영의 위용이 널찍한 담 안에 자리잡고 있었다. 이순신은 부임하자마자 지시와 명령만을 내리는 것이 아니라 맨발로 뛰면서 병사들과 노고를 같이 했다. 관하의 5개 진鎭을 수시로 순시하여 전선, 무기 및 병사兵舍 등의 불비된 부분을 보수하게 하면서 군사들에게는 철저한 훈련과 점검을 실시하고, 상벌을 정확히 하여 그들의 정신무장을 새롭게 하였다. 이순신이 여수에 와서 제일 먼저 느낀 것은 모든 것이 수동적으로만 움직이고 능동적이고 적극적인 방위자세가 없다는 것이었다. 이러한 정신자세에 가장 획기적인 변화를 가져오게 만든 것은 이순신의 무장으로서의 신념과 권위가 형성한 카리스마와 그 카리스마가 순천부를 완전히 제압하였고, 여수·광양지역사람들에게 해방감과 질서감, 그리고 삶의 비젼을 던져주었다는 사실에 있다.

기존의 착취만 일삼으며 빈둥빈둥 놀던 좌수사와 달리 지금 여수시의 동편에 있는 오동도梧桐島를 연병장으로 선정하여 병사들과 더불어 맹훈련을 하고, 특히 활의 훈련에 정진하였던 것이다. 사실 활의 위력은 당시의 부실한 조총보다 훨씬 더 간편하고 강력한 것이었다. 명궁수의 수군이라는 개념은 매우 기발한 새로운 착상이었다. 맹자의 말에 천시天時는 지리地利만 못하고, 지리는 인화人和만 못하다 했는데 이순신은 점차 여순 지역사람들의 민심을 얻어 인화를 달성해갔다.

임진왜란 전체를 통하여 이순신이 제아무리 진법과 전략의 대가라 할지라도 구체적으로 물리적 역량에 있어서 적의 대군의 역량을 조종할 수 있는 확고한 무력을 갖추지 못했다면 허망한 결말만 있었을 것이다. 인화만으로는 장렬한 전사가 있을 뿐이요, 백전백승의 화려한 승리는 있을 수 없다. 세계해전사에 있어서 이순신의 해전사처럼 빈곤한 병력으로 끝까지 완벽한 승리를 기록한 유례가 없다. 그 비결이 무엇일까?

판옥선의 족보: 제주 덕판배, 탐라국 전승

결국 판옥선板屋船과 총통銃筒이었다. 판옥선은 앞이 날렵하고 뾰족한 일본의 배들(세키부네關船: 중형의 전함. 코하야小早: 소형의 전함)과는 달리 사각의 우직한 형태의 평저선으로서 한국산 소나무로 만들어졌으며, 좌우의 방패막이는 소나무보다 더 두꺼운 전나무로 만들어져 조총이나 활이 뚫을 수 없었다. 더구나 넓적한 앞면을 구성한 반 통나무판대기는 세로·가로로 치밀하게 엮어지고 나무못이나 결구구조로 연결되어 충돌에 강하게 제작되었는데, 이러한 판옥선의 유래를 더듬어보게 되면 그것은 해상왕국 탐라사람들의 주된 무기이자 해상왕국문화의 핵을 형성했던 덕판배에 반드시 도달하게 된다.

제주도는 본시 현무암 바위섬이기 때문에 모래사장이 거의 없다. 가파른 바위섬에 접안하기 위해서는 배를 대는 뱃머리가 튼튼해야 한다. 그래서 뱃머리에 반쪽으로 자른 통나무를 붙이고 그 위에 다시 가로로 나무를 댔다. 그것이 바로 덕판이다. 덕판은 이중으로 튼튼하게 덧댄 뱃머리인 것이다. 덕판의 주재료는 제주에서 흔히 볼 수 있는 구실잣밤나무였다. 구실잣밤나무의 충격강도는 소나무보다 두 배나 높다. 그리고 배의 각 부분에 못 대신 이음새로 썼던 솔비나무는 인장강도(잡아당기는 힘에 견딜 수 있는 세기의 정도)가 매우 높았다. 덕판배는 3층구조로 되어 있었으며 돛이 두 개 달려 순풍, 횡풍, 역풍을 자유자재로 활용할 수 있었다. 덕판배야말로 탐라인들이 7~8세기 동아시아해상을 주름잡을 수 있었던 힘이었다. 한반도, 일본, 중국, 오키나와, 대만을 마음대로 오갔는데 당도리배, 싸움판배로도 불렸다.

　그러니까 내가 말하려는 것은 이 덕판배를 전투용으로 개선한 것이 판옥선이고, 판옥선에 뚜껑을 씌우고 왜놈들의 접근을 막고 기동성을 높인 배가 바로 거북선이라는 것이다. 거북선도 3층구조로 되어 있었으며 노젓는 사람들이 안전하게 노를 저을 수 있었다(노는 양쪽에 8개씩 16개. 1개 노에 4명의 노꾼이 배속됨. 전체 노꾼 80명). 격렬한 전투중에도 전진과 후진, 선회와 정지, 가속과 감속이 자유자재로 조절될 수 있었다. 삼나무를 써서 속도 위주로 가볍게 만든 일본배들과는 해전에서 여러모로 상대가 되질 않았다. 그리고 일본 배는 우리 판옥선 규모의 주선인 아다케부네安宅船조차도(길이 28m 정도) 화포를 싣지 않았다. 그들은 적선에 접근하여 재빨리 올라타서 칼싸움하는 것을 주특기로 생각했으니, 전혀 본격적인 해전의 준비가 되어있질 않았다. 그러니 이순신함대의 실질적 파워를 당해낼 재간이 없었다.

이순신은 1년 남짓한 기간 동안 엄청난 양의 화포와 20여 척(최소 26척 최대 29척)의 판옥선을 확보했다. 이순신이 일본배 침략선 700척이 부산 앞바다에 나타나기 전날인, 1592년 4월 12일, 거북선에서 지·현자총통의 실험을 마친 것은 우리역사의 기적 중의 기적이라 해야할 것이다. 그토록 조정이 썩었는데, 아무도 그 절박한 방위의 위기감을 느끼지 못하고 있었는데, 어떻게 이순신은 좌수영에서 그토록 완벽한 전쟁준비를 완수할 수 있었는가? 이 미스테리 중의 미스테리는 우리민족사에 던져진 최대의 선물이다. 그러나 그 선물은 성웅 이순신의 예지로밖에는 설명이 되지 않는다. 그러나 그러한 기적적 예지, 우리민족의 행운은 여수 지역의 하부구조와 여수 인민의 축적된 기술력, 그리고 제주인민의 지혜를 배제하고서는 설명이 될 길이 없다.

임진왜란 해전사의 하부구조는 여수다

여수는 천혜의 아름다운 항구도시이며 수산자원, 육지자원이 다 풍족하고 기후조건이 양호한 곳으로 경제적 토대가 나쁠 수가 없다. 오로지 조선조에 들어서서 너무도 심한 압박 속에서 착취를 당해 사람들의 원한이 쌓인 것은 제주와 같다. 여수에는 우수한 뱃사람들이 많아 조선造船기술이 축적된 곳이고, 이순신이라는 위대한 인격체를 만나 한마음이 되고 더 이상 억울하게 뜯기지 않게 되자, 이순신의 요구 또한 가혹한 것이었지만 공의公義가 있었으므로, 합심협력하여 단기간에 배와 화포를 만들었던 것이다. 인류사에 눈부신 족적을 남긴 거북선은 단지 나대용羅大用 1556~1612(나주 사람. 본관은 금성)의 창안에 의한 것이 아니라 여수에 축적된 조선기술문화의 창발로 보아야 한다. 거북선을 만든 것은 어디까지나 핍박받던 여수사람들이다. 그럼에도 불구하고 여수는 전후에도 복현조차 되지 않았다.

그리고 이순신은 1593년 7월에 한산도로 본영을 옮기지만, 그것은 전략적인 수군기지의 이동일 뿐이었다. 해전을 치르는 데 있어 우리 전선의 위상을 노출시키지 않을 뿐 아니라, 적들에게는 항상 미로와 같은 지형인 한산도 주변의 모든 형국이 학익진과 같은 전술을 펼치기에 이상적인 장소였기 때문이다. 그리고 일본의 해상진출을 보다 효과적으로 봉쇄할 수 있었다. 그러나 실제적인 본영은 어디까지나 여수에 있었다. 이순신의 모든 보급품은 항상 여수에서 왔다. 거제도 주변의 경상도 지역은 빈한貧寒하기 그지없어 식량 등 아무런 보급을 받을 수 없었다. 그해 그 지역사람들은 가뭄과 기아에 허덕였다. 이순신의 모든 전투를 지켜준 하부구조는 어디까지나 여수였다.

이순신과 두무악

이순신은 본시 남쪽바다 사람이 아니다. 그리고 무관으로서의 경력이 해전으로 다져진 사람도 아니었다. 그런데 어떻게 그는 그토록 해상권을 완벽하게 장악하는 세계해전사에 빛나는 해군제독이 되었을까?

제주도는 삼다의 섬, 여자가 많기로 유명하다. 그런데 그것은 성염색체의 문제가 아니다. 남자들이 도저히 갇힌 제주섬의 핍박 속에서 견딜 수 없어 섬을 탈출하기 때문이다. 탈출한 제주도 사람들은 어디로 가는가? 결국 조선대륙의 남부해안에 정착하기 마련이다. 이런 사람들을 "두무악"이라고 불렀는데 두무악이 많이 간 곳이 김해, 여수 등지였다. 여수는 물자가 풍부하고 비교적 개방적인 곳이었기 때문에 두무악들이 많이 근거지로 삼았다. 그런데 육지에 빌붙어 살기 어려운 사람들끼리 아예 배를 만들어 배에서 생활하는 제주난민들이 많았다. 이들은 배를 타고 떠돌며 해산물을 거두어들였고 무역을 했다. 이들은 관을 피해 바다를 떠돌며 생활을 했다. 배 안에서 산다는 것은 특별한 조직과 디시플린을 필요로 한다.

이들은 천문天文과 해리海理(바다의 지리)에 밝은 귀재였다. 바다 곳곳의 형국과 형세를 세밀하게 알았다. 수천 년 동안 바다와 더불어 산 사람들, 말 수백 마리를 싣고 항해를 계속했던 사람들, 이들 두무악은 바다의 모든 역경에서 살아남을 수 있는 위대한 혜지의 재원이었다. 사실 이순신의 해전을 이끌어 간 천재들의 지략에는 이런 두무악의 지혜가 큰 몫을 달성했다고 나는 생각한다. 남해안 어부들의 수준으로 해결되지 않는 바다에 관한 전체적 통관通觀 지혜가 이들 두무악에게 축적되어 있었고 이순신은 그것을 활용했다. 이순신의 가장 위대한 덕목은 사람들을 모으고 그 재능을 발굴하고 그들로 하여금 적재적소에서 기능을 하도록 발현시키는 인간적 순수성, 포용성에 있었던 것이다.

무호남 시무국가

마지막으로, "약무호남若無湖南, 시무국가是無國家"라는 말을 한 번만 다시 씹어보자! "약若"이라는 것은 "if"와 같은 가정사이다. "시是"라는 것은 일종의 허사와 같은 것인데, "즉" 정도로 이해해도 무방하다: "만약 호남이 없었더라면 국가 그 자체가 없어졌을 것이다." 많은 사람들이 이것을 가정법으로만 이해하고 안도의 한숨을 쉰다. 맞어! 호남이 버티어 주었기 때문에 국가의 명맥이 유지될 수 있었지! 그래서 많은 호남인들이

이 가정법으로 위로를 삼고 자신들의 정체성을 찾으려 한다. 실제로 임진왜란 당시 이순신이 호남 앞바다에 일본함대가 지나갈 수 없도록 바다를 굳건히 봉쇄한 것은 사실이었고, 그 결과 육지로 올라간 왜군들이 맥을 출 수 없었다. 해상루트로 보급품이 올라올 수 없었기 때문에 육지에서 고립된 왜군은 활동에 한계가 있었다.

"약若"이라는 가정법은 "호남이 없어진 적이 없다"라는 사실을 전제로 하고 있다. 허나 가정법은 어디까지나 가정법이다. "약"이라는 가정법이 없어지면 어떻게 되나? 그것은 "무호남"이다. 호남이 사라지게 된다. 그러면 국가도 사라진다. 그런 적이 있었는가? 있다! 호남은 사라졌다! 나라도 사라졌다! 어떻게 해서 호남이 사라질 수 있나? 그것은 간단하다. 호남을 지켰던 성웅, 이순신이 사라지면 호남은 사라진다!

우리는 "임진왜란"만 알고 "정유재란"(1597년 7월 재침. 일본에서는 임란은 분로쿠노에키文禄の役라 하고 정유재란은 케이쵸오노에키慶長の役라 하여 구분 짓는다)의 성격을 독자적으로 이해하지 못한다. 실제로 임진왜란은 좀 병병한 서막이었고 이 왜란의 진면목은 정유재란에 있었다. 우리민족의 피해는 재란에서 극상에 달했다.

토요토미 히데요시, 그 인간의 상상력

토요토미 히데요시는 좀 황당한 환상가적 기질의 사나이였다. 당시 그는 30만의 정예직업군인(사무라이) 군대를 거느리고 있었고 전국(센코쿠戰國시대, 1467~1568)을 통일하여 군웅할거시대를 끝낸 그에게는 바로 이 군웅과 사무라이들의 처리문제가 남아 있었다. 그들에게 나눠줄 땅이 무진

장 있는 것도 아니고, 그렇다고 다 죽일 수도 없는 것이고, 하여튼 이들의
에너지와 불만을 해소시킬 수 있는 최선의 방법은 해외원정이었다. 에너
지도 분산시키고 땅도 뺏어 나눠주고 하면 문제가 해소되는 것이다. 양
아치사회에서는 똘마니들에게 추상적인 논리는 통하지 않는다. 구체적
인 콩고물이 있어야 복종하는 것이다. 토요토미 히데요시가 중국의 천자
가 되겠다고 생각한 것은 허황된 발상이 아니었다.

당시 중국은 허약했다. 내분이 심했고 환관의 발호로 조정이 매가리가
없었고 정규군이 전국을 제패한 히데요시군대의 숫자에도 못 미쳤다. 히
데요시는 서양의 문물을 적극 받아들여 조총과 장창으로 자신의 군대를 무
장시켰다(제수이트종단의 설립자 중의 한 사람 자비에르Francis Xavier 1506~1552는
1549년 8월 15일 카고시마에 안착하여 시마즈 다이묘오의 융숭한 대접을 받았으나
포교는 허락되지 않았다. 오다 노부나가는 일찍이 1549년에 조총 500정을 구입하여
자기 부대를 무장시켰다). 히데요시는 진실로 중국의 천자가 될 수 있다고 생
각했으며 그의 정복을 인도까지 확장시킬 그런 그랜드한 꿈을 가지고 있
었다. 우리 조정이 황윤길·김성일의 보고에 의존하여 정책의 방략조차
오락가락, 혼선을 빚고 있는 그런 촌스러운 수준이 아니었다. 히데요시
가 "정명가도征明假道"를 요구한 것을 우리 사학도들이 조선침략을 위한
황당한 핑계로 생각하는 것은 진실로 현실성 없는 판단에 지나지 않는다.

히데요시는 진실로 "가는 길만 빌려달라"고 요구했을 수도 있다. 현실
적으로 말이 안되는 얘기지만, 그리고 우리의 사대주의 숭명사상, 소중화
사상 따위의 고착관념을 생각할 때, 왜놈 쪽발이들이 중국의 황제를 치러
간다는 것은 상상도 할 수 없고, 또 더욱이 그것을 돕기 위해 길을 내준다는

것은 있을 수도 없다. 그러나 만약 어떤 외교적 천재가 있어 일본군대를 모조리 중국본토로 보내버리고 그곳에서 궤멸하게 만들어 동아시아지도를 근원적으로 개편하는 주체적 예지를 발휘했더라면 우리는 임진왜란에서 손수건 한 장 꺼내지 않고 코를 풀어버렸을 수도 있다. 물론 나의 상상력이 과하다는 것은 내가 누구보다도 더 잘 안다. 조선인의 "의리감각"은 세계 제1이다. 임진년부터 우리 강토는 황당하게 짓밟혔다. 우리 조선인의 삶 전체가 너무도 매가리 없이 유린당했다. 조선조의 지나친 상문경무尙文輕武의 전통이 빚어낸 업보였다.

개전한 지 20일 만에 고속으로 북상하여 한양을 점령하였다. 그래봤자, 말짱 헛것이었다. 남쪽바다에서 보급이 차단되니 약탈만으로 군대의 생명력을 유지할 길이 없었다. 『손자병법』에 말하고 있듯이 치중대가 없는 군대는 군대가 아니다. 히데요시의 천자의 꿈은 사라져 가고만 있었다. 히데요시는 그렇게 깔보았던 문치의 조선왕국에 스페인의 무적함대*Grande y Felicisima Armada*(1588년 5월부터 활약. 130척)보다도 더 강력하다고 말할 수 있는 함대와 함포가 준비되어 있으리라는 것은 꿈도 꾸지 못했다.

백전백승의 이순신! 그것은 경악이자 공포였고 경배해야 할 해신海神이었다. 히데요시의 군대는 기본적으로 육지전을 위한 군대였다. 기본적으로 칼잽이의 군대였다. 그들에게는 해적만 있었지 해군이 없었다. 해적의 기습용 날랜 배만 있었지, 해군의 위용을 갖춘 함대가 없었다. 그러나 이순신의 함대는 완벽한 수군함대였다. 임진왜란은 결국 히데요시가 자기 꿈의 한계를 깨닫는 과정이었다. 임진왜란은 결국 히데요시에게는 패전이었다. 완벽한 굴욕을 안겨준 패전이었다.

정유왜란의 독자적 이해: 단순한 재란이 아니다

히데요시는 전략을 바꾼다. 천자의 꿈은 포기하자! 대륙의 황제가 될 생각은 말자! 이놈의 조선이나 완벽히 굴복시켜야겠다. 이순신으로 인하여 조선의 위력을 느낀 히데요시는 조선이 고려대제국의 후예라는 것, 자기들의 뿌리인 해양제국 백제의 후손이라는 것을 뒤늦게 깨달았을 것이다. 이제 우리의 뿌리를 먹으면 세계를 다 먹는 것이다! 가자! 우리의 새로운 목표는 호남이다!

우리나라에서는 임진왜란이라는 명칭이 보통 정유재란 기간을 포섭하고 있기 때문에 임진왜란과 정유재란의 독자적 성격을 말하지 않는다. 그러나 정유재란은 임진왜란의 단순한 익스텐션이 아닌 독자적인 "정유왜란"으로서 인지되어야 한다. 임진왜란은 실제로 대명전쟁이었고 정유왜란은 대호남전쟁이었다. 이 두 왜란은 동아시아의 대전大戰이었다. 이미 히데요시는 임진왜란을 통하여 조선의 정황을 정확히 파악했고 첩자도 자유롭게 침투시킬 수 있었다. 히데요시의 목표는 "약무호남"의 가정법을 직설법으로 바꾸는 것이었다. 이제 호남은 없다.

히데요시 군영에서는 3도수군통제사 이순신이 바다를 제패하고 있는 한, 침공은 무의미하다는 것을 잘 알고 있었다. 그들의 방법은 뻔한 술수였다: 이적제적以敵制敵! 조선 스스로 이순신을 제거시키게 만드는 것이다. 토요토미의 똘마니들은 선조라는 멍청한 인물의 무책임한 판단력에 관해서 충분한 료해가 있었고, 또 이순신과 원균의 타협할 수 없는 알력관계에 관해 잘 알고 있었다. 남의 말을 별로 하지 않는 이순신이『난중일기』에서 임진왜란 초기 3년 기간에 원균을 언급한 것이 95회에 이른다.

그 떳떳치 못하고 치졸한 모습에 대한 분노와 비난이 주를 이룬다. 코니시 유키나가小西行長의 부하 요시라要時羅의 밀서 하나로 결국 이순신은 제거된다. 원균이 3도수군통제사가 되고, 이순신은 함거에 실린 채 5년 동안 정들인 한산도를 떠난다(1597년 2월 26일).

선조라는 정신병자, 고문당하는 성웅

그가 서울에 도착한 것은 정유년 3월 4일이었고, 그날 저녁으로 감옥에 들어갔다. 이순신의 잘못은 요시라의 밀서에 담긴 정보가 이미 무의미한 정보일 뿐이며, 수군을 동원하여 싸움을 한다는 것은 보다 신중하게 상황을 봐서 해야한다는 것일 뿐인데 그러한 신중론이 조정의 말을 안 듣고 싸움을 거부한다는 반역으로 인지된 것이다. 다시 말해서 "항명"으로 인지된 것이다. 위대한 군인에게 있어서 "항명"이란 의거일 수밖에 없다는 나의 주장을 다시 한 번 확인시켜 주는 역사의 한 장면이다.

제대로 된 군대체제도 갖추지 못한 국가가 절체절명의 국난의 시기에 이순신과 같은 명장을 하옥시킨 것은 사법상의 절차라 할지라도 어찌하여 고문을 감행하는가? 투옥 8일 후, 3월 12일, 이순신은 혹독하게 고문을 당한다. 그리고 이순신의 목을 베어야 한다는 여론이 비등한다. 선조는 실제로 아무 대책도 없이 그의 목을 벨 생각이었다. 이순신은 선조가 발탁한 인물이다. 그러나 선조에게 이미 이순신은 위압적 존재로 느껴지고 있었다. 백성의 민심이 무기력한 자기에게서 이미 떠났고 이순신에게 쏠리고 있다는 것을 잘 알고 있었다. 그러나 이순신은 국난의 동지였고 충직한 신하였지 정적일 수 없었다. 이순신은 직책의 고하를 막론하고 어떠한 직위에도 만족하며 나라와 겨레를 위하여 헌신하며 봉사하는 자세만 가진 사람이었다.

정탁의 신구차

그러한 이순신을 선조는 믿지 못했던 것이다. 그리고 원균을 계속 두둔 해왔던 것이다. 선조는 이순신이 전승을 올릴 때마다 그의 벼슬을 높였다. 옥포승첩 때 가선대부(종2품), 당포승첩 때 자헌대부(정2품), 한산대첩 때 정헌대부(정2품), 그리고 그 다음해 8월에 삼도수군통제사직을 주었다. 그런데 그의 『난중일기』에 이러한 중요한 사실이 전혀 언급되어 있지 않다. 선조의 행위방식의 허구성을 이미 깨닫고 있었던 것 같다. 전투 중인 군인에게 필요한 것은 허구적 이름이 아니라 전력戰力과 관계된 실제적 도움과 일사불란한 지휘체계의 분위기조성이다. 이순신은 품계가 올라갈 때마다 영락할 그날이 오고말리라는 것을 알았던 것 같다. 그를 죽음의 고비에서 건진 것은 오직 판중추부사 정탁鄭琢 1526~1605(당시 만 71세의 중신. 양심적 인물)의 신구차伸救劄(목숨을 구걸하는 편지형식의 공문) 단 하나였다. 권율도 류성룡도 침묵으로 일관했다.

칠천량해전: 국가의 몰락

원균이라는 인성미달자가 그동안 어렵게 어렵게 축적해놓은 조선수군 전체를 일말의 여지도 없는 완벽한 참패로 휘몰아 간 칠천량해전漆川梁海戰(칠천량은 거제도와 칠천도 사이를 말한다)에 관해서는 내가 언급할 필요성이 별로 없다. 원균은 전혀 통솔력이 없었고 모든 사람이 도망만 치게 만들었다. 적들이 말하기를, "우리가 조선군사를 패망시킨 것이 아니라 조선군사 스스로가 패망하였다"라고 하였다. 거북선 3척과 판옥선 110여 척이 침몰하였고, 조선수군 2만여 명이 도살되었다. 이 치욕의 참패는 조선수군의 완벽한 궤멸을 초래했지만, 일본에게는 이순신과 조선수군에게 백전백패로 당한 이전의 모든 패배를 설욕하는 쾌거였고 만고에 없는 대단한 승리였다. 천벌을 받아야 마땅한 선조라는 흉한兇漢이 칠천량의 비보를 접하고 총평한 한마디가 이와 같다: "칠천량의 패전은 사람의 잘못이 아니라 하늘이 한 일이다." 사람인 자신의 잘못은 아무 것도 없다는 얘기다. 인혹人惑의 주원主源이 자기라는 생각은 일호一毫도 없는 것이다.

자아! 어떻게 되었나? 이제 히데요시의 꿈이 드디어 이루어졌다. 이순신이 사라졌다. 이순신이 이끌던 함대가 사라졌다. 다시 말해서 호남이라는 방어선이 사라진 것이다. 조선민중이 가장 집약적으로 쌩피를 본 것은 정유재란시기였다. 칠천량해전의 대첩 직후 일본군 제장회의에서 결정된 것은 호남의 웅부雄府인 남원과 전주를 공략하는 것이다.

여수·순천에서 남원·전주까지: 코 베인 민중

일본군은 칠천량에서 조선수군을 대파한 후 수륙양면으로 전라도에 대한 전면공세를 펼쳤다. 수군은 여수·순천 방면으로 상륙하여 육상공격을 개시하였으며, 육군의 일대는 사천·하동·구례로 향하였고 다른 일대는 함양 방면에서 팔량치와 운봉을 거쳐 8월 16일에 남원성을 함락시킨 다음, 곧바로 전라도의 수부首府인 전주성까지 점령하였다. 좌군의 선봉이었던 시마즈 요시히로島津義弘 1535~1619(사쯔마薩摩國의 다이묘오. 조선에서 데려간 도공의 힘으로 사쯔마야키를 만들어 사쯔마번을 부강케 하고, 명치일왕제의 근간을 형성했다. 사쯔마의 지사志士들이 정한론을 주장하여 결국 일제강점기를 초래시켰다. 노량해전에서 이순신 장군을 치사케 한 것도 시마즈의 부하들이었다. 노량에서 코니시 유키나가의 퇴로를 열었다) 부대는 곤양의 금오산과 노량 등지에서 산중을 수색하여 살육을 자행하고 관청과 민가를 족족다 불살랐다.

이때 일본군이 행한 살인과 약탈의 잔혹성은 임진년에 비할 바가 아니었다. 당시 일본 큐우슈우九州의 우스키성臼杵城 성주의 군의관으로 참전했던 안요오지安養寺의 주지 케이넨慶念의 일기를 통해 당시 참혹한 광경을 살펴볼 수 있다: "들도 산도 섬도 죄다 불태우고 사람을 쳐죽인다. 산 사람은 철사줄과 대나무통으로 목을 묶어서 끌고 간다." "조선 아이들은 잡아 묶고, 그 부모는 쳐죽여 갈라놓는다." "마치 지옥의 귀신이 공격해온 것 같다." 특히 남원성 함락 후에는 "성내의 사람들은 남녀노소할 것 없이 모두 죽여서 생포한 사람이 없다." "눈뜨고 볼 수 없는 처참한 상황이다"라고 생생하게 기록하고 있다.

명량대첩과 전라도 왜성

이와 같은 상황에서 이순신이 남은 배 12척을 거느리고(나중에 1척 추가. 해전 때는 13척이 됨) 명량에서 일본의 수군함대 130여 척(실제 격침된 것은 33척 정도)을 물리친 것은 기적 중의 기적이라 할 것이지만, 우리가 반드시 알아야 할 사실은 명량대첩(1597년 음9월 16일)에도 불구하고 이미 전라도를 장악한 일본군은 각 처에 군사를 주둔시키고 장기지배태세를 갖추었다는 것이다. 이미 전라도는 없었다. 지금도 순천시 해룡면 신성리에 자리잡고 있는 순천왜성은 1597년 9월부터 11월 말까지 약 3개월에 걸쳐 코니시 유키나가가 쌓은 것이다. 코니시는 이곳에서 종전 때까지 동부 해안지역 일대를 지배했다. 북부의 금구·김제 지역에는 나베시마 나오시게鍋島直茂가, 고부·나주 지역에는 쵸오소카베 모토찌카長宗我部元親 1539~1599가, 해남·사천 지역에는 시마즈 요시히로島津義弘가, 강진 지역에는 나베시마 카쯔시게鍋島勝茂가 군대를 주둔시켜 지배했다.

이들은 유기적 협력체제를 이루면서 장기지배체제를 구축할 생각이 었다. 명량패전의 보복을 위한 침략이 수륙양방으로 진행된 나주·무안·영암·강진·해남 지역의 피해는 말할 수 없이 극심했다. 순천왜성－남해왜성－사천 선진리왜성－고성왜성－창원왜성－양산왜성－울산왜성은 상호협력체계가 구축되어 있었다. 그러니까 이미 "약무호남"은 헛소리가 되어버렸다는 것이다. 지금 내가 왜 이렇게 구질구질한 얘기를 하고 있는 것일까? 우리는 임진왜란 7년을 그냥 전쟁으로만 알고 있지만 그것은 일제강점기 36년보다 더 가혹한 왜놈강점 7년이라고도 말할 수 있는 것이다.

거북선을 만든 여수인민, 그 후손을 그토록 처참하게 죽이다니!
여순민중항쟁 희생자 11,131명(1949년 11월 11일 발표)

선조가 이순신을 제거함으로써(이순신은 고문의 후유증을 앓아가면서 명량대첩을 이루어냈다), 이순신과 합심해서 판옥선과 거북선을 만들었던 여수·광양·순천·구례 일대의 전라도 사람들이 처참하게 당하게 되는 모습(비총鼻塚의 끔찍한 애사도 모두 정유재란 때의 이야기이다. 킷카와 히로이에吉川廣家 1561~1625의 경우 1597년 9월 21일 진원珍原에서 취한 코가 870개, 9월 26일 영광·진원 일대에서 취한 코가 무려 1만 40개에 달했다. 이것은 일례에 불과하니 전체 희생의 규모를 짐작할 수 있다. 도공이 큐우슈우 지역으로 끌려간 것도 이때의 이야기이다)이나 여순의 민중이 이승만의 토벌군에게 당하는 모습 사이에는 묘한 아날로지가 성립하고 있다는 것이다.

역사는 이렇게 반복되고 있다. 나는 사실 곧바로 여순민중항쟁의 이야기를 하려 했는데, 김지홍 군이 꼭 여수의 역사이야기를 해달라고 조르는 바람에 한번 손을 댔다가 또 이렇게 장황하게 길어졌다. 사실 나는 여수 MBC에서 여수역사이야기를 하려고 이런 자료들을 다 준비해갔다. 아무래도 현대사를 전공하는 사람들은 고전세계에 대한 접근이 어렵기 때문에 통시적인 관점이 부족할 수가 있다. 그런데 여수MBC 공개홀에 모인 사람들의 표정이 어찌나 진지하고 무표정했는지, 나는 계속 3시간 반 동안이나 그들과 함께 얼어붙어 있었다. 그리고 나는 옛날 역사이야기 따위는 새카맣게 잊어버렸다. 지금 해놓고 보니 역시 "삼복삼파"를 모르고 여수를 얘기한다는 것, 그리고 기나긴 여수와 제주의 소통과 연대감의 세월을 모르고 여순민중항쟁을 논할 수 없다는 생각이 든다.

사실 내가 이 원고를 쓰게 된 가장 직접적인 계기는 여순민중항쟁을 널리 알려서 "여순민중항쟁특별법"을 국회에 통과시킴으로써 여순민중항쟁으로 당한 사람들을 신원해주기 위한 것이다. 제주4·3은 이미 특별법이 통과되어 공론화가 이루어졌고 공원도 만들어졌고 연구기관도 성립했고 보상문제도 논의되기 시작했지만, 여순의 경우 전혀 특별법 통과에 관한 국민의 여론이 충분히 성숙치 못하고 있는 것이다. 이 책이 100만 부라도 팔려서 사회적 여론을 이끌고 간다면 얼마나 좋을까 그런 생각을 해보는 것이다. 이 책을 읽는 제현들은, 삶의 가치를 추구하는 지사라고 한다면 단 10권이라도 사서 주변 사람들에게 선물해야 할 것이라고 생각한다. **이 책은 사상이 아니라 운동이다. 이 책은 역사서술이 아니라 우리 의식에 던져지는 방할이다. 가치를 추구하는 자라면 이 책을 읽은 후 얻는 깨달음을 만세 만민에게 전해야 할 것이다.**

여수MBC 청중의 무거운 분위기, 그 정체

여수MBC에서 내 강의를 들은 사람들이 무표정했던 이유는 내 강의를 이해 못해서가 아니라 가슴이 너무 에려서 일상적 희노애락의 감정조차 표현할 수 없었기 때문이라 한다. 그런 줄 알았으면 나는 보다 신나게 강의를 했을 것이다. 그런데 강의자인 나 자신이 그 무거운 분위기에 짓눌려 버리고만 말았다. 지금도 여수MBC에는 "도올 선상님 무고하신가?" 하는 전화가 걸려온다고 한다. 그들은 아직도 "여순토벌"의 공포 속에 살고 있는 것이다.

정말 지금 나의 양팔 어깨관절이 너무 통증이 심하고 양쪽 궁둥이에는 꼭 총알이 박힌 듯이 아프다. 빨리 탈고를 해야할 텐데 아직도 갈 길이 먼 것 같다. 내가 이렇게 긴박하게 운필하고 있는 이유는 KBS1 "도올아인 오방간다"(2019년 1월 5일부터 매주 토요일 8시 12회 방영)라는 프로그램이 시작되기 이전에 탈고를 해야 한다는 긴박한 시한에 쫓기고 있기 때문이다. 오늘도 자정을 넘겼는데 내일은 반드시 탈고를 해야만 한다.

김익렬 중령과 14연대

자아~ 제주로 다시 돌아가자! 4·3과 여순을 연결 짓는 최초의 고리는 바로 김익렬 중령이다. 9연대 연대장인 그가 미군정청 경무부장 조병옥의 멱살을 잡고 항의한 그 다음날, 5월 6일자로 제주 제9연대장에서 해임된다. 김익렬 중령은 군인으로서 매우 당당한 경력의 보유자이고 유능한 지도자였기 때문에 군에서 축출되지는 않았다. 대신 전출되었는데, 전출된 곳이 바로 여수 제14연대였다. 반토벌주의자이며 평화적 해결을 주장했던 그가 연대장으로 14연대에 온 것이다.

당시는 커뮤니케이션 수단이 발달하지 않았고, 제주의 사정을 알 길이 없었다. 라디오가 그래도 가장 보편적인 수단이었을 것이나 당시 라디오는 모두 관官이 통제한 것이므로 제주도의 사정은 일체 밖으로 알려질 수 없었다. 나만 해도 대학교시절에나 와서 의식 있는 몇 사람을 통해 단편적으로 들었을 뿐 그 전모를 파악하지 못했다. 제주4·3은 40여 년이 지난 1980년대 학생들의 민중항쟁시기를 통하여 비로소 보편적인 아젠다가 되기 시작했다. 그러니 당시라 할지라도 1개 연대병력이 제주도섬에서 일어나고 있는 일을 소상히 알아서 공동의 구국의 신념을 가지고 항명·봉기한다는 것은 상식적으로 생각키 어려운 일이다.

그러나 새로 부임한 연대장이 직접 제주도 사정을 소상히 체험했고, 그 해결의 당위성을 명료하게 밝힌 인물이었기 때문에, 제주도에서 황당한 일들이, 일어나서는 아니 될 일들이 일어나고 있다는 것을 의식 있는 대대장이나 중대장 스태프급의 사람들에게는 충분히 설명해주었을 것이다. 그리고 14연대에는 제주도 출신의 병사들도 적지 않았을 것이고, 불길한 고향의 소식이 들려와, 지역사정을 제대로 알고 싶어 문의를 하는 분위기도 있었을 것이다. 1970·80년대 언어로 말하자면, 여수 14연대 사람들은 김익렬 연대장 부임 이후 "의식화"되어갔다고 말할 수 있다.

박진경 사살과 숙군 회오리바람의 시작

박진경이라는 황당한 인물이 암살되기 이전에도(자기 부하에게 암살된 자가 대한민국 국군장 1호라는 것이 도대체 말이 되는가? 한번 곰곰이 생각해보라!), 박진경의 난동에 견디다 견디다 못해 반발한 제주도 조선경비대 제9연대의 병사 41명이 자신들의 무기·장비·탄약 6,600발을 가지고 탈영하여 모슬포 부근의 대정면 경찰지서를 습격한 사건이 있었다. 5월 21일의 사건이었다. 그러니 박진경 암살은 이미 예정된 수순이었다. 한 부대 안에서 9명이나 기꺼이 목숨 바쳐 연대장을 살해한다는 것은 연대장 박진경의 행태가 얼마나 인륜에 벗어나는 부도덕한 패악질이었나 하는 것을 여실히 증명해준다. 그리고 41명의 부대원이 탈영하여 경찰지서를 습격했다고 하는 사실도 염두에 둘 필요가 있다. 왜 군인이 경찰서를 습격하는가? 이 문제는 조금 후에 다시 언급하기로 하자!

우선 박진경의 암살사건은 전국에 배치되어 있는 군대의 분위기를 엄청 변화시켰다. 박진경의 암살로 군대 내에 "빨갱이들"이 엄청 포진되어 있다는 근거 없는 선입견이 이승만 이하 지배층의 조선경비대인식을 지배하게 된 것이다. 군대 내에 빨갱이들이 있으면 어쩌나? 물론 내쫓아야지. 여러분들은 지금의 감각으로는 당연히 이렇게 생각할 것이다. 내쫓는 것을 보통 전문용어로 "숙군肅軍"이라고 부른다. 그런데 도대체 어떻게 빨갱이들이 군대 내에 있게 되었나? 이런 문제들이 지금 여러분들의 감각으로는 해결이 되지 않는다. 먼저 이렇게 한번 물어보겠다. 군대 내에 빨갱이가 있으면 안되나? 혹자는 이것은 매우 위험한 발상이라고 날꾸짖을 것이다.

생각해보자! 1970년대 80년대 우리나라 대학가의 의식 있는 젊은이들은 거의 다 빨갱이였다. 다 NL이니 PD니, 좌파사상에 물들은 사람들이었다. 그런데 이들이 데모하다 걸리면 다 군대로 보내졌다. 그렇다고 그들이 군대생활을 잘못했나? 군대기간 동안에 우파로 전향했나? 본시 군인이 된다는 것은 좌·우의 신념과 크게 상관이 없다. 군인은 본질적으로 대외적인 국가수호의 기능을 담당하기 때문에, 좌파든 우파든 국가수호를 위하여 외적과 잘 싸우면 훌륭한 군인이 되는 것이다. 공산권의 군인들은 빨갱이가 대부분일 것이고 그 속에도 빨갱이가 아닌 자유주의자도 얼마든지 있을 수 있다. 군인은 좌파이든, 우파이든 군인으로서의 의무만 충실히 이행하면 된다. 군대라 해서 군대성원의 내면적 사상성향을 다 컨트롤할 수가 없다. 할 필요도 없다.

박정희라는 빨갱이

나의 말을 이상하게 생각하는 사람은 바로 이와 같은 사실을 상기해보라! 우리나라 우파적 사유를 가진 사람, 지금도 태극기를 흔들면서 광화문에서 뗘 터져라 집회를 하고 있는 사람이 가장 존경하는 사람은 아마도 박정희일 것이다. 그런데 이 박진경사건 이래로 진행된 숙군(군대 내의 빨갱이숙청작업)과정에서 가장 대표적인 빨갱이로 걸린 사람이 바로 박정희였다. 도대체 어찌 된 일인가? 박정희는 빨갱이였고, 빨갱이였기에 군사재판에 회부되어 죽을 뻔 했고, 또 빨갱이였기에 쿠데타정변을 일으켰고, 또 빨갱이였기에 대통령에 당선되었고, 또 죽을 때까지 결코 빨갱이신념을 버리지 않았다. 박정희의 형님의 맏사위 김종필도 대체적으로 비슷한 신념을 가진 사람이었다. 지금 우리에게는 너무도 "빨갱이"라는 말이 실체화되어 모든 사유의 오류를 정당화시키는 암덩어리가 되어있다. 박정희가 산 시대, 우리가 다루고 있는 해방정국에서는 "빨갱이," "좌파," "공산당," "인민위원회" 이런 등등의 말들이 전혀 오늘과 같은 의미를 지니는 말들이 아니었다.

미군조차도 애초에 국방경비대(남조선국방경비대 → 1946년 6월 15일, "조선경비대"로 개칭)를 모집할 때 좌·우라는 사상적 검증Screening을 전혀 하지 않았다. 향토연대를 급조하는 데 있어서 프래그머틱한 기준, 즉 군인의 자격만을 문제 삼았지, 그가 어떠한 사상을 가지고 있느냐 하는 것은 전혀 문제 삼지 않았다. 따라서 경찰에 의하여 좌파로 몰리는 사람들도 안전히 입대할 수 있었다. 그러니까 조선경비대는 실상 좌파들의 온상이라 해도 무리가 없을 만큼 사상성향이 자유로웠다. 그런데 그들이 다 빨갱이는 아니었다. 생각이 깊은 사람, 생각이 자유로운 사람, 인격적으로 점잖은 사람들이 대부분이었다.

박헌영이라는 허구, 허명, 허세

물론 공산당, 특히 남로당(1946년 11월 23일, 조선공산당, 남조선신민당, 조선인민당 3당의 합당으로 결성된 사회주의정당. 초대 당수 여운형, 2대 허헌, 3대 박헌영)의 조직세포로서의 군대조직 내의 침투라는 것은 문제가 될 수 있다. 그러나 우리가 실제로 해방정국에서 인민대중의 투쟁을 남로당이 리드하였다고 볼 수 없다. 나는 지금 개략적인 것만을 말하려 하는데, 해방 후 정치 아레나political arena에서 가장 실망스러운 인물이 바로 박헌영이라는 허구체이다. 나는 대학시절부터 박헌영을 매우 존경했다. 그 역경 속에서 공산주의라는 신념 때문에 파란만장한 생애를 산 박헌영! 박헌영은 우리나라 의식 있는 젊은이들에게 자기 신념을 위해 목숨을 바친 이상주의의 신화였다. 그러나 박헌영은 결코 대중운동을 한 사람이 아니다. 그는 평생 공산당이라는 조직을 건설하고 유지하는 데 바쳤다. 그런데 그 조직이라는 것은 민중으로부터 우러나오는 자생적인 것이 아니라 소비에트지령을 연역적 전제로 하는 당기관일 뿐이다. 그리고 당에는 항상 당파가 있어 끊임없이 내분에 시달리고, 토론하고, 싸우고, 결렬하고,

다시 조직하고, 통합하고, 또 분열하고 하는 끊임없는 조직투쟁 속에서 존재의의를 찾는 것이다. 박헌영이 결국 김일성에게 밀려나고 숙청되고 죽음을 맞이하는 과정은 어찌 보면 너무도 자연스러운 결말일 수도 있다.

좌파의 이상주의는 도덕적 측면에 있어서 분명 우파를 압도하는 그 무엇이었지만, 남로당의 좌경모험주의적 대중투쟁은 진실로 대중 속에 뿌리를 박지 못한 채 미군정과 우익세력의 극심한 탄압을 불러들였으며, 그때마다 조직은 심각한 타격을 입었다. 우를 압도했던 좌는 대중운동이라는 간판 속에서 실제로 우에게 압도당하여만 갔다. 남로당은 북로당에게 종속되어만 갔고 남한의 인민들로부터 멀어져만 갔다. 그들은 아주 나이브하게 남한의 혁명을 낙관했으며 그 낙관의 이유를 소련이라는 허상에서 찾았다. 소련의 힘을 과신하는 순간, 그들은 자신을 객관적으로 파악할 능력을 상실했던 것이다.

남로당의 최대의 패악은 남한의 모든 순결한 민중운동(내가 말하는 "민중항쟁")을 민중의 내재적 요구로서 그 자체적 가치가 이해되는 것이 아니라, 빨갱이의 난동으로만 낙인 찍혀 무조건 탄압의 대상이 되고 마는 구실의 근거를 제공해주었다는 데 있다. 제주4·3의 지도자 김달삼이 황해도 해주의 인민대표자대회에 참석한 것은 참으로 어리석은 짓이다. 김달삼이 북한정권수립에 악용된 인민대표자대회에 참석했다고 해서 제주4·3을 남로당과의 관련 속에서 파악하는 모든 언어가 허구적인 것이다. 그것은 김달삼 개인의 허영이요 허세요 허행虛行이요 허판虛判일 뿐이다. 마찬가지로 여순 전라도인민들의 항쟁을 남로당과 관련짓는 것도 저차원의 픽션이며 이승만의 모략에 악용당하는 불행한 인식일 뿐이다.

이승만 앞잡이 이범석

박진경 암살사건은 전군 차원의 사상검열Screening을 불러일으켰고, 숙군작업에 합법성과 정당성을 부여하였다. 신임 국방장관에 취임한 철기鐵驥 이범석李範錫 1900~1972(독립운동가이며 대한광복군의 대표적 인물이지만 해방 후 그의 행적은 이승만과 미군정의 철저한 앞잡이로서 우파적 만행을 끊임없이 저질렀다)은 이승만의 신임을 얻기 위해 강력하고도 조직적인 숙군을 전개한다. 1948년 8월 중순경부터 불순한 혐의가 있는 국방경비대원들의 검거와 조사가 잇달았다. 부산 부근에서는 11명의 국방경비대 장교가 전복행위혐의로 조사를 받았고, 제10연대에서는 68명이 체포되었으며, 제1연대에서는 89명이 체포되었고, 제15연대에서는 102명이 체포되었다. 그 외로도 각 연대에서 전복행위라는 허황된 명분하에 국방경비대원들의 체포와 조사가 계속되었다. 이렇듯 전국 각지에서 사상검열과 숙군작업이 이루어졌다.

내가 말하려고 하는 것은 여수 14연대의 해프닝을 가능케 한 모든 원인과 근인을 포괄적으로 이해하는 것이 중요하다는 것이다. 이해는 인식을 전제로 하는 것이고, 인식은 반드시 인식론적 회전epistemological turning을 전제로 하는 것이다. 인식론적 회전이 없이는 역사에서 새로운 발견이라는 것은 일어나지 않는다. 이렇게 착종된 모든 사건들이 여수 14연대의 10월 19일 해프닝을 필연적 사실史實a necessary historical event로서 만들고 있는 것이다.

14연대 숙군 바람: 김영만의 희생

숙군의 여파는 14연대의 모부대인 광주의 제4연대에까지 미쳤다. 제5

연대 연대장인 이성가李成佳 1922~1975 중령(만주 통화 출생, 왕정위부대에 소속했던 중국군인 출신. 다른 중국군 출신들과는 달리 군사영어학교에 들어가 졸업하였다. 중위로 임관. 1947년 4월 제1연대장으로 근무할 당시 김창룡을 정보장교로 발탁. 극우성향의 지휘관)은 정부수립을 앞두고 자대내 고급하사관들을 불온한 계획을 획책하고 있다는 혐의로 구속하였다. 이성가는 극우성향의 지휘관으로서 후에 여순학살에도 공이 지대한 인물이다. 그가 지휘한 부하들의 구속이 얼마나 정밀한 사실에 근거하고 있는지는 아무도 모른다. 하여튼 제4연대의 숙군은 제14연대에까지 그 여파가 미치게 되었다.

제4연대 출신으로 제14연대 창설요원이었으며, 남로당 세포조직 제14연대 독립대대책이었으며 재정책이었던 김영만 하사관이 10월 11일 체포되었다. 김영만은 제4연대에서 근무할 당시 거느리고 있었던 제4연대 세포조직원의 밀고로 체포되었다. 김영만의 체포계획을 미리 알고 있었던 14연대 남로당조직에서는 김영만이 체포당하는 선에서 조직을 지켜내는 것으로 타협을 보았다. 당시 14연대 정보계 하사이며 남로당원이었던 정낙현, 김정남 등은 김영만의 체포계획을 미리 알았다. 이들은 김영만에게 이 사실을 미리 통보하면서, "대를 위하여 소를 희생해야 한다"고 말하고 김영만이 체포될 것을 권유했다. 김영만을 도피시킨다면 그에 따른 조직수사의 확대가 불가피해질 것이기 때문에, 김영만의 희생선에서 조직의 보위를 꾀했다고 한다.

김영만은 군에서 축출되었지만 살아남았다(김영만金永萬 1924~2013. 구례군 마산면 사도리 출신. 지주가문의 머슴으로 일하며 어린 시절을 고생스럽게 보냈다. 후쿠오카탄광에서 소년광부로 근무하기도 했다. 14연대 항쟁에 참여하였고 게릴라

활동을 하였다. 한국전쟁기간 동안에는 인민의용군 병사를 모집하는 활동을 하였고 조선인민군이 후퇴한후, 1950년 9월 지리산으로 다시 들어가 유격전을 벌인다. 1952년 겨울 체포되어 전향을 거부하고 비전향장기수가 되었다. 2000년 6·15남북공동선언에 의거해 조선민주주의인민공화국으로 송환되었고 북한에서 조국통일상을 받았다. 이들의 삶에 관하여 나는 논평할 생각이 없다. 그러나 여순민중항쟁에 스치는 이름 한 자 한 자에는 이런 비운이 얽혀있다. 모두가 슬픈 이야기일 뿐이다). 하여튼 이러한 우여곡절의 사연들이 14연대에는 얽혀있었던 것이다. 숙군의 여파로 제14연대의 위기감은 높아지고 있었고, 서로를 보위할 수밖에 없는 군 동지들의 안위감은 풍전등화와도 같았다.

해방 후 군·경의 대립

군대가 경찰을 습격한다. 이게 도대체 무슨 말일까? 1948년 8월 15일 대한민국(제1공화국)이 수립되기 이전까지는 "국군"이라는 것이 없었다. 미군정 하에서는 아직 나라가 성립되기 이전이었으므로 명목상 "국군 Republic of Korea Armed Forces"이라는 것은 있을 수 없었다. 그래서 미군이 창설한 것이 "남조선국방경비대"였는데 미소공위에서 소련이 "국방"이라는 말을 쓸 수 없다고 항의하는 바람에 "국방"을 빼고 "조선경비대"로 했던 것이다.

북한도 "보안대"라는 말을 썼고, 군간부양성기관도 그냥 "평양학원"(사관학교에 해당)이라 불렀던 것이다(1948년 2월 8일에는 "조선인민군" 창설). "조선경비대"는 영어로 "Korean Constabulary Reserve"라 했는데, 그 뜻을 짚어 번역하자면 "조선경찰예비대"라는 뜻이다. "Constabulary"라는 말 자체가 "경찰체제 내에 속한"의 뜻이다.

그러니까 조선경비대는 경찰의 입장에서는 경찰명령계통 내에 속하는 일종의 예비대이며 항구적인 조직체가 아니었다. 그러니까 조선경비대에 속한 사람들도 확고한 군인비젼을 갖기에는 자신들이 너무도 어정쩡한 조직에 속해 있다는 자괴감, 불안감이 있었다. 그리고 경찰 입장에서는 조선경비대원이라는 것은 어디까지나 경찰예비대라는 경찰체계 내의 하급기관일 뿐이었으며, 사상적으로 불순하고 향토적 색채를 띠는 오합지졸로 인식될 수밖에 없었다(정치범, 일반범죄자, 깡패, 실업자들의 입대도 허락되었다).

그리고 현실적으로 경찰에 비해 무기지급, 보급, 복장, 계급장, 급식문제에 있어서 열악한 대접을 받았다. 그러나 실제로 군대에 들어간 사람 중에는 새롭게 탄생하는, 국가의 보위를 책임지는 군인으로서 프라이드를 지니고 입대한 이상주의자들이 많았으며, 이들의 입장에서는 과거 "일제의 주구"였던 자들이 자신들보다 높은 대우를 받고 있으면서 자신들을 멸시하는 경찰이야말로 증오와 경멸의 대상일 수밖에 없었다.

당시 경찰은 지나가는 군인을 불러 자기들 구두를 닦게 하는가 하면, 말 안 들으면 조인트를 까고 하는 말도 안되는 모욕적인 언행을 공공연히 자행했다. 지금 우리 감각으로는 있을 수 없는 일들이 당시에는 벌어지고 있었던 것이다. 경찰은 조선경비대를 빨갱이소굴이라 비난하였고, 조선경비대는 경찰을 일본놈 앞잡이 하던 친일파 꼴통 새끼들로 규정했다. 경찰은 미군정에 조선경비대를 비방하는 보고서를 끊임없이 제출하고 있었다.

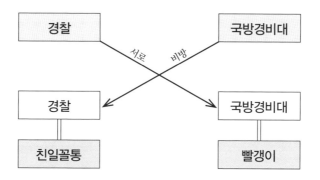

미군정 하에서 경찰복장은 미군복장과 같게 하고 무기도 미제 M1소총
으로 무장하게 하였으나 국방경비대는 일본군복을 입히고 무기는 일제
38식이나 99식소총으로 무장하였다. 계급장도 경찰계급장을 뒤집어서
사용하게 하였다고 한다.

영암 군경충돌사건

여순민중항쟁이 발발하기 1년 전인 1947년 6월 1일 영암에서 일어난
군경충돌사건은 매우 의미심장한 사건이다. 광주 제4연대 제1대대 소속
김형남 하사는 외박 후 부대복귀를 위해 영암의 신북지서(당시는 영암군靈
巖郡 신북면新北面) 앞에서 차량을 기다리고 있었다. 그런데 지서 앞에 순경
들이 김형남 하사를 쳐다보면서 다음과 같이 비아냥거렸다.

"야 이 새끼야! 그 계급장이 그게 뭐냐? 꼭 왜놈새끼들 사쿠라 같이 생
겼구나!"

이 한마디가 어쩌면 모든 비극의 발단일지도 모른다. 당시 군경간의
감정대립이나 행태가 이와 같았다. 김 하사 입장에서 보면 적반하장도

유분수지! 독립투사 때려잡던 친일파 새끼들이 날 보고 "사쿠라"라고 그래? 울화가 치민 김 하사, 성격이 우락부락하던 김 하사는 그 길로 달려가 경찰관들을 늑씬하게 패버렸다. 이를 본 순경들이 본서에 보고하였고 본서에서 출동한 형사들이 김 하사를 공무집행방해, 폭행 등의 죄목으로 연행해갔다.

한편 같이 외출 나왔던 지서 밖의 군기병들이 이 얘기를 듣고 흥분하여 보초를 서고 있던 순경을 골목으로 끌고가 집단구타를 하였다. 당시 이런 세부적 사실을 전혀 모르고 단지 부하가 경찰서에 구속되어 있다는 것만 알고 있었던 김희준 중위와 군기대장 정지웅 중위 일행은 사태를 수습하기 위하여 영암본서를 찾아가 경찰서장과의 면담을 요구하였으나 거절당하였다. 그리고 경찰간부들과 언쟁만 벌였는데 경찰측은 경비대가 경찰예비대이며 산하보조기관이라는 점을 강조하면서 김 하사의 구속은 법적으로 정당하다고 주장하였다. 우리가 여기서 알아야할 것은 일제 강점기 때 경찰은 식민지인에 대하여 사법권을 부여받았으며, 3개월 이하의 징역이나 100엔 이하의 벌금을 즉결집행할 수 있었다는 것이다. 그러한 관행이 해방정국의 경찰들의 멘탈리티를 형성하고 있었다. 경찰은 일본식민지 무단통치의 핵심이었다. 일제경찰은 자기들의 기분을 상하게 했다는 이유만으로 조선인을 연행하여 태형을 가하거나 체포하여 3개월 징역에 처하곤 하였던 것이다(공식적으로 1945년 10월 9일 군정법령 제11호로써 경찰의 사법권은 폐지되었다).

해결의 실마리가 보이지 않자 김희준 중위와 정지웅 중위는 귀대길에 올랐다. 그런데 신북지서 앞을 통과할 즈음, 갑자기 앞서 달리던 차량에서 경찰 10여 명이 공포를 쏘면서 김 중위 일행의 차를 강제로 정지시켰다. 그리고 사병들을 하차시켜 폭행을 가하였다. 완전 양아치 또라이새끼들의 행패거리였다. 요즈음의 깡패영화 속에서도 보기 힘든 장면이다. 이때 경찰로부터 뭇매를 맞은 군기대 선임하사관은 광주병원으로 이송되었고, 운전병을 통해 사건의 경위가 제4연대 부대원들에게 전달되었다.

흥분한 300여 명의 대원들은 김은배 중사(조선경비대 2기)의 지휘 하에 무기고를 열어 총과 실탄을 휴대하고 차량 7대를 몰고 출동하였다.

제1 대대장인 최창언 대위가 급보를 받고 부대에 들어와 장교들을 불러 심하게 꾸짖고 사태수습을 위해 장교들도 출동할 것을 지시하였다. 연대 장교들이 허겁지겁 뒤쫓아갔을 때는 아뿔싸 때는 이미 늦었다. 경찰과 경비대원 사이에 대규모의 총격전이 벌어지고 있었던 것이다. 경찰 측은 아예 망대에다가 기관총까지 걸어놓고 난사해대고 있어서 경비대가 몹시 불리하였다. 화기 면에서 경비대의 수준이 열악하였던 것이다.

경비대는 희생자가 속출하였다. 이때 연대장 이한림李翰林 소령(1921~ 2012: 함경남도 안변 출생, 천주교 영세자 이승훈의 방계후손. 박정희와 신경군관학교, 일본육사 동기이다. 군사영어학교 1기생. 군의 정치개입을 반대, 박정희의 군사정변에 참여하지 않아 육군 제1군사령관 직위가 박탈되었다. 양심적 인물이다)이 경비대에 사격중지명령을 내렸으며, 영암군수와 함께 경찰서에 들어가 경찰서장을 만나 유혈방지원칙에 합의함으로써 총격전은 종결되었다.

이 사건으로 4연대는 6명이 사망하고 10여 명이 부상을 당했는데, 경찰측에는 단 한 명의 피해도 없었다. 경찰은 의기양양할 수밖에 없다. 그러나 더 말도 안되는 억울한 일은 군기대원 3명이 경찰관폭행죄로 군정재판에 회부되었다는 사실이다. 경찰은 영암사건을 계기로 경비대를 더욱 우습게 생각하게 되었다.

주번사령 이관식 중위가 파면되었고, 대대 선임하사관 김은배 중사가 병력지휘책임으로 12년형, 최철기 상사가 수송부 선임하사관으로서 차량을 동원한 책임으로 10년형, 그밖에 김정길 징역 단기2년(장기 5년), 문창로 징역2년(집행유예 5년), 백영교 징역2년(집행유예 5년)을 선고받았다.

내가 이 영암군경충돌사태를 자세히 다루는 이유는 여수 14연대의 봉기가 우발적이거나, 일시적 충동에 의한 "반란"이 아니라는 것, 역사적 대사건이 일어나는 배경에는 수없는 근인과 원인이 숨어 얽혀 있으며 감정의 복선이 매우 복잡하게 깔려있다는 것이다. 4연대는 14연대의 모연대이고 영암사건의 발단은 분명 경찰의 "갑질"에서 비롯한 것이고 도덕적으로 경찰의 부패가 그 근본원인이다. 그러니까 당시 군인들은 출신과 사상이 어떠했든지간에, 주변의 관리와 경찰들의 부패에 대하여 적개심이 일어나지 않을 수 없었으며, 그만큼 "의분義憤"에 휩싸여있었다.

14연대 사람들의 행태를 설명할 수 있는 그 디프 스트럭쳐를 이러한 사건구조에서 발견할 수 있는 것이다. 사실 4연대 14연대 사람들은 1948년 8월 15일 대한민국정부수립과 함께 행하여진 대사면大赦免의 기회에 영암사건동지들이 방면될 것으로 굳게 믿고 있었다. 그런데 일체 언급도 없이 지나갔다. 그러니 4연대 14연대 사람들은 미군정과 이승만정권에 대하여 적개심, 의분을 품지 않을 수 없었다. 대한민국정부수립 두 달 후에 여순민중항쟁은 발발하였던 것이다!

여순민중항쟁이 발발하지 않을 수 없었던 시대적 분위기, 그 차이트가이스트*Zeit Geist*를 더듬어 보는 것이 얼마나 중요한 것인지 독자들은 이제 감을 잡기 시작했을 것이다. 영암사건과 관련된 또 하나의 리얼한 사건, 그것은 14연대의 울분과 직결된 구례경찰사건을 우리는 알아야 한다.

구례경찰사건

구례는 산 좋고 물 좋은 고장! 1948년 9월 24일, 14연대의 사병 9명이 구례에서 휴가를 즐기고 있었다. 그 중 한 병사가 구례읍내 한 이발소에서 머리를 깎고 휴식을 즐기고 있었는데(옛날에는 이발소 의자가 편해서 그곳에서 잘 잤다), 갑자기 구례경찰서 수사계 김모 경사가 술에 만취하여 들어오더니 이발소 주인의 인사가 불손하다며, 주인을 마구 패는 것이었다. 지금 사람들은 잘 상상이 안 가겠지만 옛날에는 경찰은 사람만 보면 무조건 패는 습관이 있었다. 동네 경찰서, 파출소라는 곳은 사람이 들어가기만 하면 얻어맞는 곳이었다. 파출소에서는 하루종일 사람을 팼다. 내가 자라날 때만 해도 파출소에 대한 인식이 그러했으니, 이때는 그 정도의 일은 다반사였으리라.

아무 이유 없이 억울하게 공손한 이발사가 얻어터지는 꼴을 보다 못해, 휴식중이던 14연대 소속 장병이 이를 만류하였다. 이에 군발이새끼가 감히 경찰에게 덤빈다고 화가 잔뜩 난 김 경사는 구례경찰서 경찰 전원을 비상소집하여 구례읍내에서 휴가중이던 14연대 사병 9명을 모두 구금하여 구타한 사건이 발생하였다. 이 정보를 입수한 14연대에서는 즉시 헌병들과 일부병력이 구례로 출동하여 구례경찰서장에게 책임을 추궁하는 동시에 구속된 사병들을 인수하여갔다. 경찰들의 갑질이 이와 같았고, 14연대원들의 분노는 목구멍까지 차올라와 있었다. 이 사건은 여순민중항쟁 불과 한 달 미만 전의 사건이었다.

뿐만 아니라, 함평에서도 이와 유사한 사건이 발생했다. 1948년 7월 12일 국방경비대원 18명이 함평군咸平郡 학교면鶴橋面 학교지서를 무장한 채 습격하여 전화선을 절단하고 지서원을 철봉과 장총으로 난타하여(am 11시~pm 2시) 경찰서원 2명이 전치 2주의 중상을 입었다. 이와 같은 경비대와 경찰간의 갈등양상은 전국적으로 빈발하고 있었던 것이다. 우리가 여순민중항쟁을 바라보는 시각이 14연대라고 하는 경비대의 사건으로 포커싱이 되면 그 역사적 의미 전체를 유실하게 되는 우려가 있다. 당시 군은 제대로 된 군이 아니었고, 경찰 또한 제대로 된 경찰이 아니었다. 이들 사이에서 치고받고 하는 사태는 "항명"운운할 수 있는 질서체계를 갖추고 있질 못했던 것이다. 그것은 오직 민중의 문제일 뿐이었다.

어찌 하여 민중의 문제일 뿐이라고 말하는가? 민중의 이야기를 하기 전에 14연대와 관련된 또 하나의 중요한 사건, 이승만이라는 정치모리배의 야비한 품성을 드러내는 "혁명의용군사건"이라는 또 하나의 날조사건을 이야기해야 한다.

최능진 이야기

최능진崔能鎭 1899~1951이라는 인물이 있다. 해방 후 역사에서 매우 중요한 역할을 수행한 인물이지만 일반인들에게는 잘 알려져 있질 않다. 그는 1899년 평남 강서군에서 태어났다(그 유명한 고구려의 강서대묘가 있는 곳). 1937년 안창호와 함께 독립운동을 했으며 수양동우회사건으로 구속되어 2년간 옥고를 치르기도 했다. 그는 매우 가치관이 올곧은 민족주의자였고 하자 없는 독립운동가였다. 그는 해방 직후 평남 건국준비위원회 치안부장으로 활동했으며 그해 9월 소련의 탄압을 피해 월남한 후, 미군정에 의해 경무국 수사과장으로 발탁되었다. 그러나 다음 해 조병옥이 친일경찰을 다시 전면 등용하고 경찰수뇌로서 경찰부패를 묵인하는 태도에 분노를 느끼고 그에게 계속 항의하다가 경찰간부직(경무부 수사국장)에서 밀려났다. 그러니까 최능진이라는 인물은 우리나라 경찰사에서 조병옥(경무부장)＋장택상(수도경찰청장) 진영에 강력한 안티테제를 형성하는 양심세력이었던 것이다.

1948년 대한민국 정부수립 당시 5·10총선거에서 어떻게 해서든지 이승만이 대통령 되는 것을 막아야겠다고 생각했다. 이승만은 도저히 이민족의 지도자가 되어서는 아니 될 인물이라는 확고한 신념을 가지고 있었다. 아무리 이승만일지라도 초대 대통령은 제헌국회에서 간접선거로 선출되는 것이기 때문에 5·10총선에서 제헌국회의원으로 선출이 안되면 대통령이 될 방법이 없었다. 최능진은 용감하게 이승만이 출마한 동대문 갑구에 출마했다. 그러자 수도경찰청장 장택상의 지휘 아래 경찰과 서북청년단이 온갖 방해공작을 펼쳐 후보등록을 취소시켰으나 최능진은 사선을 뚫고 결국 후보등록에 성공한다. 그리고 추첨에 의해 기호 1번이 되었다.

기호1번 최능진은 선거가 시작되면서 자신의 독립운동경력과 친일경찰처벌에 대한 강력한 요구 등으로 국민의 높은 지지율을 얻었다. 이 상태로 두면 이승만은 최능진에게 패배할 것이라는 사실이 명백해졌다. 이승만은 동대문 갑구에서 국회의원에도 당선 못할 정도로 지지기반이 없는 정치인이었던 것이다. 우리는 이승만에 대한 환상을 깨야 한다. 그를 옹립하는 것은 국민이 아니라 소수 우파정객들뿐이었다. 나는 기억이 없으나 나의 형님도 동대문 관묘 있는 곳에서 그의 연설을 들었다 했는데 인기가 하늘을 뚫는 것 같았다고 했다. 그의 기호1번 포스터는 동대문 신설동 주변에 가득 붙어있었다고 했다. 최능진에게도 지게 생긴 이승만, 고생고생해서 국민이 반대하는 단선單選을 성공시켰는데, 엉뚱하게 국회의원선거에서 떨어진다면 무슨 개망신인가!

어떻게 해서든지 최능진을 떨쳐내라! 당시 최능진은 이승만의 당선을 위협하는 이승만의 "정적"으로 부각되어 국민의 기대가 높아졌다. 동대문경찰서장 윤기병은 경찰을 동원하여 본인이 스스로 날인하지 않았다는 후보등록 추천인들의 진술을 받아내(모두가 강압에 의한 날조이다), 선거관리위원장 노진설 대법관을 찾아가 등록을 무효화시킬 것을 요청한다. 결국 선거 2일 전인 5월 8일 선거관리위원회는 추천인 200명 중 27인이 본인날인이 아니라는 이유로 최능진의 입후보등록 취소를 통보했다. 최능진은 이후 서재필을 옹립하는 운동을 벌여 또다시 이승만에 대항했다.

혁명의용군사건과 14연대
이승만은 괘씸한 최능진을 그대로 둘 수가 없었다. 대통령에 당선된 이승만은 최능진을 제거하지 않고서는 편안한 잠을 잘 수 없었다. 그래서 일으킨 쌩날조사건이 "혁명의용군사건"이다. 최능진이 군대조직을 동원하여 러시아 10월혁명 비슷한 전국적인 반란을 기도했다는 것인데, 그 군대조직의 주모자가 바로 김익렬金益烈의 후임으로 부임한 제14연대 연대장 오동기吳東起(광복군 출신. 김구계열의 사람)라는 것이다. 최능진의 선거원 한 명의 보증인이 오동기라는 것 외로는 이 두 사람은 만난 적도 없다.

그런데 이 두 사람이 한국판 볼셰비키혁명의 주모자라는 것이다. 국무총리 이범석의 말을 빌리면 "공산주의자가 극우의 정객들과 결탁해서 반국가적 반란을 일으키자는 책동" 운운하는데 도무지 아귀가 맞지 않는 낭설낭보일 뿐이다. 오동기 소령은 9월 28일 육군총사령관 송호성의 소환명령을 받고 서울로 갔고, 즉시 육군정보국에 구금되었다. 그리고 정부는 10월 1일 최능진, 서세충徐世忠, 김진섭金鎭燮 등을 혁명의용군사건과 관련하여 체포하였다고 발표한다. 오동기는 10년형을 받았다가 6·25 전쟁 이후 5년으로 감형되었다. 그는 죽는 날까지 혁명의용군사건을 부인하였고, 여순항쟁과도 무관하다고 항변하였다(오동기 큰딸 오승운 증언).

최능진은 아깝게도 1951년 2월 11일 경북 달성군 가창면에서 처형된다. 그는 날조된 혁명의용군사건으로 징역 5년을 선고받았으나 인민군이 서울을 점령하자 서대문형무소에서 출옥하여 서울에 남아서 정전·평화협정운동을 벌였다. 일관성 있는 평화주의자pacifist였다. 그러나 9·28 수복 후 군법회의에서 국방경비법 제32조 이적죄로 사형을 선고받은 것이다.

황당한 날조사건으로 연대장의 모가지에 국가전복의 죄목이 걸리는 것을 목격한 14연대 사람들에게 과연 "국가"가 무엇을 의미했는지 한번 되씹어보라! 정적으로 등장한 최능진을 제거하기 위한 야비한 수단으로 무리하게 날조하다보니 14연대까지 꿰어지게 된 것이다. 이승만! 그를 과연 이 민족의 지도자라 운운할 수 있겠는가?

가짜뉴스 남발하는 이승만

당시 "날조"의 정황을 말해주는 코믹한 사건을 하나 더 들라면, 여순 민중항쟁이 일어난 직후, 11월 8일 내무부장관 윤치영은 북한의 최소한 8개 도시에서 공산지배에 반대하는 광범한 폭동이 1주일 전부터 일어났다고 발표했다: "평양, 신의주, 원산, 함흥 기타 4개 도시는 폭동에 휩쓸려 들어갔으며 원산의 6천 명의 반도叛徒는 전부 학살된 것으로 보인다."

정부 각료 한 사람은 "폭동은 4일 전에 발생하였으며 19만 명이 이에 참가하였다. 함흥시의 1만 2천 명의 폭도는 북한인민군 기관총 지점을 점령하고, 기관총으로 말살하려는 인민군의 기도를 물리친 다음, 시를 돌격, 점령하였다" 운운.

하여튼 이 발표는 당시 빅뉴스였으나 곧 완전한 픽션임이 드러나버렸다. 이 시기에 북한에서는 전혀 그러한 사실이 발생하지 않았던 것이다. 이승만정부의 거짓말은 당시 이러한 수준이었다. 마음대로 꾸며내고 마음대로 발표했다.

민중항쟁을 발발시키는 사태에는 어떤 구체적이고도 보편적인 원인이 개재되지 않으면 아니 된다. 추상적인 원리나 이념의 문제로 민중은 움직이지 않는다. 민중의 마음을 움직이는 가장 직접적인 동인動因은 무엇일까? 그것은 뭐니뭐니 해도 민생의 문제일 수밖에 없다. 인간이 가장 참을 수 없는 것은 "배고픔hunger"이다!

미군정 미곡수집령

미군정의 가장 큰 문제는 앞서 지적한 바대로 미국인들의 순전한 무지에 있었다. 그 무지가 야기한 최대의 실책은 경제정책에 있었다. 미군정이 경제만 안정시켰다 할지라도 해방 후 정국에서 보여지는 그러한 혼란은 없었을 것이다. 건준은 해방의 날로부터 이미 식량문제가 해방정국을 이끌어나가는 데 가장 긴요한 과제상황이라는 것을 인식하고 3개월간의 식량을 확보할 것을 조선총독부에 요청하고, 산하에 양정부糧政部와 식량대책위원회를 두어 식량의 수집과 운송, 분배, 모리배 감시에 주력했다. 이러한 활동은 상당한 성과를 거두어 식량이 시장에 유출되거나 모리배가 사재기를 하는 현상이 없었다. 미군정은 사회주의자들의 통제정책에 반발하고 건준의 식량관리계획을 부정했다. 건준에게 식량운영권을 넘길 수 없다는 판단 때문이었다.

그래서 미곡을 자유시장에 내맡겨 버리는데 그것은 결국 쌀의 매점매석, 그리고 과대소비로 이어지면서 쌀값의 폭등을 야기시켰다. 그러자 미군정은 도시민에 대한 식량배급을 명분으로 1946년 1월 25일 "미곡수집령"을 공포하고 식량공출을 단행하는데, 결국 미곡 자유시장을 포기하고 과거 일제 강점기의 공출보다 더 잔인한 강제수거를 단행했다. 미군정의 배급정책은 농촌에까지 적용되었는데, 그 결과 곡물섭취량은 오히려 식민지시대보다도 못한 처지가 되었다. 힘없는 농민은 쌀을 시장가격의 5분의 1에 불과한, 실제 생산비에도 못 미치는 가격에 강탈당했다. 그리고 쌀을 사기 위해서는 수집가격의 5배나 높은 가격에 사야 했다. 할당량을 못 채우면 투옥되는 경우가 허다했다. 경무부 수사국장 최능진이 1946년 말 한·미회의the Korean-American Conference에서 한 말은 당시 상황을 리얼하게 전해준다:

> "나는 농촌을 돌아보았는데 그들로부터 여름에 경찰들이 공출할당량이 얼마인지도 모르면서 무턱대고 농가로 찾아가 농민들에게 쌀을 내놓으라고 강요한다는 말을 들었다. 쌀을 내놓지 못하면 경찰은 그들에게 수갑을 채워 경찰서로 데려가 음식도 주지 않고 하루종일 가두어둔다고 한다."(*The Origins of the Korean War*, p.206).

한국경찰과 공무원은 미군의 권세 하에서 "탈취대"라고 불리는 쌀 수집반을 구성하였다.

이 미군정의 미곡수집령이야말로 1946년 전국적인 10월봉기의 주요 원인이었으며 제주4·3과 여순민중항쟁의 가장 근원적인 요인이다. 이 것은 남로당의 정치적 공작과는 전혀 무관한 것이다. 남로당은 그러한 대중동원조직체계나 지지기반을 갖지 못했다. 그것은 몇몇 지식인들이나 지식인 반열에 들고 싶어하는 허영끼 있는 인간들의 픽션에 불과했다. 민중에게 절실한 것은 오직 "쌀"이지 공산이념이 아니었다.

자아~ 이렇게 얘기가 길어지다 보면 정말 이 원고에서 내가 벗어날 가망이 없어 보인다. 정말 지금 내가 펜을 들고 있는 오른쪽 어깨가 떨어져나갈 듯이 아프다. 독자들이 이제 나를 해방시켜주어야 할 때가 된 것 같다. 구체적인 사실에 관한 문제는 역사학자 김인혜金仁惠(고려대학교 사학과 82학번)가 이 책의 부록으로 첨가한 **제주4·3-여순민중항쟁 연표**를 참고해주기를 부탁한다. 이 연표는 1943년부터 1955년 지리산금족령해 제에 이르기까지의 모든 주요사건을 낱낱이 맥락적으로 밝혀놓고 있다.

여순 지역의 태풍, 노아의 방주

1948년 여름! 여순 지역의 사람들에게는 너무도 불행한 시절이었다. 1948년 전남 지방의 경우 보리수확량이 전년보다 4할이 감소하였는데 하곡(보리)수집 매집량은 3만 5천 석이나 증가한 19만 8천 석이었다. 그런 데 6월부터 9월까지 태풍이 3차례, 장마가 35여 일이나 계속되었다. 곳곳 에서 제방이 무너지고 가옥과 농작물이 침수되는 등 그 피해는 실로 막 대하였다. 각종 도로와 철도가 유실되면서 교통도 두절되고 고립된 마을 도 속출하였다. 『서울신문』1948년 7월 17일 자 기사를 보면, "산중턱에 는 태풍으로 휩쓸려 올라간 배들이 얹혀져 있는 것이 마치 노아의 방주를 연상케 한다⋯⋯" 8월 25일 조사된 총 피해액은 2백억 원을 넘었다. 6월 부터 8월 말까지 전남 지역의 사망자만 200명을 넘어섰다. 이재민도 헤 아릴 수가 없었다. 그런데 9월 8일 또다시 시속 40㎞의 태풍이 남해안을 덮쳤다. 대한민국이라는 정부가 수립되었지만 이들에게 구호의 손길은 내려오지 않았다. 분노는 포도처럼, 아니 노도와도 같이 폭발 직전으로 밀어닥치고 있었다. 이런 상황에서 공출미는 야적된 채 수천 석이 썩고 있었다. 식량영단食糧營團의 관리는 장부를 속여 쌀을 도둑질하고 있었다.

제주4·3의 핵심이 4월 3일의 무장봉기가 아니듯이, 여순민중항쟁의 핵심이 10월 19일 14연대의 항명봉기에 있는 것이 아니다. 오직 그것은 여순민중항쟁이라고 하는 거대한 역사의 흐름을 촉발시킨 하나의 점화에 지나지 않는다.

많은 사람들이 이렇게 생각한다. 제주도에 큰일 터졌다. 그것을 진압하려면 군인이 더 필요하다. 제주 9연대 사람들로는 모자란다. 아~ 참 가까운 여수에 14연대가 있지! 14연대에서 1개 대대를 동원해라! 1948년 10월 19일 저녁 10시경 신월리에서 배를 타고 무기를 싣고 제주도로 간다. 가기 전 마지막 파티를 열었는데(1개 대대는 여러 대대에서 차출되어 구성된 것인데 차출되는 과정에서도 문제가 있는 인물들만 골라 모았다고 한다), 그때 지창수 상사가 등장하여 일장연설을 한다. 옳소! 옳소!

지창수는 픽션

우리가 알아야 할 사실은 지창수池昌洙 1906~1950라는 특무상사의 이름이 서물書物상에 등장하는 것은 사건이 발발한 후 19년 만의 사건이다. 지창수는 남로당의 14연대 조직책으로 인식되었고 지창수를 반란의 지도자로 삼음으로써 이 여순민중항쟁 전체가 남로당의 지령에 의한 조직적 움직임인 것처럼 만드는 후대의 인식체계가 덮어씌워진 것이다. 일개 상사가 14연대 전체를 움직일 수 있는 카리스마, 그것도 공산혁명이념을 표방하는 좌파반란의 리더십을 소유한다는 것은 어떠한 경우에도 불가능하다. 리얼 스토리는 훨씬 더 복잡한 것이다.

14연대의 제주도 출동은 10월 19일 밤 10시로 예정된 것이지만 제주도 출동에 관한 상부의 지령은 그보다 훨씬 빠른 것이다. 육군총사령부로부터

제주도에 파견할 1개 대대를 조속히 편성하여 대기하라는 작전명령이
14연대장 박승훈 중령에게 내려온 것은 10월 15일의 사건이었다. 그러면
14연대의 사람들이 봉기를 준비할 수 있는 기간은 충분했다.

15일~19일간의 닷새 기간이 있었다. 봉기의 핵을 이룬 그룹은 40여 명
이었고 이들은 제주도와 모종의 지연·혈연이 있거나, 제주도사태에 관
해 충분한 이해가 있는 사람들이었을 것이다. 그리고 이 닷새간의 준비를
수행한 핵그룹은 3명의 유능한 장교였다: **김지회**金智會, **홍순석**洪淳錫, **이
기종**李祈鍾. 이제부터 내가 이들의 행동반경을 운운하기 시작하려면 또
한 권의 책을 써야하므로 여기서 과감히 붓을 단절키로 하고 이들이 여수
시내 전역에 붙인 벽보·삐라의 내용만을 소개하려 한다.

애국인민에게 호소함

우리들은 조선 인민의 아들, 노동자, 농민의 아들이다. 우리는 우리들의
사명이 국토를 방위하고 인민의 권리와 복리를 위해서 생명을 바쳐야
한다는 것을 잘 안다. 우리는 제주도 애국인민을 무차별 학살하기
위하여 우리들을 출동시키려는 작전에 조선 사람의 아들로서 조선동
포를 학살하는 것을 거부하고 조선 인민의 복지를 위하여 총궐기하였다.

1. 동족상잔 결사반대   2. 미군 즉시 철퇴

제주토벌출동거부병사위원회

이 문장을 읽어보면 이들 주체세력이 얼마나 신중하고 그 나름대로 치열한 문제의식이 있었나 하는 것을 알 수 있다. 이들은 결코 선동가가 아니었고 무엇을 쟁취하기 위하여 궐기한 것이 아니었다. 우선 주체의 이름도 "혁명"이나 좌파적 이념색깔을 전혀 배제하고 있다.

제주토벌출동거부병사위원회

"토벌"이라는 것은 "진압"보다도 더 심각한 단계의 작전이다. 진압은 선무를 포섭하지만 토벌은 "무조건 살상"을 전제로 한다. 제주인민을 토벌하기 위하여 출동하라는 것을 거부했다는 것이다. "거부"는 "항명"이 아니다. 군인으로서 받아야 할 명을 근원적으로 항抗한다는 뜻이 아니라, 정당하지 못한 출동을 거부한다는 매우 소박한 의미로 자신들의 행위를 규정하였다. "출동거부"는 "항명"일 수가 없다. "항명"은 그 명이 "정당한 명령"일 때만이 성립하는 것이다. 정당한 명령이 아닐 때는 항명의 죄는 성립하지 않는다. "조선사람의 아들로서 조선동포를 학살하는 것을 거부하고 조선인민의 복지를 위하여 우리는 일어섰다."

이 말에도 일체 이념적인 색채가 들어있지 않다. 단지 군인으로서 군인이 지켜야 할 도리만을 천명하고 있는 것이다. "우리 군인들은 우리의 사명이 국토를 방위하고 인민의 권리와 복리福利를 위하여 생명을 바쳐야한다." 이들은 군인의 사명이 일차적으로 국토를 방위하는 데 있다는 것, 일차적으로 대외관계에 있지, 대내적 치안에 있지 않다는 것을 자각하고있다. 군인의 사명은 국토를 방위하는 것이지, 인민을, 즉 같은 동포를 학살하는 데 있지 않다는 것을 천명하고 있다는 것이다. 그래서 우리는 "제주도 애국인민을 무차별 학살하기 위하여 우리들을 출동시키려는 작전을 거부할 수밖에 없다"는 것을 애틋하게 매우 상식적으로 호소하고 있는 것이다. 제목도 "애국인민에게 호소함"이고 주체도 "병사위원회"이다. 전혀 거창한 이념적 과시나 허세나 선동이나 쟁취목표가 없다. 당대에 쓰여질 수 있었던 가장 진실한, 가장 소박한 명문장이라 할 것이다.

항명도 아니다: 김영환 대령의 위대한 판단

우선 항명이 성립할 수 없다는 것과 관련하여 내가 하나의 예만 들어보겠다. 해인사의 8만대장경판이 얼마나 중요한 문화유산인지, 그것은 비단 우리민족의 자부심일 뿐 아니라 세계학술사의 금자탑이라는 것은 내가 이미 설명한 바와 같다. 이 8만경판이 해인사에 안치된 이후로 무려 7차의 화재를 겪었으나(숙종 21년 1695, 숙종 22년 1696, 영조 19년 1743, 영조 39년 1763, 정조 4년 1780, 순조 17년 1817, 고종 8년 1871), 대장경판만은 무사하였다.

1950년 6월 25일 북한의 인민군이 대거 남침하였다가, 인천상륙작전으로 퇴로가 막히자 낙오된 인민군이 지리산에 약 6,500명, 가야산에만 900여 명이 되었다. 이렇게 많은 공비의 토벌을 담당한 서남지구전투경찰대는 수적으로 도저히 토벌작전을 성공리에 수행할 수가 없었다. 그래서 1951년 7월부터는 공군도 지원작전에 나섰다. 1951년 9월 18일 오전 6시 30분, 아침식사가 끝나자마자 지상군부대로부터 긴급공중지원요청을 받았다.

4기 편대였는데, 제1번기에는 김영환金英煥 대령이, 2번기에는 박희동朴熙東 중령이, 3번기에는 강호륜姜鎬倫 중령이, 4번기에는 서상순徐商純 중령이 타고 있었다. 이때 기내에는 각각 500파운드의 폭탄 2개, 5인치 로켓탄 6개, 캘리버50 기관총 6정과 총탄 1,800발을 장비하고 있었다. 1번기인 장기長機에만 폭탄 대신 750파운드짜리 네이팜탄을 적재하고 있었다. 드디어 정찰기가 떨어뜨린 백색연막이 선명하게 목표를 가리켰다. 해인사 대적광전 앞마당이었다. 네이팜탄 1발이면 해인사 전체와 8만 대장경경판이 잿더미로 화해버리고 공비의 소굴을 뿌리뽑을 수 있었다. 그런데 김영환 편대장의 장기長機는 급상승선회 하면서 요기僚機에게 명령했다: "**각 기는 편대장의 뒤를 단종진대형單縱陣隊形으로 따르되 편대장의 지시 없이 절대로 폭탄과 로켓탄을 사용하지 말라! 그리고 기관총만으로 사찰주변의 능선을 소사공격掃射攻擊하라!**" 사실 능선의 소사공격은 매우 위험한 것이다. 끝내 사원경내에는 기총소사도 하지 않고 해인사 뒷산 몇 개의 능선을 넘은 곳에서(성주星州 지방) 폭탄과 로켓탄으로 적을 무찔렀다.

그날 저녁 미군사고문단의 미국인 소령이 가야산지구 토벌작전에 대한 책임을 추궁하였다.

"목표를 알리는 연막탄의 흰 연기를 보셨습니까?"

"…… 그곳은 사찰이 아닙니까?"

"사찰이 국가보다 더 중요하다는 말입니까?"

"사찰이 국가보다 더 중요할 것은 없지만 공비보다는 사찰이 더 중요하지요. 공비는 유동적인 것입니다. 언제고 소탕할 수 있지만 문화재는 한번 파괴되면 복구할 수 없습니다."

"그러나 작전은 어디까지나 작전입니다."

"프랑스는 파리의 문화유산을 보호하기 위하여 나치군에게 파리를 내어주었고, 2차대전 때 미군이 일본 쿄오토를 폭격하지 않은 것은 쿄오토가 일본문화의 총본산이라고 생각했기 때문입니다. 영국인이 셰익스피어를 인도와 바꿀 수 없다고 말했듯이 우리민족에게도 인도나 파리와도 바꿀 수 없는 8만대장경판이 있습니다. 어찌 움직이는 수백 명의 공비를 소탕하기 위하여 위대한 인류문화유산을 잿더미로 만든단 말입니까?"

미 군사고문단의 단장은 더 이상 김영환 대령에게 책임을 추궁하지 않았다. 위대한 군인은 명령을 거부할 수 있는 것이다.

반란이라는 개념이 성립할 수 없는 이유
"여순반란"이라는 개념이 성립할 수 없는 이유만 간단히 밝히겠다. "반란反亂, 叛亂"이란 문자 그대로 "어떤 상태를 뒤집기 위해서 난동을 피운다"는 뜻이다. 여기서 뒤집는다(反)는 것은 보통 물건을 뒤집는 것이 아니고 정치권력, 즉 국가권력의 판도를 근원적으로 뒤엎는다는 것을 의미한다. "인조반정"이라는 것은 광해군을 인조로 바꾸었다는 것을 의미한다. 현재의 권력자를 축출하는 것이다. 여순반란이 "반란"이 되려면 이승만을 권좌에서 몰아내려는 구체적인 플랜이 있어야 한다. 물론 반란은 성공하면 혁명이 되고 실패하면 난이 되고 만다.

그러나 "반란"이라는 말을 붙이기 위해서는 성패와 무관하게 지향점의 구조가 설정되어 있어야 한다는 것이다. 현재의 권력자를 축출하려면 반드시 후임 권력자를 미리 결정해놓아야 한다. 김지회는 결코 이승만을 축출할 생각도 없었고, 자기가 이승만 자리에 앉을 꿈을 꾼 사람도 아니다. 그러려면 서울을 점령해야 하는데, 방송국을 점령하거나 해야 하는데 그런 플랜이 없었다. 그들은 그냥 거부의 뒷감당이 버거워 지리산 속으로 피신했을 뿐이다. 피신하는 과정에서 진로를 막는 경찰들을 사살했을 뿐이다.

반란이 되기 위해서는 주도세력이 정부요직에 있거나 대병력의 동원이 가능한 군사지휘자들을 포섭하고 있어야 한다. 반란은 물리적인 힘이 있어야 하며, 오랜 기간의 철저한 계획 하에 진행되어야 하며, 장기항전의 계책도 있어야 한다. 여수 14연대의 항거는 부당한 명령에 대한 거부일 뿐이며, 사회사적·정치사적으로 보더라도, 그것은 가벼운 "소요"에 지나지 않았다. 얼마든지 정상적 궤도로 컴백될 수 있고, 다스려질 수 있는 소요였다. 이것을 대규모 국민학살극으로 확대시킨 것은 오로지 국가폭력의 업이었다. 여순민중항쟁은 14연대 사람들의 합리적 판단에 여순지역 인민 전체가 호응한 결과의 산물일 뿐이다. 14연대 사람들은 스쳐지나갔을 뿐이었다. 모든 문제는 여수·순천 지역의 민중이 인간다운 삶을 요구하며 그들에게 가해지는 모든 폭력적 체제에 저항함으로써 발생한 것이다. 그런데 그것을 1만 5천 명 이상의 학살로써 국가가 대응했다고하는 것은 상식 이하의 만행이다. 11월 4일의 이승만 대통령의 담화는

다음과 같다:

이승만의 명령: 어린아이들까지 다 죽여라!

"모든 지도자 이하로 남녀아동까지라도 일일이 조사해서 불순분자는
다 제거하고 조직을 엄밀히 해서 반역적 사상이 만연되지 못하게 하며
앞으로 어떠한 법령이 혹 발포되더라도 전 민중이 절대 복종해서
이런 비행이 다시는 없도록 방위해야 될 것"

여기 너무도 끔찍한 말은 "남녀아동까지라도"라는 말이다. 일국의 대
통령이 자국의 국민을 어린아이까지라도 불순분자는 다 잡아죽이라고
명령한 것이다.

우리는 "광주5·18민중항쟁"이라는 사건을 잘 알고 있다. 그런데 그 사
건은 전두환이 대통령 되고 싶어서 일으킨 사건이라는 것은 누구나 잘 알
고 있다. 다시 말해서 당시 우리나라 사람들은 누구든지 전두환이 대통령
감의 재목이나 히스토리를 지닌 인물이 못 된다는 것을 잘 알고 있었다. 그
래서 전두환은 국민 전체를 겁주는 방식의 초강수로서 광주라는 만만한 도
시를 택했다. 잔 깡패는 재크나이프를 휘두르지만, 진짜 쎈 양아치는 소리
없이 사시미칼로 푸욱 쑤셔댄다. 전두환은 사시미칼을 광주에 꽂았던 것이
다. 그래서 그는 그래도 9년 동안이나 배짱 좋게 11대·12대 대통령을 잘
해먹었다. 그 폭거의 덕분 때문에 국민에게는 선·악의 확고한 기준이 섰
고(전두환은 확실한 악의 구현자였다), 그러한 가치판단의 보편화는 민주화라
는 본질적인 역사진보의 계기를 창출해냈다. 그러나 5·18의 폭력이 없었

더라면 전두환이 대통령을 해먹었을 수 없었다는 것은 명약관화하다.

마찬가지로 이승만은 당시 해방정국에서 오묘한 기류를 타고 대통령이 되었지만 도저히 대통령직을 유지할 수 있는 정치적 기반이 없었다. 해방정국에서 보여준 그의 정치놀음은 너무도 비도덕적이었다. 정적을 제거하는 데만 광분했고 사상적 포용성을 지니지 못했으며 대의를 구현하는 여민동락與民同樂의 큰마음이 없었다. 그러한 상황에서 이승만이야말로 "사시미칼"이 없이는 자신의 포지션을 유지할 길이 없었다. 기실 제주 4·3과 여순민중항쟁은 하나의 사건으로 통관通觀되어야 한다. 제주도민과 여순 사람들이 문제를 일으킨 것이 아니라, 이승만은 그 궐기를 기다리고 있었다. 제주4·3과 여순민중항쟁이 없었더라면 이승만은 정권을 유지하지 못했다. 더 크게 말하면 그는 6·25전쟁의 최대의 수혜자였다. 6·25전쟁이 없었더라면 이승만은 정권을 유지할 길이 없었고 오늘날까지도 태극기부대가 준동하는 우익친미기독교국가가 될 길이 없었다.

여순민중항쟁의 여파: 강고한 우익반공체제

여순민중항쟁으로 이승만은 강고한 우익체제를 구축했다. 예비검속, 연좌제를 실시했고, 보도연맹을 창설했다(30만 이상을 죽임). 군대로부터 완벽히 좌익세력을 청산하는 숙군사업을 완성했으며, 반민특위활동에 밀린 친일경찰까지도 대거 군대로 들어갔다. 향토연대의 특성은 해체되었으며, 여순민중항쟁으로 손실된 병력공백에 우익청년단체 사람들이 대거 입대하였다. 군대가 체제수호의 수단적 기구로 변모하여 부패하였다(박정희는 이러한 군대의 부패를 청산하는 정풍운동의 리더로서 결국 쿠데타를 감행하기에 이른다).

대학에는 학도호국단이 창설되었고, 주한미군철수가 6개월 정도 연기되었고, 국가보안법이 통과되었다. 경찰병력이 확대되면서 서북청년단원들을 대거 정규경찰화 시켰다. 그리고 국민의 이동의 자유를 제한하고 감시체계를 강화하는 유숙계제도를 만들었다. 이러한 모든 변화를 구축하는 계기가 바로 여순민중항쟁이었지만 우리는 그것을 민중항쟁으로 인지하지 못하고 공권력에 대한 공포감과 인간의 본성에 대한 불신감만 키웠다. **우리는 너무 몰랐다. 우리는 너무 조용했다.**

새벽 동쪽 하늘에 먼동이 트고 있다. 그믐달에 찬란한 샛별이 걸려있다. 어려서부터 즐겨 암송했던 백락천의 싯구가 떠오른다: 天長地久有時盡, **此恨綿綿無絕期**。(하늘은 너르고 땅은 오래도 언젠가 끝날 날이 있건만, 이 끔찍한 한이야말로 이어지고 또 이어져 끝날 기약이 없구나).

붓을 멈추려니 여순민중항쟁을 당지에서 체험한 여수읍민 한 사람이 남겨놓은 애절한 이야기가 귀에 쟁쟁하다: "**184시간의 공화국의 꿈이 드디어 완전히 깨어졌다. 학생이면 남학생이거나 여학생이거나 총살의 대상이 되었다. 집집마다 사람들은 모주리 손을 들고 나와야 했다. 그 중에서 15세 이상 45세 이하는 반란군에 가담한 여부를 조사받기 위하여 국민학교 마당으로 수용되었다. 남국**南國**이라고는 하나 시월도 이미 기울어 찬서리가 사정없이 내리는 밤, 꿇어앉은 알무릎 밑에 모래알이 아프게 상안**象眼**되면서**("상감"과 같은 뜻. 들어박힌다), **사람들은 일헤반(7과 ½) 동안의 서글픈 꿈에서 깨어, 경각을 모를 위태로운 자기 생명을 조마조마 어루만지는 것이었다.**"(『민주일보』 1948년 11월 3~5일).

제주평화선언
— 삼다三多의 고난과 삼무三無의 평화 —

제주4·3은 1948년 4월 3일에 일어난 특정한 사태를 가리키는 말이 아닙니다. 그것은 1947년 3·1절을 기념하기 위하여 북국민학교에 운집한 제주도민 3만 명의 열망에서 점화되어 7년 7개월 동안 타올랐던 비극의 횃불, 그 횃불을 물들인 모든 상징적 의미체계를 총괄하여 일컫는 말입니다. 4·3이야말로 기미독립선언 100주년을 맞이하는 올해에 그 선언정신을 가장 정통적으로 되새기게 만드는 민족정신 활화산의 분출이었습니다. 그것은 제주도민만의 열망熱望이 아닌 조선대륙 전체의 갈망渴望이었으며, 몇몇 강대국에 의하여 압박받던 지구상의 모든 민중들의 대망待望이었습니다. 4·3은 세계현대사의 주축으로서 오늘날까지 그 핵을 형성하고 있는 것입니다.

"오등吾等은 자玆에 아조선我朝鮮의 독립국임과 조선인의 자주민임을 선언하노라." 4·3의 정신은 바로 자주自主와 독립獨立 이 두 글자에 있는 것입니다. 민족자존民族自存의 정권正權을 영유永有케 하기 위하여 제주의 민중은 일어섰습니다. 홍익인간弘益人間의 이상을 만방에 선포하기 위하여!

제주는 젊습니다. 영원히 젊습니다. 성산 일출봉의 분화구처럼 항상 푸릅니다. 젊기 때문에 비극의 강렬함을 알지 못했습니다. 사적인 욕망에 갇힌 권력의 남용과 횡포가 얼마나 잔인한 것인지를 감지하지 못했습니다. 도덕적 선과 악을 상식의 느낌에 따라 즉각적으로 판단하고 그 당위當爲의 선을 실천에 옮겼습니다. 젊음의 청순함과 단순성은 반드시 비극을 초래합니다. 비극이란 파멸이며 상실이며 억울한 존재의 울부짖음입니다. 파멸과 상실은 절망을 초래합니다. 그러나 젊음에게 절망은 좌절을 의미하지 않습니다. 절망은 젊음에게 평화의 직관直觀을 선물합니다.

생각해보십시오! 돌 많고, 바람 많고, 고통 받는 여자 많은 삼다의 섬! 그것은 고난의 상징입니다. 그러나 이 삼다三多의 처절한 절망 속에서 제주의 사람들은 도둑 없고, 거지 없고, 대문 없는 삼무三無의 여백과 평화의 감각을 창출했습니다. 삼다의 절망 속에서 삼무의 평화를 피어냈습니다. 백설 속에 피는 동백처럼! 삼무는 천하위공天下爲公 대동大同의 이상입니다.

평화란 무엇입니까? 그것은 전쟁의 결여를 의미하지 않습니다. 전쟁이 없는 인간세 속에도 압제와 분열과 파멸이 치성熾盛할 수도 있습니다. 평화는 나른한 고요가 아닙니다. 정좌하고 있는 스님의 평정도 마비의 퇴락일 수가 있습니다. 평화가 정靜이라고 한다면 그것은 무한한 동動, 끊임없는 생명의 약동을 포섭하는 정靜이겠지요. 그러기 때문에 평화의 직관은 청춘의 비극의 체험이 없이는 달성될 수 없습니다. 평화는 초월입니다. 초월이란 "넘어감"이 아니라 "벗어버림"입니다. 향상向上이 아닌 향내向內의 초월입니다. 그것은 해탈입니다. 이기적 욕망의 버림이 없이, 아집我執적 인식의 지평의 확대가 없이 평화는 달성될 길이 없습니다.

평화는 부드러움이나 개체적 사랑보다 더 본질적인 영혼의 엘랑비탈, 그것은 개체성을 초월하여 전체로 나아가는 사랑입니다. 평화는 인류 전체에 대한 연민이며 대의大義의 우환憂患! 그것은 문명이 존재하는 이유이며, 문명의 궁극적 목표입니다. 그것은 끊임없는 자기해탈의 모험의 여정, 그 여정의 종착지입니다.

모험이 없으면 진리(眞)는 고착적 독선이 되고, 아름다움(美)은 저차원의 완벽에 머물며, 선(善)은 규범윤리의 폭력이 되고 맙니다. 그러나 평화의 비젼이 없으면 모험 그 자체가 성립하지 않습니다.

제주의 젊음은 비극 속에서 성장하면서 비극의 모든 성과를 수확했습니다. 정의正義를 한라산 현무암 굴곡진 아름다움 속에 구현하여 왔습니다. 제주는 창조되지 않았습니다. 제주는 탐라耽羅의 민중들이 창조하여 온 것입니다. 제주의 모험은 이여도의 꿈에서 시작하여 청춘의 열정과 비극적 아름다움을 결합시켰습니다. 그 결합의 힘이 바로 삼다삼무의 평화의 감각입니다.

우리의 개체적 인식의 지평의 회전, 역전, 확대가 없이 평화는 달성되지 않습니다. 우리를 지배하는 모든 이데올로기, 편협한 개념적 사유로부터 해방되어야 합니다. 빨갱이는 설문대 할망이 만든 우주 어느 곳에도 존재하지 않습니다. 문명화된 문화의 발전과 유지에 필요한 근원적 요소 속에는 종교적 비전이 자리잡고 있습니다. 그러나 나는 이 지구상의 모든 하느님들에게 호소합니다. 야훼여, 예수의 하나님이여, 알라여, 브라만이여! 이 땅을 지배하려 하지 말고 자기초월의 예지를 배우소서! 제주도의 대자연에 가득찬 신들의 겸손을 배우소서! 이 땅에, 이 인간세에 자기를 버리고 평화를 내리소서. 1947년 3월 1일 제주도민이 외친 호소를 실현하여주소서! "3·1혁명정신을 계승하여 외세를 물리치고, 조국의 자주통일을 이루자! 민주국가를 세우자!"

나는 제주도를 사랑합니다. 그냥 사랑합니다. 해녀들이 부르는 평화의 노래가 하도해변을 걷는 나의 뺨을 여전히 스치고 있기 때문입니다.

> 이여도사나 이여도사나
> 물로야 뱅뱅
> 돌아진 섬에
> 먹으나 굶으나 물질을 허영
> 이여도사나 이여도사나

2019년 4월 3일
제주4·3평화공원에서

求禮慰靈祭 祝文
구 례 위 령 제 축 문

·
·
·
·
·
·

維歲次 西紀 2019年 11月 19日 陰曆 己亥年 乙亥月 庚申日
檮杌書院 講主 철학자 檮杌 金容沃은 여순민중항쟁의
소용돌이 속에서 억울하게 목숨을 잃은 모든 영령님들께
삼가 昭告하나이다.

잘 있거라 산동아 너를 두고 나는 간다

열아홉 꽃봉오리 피어보지 못한채로

까마귀 우는 골에 병든 다리 절며 절며

달비머리 풀어얹고 원한의 넋이 되어

노고단 골짜기에 이름없이 쓰러졌네

살기좋은 산동마을 인심도 좋아

산수유 꽃잎마다 설운정을 맺어놓고

까마귀 우는 골에 나는야 간다.

너만은 너만은 영원토록 울어다오

이것은 이 구례지역에 살던 꽃다운 19살 소녀가 아무 이유도 모른 채, 손위의 오빠가 총살당하면 집안의 대가 끊기기 때문에, 대신 총살당하기 위해 끌려가면서 남긴 애달픈 노래라고 합니다. 꽃다운 소녀가 아무 이유도 없이 대신 총살당한다는 말이 어찌 독립국가 대한민국 개명한 세상에 있을 수 있단 말입니까?

이렇게 무참히도 존속되어야 할 생명의 권리를 빼앗긴 혼령이 부지기수! 백두대간 호남정맥이 지리산을 타고 흘러 섬진강과 만나는 이 구례 뜰에는 아직도 그 혼령들의 울음이 끊어지지를 않고 있습니다.

까마귀 우는 골에 나는야 간다
너만은 너만은 영원토록 울어다오

이제 우리는 울겠습니다. 영원히 울겠습니다.

1948년 10월 19일 밤 9시부터 시작되어 1955년 4월 1일 지리산 입산허용 공고가 나붙기까지 6년 6개월 동안 학살된 2만여 명의 영령이 모두, 가해자, 피해자를 막론하고 부당한 국가폭력의 희생자임을 밝히고, 그들에게 부과된 터무니없는 이념의 굴레를 벗기며, 광명정대한 민중항쟁의 횃불을 오늘 이 시점에까지 힘차게 던진 정의로운 역사의 하느님이라는 것을 선포하며 울겠습니다. 영원히 울겠습니다.

여순사건은 반란이 아니라 20세기 민주주의 역사의 선봉을 달린 여순민중항쟁으로서 새롭게 인식되어야 합니다. 그러기 위해서는 하루속히 여순민중항쟁 특별법이 제정되어야 합니다.

우리 민족사의 영광스러운 전환을 위하여, 여순민중항쟁에서 희생된 선령들께, 맑은 술과 여러 음식을 올려 당신들의 혼백을 이어받은 우리들의 각오와 인식을 새롭게 하고자 하오니, 부디 흔쾌히 흠향하시어, 진실을 외면하고 역사의 정당한 진로를 방해하는 사악한 무리들에게 후천개벽의 진리를 밝히시옵소서.

尙饗

제주 4·3추념식 추념사

저는 한국의 제20대 대통령선거가 끝난 후 허탈한 심정이 되어 세상과 격절한 후, 『주역 *The Book of Changes*』에 관한 책을 집필하는 데 몰두하고 있었습니다. 그런데 절해고도와도 같은 저의 적막한 서재에 갑자기 전화벨이 크게 울렸습니다. 미국에서 처음으로 제주4·3추념행사가 열린다는 것입니다. 그것도 학문의 전당 하바드대학에서, 그것도 제가 그 분위기를 잘 아는 패컬티클럽에서! 그리고 저 보고 추념사를 해주십사 하는 부탁이었습니다. 어떠한 주제에 관해 아주 열정적으로 몰두하여 집필하고 있을 때 전혀 다른 주제의 사건이 저의 의식 한가운데로 밀치고 들어오는 것은 참 곤혹스럽습니다. 거절할까 했는데 저는 기꺼이 그 청탁을 받아들일 수밖에 없었습니다. 제 귀에는 4·3으로 희생된 3만여 명의 피눈물어린 절규가 항상 해녀들의 노래처럼 쟁쟁거리고 있기 때문입니다. 4·3은 1947년 3월 1일 제주북초등학교 3·1절 독립만세혁명운동 기념식장에서의 발포사건으로 시작되어 1954년 9월 21일까지 7년 7개월 동안, 제주도 인민의 10%가 아무런 죄목도 없이 학살된 사건을 지칭합니다. 저는 이 사건의 진상을 규명하는 세부적인 논의를 하려는 것이 아닙니다. 저는 이 사건의 진실에 관하여 우리 모두가 다같이 심오한 반성을 해야한다는 것을 말씀드리고자 하는 것입니다.

오늘, 저 유럽의 동쪽에서 일어나고 있는 우크라이나사태의 참상에 한 번만이라도 진정성 있는 시선을 던질 줄 아는 사람이라면 저러한 비극은 충분히 사전에 예방할 수 있었으며, 세계사적 정치역학구도로 볼 때 미국이 보다 현명한 밸런싱의 지혜를 가지고 있다면, 미국과 러시아, 그리고 우크라이나 인민들 모두에게 보다 행복한 결말을 가져올 수 있는 조처가 취해질 수 있었다는 것을 인류의 상식으로써 간파할 수 있었을 것입니다.

『주역』(I-Ching)은 평화(Peace)를 제11번째 괘(Hexagram)인 태괘(Tai Hexagram ䷊)의 형상으로써 상징적으로 말하고 있습니다. 이 괘를 보면 하늘이 하늘의 자리에 있지 않고 땅의 자리에 있습니다. 하늘이 땅 아래 있는 형상입니다. 하늘이 하늘의 자리에만 있고 점점 더 높게 올라가면 그것은 생명력 없는 관념의 허구일 뿐, 촉촉한 대지의 물기와 만나 생명을 잉태할 수 없다는 것입니다. 하느님(God)은 땅에서 땅과 함께 하늘을 동경해야 한다는 것입니다.

미국은 세계사의 하늘입니다. 최강국으로 온 인류가 키워왔습니다. 미국이라는 하늘은 더 높이 하늘로 올라갈 생각을 말고 땅으로 내려와야 합니다. 우크라이나 인민의 고통이 곧 나의 고통이 된다는 것을 깨달아야 합니다. 월남전에서 자국민 우수한 청년 5만 명의 목숨을 잃고도 왜 이러한 비극의 원인에 관하여 자성이 없는지, 참으로 이해하기가 어렵습니다.

1947년 당시 미국이 한국의 건강한 자치 · 자립을 지향하는 세력들, 건국준비위원회 그리고 제주도인민위원회의 사람들을 빨갱이로 휘모는 시각, 그리고 소련을 무조건 대적해야 할 세력으로 간주하는 거친 시각에 대하여 보다 정교한 인식이 있었더라면 4·3이라는 비극은 일어나지 않았을 것입니다. 트루먼독트린이 발표되고 남한이 우익독재국가, 열렬한 반공국가로 변모해가는 모든 과정이 미국이라는 하늘을 더 높게 만들었을지는 모르지만 우리가 살고있는 이 천지는 더욱더 꽉 막혀가는 비색否塞의 천지가 되어가고 있습니다. 우리는 평화를 원합니다. 평화는 하늘이 땅으로 내려올 때만 가능합니다. 하바드의 철학자 화이트헤드A. N. Whitehead, 1861~1947도 하느님을 "영원한 객체"(eternal object)로 말하지 않고 "현실적 존재"(actual entity)로 말했습니다. 인류의 평화의 달성을 위하여 제주4·3의 비극을 회고하고, 그 참된 원인을 규명함으로써 미국이 보다 어른스러운 전관全觀을 획득하게 된다면 그보다 더 다행스러운 일은 없을 것입니다. 이것만이라도 확실히 이해해주십시오. 한국의 인민은 평화를 원합니다. 이념의 대결로 인한 부질없는 전쟁을 원하지 않습니다.

저의 하바드대학 박사학위논문의 지도교수인 벤자민 슈왈츠Benjamin I. Schwartz, 1916~1999는 "보스턴의 성인聖人"(Boston Sage)이라고 불리는 위대한 학자였습니다. 그는 유교문화의 "인仁"(Benevolence, Humaneness)의 보편적 가치를 저에게 일깨워주셨습니다. 미국문명의 잠재적 가능성을 저에게 가르쳐주셨습니다. 저는 선생님이 그립습니다.

2022년 4월 1일

하바드 패컬티클럽에서

at Harvard Faculty Club

제주 4·3 - 여순민중항쟁 연표(1943년 ~)

1943년 11월 27일 – **카이로선언**(장개석 蔣介石 – 처칠 Winston Churchill – 루즈벨트 Franklin Roosevelt). 중국·영국·미국 정상들이 이집트 카이로에 모여서 세계를 휘젓고 있는 일본에 대한 대책회의를 열었다. 향후 일본의 무조건적인 항복을 받아내기로 합의를 보았다. 대한민국임시정부의 외교적 노력으로 중화민국 국민당 장개석 총재를 통해 한국에 대한 상황도 안건에 채택되었다. "한국인의 노예상태에 유의하여 적당한 절차를 밟아서in due course 한국을 자주독립시킨다." → 신탁통치–후견통치(루즈벨트 대통령의 첫 구상).

1944년 6월 6일(오전 10시, D-day) – **연합군 노르망디 상륙작전**(~7월. 총사령관: 아이젠하워Dwight Eisenhower, 1890년생. 연합군 총사상자 12만 2천여 명. 독일군 총사상자 53만 3천여 명). 유럽대륙진공 교두보 확보(8월25일 연합군파리입성). 샤를 드골 Charles de Gaulle(1890년생) 프랑스 임시정부 주석, 파리 개선문 입성(1944년 9월 9일). 연합군의 일원으로 참여한 프랑스, 전승국 지위 획득(독일의 프랑스 점령기간 나치독일에 협력했던 언론인들 대거 처벌. 과거사 청산).

1944년 8월 10일 – **몽양夢陽 여운형呂運亨**(1886년생, 경기도 양평), **조선건국동맹결성**(비밀독립운동결사).

1944년 8월 – **염동진廉東振**(1902년 평양생. 본명, 염응택廉應澤), **대동단大同團 창설**("여운형의 조선건국동맹에 대응할 만한 조직") → 백의사白衣社(1945년 11월. 서울 종로) / 2004년 『만인보萬人譜』20: "1945년 겨울 종로2가에 염동진이 나타났다. … 극우 테러 본부 백의사의 우두머리 … 그의 하루하루는 누구를 죽이는 일 누구를 없애버리는 일이었다. 단독정부가 들어선 뒤 홀연 사라졌다. 그러나 그의 극우 테러는 백주에 호열자로 퍼져나갔다."(고은, 「염동진」)

1944년 8월 23일 – **조선총독부, 〈여자정신대근무령女子挺身隊勤務令〉 공포.** 만 12세 이상 40살 미만의 배우자가 없는 여성이 대상이다(20만여 명이 일본과 중국, 남태평양 등지로 끌려갔다).

1945년 2월 4일 – **얄타회담**(~11일. 루즈벨트·처칠·스탈린. 한국신탁통치 구두합의). 소련의 무력을 필요로 한 미국, 대일참전 요청(일본군의 무장해제를 위한 미·소의 38선 분할의제).

1945년 2월 9일 – **대한민국임시정부**(중경), **일본과 독일에 선전포고.**

1945년 2월 19일 – **이오지마 전투**(~3월 26일). 미군, 일본 본토 공습의 교두보(오키나와 점령 전단계) 확보(미군의 전사·실종자·부상자 26,500여 명. 일군 전사·실종자 17,500여 명).

1945년 3월 10일(밤) - **미군 B-29 폭격기**(279대), **일본 동경 대공습.**

1945년 3월 12일 - **일본 대본영,〈제주도 결決7호작전〉 결정.** 일본 본토 사수를 위한 대미결전對美 決戰의 최후 보루로 제주도를 선택. 제주도 전역을 요새화하였다(비행장, 비행기 격납고, 해안 특공기지, 수백개의 방어진지·포대·참호·초소·탄약고 구축).

1945년 3월 18일 - **조선총독부,〈결전교육조치요강 決戰教育措置要綱〉발표.** 국민학교만 제외 하고 학교수업정지. 강제노동·징용·학병에 총동원령.

1945년 4월 1일 - **미 제10군, 오키나와 상륙.** 오키나와 전투에서 승리(~6월 22일). 미 10군 제24 군단장이 존 하지John Reed Hodge 중장이다.

1945년 4월 12일 - **프랭클린 루즈벨트**Franklin Delano Roosevelt(1882년생) **미국 대통령 사망.** / 해리 트루먼Harry Truman(1884년생) 미국 제33대 대통령 취임(~1953년 1월 20일, 민주당).

1945년 4월 23일 - **중국공산당 제7차 전국대표대회**(~6월 11일, 중공7대). 〈당장정黨章程〉 채택: "맑스-레닌주의 이론과 모택동사상을 중국혁명의 통일된 사상으로 삼는다." → 모택동毛澤東(1893년생), 중국공산당 장악 / 2022년 10월 16일 중국공산당 제20차 전국대 표대회(~22일, 중공20대). 〈당장黨章〉 개정: "2개(시진핑 주석의 핵심지위와 시진핑사상의 지도 적 지위·당중앙의 권위와 집중통일영도)의 확립을 결연히 수호한다. 대만독립을 반대하고 억제한다." → 시진핑習近平(1953년생), 중국공산당 장악.

1945년 4월 6일 - **샌프란시스코 강화회의 개최**(~6월 26일. 유엔 헌장초안작성·서명. 1945년 10월 24일 유엔창립). 중국공산당과 대한민국임시정부, 옵저버로 참가. 단장: 조소앙(임정 외교 부장), 부단장: 이승만(주미외교위원회장). 조소앙은 입국수속이 안되어 이승만이 단장 으로 급조해 참석. 이승만은 단장 자격으로 회의장에 〈반소反蘇전단〉 살포(4월 25일). 소련 몰로토프 단장 대노(전승국 소련은 임정을 굉장히 싫어하게 되다). 중국공산당 대표 동필무董必武(모택동과 중국공산당 창당 동기): "이제는 너희 다 틀렸다. 이젠 모든 일이 다 틀렸다." → 이승만, 임정 주미외교위원회장 파면(임정 국무위원회가 소집되어 면직 결정) → 임정귀국시 연합국(영-소)의 반대로 개인자격으로 입국.

1945년 5월 9일 - **소련군, 독일 베를린 입성 → 러시아 전승기념일.**

1945년 7월 16일 - **미국, 원자폭탄실험 성공**(맨하탄 프로젝트. 뉴멕시코주 알라모고도Alamogodo).

1945년 7월 26일 - **포츠담공동선언**(트루먼-처칠-스탈린-장개석): ***"일본은 무조건 항복하라!"***

→ 일본정부 묵살(7월 28일) → 히로시마(8월 6일)·나가사키 원폭투하(8월 9일) → 히로

히토 일왕(재위 1926~1989년) 수락(8월 15일).

1945년 8월 6일(오전 8시 15분) − **미국**(B-29 폭격기), **히로시마에 원자폭탄 투하.** 피폭자: 42만여 명.

1945년 8월 8일(밤 12시) − **소련, 대일선전포고.** 만주로, 한반도로 진격(8월 13일 청진시 공격).

1945년 8월 9일(오전 11시 1분) − **미국**(B-29 폭격기), **나가사키 원자폭탄 투하.** 피폭자: 27만 1천여 명. 소련군, 태평양전쟁 참전 선포 / 1941년 4월 8일 소련−일본 불가침조약 체결. 일본이 경영하는 만주(만주제국) 일대에서 항일유격대활동 전면 금지.

1945년 8월 10일 − 존 맥코이 미국 전쟁부The United States Department of War(1947년 9월 18일 국방부United States Department of Defense로 변경) 차관, 딘 러스크 대령에게 한국을 남북으로 분할할 곳을 찾으라고 지시 → 38선의 기원.

1945년 8월 11일 − **미국, 소련에게 38선까지만 일본군무장해제 요청**(소련군의 한반도 진격에 다급해졌다).

1945년 8월 14일 − **장개석과 스탈린, 〈중소우호동맹조약〉 체결.** 중국공산당 정규군(팔로군)의 만주진출 불허 → 중국공산당, 자치군 동북민주연군東北民主聯軍 조직(조선족 대다수).

1945년 8월 15일(아침 8시) − **여운형−엔도오 류우사쿠**遠藤柳作(1886년생) **조선총독부 정무총감과 담판:** ① 정치범·경제범 즉시 석방. ② 서울 시민을 위한 식량확보(3개월분). ③ 치안유지와 건설사업을 방해하지 말 것. ④ 학생·청년조직에 간섭하지 말 것. ⑤ 농민·노동자들의 건국사업협력을 방해하지 말 것.

1945년 8월 15일(오전 11시) − **전국 각 형무소에서 일제히 정치범**(치안유지법·보안법 위반자: 독립운동가) **석방 시작.** 해방의 기쁨 만끽 → 여운형의 담판 실현.

1945년 8월 15일(정오) − **히로히토**裕仁(1901년생) **일왕 무조건 항복**(포츠담선언 수용).

1945년 8월 15일(밤) − **조선건국준비위원회**(건준) **결성**(위원장: 여운형, 부위원장: 안재홍安在鴻·장덕수張德秀). 진보적인 좌·우익 세력들의 통일연합 기관. 전국치안과 민족의 완전한 독립과 자주독립 국가건설 준비(사무실: 풍문여자중학교).

1945년 8월 16일(오후 1시) − **여운형 건준위원장, 휘문중학 운동장에서 포효**咆哮. **건준 발족과 지방조직 결성 호소 연설: "해방의 날은 왔다! 이땅에 합리적이고 이상적인 낙원을 건설하여야 한다! 개인적 영웅주의는 없애고 집단적으로 일사불란한 단결로 나아가자!"** 수천여 명 운집 / 8월 17일 건준중앙조직구성(5개부서. 총무부장: 최근우崔謹遇, 재무부장: 이규갑李奎甲, 조직부장: 정백鄭栢, 선전부장: 조동호趙東祜, 무경부장: 권태석權泰錫). 송진우宋鎭禹 영입에는 실패.

1945년 8월 16일 − **장안파 조선공산당 결성.** 과격하고 성급한 꼼뮤니스트들이(구서울파, 구화요파,

구ML파, 상해파 등) 서울 종로 2가 "장안빌딩"(YMCA빌딩 옆)에서 결성했다.

1945년 8월 17일 – **구례求禮 신간회운동을 주도했던 인사를 중심으로 조선건국준비위원회 결성**(위원장: 황위현黃渭顯, 부위원장: 강대인姜大仁·신진우, 총무: 박준동朴俊東, 농민부: 조찬영趙燦榮, 선전부: 선태섭宣泰燮, 조직부: 선동기, 재정부: 김종필金鍾弼) → (9월 10일) **구례인민위원회로 개편**(위원장: 김종필) / 8월 말까지 전국에 건준 지부 145개 조직.

1945년 8월 17일 – **고당古堂 조만식曺晩植**(1883년생)**, 평안남도 건국준비위원회 결성. 현준혁, 조선공산당 평남지구위원회 서기로 피선** → (8월 27일 통합) **평남인민정치 위원회 결성**(위원장: 조만식. 부위원장: 현준혁·오윤선).

1945년 8월 18일 – **박헌영朴憲永**(1900년생)**, 조선공산주의청년동맹**(공청) **결성.** / 1925년 4월 18일 고려공산청년회 결성(책임비서: 박헌영).

1945년 8월 18일 – **부의溥儀**(1906년생) **만주제국 황제 퇴위.** 만주제국 멸망(1932년 3월 2일 건국).

1945년 8월 20일 – **여수麗水 건국준비위원회 결성**(위원장: 정재완鄭在浣, 부위원장: 이우헌, 총무부장: 김성택, 재정부장: 김정평, 문화부장: 김문평, 관리부장: 김경택, 민생부장: 연창희, 노동부장: 이창수, 치안부장: 김수평).

1945년 8월 20일 – **박헌영을 옹립하는 조선공산당재건준비위원회 발족.** 일제강점기 전향하지 않은 인물 위주로 모였다.

1945년 8월 21일 – **일본 관동군 50만여 명, 흑룡강성 하얼빈에서 소련군에게 정식으로 항복.**

1945년 8월 24일 – **우키시마마루호浮島丸號 폭침爆沈.** 강제징용된 조선인(3,700~7,000여 명)을 싣고 아오모리현靑森縣에서 출발하여 부산을 향하던 일본 해군함(우키시마마루浮島丸)이 급작스럽게 항로를 변경, 쿄토京都 인근 마이즈루舞鶴 만灣에서 침몰.

1945년 8월 24일 – **소련 제1극동전선군 제25군**(사령관: 이반 치스차코프 대장)**, 평양 입성.** 소비에트 민정청 개설 / 8월 26일 후루가와 평남지사, 치스차코프 대장에게 38선 이북의 행정 이양.

1945년 8월 28일 – **조선건국준비위원회, 〈선언宣言과 강령綱領〉 발표:** "인류는 평화를 갈망하고 역사는 발전을 지향한다. 인류사상의 공전적 참사인 제2차 세계대전의 종결과 함께 우리 조선에도 해방의 날이 왔다. … "〈강령〉 一. 우리는 완전한 독립국가獨立國家의 건설을 기期함. 一. 우리는 전민족의 정치적·경제적·사회적 기본요구를 실현할 수 있는 민주주의정권民主主義政權의 수립을 기함. 一. 우리는 일시적 과도기에 있어서 국내질서國內秩序를 자주적自主的으로 유지維持하며 대중생활의 확보를 기함.

1945년 8월 28일 – **장개석蔣介石**(1887년생)**과 모택동毛澤東**(1893년생) **중경회담**(~10월 10일. 쌍십

회담蟀+會談). 모택동, 장개석을 최고통치자로 하는 통일국가 건설에 합의.

1945년 8월 28일 – 미군, 일본 본토 상륙 / 8월 30일 연합군 함대 380척, 일본 요코스카橫須賀 입항. 맥아더Douglas MacArthur(1880년생) 연합군 사령관 일본 도착.

1945년 9월 2일(오전 9시15분) **– 시게미쯔 마모루重光葵 일본외상, 동경만에 입항한 미국 전함 미주리호 선상에서 연합국군**(맥아더 연합국군 최고사령관) **앞에서 항복문서 조인**(8월 21일 하얼삔에서 소련에게 항복).
(오후) 서울상공에 미 연합군총사령부의 <일반명령 제1호> 전단 살포: ① 미군이 가까운 시일내에 조선에 상륙한다. ② 조선의 38도선 이북은 소련이, 그 이남은 미군이 분할점령한다. → 미-소연합국, 한국의 국내외 독립전쟁 불인정 → 샌프란시스코 강화조약에서 승전국 박탈·배제(한국독립전쟁의 좌절).

1945년 9월 2일 – 호지명胡志明(1890년생)**, 베트남의 해방과 베트남민주공화국 선포.**

1945년 9월 3일 – 일본 조선군사령부, 미군 입성 전까지 38선 이남 치안을 계속 담당할 것이라고 발표.

1945년 9월 3일(정오 평양거리) **– 현준혁玄俊爀**(1906년 평남 개천생. 중동학교–연희전문 문과–경성제국대재학 법문학부 철학과 졸업) 평남인민정치위원회 부위원장, 피격·사망(암살조: 우익테러조직 백의사의 모태인 대동단원 백관옥·백근옥·선우길영. 배후인물: 염동진) / 1946년 『신천지』(10월호): "현준혁이 8월 18일부터 9월 3일 숨이 넘어갈 때까지 불과 보름동안에 이루어놓은 업적은 보통 1세기 동안의 업적에 상당하다고 한다."(나일부羅一夫, 「해방 후 보름만에 아깝게도 쓰러진 우리들의 지도자 현준혁의 내력」).

1945년 9월 6일 – 건준, 조선인민공화국 건립(경기고녀 강당, 1000여 명 참석) / 9월14일 조선인민공화국 조각組閣 발표(박헌영 주도. 주석: 이승만, 부주석: 여운형, 국무총리: 허헌, 내무부장: 김구, 외무부장: 김규식, 재무부장: 조만식, 군사부장: 김원봉, 사법부장: 김병로, 문교부장: 김성수, 경제부장: 하필원, 체신부장: 신익희, 노동부장: 이주하, 보안부장: 최용달) / 10~11월 이승만·김구·김규식, 수락거부.

1945년 9월 7일 – 태평양미국육군총사령부의 ⟨맥아더 포고령Proclamation 제1호: 조선인민에게 고함⟩: "38도선 이남의 조선과 조선인민에 대하여 미군이 군정軍政을 펼 것이다."(제1호 1조) → **미 군정 선포.** <포고령 제1호 2조>: "정부, 공공단체 및 전 공공사업기관에 종사하는 직원과 고용인 등은 종래의 정상 기능과 업무를 수행한다."→ **친일경찰·친일관료 또다시 득세.**

1945년 9월 8일 – 한국민주당(한민당) **창당 발기대회.** 송진우(수석총무)·김성수·장덕수·김병로·이인·조병옥·이기붕·서상일 등 참여 / 9월16일 한국민주당 창당(서울 경운동 천도교 중앙대교당). 한민당 창당구호: "중경임시정부지지, 조선인민공화국·건국준비위원회 타도"→

일제강점기하의 기득권층이라 민중으로부터 소외된 한민당은 국내에서 민중적 지지기반이 굳건한 몽양 여운형의 조선인민공화국을 견제하기 위하여 "중경임정 추대운동"을 업은 것이다.

1945년 9월 8일(오후 1시) − **미 제24군단, 인천상륙.**

1945년 9월 8일 − **장안파 조선공산당 자체 해산.** 열성자대회에서 박헌영의 조선공산당재건 준비위 중심의 당재건을 결의했다.

1945년 9월 9일 − **존 하지**John Reed Hodge **중장**(1893년생, 미 제24군단장 겸 주한미군 사령관), **점령군으로서 인천을 통해 광화문 조선총독부에 입성**(24군단의 정보참모, 일본군 가프오 소좌 대동). 중국 서안西安 에서 미군과 함께 국내진공 훈련을 받던 대한민국임시정부의 광복군은, 연합군의 일 원으로 참전하기도 전에 일본이 항복해버렸기 때문에 일본군을 상대로 싸워 이겨서 서울 광화문에 개선凱旋할 기회를 놓쳤다. (오후 4시 30분) 하지 중장(맥아더 총사령관 대 리) − 아베 노부유키阿部信行(1875년생) 조선총독 항복 조인식(미−일간 한국통치 이양식). (오후 4시 30분) 광화문 **조선총독부** 일장기 하강식, 광화문 **미군정청** 성조기 게양식(태극기 게양 이 아니었다). **미군정 실시**(~1948년 8월 15일). 미군정청: 재조선미국육군사령부군정청United States Army Military Government in Korea, USAMGIK. 존 하지 중장의 신분은 주한미군 사령관 겸 미군정청 사령관(Governor 총독)이다.

1945년 9월 10일 − **제주도 건국준비위원회 결성**(위원장: 오대진吳大進, 부위원장: 최남식崔南植, 총무부장: 김정로金正魯, 치안부장: 김한정金漢貞, 산업부장: 김용해金容海).

1945년 9월 11일 − **박헌영, 조선공산당 재건.** 조선공산당재건준비위원회를 발전적으로 해산 하고 정식으로 조선공산당을 발족했다 → 재건파 조선공산당 / 1925년 4월 17일 조선 공산당 결성(책임비서: 김재봉金在鳳). 창당선언문: "세계프롤레타리아 국가건설을 위해서는 자본주의자들인 일본의 제국주의를 타파하고 식민지 조선의 독립을 도모하지 않으면 안된다."

1945년 9월 12일 − **서울인민위원회**(위원장: 최원택崔元澤) **결성** / 9월 13일 전국 각지의 조선건국준 위원회 지부가 인민위원회로 개조되기 시작했다.

1945년 9월 12일 − **미군정청, 제7사단장 아놀드**Archibald V. Arnold **소장을 초대 군정장관에 임명.** 아베 노부유키 조선총독을 비롯 국장급 파면. 미군장교를 각 부서에 임명(정무총감: 해리스 대장, 경무국장: 쉭크L. E. Schick 준장, 법무국장: 우달 중령, 재무국장: 고든 중령, 농상국장: 마틴 중령, 체신국장: 할린 중령, 교통국장: 해밀턴 중령, 학무국장: 락카 중령, 정보국장: 헤이워드 중령).

1945년 9월 13일 ─ **미군정청, 조선경찰관 강습소 개설** / 11월 25일 조선경찰학교로 개명.

1945년 9월 19일 ─ **김일성金日成**(1912년생), **원산항 입항.** 김책金策 · 최현崔鉉 등 소련 극동전선군 제88국제특별여단 소속 133명이 소련군함 "뿌가쵸프"호 타고 귀국(하바로프스크 외곽 아무르강변에 위치한 뱌스꼬예 소련군88독립보병여단 제1대대는 소련과 만주국경의 정찰과 후방 교란을 담당했다. 정작 대일항전에 참전을 못하고 소련군의 북한점령정책을 보조하는 역할로 소련군정청에 합류하게 된다).

1945년 9월 22일 ─ 제주도인민위원회(위원장: 오대진吳大進) **결성.**

1945년 10월 5일 ─ **조선인민공화국, 〈선언문〉 발표:** "조선인민공화국 정부는 인민에 의한, 인민을 위한, 인민의 정부다. 이는 모든 계급을 위한 정부이다. 우리 인민공화국 정부는 공산주의적인 독재나 자본가의 정권을 단호히 거부한다. 우리 인민공화국은 조선 인민의 의사를 대표하며 그들의 지지를 받고 있다. 따라서 미국정부는 우리 조선인민공화국 정부가 경제기관뿐만 아니라 모든 행정기관을 접수하도록 해야 할 것이다."

1945년 10월 5일 ─ **미군정청**(일반고시 제1호), **미곡의 자유판매제 도입 공포.** 대지주 · 관리, 매점매석으로 쌀값폭등 → 미군정, "미곡수집령" 공포(1946년 1월).

1945년 10월 8일 ─ **박헌영과 김일성 회동**(개성 북부 소련군 경비사령부). 소비에트 민정청(소련 군정청)의 실권자 니콜라이 레베데프 소장의 주선으로 만났다(조선공산당의 전설 "암흑 속의 별" 박헌영, 김일성에게 엉겁결에 밀리다).

1945년 10월 9일 ─ **미군정청, 〈법령 제11호〉 공포.** 일제강점기 악법 폐지: 예비검속법(1941. 5. 15. 제정), 치안유지법(1925. 5. 8. 제정), 출판법(1910. 2. 제정), 정치보호관찰령(1936. 12. 12. 제정) → 1947년 제주3 · 1발포사건 이후 친일경찰이 장악한 경찰수뇌들이 이미 폐지된 <예비검속법>과 <정치보호관찰령>을 불법적으로 시행했다.

1945년 10월 10일 ─ **아놀드 미군정장관 〈포고문〉 발포:** "북위 38선 이남의 조선에는 오직 하나의 정부만이 존재한다. 그리고 그 정부는 맥아더 장군의 포고령에 따라서, 하지 중장의 일반 명령과 군정장관이 발포하는 명령에 의거하여 수립된다. … '조선인민공화국'이나 '조선공화국 행정위원회'등과 같은 임의 형태의 조직들 모두는 그 어떠한 권위나 권력이나 실체를 지닐 수 없다."→ 미군정, 조선인민공화국 불인정. 한민당의 승리.

1945년 10월 10일 ─ 각정당행동통일위원회 결성(43개 단체 참여).

1945년 10월 10일 ─ **조선공산당 북조선분국 설립**(~13일. 제1비서: 김용범, 제2비서: 오기섭). → 북한의 조선로동당 창건일(1949년부터 공식화) / 10월 10일 조선공산당 서북5도 당책임자 및 열성자대회 개최. 이 대회에서 채택한 "정치노선과 조직강화에 관한 결정서"에 따라 "조선공산당 북조선분국"을 창설했다(10월 13일).

1945년 10월 14일 − **조선해방축하평양시민대회**(소련군환영대회. 중앙단상에 태극기와 소비에트기깃발 여러개를 교차로 세웠다). 7만 평양시민이 운집한 가운데 니콜라이 레베데프 소장(소련 25군 정치위원)과 고당 조만식 위원장에 이어 김일성 등단 연설: "돈이 있는 자는 돈을, 지식이 있는 자는 지식을, 힘이 있는 자는 힘을 써서, 대동단결하여 민주주의 자주독립국가를 건설합시다!"

1945년 10월 14일 − **개인 자격으로 미국을 출발한**(10월 4일) **이승만은 동경에 도착해서**(10일) **맥아더 연합국최고사령관을 만났다**(14일∼15일. 이승만−맥아더−하지 동경회담).

1945년 10월 16일(오후 5시) − **우남**雲南 **이승만**李承晚(1875년생, 황해도 평산) **김포공항 도착**. 맥아더의 전용기(BATAAN)를 타고 존 하지 중장의 에스코트를 받았다 / 10월 17일 (저녁 8시 30분) 이승만, 서울중앙방송국의 전파를 통해 연설: "나를 따르시오. 뭉치면 살고 흩어지면 죽습네다."

1945년 10월 17일 − **존 하지 미군정청 사령관, "남조선에서 미군정이 유일한 정부이다." 재천명**. 미군정, 남조선 각지의 인민위원회 해산 지시.

1945년 10월 20일 − **연합국환영대회**(중앙단상에 걸린 5개국 국기: 성조기·청천백일기·태극기·소비에트기·영국기. 5만 군중. 광화문 광장 운집). 존 하지 중장, "위대한 조선의 지도자"로 이승만을 소개. 이승만 일성: "조국을 떠난 지 33년 만에 처음으로 돌아와 고국 삼천리를 또다시 돌아보니, 기뻐서 웃음도 나고, 슬퍼서 눈물도 납네다."

1945년 10월 21일 − 재조선미국육군사령부군정청在朝鮮美國陸軍司令部軍政廳의 **아놀드 미**(조선)**군정장관, 조병옥**趙炳玉(1894년생, 충남 천안) **박사를 조선정부 경무국** (국장급) **경무과장에 임명** → 대한민국 경찰의 날(10월 21일) / 1919년 8월 12일 대한민국임시정부 초대경무국장 백범白凡 김구金九 취임 / 1947년 6월 20일 김구의『민주경찰』창간호 축사: "내가 우리 경관동지들에게 절망切望하는 바는 제군들이 매사에 임할 때에 먼저 **자주독립**自主獨立**의 정신**에 비추어보고 다음에 **애국안민**愛國安民**의 척도**로 재어본 위에 **단행**斷行하라는 것이다." / 2019년 8월 12일 민갑룡閔鉀龍(1965년생, 전남 영암) 제21대 경찰청장 주재하에 서울 서대문 경찰청에서 <초대 경무국장 백범 김구선생 흉상제막식> 개최. <임시정부 경찰 기념일> 지정 첫 기념식.

1945년 10월 23일 − **이승만, 독립촉성중앙협의회**(독촉중협. 각정당행동통일위원회 합류) **결성**(회장: 이승만.

조선호텔). 임정세력 견제, 이승만 부각 성공 → 대한독립촉성국민회(독촉. 1946년 2월 8일)
→ 자유당(1951년 12월 17일).

1945년 10월 23일 – **조선공산당중앙위원회**(서울), **북조선분국**(평양) **승인** / 12월 17일 김일성, 조선
공산당 북조선분국의 책임비서로 선출.

1945년 10월 24일 – **유엔**United Nations(국제연합) **출범.**

　　　　　　　　설립목적: 국제평화·국제적 안보공조·경제개발협력증진·인권개선.

1945년 10월 27일 – **전남군정**(101군정대) **실시 선포**(전남도지사: 린트너Julius H. Lintner 중령).

1945년 11월 1일 – **조중훈**趙重勳(1920년생), **트럭 1대로 운수업체 한진상사 설립** / 2014년 12월 5일 땅콩
회항사건(대한항공 086편 이륙지연사건). 조현아趙顯娥(1974년생. 본관 양주楊州) 대한항공 부
사장(조중훈의 손녀): "너 내려! 빨리 내려. 나 이 비행기 못가게 할거야!"(뉴욕 존 F 케네디
국제공항).

1945년 11월 3일 – 조만식, 조선민주당 결성.

1945년 11월 9일 – **제주군정**(제59군정중대. 지휘관: 스타우트Thurman A. Stout 소령), **제주도 입도**入島(장교
7명, 사병 40명). 일제관리·친일경찰 재기용(→ 미군정경찰로 변신).

1945년 11월 10일 – 『매일신보』 정간.

1945년 11월 12일 – **여운형, 조선인민당 창당**(좌우연합. 노동대중·진보적 자본가·지주까지 포함한 대중정당
표방): "민족의 완전한 해방과 자주적 민족국가 건설에 앞장서겠다."

1945년 11월 13일 – **미군정청, 국방사령부·군무국 설치**(군정법령Ordience 제28호: ①모병 공고. ②사설
군사단체·치안단체 불법화) → **국내경비부로 개칭**(군정법령 제64호, 1946년 6월 15일). 조선경비대를
"경찰예비대"로 성격규정.

1945년 11월 19일 – **소련 주둔 군사령부**(소비에트 민정청), **북조선 행정10국 조직**(각도 인민위원회 연합회의).
행정10국 국장 임명: 공업국장(정준택), 재무국장(이봉수), 교통국장(한희진), 교육국
장(장종식), 농림국장(이순근), 보건국장(윤기영), 상업국장(한동찬), 사법국장(조송파),
체신국장(조영렬), 보안국장(최용건).

1945년 11월 20일 – **북조선 전국 인민위원회 대표자대회.** 38도선 이북에 7개 도, 9개 시, 70개 군,
28개 읍, 564개 면에 각기 인민위원회가 안정적으로 조직되어 있었다. 소비에트
민정청은 미군정청과 달리 38선 이북의 인민위원회를 적극 후원했다.

1945년 11월 – 승전한 연합군으로부터 망명정부로 인정못받은 임정요인들, 미국과 "임

정의 정체성"을 두고 설왕설래하다가 3개월간 귀국지체(상해에서 입국과정은 미국 담당). 향후 조국에서 활동방향성 토론·합의(중경에서 장개석 국민당 총통이 제공한 비행기를 타고 상해시민들의 열렬한 환영을 받으며 상해 도착. 9월 5일). 김성숙金星淑(1898년생. 약산 김원봉과 함께 조선의용대 활동) <입국전 약법3장> 발표: ① 임정은 좌우 어느 파에도 편향되지 않고 초연한 입장에서 양파의 대립을 해소시켜 나간다. ② 비상국민대표회의를 소집하고 임정헌법의 국호, 연호를 채택하며 임정의 정원을 확대·개편해 한국민주정부를 재조직한다. ③ 미·소에 대해서는 평등한 원칙아래 외교관계를 세운다(소련도 존중받아야 할 승전 연합국의 일원).

1945년 11월 23일(오후 4시 40분) − **김구**金九·**김규식**金奎植·**이시영**李始榮·**유동열**柳東說·**장준하**張俊河·**윤경민** 등 15명은 대한민국임시정부의 요인이 아닌 개인자격으로 남조선 입국(미군C-47수송기). 귀국환영 전무한 채, 죽첨장竹添莊(후에 경교장京橋莊으로 개칭) 숙소로 직행. 이승만 독촉중협 총재 마중.("개인자격의 귀국임을 숙지하고 미군정에 절대 협조한다"는 임정입국 전제조건 무시하고) 백범 김구의 일갈: "**내가 돌아온 것은 곧 조선의 정부가 돌아온 것이다.**" → 남조선의 유일한 정부로 선언한 미군정청과 갈등 증폭.

1945년 11월 23일 − **신의주 반소반공**反蘇反共 **학생사건** → 김일성 급파 수습. 인지도 급부상.

1945년 12월 1일(오후 3시) − 김원봉·조소앙·김성숙·홍진·신익희·조성환·김붕준·조경한·김상덕 등 임정요인 2진 귀국(군산비행장) / 12월 19일 대한민국임시정부 개선凱旋 전국환영대회(15만 명 운집. 서울운동장).

1945년 12월 1일 − **김두봉**金枓奉·**최창익**崔昌益·**김무정**金武丁·**박효삼**朴孝三 **등 북조선 입국.** 중국 연안延安의 조선독립동맹의 지도자들도 소비에트 민정청과 타협하여 개인자격으로 귀국해야 했다(1차).

1945년 12월 2일 − **영락교회**(베다니전도교회) **첫 예배**(설교: 한경직韓景職 목사). 향후 서북청년단 활동 근거지 마련. 한경직(1903년생, 평남 평원) 목사는 평안북도 정주定州 오산五山학교를 졸업하고, 평양 숭실전문학교를 거쳐 프린스턴 대학교 신학원을 졸업했다(1929년).

1945년 12월 5일 − **군사영어학교**Military Language School(교장: 리스 소령, 부교장: 원용덕 참령參領) **개교**(서대문 감신대 교내). 일본군·만주군·광복군 장교 출신 각 동수로 선발하여 영어와 미국식 군사훈련을 시켰다(광복군출신 입교 거부로, 일본군출신 87명, 만주군출신 21명, 광복군출신 2명). 졸업생들은 대한민국 육군참모총장 등 군요직으로 벼락출세했다: 백선엽·정일권·

이형근·송요찬·김종오·민기식·김계원·원용덕·최경록·채병덕·김백일·최영희·장도영·박진경(이영순 여수 제14연대 연대장, 제주 제9연대 김익렬 중령·제주 2연대 함병덕 중령도 군사영어학교 출신). 원용덕(1908년, 서울)은 세브란스의전 졸업후 만주군 입대. 군의관으로 근무하여 만주군 중교中校(중령급. 만주군 인맥 중 최고위)로 해방을 맞아 경력을 인정받아 군사영어학교에 입학한 학생인 동시에 부교장으로 발탁되었다. 졸업과 동시에 남조선국방경비대 총사령부 초대 총사령관 임관(1946년 2월 22일) / 1946년 4월 30일 군사영어학교 폐교(2기 졸업, 총 110명 수료). 남조선국방경비사관학교 개교(1946년 5월 1일).

1945년 12월 6일 − **조선문학가동맹 발족**(위원장: 홍명희洪命憙. 부위원장: 이기영李箕永·한설야韓雪野·이태준李泰俊·임화林和). <5대강령>: ① 일본제국주의 잔재의 소탕 ② 봉건주의 잔재의 청산 ③ 국수주의의 배격 ④ 진보적 민족문화의 건설 ⑤ 조선문학의 국제문학과의 제휴.

1945년 12월 6일 − **일본공산당**, 일본의 인민공화국수립과 천황제타도 결의.

1945년 12월 8일 − 전국농민조합총연맹 결성식(천도교 중앙대교당). 축사: 약산若山 김원봉金元鳳(1898년생, 경남 밀양).

1945년 12월 12일 − **하지 미군정청 사령관, 조선인민공화국 불법단체로 규정.**

→ 남조선 각지의 인민위원회 탄압 본격화.

1945년 12월 13일 − **화북 조선독립동맹 간부들**(연안파)**과 조선의용대 1,500여 명, 소련군에 의해 무장 해제 당한 후 귀국**(2차).

1945년 12월 16일 − **모스크바 미·영·소 3국 외무부장관 회담**(∼26일, 3상三相회의. 제임스 번즈·어니스트 베빈·뱌체스라프 몰로토프). <한국문제에 관한 4개항의 결의서> 중 ③항이 오도된 "신탁통치안trusteeship"이다: **임시조선민주정부와** 여러 민주적인 조직체들의 참여 속에 미소공동위원회는 조선인민들의 정치적·경제적·사회적 진보를 이루고, **민주적인 자기 정부를 발전시키는 것과 조선의 자주독립을 이룩하는 것을 돕고, 지원**(신탁통치)**할 제반 방책들을 세워나가는 것을 그 임무로 할 것이다.** 조선의 임시정부의 견해를 수렴한 후에 공동위원회의 제안들은, 미국·소련·영국·중국 등 4개국 정부에 상정되어 5년간에 걸친 4대강국의 조선에 대한 신탁통치에 관한 합의를 받아낸다."

1945년 12월 26일 − **제주도지부 독립촉성중앙협의회**(독촉중협) **결성**(위원장: 박우상朴雨相).

1945년 12월 27일 − 『**동아일보**』(한민당 기관지)**의 1면 대서특필된 악의적 오보:** "蘇聯소련은 信託統治신탁통치 主張주장 蘇聯소련의 口實구실은 三八線38선 分割占領분할점령 米國미국은 卽時

獨立즉시독립 **主張**주장"(출처: 워싱톤발 『합동至急報』 12월 25일) → 무조건 반탁운동으로 여론몰이. 『동아일보』의 가짜뉴스 오보誤報(1945년 12월 27일) 이후 팩트규명을 도외시하고 최초로 임정이 중심이 된 우익계열이 광적인 신탁통치 반대운동에 돌입했다. 좌익계열은 임시정부 건설원칙에 방점을 두어, 서로 분리장벽만 높아만 갔다. 친일파들은 반탁운동에 적극 동참하면서 하루 아침에 민족주의자로 변신 성공.

1945년 12월 27일 − **우사尤史 김규식金奎植**(1881년생), **신탁통치전문 입수 통독 후**(프린스턴 대학 영문학 석사) **신탁통치의 불가피성 인정**(잠정적 후견통치). 임시정부수립이 최우선의 과제로 인식.

1945년 12월 28일 − **백범白凡 김구金九**(1876년, 황해도 해주)·**고하 송진우, 대규모 반탁투쟁 돌입**(신탁통치반대국민총동원위원회 조직). 반탁투쟁을 벌이면서 중경임정추대운동과 반소반공운동 병행 → 신탁통치를 선호하는 미군정과 갈등, 좌우익 대립 격화.

1945년 12월 30일(새벽 06시 15분) − **신탁통치로 선회하려던 고하古下 송진우宋鎭禹**(1890년생, 한민당 수석총무 겸 동아일보 사장) **피살**. 범인 한현우韓賢宇(1918~2004. 와세다 대학 졸업. 사형언도 후 감형. 6·25 직후 출소. 일본망명)의 변: "송진우는 미국의 후견을 지지했다."

1945년 12월 31일 − **신탁통치반대국민총동원위원회, 〈결의문〉 채택:** "대한민국임시정부를 우리의 정부로서 세계에 선포하는 동시에 세계 각국은 우리 정부를 정식으로 승인해야 한다." 임정(신익희 내무부장), <국자國字 1호> 발표(임정의 주권행사): "미군정청의 한인직원은 임정지휘하에 예속하라." → 미군정, 임정의 정권인수운동을 쿠데타로 간주.

1946년 1월 2일 − 조선인민공화국(인공), 모스크바 3상회의의 "총체적" 지지(찬탁) 표명.
인공 중앙인민위원회는 정보부족 때문에 반탁 태도를 취한 것을 "과오過誤"로 인정했다.

1946년 1월 15일 − **남조선국방경비대 창설. 최초의 부대 제1연대 창설**(1연대 1대대장: 존 마셜John T. Marshall 육군중령. A중대장: 채병덕 정위. 병력 187명. 주둔지: 태릉) → 대한민국 육군의 모체(창설기념일) / 2월 7일 남조선국방경비대총사령부 설치(태릉. 존 마셜 중령, 사령관 겸임) / 2월 22일 초대사령관 원용덕元容德 취임 / 1946년 6월 15일 남조선국방경비대를 조선경비대 Korean Constabulary Reserve로, 해방병단을 조선해안경비대로 개칭 / 1948년 9월 5일 조선경비대와 조선해안경비대는 각각 대한민국 육군과 해군으로 변신했다.

1946년 1월 16일 − 미군정, 경무국을 경무부로 승격(초대 경무부장: 조병옥).

1946년 1월 16일 - **미·소 공동위원회 예비회담 개최**(덕수궁 석조전. 미국대표: 존 하지 중장, 소련대표: 스티코프 중장. 스티코프는 실질적인 북한주둔 소련총독) / 2월 6일 미·소 공동위원회 설치.

1946년 1월 17일 - **〈4당 공동성명〉 채택:** "모스크바 3상三相회의의 결정, 조선의 자주독립을 보장하는 민주주의적 발전을 원조한다는 정신과 의도를 전적으로 지지한다." 한민당(김병로·원세훈), 조선인민당(이여성·김세용·김오성), 조선공산당(박헌영·이주하·홍남표), 국민당(안재홍·백홍균·이승복). 옵저버: 인공(이강국), 임정(김원봉·장건상·김성숙) / 1월 18일 한민당(신임 수석총무: 김성수), 돌연 4당 합의안 철회.

1946년 1월 25일 - **미군정청, 〈법령 제45호〉 미곡수집령 공포.** 1가마 120원으로 강제수매(1/5 가격).

1946년 1월 27일 - **스티코프**Shtikov **중장, 〈타스**TASS **통신〉에 모스크바 3상회의 전문 공개:** "신탁통치 제안자는 미국이다. 신탁통치를 처음부터 제안했고 그것도 10년 동안 지속되어야 한다고 제안했던 측은 바로 미국이었으며 소련은 처음부터 조선의 즉각적인 독립을 찬성했었다. 그리고 타협에 의해서 신탁통치의 기간을 줄여서 5년간으로 낙찰을 보기위해 노력한 것은 소련이었다."

1946년 2월 8일 - **대한독립촉성국민회 발족**(독촉국민회는 임정의 반탁총동원위원회와 이승만중심의 독촉중협의 지방지부가 합친 대중조직. 총재: 이승만, 부총재: 김구·김규식). → 반탁 대중 집회 주도 → 이승만, 점차 김구의 임정세력을 누르고 정국주도권을 획득해나간다(국내 조선공산당의 근간인 박헌영을 따돌린 김일성이 북한지역에서 세력을 구축한 것과 같은 상황이다).

1946년 2월 8일 - **북조선임시인민위원회 결성**(위원장: 김일성, 부위원장: 김두봉, 서기장: 강양욱). 북조선임시인민위원회, 행정10국 인선(보안국장: 최용건, 산업국장: 이문환, 교통국장: 한희진, 농림국장: 이순근, 상업국장: 한동찬, 체신국장: 조영렬, 재정국장: 이봉수, 교육국장: 장종식, 보건국장: 윤기영, 사법국장: 최용달) 3부 인선(기획부장: 정진태, 선전부장: 오기섭, 총무부장: 이주연). 소비에트 민정청은 행정권을 북조선임시인민위원회에 일임하고, 북조선 최고행정주권기관으로 인정했다 / 1947년 2월 17일 북조선임시인민위원회에서 "임시"를 떼어냈다.

1946년 2월 8일 - **평양**(군정)**학원 개교** → 조선인민군 창설(1948년 2월 8일)도 같은 날.

1946년 2월 14일 - **남조선대한국민대표민주의원 발족**(의장: 이승만, 부의장: 김구·김규식) → 존 하지 사령관의 최고자문기관 및 과도정부(여운형·김창숙·함태영·정인보·조소앙, 민주의원 거부).

1946년 2월 15일 - **남조선국방경비대 광주 제4연대 A중대, 전남 광산**(광주)**에서 창설.**

1946년 2월 15일 - **민주주의민족전선**(민전) **결성대회**(~17일, 종로청년회관. 대회장: 이태준, 사회: 이여성). 민전 중앙위원회 선출(305명). 집행위원 선출(공동의장 5인): 여운형·박헌영·허헌許

憲・김원봉金元鳳・백남운白南雲. (5개 정당 30여개 대중단체가 참가한 민족통일기관 표방한) 과도적 임시정부 역할 자임(건준 → 인공 → 민전). 미군정의 남조선대한국민대표민주의원 설립에 맞대응해서 결성했다.

1946년 2월 16일 – **북조선 조선신민당朝鮮新民黨 창당**(주석: 김두봉, 부주석: 최창익・한빈). 강령: "친일분자, 팟쇼분자 및 전쟁범죄자 등 일체 반동세력을 철저히 소멸한다." "전 국민의 의사를 대표한 보편적 평등적 선거에 새로운 민주정권을 수립한다."

1946년 2월 19일 – **미군정청, ⟨포고문 제15호⟩ 발포**: ① 3명이상의 모든 단체 설립을 미군정 당국에 등록할 것. ② 발간책자를 언제든지 검열할 수 있게 할 것. ③ 일정한 주소에 그 본부를 둘 것. ④ 모든 당원 명단을 제출할 것(정당등록법 입안) → 공산주의자의 활동 제약.

1946년 2월 – **박경훈朴景勳, 한국인 제주도사島司로 부임.** 한국인・미국인 공동도지사제도 도입.

1946년 3월 1일 – **서울, 3・1절기념행사 좌**(남산공원)・**우**(서울운동장) **별도 행사** / 평양, 장대현章台峴 교회 3・1절기념예배사건 (우리나라 새벽기도 창시자 길선주吉善宙 목사가 목회했던 교회).

1946년 3월 1일 – **평양역전광장 3・1운동 기념식 폭탄투척사건.** 김형집・이성렬・최기성(백의사와 신익희의 정치공작대 합작) 등, 김일성을 향해 폭탄을 투척했으나 불발(최용건・김책・강양욱 암살시도). 이성렬은 후에 주한미군 방첩대(CIC, Counter Intelligence Corps)에서 특별보좌관으로 근무. 실리George E Cilley 소령(미국 제1군사령부 정보참모부G-2 운영과장)의 기록: *"백의사의 주요 목적은 '공산주의자들'과 '반정부' 정치인들을 암살하는 것이다."*

1946년 3월 5일 – **북조선임시인민위원회, 무상몰수 무상분배 토지개혁법령 공포**: "경자유전耕者有田 원칙하에 지주-소작제도를 없앤다."(1가구당 평균 1.63정보, 약 4,900평 분배. 토지개혁 구호: "土地는 農民의 것!"). 생산물의 25%를 현물세로 국가에 납부 → 대다수 농민들, 정치적 우호세력화. 공산당원 36만 6천여 명(1946년 8월)으로 급증. 지주들 대거 월남.

1946년 3월 20일 – **제1차 미・소 공동위원회 개막**(~5월 7일. 덕수궁 석조전. 미국 수석위원: A.V. 아놀드 소장, 소련 수석위원: T.F. 스티코프 중장). 한반도의 **임시조선민주정부 수립을 지원**하기 위한 협의. 미・소공위가 각 정당 사회단체에 배포한 질문서: **⟨당신의 의무와 권리⟩ 조선의 인민들!** 이제 곳 **당신네의 지도자를 통하야 말씀하십시오** "미소공동위원회에서 질문서를 준비하였습니다. 이 질문에 대한 대답은 조선의 민주주의 림시정부수립에 중요합니다. 즉시 당신의 정당이나 사회단체의 본부를 통하야 당신이 었더한 정부를 원한다고 말씀하십시오.

당신의 소속정당이나 사회단체의 지도자가 이 질문서의 등본을 가지고 있습니다." 정치세력 참여를 적극 독려하는 미·소공위에 우익은 참여를 거부한 반면 좌익은 적극 참여했다 → 우익불참으로 고립무원이 된 미국, 무기한 휴회선언(5월 9일).

1946년 3월 23일 - **김일성 북조선임시인민위원회 위원장, 〈20개조 정강〉 발표.** 일제잔재 청산, 토지개혁(소작제 철폐 무상분배), 8시간 노동제실시, 최저임금 규정, 인민의무교육제 실시, 국가병원 수 확대(전염병 근절·빈민들 무료치료), 중요산업 국유화, 개인의 수공업·상업 허락, 언론 출판 집회 및 신앙의 자유 보장 등. → 미·소공위에 제출한 북한의 국가건설 청사진.

1946년 3월 24일 - **남조선, 식량난으로 도처에서 식량소동 소요.**

1946년 3월 25일 - **조선축구협회 주최, 경京(서울) - 평平(평양) 축구전 개최**(~27일, 서울운동장).

1946년 4월 16일 - **이승만의 남선순행南鮮巡行**(~6월). **이승만을 중심으로 한 친미친기독교반공우익 결집과 지역단위 독촉국민회 결집**(친일파들, 이승만에게 눈도장찍기 경쟁). → 친일파 부활.

1946년 4월 20일 - **여수인민위원회 혁명연극조합, 〈번지 없는 주막〉 상연.**

1946년 5월 1일 - 남조선국방경비사관학교 개교(초대교장: 이형근李亨根, 1920년생, 일본군 포병대위, 대한민국 국군 "군번1번") → (6월 15일) 조선경비사관학교(일명 화랑대花郎臺, 태릉泰陵. 육군사관학교 전신).

1946년 5월 8일 - **박정희朴正熙**(1917년생), **미군수송선 타고 부산항 입국.** 만주군 중위(타카키 마사오高木正雄)에서 한국광복군 제3지대(지휘: 김학규) 제1대대 제2중대장으로 신분세탁 후 귀국했다. 조선경비사관학교 입학(2기. 9월~12월).

1946년 5월 15일 - **정판사精版社 위조지폐 사건.** 미군정청 경무부 공식발표(장택상 수도경찰청장): "조선공산당 인사들이 정판사에서 약 1천 2백만 원 어치의 위조지폐를 찍어 유포한 사실이 드러났으며, 관련자들을 체포했다." 미군정, 조선공산당에 대한 본격적인 탄압의 신호탄 / 5월 19일 민전, 위폐사건은 민주진영에 대한 무고誣告임을 지적하는 성명서 발표.

1946년 5월 15일 - **여수인민위원회 해산**(1945년 10월 결성).

1946년 5월 19일 - **북조선 전역**(450여만 명)**에서 임시조선민주정부수립촉구 민중대회.** → 미·소공위 재개운동.

1946년 5월 23일 - **미군정청, 38선을 허가없이 월경하는 것을 금지한다고 발표.**

1946년 6월 3일 - 이승만의 정읍발언井邑發言: "**남방南方만의 임시정부臨時政府 혹或은 위원회**

조직委員會組織**이 필요**必要**하다."** → 최초 단독정부수립 주장 / 미군정청의 최고자문기
관 남조선대한국민대표민주의원 전前 의장자격으로(3월 18일 "광산스캔들"로 사임. 미국
인에게 광산채굴권 매각) 4월부터 시작된 이승만의 남조선 지방순회 강연 이후 이승만
의 영향력은 확장되었고, 그 일환으로 정읍발언도 전국적으로 파문을 일으켰다.

1946년 6월 11일 – 신익희의 지원으로 김구를 제치고 이승만이 장악한 독촉국민회 전국
대회 개최(~ 12일). 백범 김구는 이승만을 항일운동의 선배로 정중히 대접했고, 이승
만은 김구의 권위를 업어서 딛고 서는 최고를 꿈꿨다.

1946년 6월 15일 – **조선해안경비대**Korean Coast Guard **창설.** 초대 해군 참모총장 손원일孫元一
(1909년 평남 진남포. 독일의 대형 원양여객선 람세스호 근무)은 "해군의 아버지"로 불리며, 대
한민국임시정부 임시의정원 의장을 지낸 손정도孫貞道 목사가 그의 부친이다.

1946년 6월 19일 – **국립 서울대학교 설치안**(국대안) **발표.** 경성대학의 3개학부(법문학부, 의학부,
이공학부)와 9개 관립 전문학교 통폐합해서 종합대학교로 탈바꿈(북조선김일성종합
대학 개교를 의식한 졸속행정) / 8월 22일 <국립서울대학교 설립에 관한 법령>(군정법령
102호) 공포 → 서울대학교 설립(초대총장: 해리 앤스테드Harry B. Ansted 해군대위) / 9월 5일
이공학부 교직원 38명 국대안 반대 사직결의. 학생들 동맹휴학으로 가세(국대
안 파동) / 1947년 6월 해직교수 380명, 퇴학 학생 4,956명. 이때 해직된 리승기李升基
(1905~1996, 전남 담양군 창평면 장화리 장전長田마을) 교수는 한국전쟁 중 월북하여(1950년
7월 26일) 본격적으로 "비날론Vinalon"을 생산했다(1961년 5월 연간 2만 톤 생산).

1946년 6월 21일 – 미 육군성, 조선 등지에 항구적인 군사기지를 건설할 계획을 발표.

1946년 6월 24일 – 북조선임시인민위원회, <북조선 로동자 및 사무원에 대한 로동법령>(로동법) 발표:
①8시간 노동제. ②14세이하 어린이노동 금지. ③출산전(35일)·출산후(42일) 유급
휴가. 표어: "노동부녀와 女子사무원들에게 母性保護의 휴가제와 균보수금 지불을 제정
한 노동법령 만세!!!" / 7월 30일 <북조선의 남녀평등권에 대한 법령>(남녀평등법) 발표:
①자유결혼의 권리. ②강제결혼 금지. ③자유이혼의 권리. ④일부다처제·공창·
사창·기생 제도 금지. ⑤남아선호사상에 의한 유아살해 금지.

1946년 6월 26일 – 중국 제2차 국공내전 본격 돌입(~1950년 6월 30일).

1946년 7월 1일 – 미군정청 경무부, 공안국에 여자 경찰과 신설. 제1기 여자경찰간부로 임용된
안맥결安麥結(1901년, 평남 강서. 도산 안창호의 조카)은 제3대 서울여자경찰서장을 역임

했다(1952~1954). 안맥결은 안창호·조병옥·최능진 등과 함께 "수양동우회" 사건에 연루되어 치안유지법 위반으로 체포되어 서대문형무소에서 옥고를 치렀다.

/ 1947년 2월 17일 수도경찰청에 여자경찰서 설치. 부산·대구·인천지역에 여자경찰서 설치(7월 1일) / 1957년 7월 여자경찰서 폐지.

1946년 7월 6일 - **이봉창**李奉昌(1900년생)·**매헌**梅軒 **윤봉길**尹奉吉(1908년생)·**구파**鷗波 **백정기**白貞基 (1896년생), **3의사 유골봉환 국민장 실시.** 효창공원 3의사 묘역에 안장(주도: 박열朴烈·이강훈).

1946년 7월 14일 - **김구**(한국독립당, 한독당 당수), **제주도 방문.** 시국강연(제주북국민학교 운동장):

> "우리민족은 대동단결하여 통일조국을 건설하는데 매진합시다."

1946년 7월 22일 - **북조선민주주의민족통일전선**(북민전) **결성**(의장: 최용건). 4개 정당 대표들(북조선공산당·조선민주당·조선신민당·북조선천도교청우당)과 13개 사회단체 대표들(북조선직업총동맹·농민동맹·민주여성총동맹·민주청년동맹·조쏘문화협회·예술총연맹·불교총무원·소비조합·반일투사후원회·교육문화후원협회·공업기술총연맹·보건연맹·건축동맹) 참석.

1946년 7월 25일 - **좌우합작위원회 출범**(~1947년 10월 6일, 미군정 고문 버치 중위 주선. 6월 22일부터 논의. 좌우익대통합의 기틀을 마련하기 위해 미·소공위가 휴회한 직후 본격적으로 가동).

【좌측인사 5인대표】 여운형·김원봉·허헌·정노식·이강국. 【우측인사 5인대표】 김규식·원세훈·김붕준·안재홍·최동오 / 10월 7일 **좌우합작 7원칙 발표:** ① 3상회의 결정에 의하여 남북을 통한 좌우합작으로 민주주의 임시정부수립을 수립할 것. ② 미·소 공동위원회 속개를 요청하는 공동성명을 발할 것. ③ 토지개혁실시, 중요산업 국유화, 사회노동법령 및 정치적 자유를 기본으로 지방자치제의 확립. ④ **친일파 민족반역자를 처리할 조례 추진.** ⑤ 남북의 정치운동자 석방 및 남북좌우의 "테러"적 행동제지 노력. ⑥ 입법기구의 기능과 구성방법 운영 방안 모색. ⑦ 언론·집회·결사·출판·교통·투표 등 자유 절대 보장. → 백범 김구, 좌우합작지지 표명: "8·15 이후 최대의 수확."

1946년 7월 26일 - **제임스**(짐) **하우스만**James Harry Hausman(1918년생. 16세 군입대) **대위, 미군정청 조선경비대사령부 창설요원으로 한국에 부임.** 한국에서 35년간 근무(~1981년 7월 1일): 조선경비대사령부 고문관 → 미군사고문단 참모장 → 주한미군고문단 → 주한 미 8군사령관 특별고문 역임.

1946년 8월 1일 - **미군정청, 제주도**濟州道 **행정개편.** 전라남도 행정구역에서 분리독립 → 군경조직 신설·강화 → 제주감찰청·조선경비대 제9연대 창설.

1946년 8월 10일 - **북조선임시인민위원회, 〈산업, 교통운수, 체신, 은행 등의 국유화에 대한 법령〉 발포.**

1946년 8월 13일 - 『**동아일보**』, **미군정청 여론조사국 설문조사**(일반시민 8,453명 대상), 〈문〉 귀하께서 찬성하는 일반적 정치형태는 어느 것입니까? 〈답〉 **대중정치**(대의정치): **7,221명**(85%). 〈문〉 귀하의 찬성하는 것은 어느 것입니까? 〈답〉 자본주의: 1,189명(14%). **사회주의: 6,037명**(70%). 공산주의: 574명(7%). 모릅니다: 653명(8%).

1946년 8월 24일 - **미군정청, 조선과도입법의원 창설 공포**(여운형·김규식의 과도입법기구수립 조건: ① 모든 정치범 석방. ② 경찰행정기구의 전면적 개혁. ③ 친일파 숙청. 그러나 미군정청은 약속을 위반했고, 이에 여운형은 크게 실망하여 참여하지 않고 정계은퇴).

1946년 8월 26일 - **김일성, 모택동 지원.** 중국공산당의 동북민주연군 10만 명이 무장할 수 있는 장비(10만여 정의 총·탄약·일제 폭약)를 실은 특별열차가 압록강 철교를 건넜다(오백룡·강상호 일임). 동북민주연군의 동북3성(길림성·요녕성·흑룡강성) 해방(1947년~48년. 장개석의 국민당군 참패). 모택동, 중국대륙석권의 결정적인 교두보 → **항미원조**抗美援朝.

1946년 8월 28일 - **북조선로동당**(북로당, Workers' Party of North Korea) **창립대회**(~31일, 평양. 위원장: 김두봉, 부위원장: 김일성·주영하) → 조선로동당 제1차 당대회. 북조선공산당(1946년 4월부터 북조선분국 대신 사용된 명칭)이 조선신민당과 합당(서울의 조선공산당과는 독립적 존재).

1946년 8월 29일 - **미군정청, 전국적인 콜레라 발생 상황 발표**(전국 사망자 7,193명. 제주도 사망자 369명).

／ 2022년 12월 22일(오후 8시 32분) 코로나19(COVID-19) 확진자: 75,744명.

누적확진자: 28,466,390명(사망자: 31,611명. 대한민국 총인구: 51,450,829명).

세계 누적확진자: 657,694,585명(사망자: 6,680,203명. 총인구: 8,007,090,192명).

1946년 9월 1일 - **북조선김일성대학 개교**(초대총장: 김두봉). 남한에서 초빙된 교수진: 김석형(역사학)·박시형(역사학)·도상록(양자물리학)·박극채(경제학)·이종식(법학)·김한주(농학).

1946년 9월 4일 - **남조선로동당 준비위원회 발족.** 북조선로동당이 새롭게 창당하자 남한의 조선공산당은 진보세력의 총집결을 위하여 여운형의 조선인민당, 백남운의 남조선신민당과의 3당합당에 착수하지만, 합당추진 과정에서 대립과 갈등이 표출되었다.

1946년 9월 7일 - **미군정청 경무부, 박헌영·이강국·이주하·김삼룡 등 조선공산당 간부 체포령** ／ 9월 8일 이주하·김삼룡 체포 ／ 9월 23일 서울·인천·부산 철도노조원, "9월 총파업."

1946년 10월 1일 - 대구 10·1민중항쟁 발발. "쌀을 달라!"며 미군정의 식량정책에 항의하는 배고픈 시민들을 향해 경찰이 발포해 희생자가 발생하면서 시작되었다. 이에 분노한

1만여 명의 학생과 노동자들이 경찰을 무장해제시킨 무력시위로 비화되었다(시위대의 요구: ① 식량난 해결. ② 친일경찰 조병옥·장택상 퇴진요구[일본놈 잔재 숙청]. ③토지개혁). 미군정, 미곡수집령(미곡공출. 도시의 식량난을 해결하기 위해 농촌지역의 쌀을 강제로 수집하는 방침을 각 시·군에 시달. 시세보다 5배 낮은 가격으로 강제공출. 원성팽배) → 미군정의 정책실패에 항의하는 전 사회적인 의사표시로 전국적인 추수봉기로 확대(전국의 73개 시·군 참여, 남한 전체 230만 명 동참. 60여 일 연일 시위. 경상북도에서만 사상자 136명 발생. 5,000여 명 폭동혐의자로 검거). 이 와중에 박정희의 친형 박상희朴相熙(1905년생. 독립운동가. 건국동맹·건준 참여)가 경찰이 쏜 총을 맞고 절명했다(10월 6일) → (12월 중순 진압) / 미군정청은 탱크를 동원하여 시위대를 해산시키고 대구지역에 계엄령 선포(10월 2일) / 1950년 (한국전쟁 발발 직후) 대구형무소에 복역중이던 대구10월항쟁 재소자와 국민보도연맹사건 등으로 대구 달성군 가창골과 경북 경산 코발트 광산 등지에서 수천명 학살 / 2020년 10월 1일 **대구〈10월항쟁 등 한국전쟁 전후 민간인 희생자 위령탑-희생자 728명 이름명기〉 제막식**(대구 달성군 가창댐 용계 체육공원): "무덤도 없는 원혼이여! 천년을 두고 울어 주리라. 조국의 산천도 고발하고, 푸른 별도 증언한다." 구舊 목비명: "영원히 잊지 못할 슬픈 무덤이여" / 2022년 10월 1일 대구10월항쟁 제76주기 합동위령제 축문: "'배고파서 못살겠다' 외쳤다가 굴비처럼 묶여와 이 골짝에서 학살되니 핏물은 냇물되고 육신은 짐승 밥이 되었구나. 억울하고 절통하다." (생존·목격자 강호재 82세) / 2022년 10월 18일 <진실·화해를 위한 과거사정리위원회>, "**2022년 민간인 희생자 유해발굴 용역**" 입찰공고(조달청 나라장터: 총 사업비 4억9080만원) → 첫 국가차원 유해발굴진행(대구 가창골·경기 안성·충북 충주·충남 아산[2곳]·경남 진주).

1946년 10월 9일 − **조선민족청년단**(족청, 우익민족청년운동단체) **창설**(~1949년 1월 20일). 철기鐵驥 이범석李範奭(1900년생, 청산리전투 참전)이 "국가지상, 민족지상"을 모토로 청년단체를 조직했다. 미군정의 재정지원을 받았고, 이승만의 자유당 창당의 근간이 되었다.

1946년 10월 12일 − **미군정청, 〈남조선과도입법의원 설치안〉 공포** / 10월 14일 입법의원 선거(~31일). 이승만의 독촉국민회·한민당 압승.

1946년 10월 18일 − **미군정청, 제주 추곡수집량 5천석 결정.** 미군정의 강제수매가격은 시중의 20%. 제주도민, 추곡수집반대운동 시작 / 1946년 10월 19일 − **『경향신문京鄉新聞』 창간.**

1946년 11월 16일 − **조선경비대 제주향토연대 제9연대 창설**(제주도 모슬포, 초대 연대장: 장창국張昌國 부위).

1946년 11월 23일 − **남조선로동당**(남로당, Workers' Party of South Korea) **창립대회**(~24일, 서울. 위원장:

허헌許憲, 부위원장: 박헌영). 정판사위조지폐사건으로 위축된 조선공산당이 남조선신민
당(백남운)과 조선인민당(여운형)과 합당하여 "대중정당"을 표방했다 → **남로당, 미군**
정청에 합법정당으로 등록 / 1949년 10월 18일 등록취소 처분.

1946년 11월 30일 – **서북청년단**(서청西靑)**결성** (서울YMCA. 초대단장: 선우기성) → 우익청년단체의 핵.

1946년 12월 4일 – **이승만, 미국 방문** (~1947년 4월 21일 귀국). 미국순회. 남한단독정부 수립 주장.
좌우합작위원회를 지지하는 하지 중장을 공산주의자로 매도(워싱턴에 소환 당한 하지
중장은 정치지도자로서 이승만 보다는 김규식·장덕수를 신뢰했다).

1946년 12월 4일 – **여운형, 정계 은퇴선언. 건국사업에 백의종군의지 피력.**

1946년 12월 12일 – **남조선과도입법의원 개원** (~1948년 5월 20일. 의장: 김규식, 부의장: 최동오崔東旿·
윤기섭尹琪燮). 김규식·안재홍·장면 등 관선 45명(하지 사령관, 우익인사 위주로 구성)과 전
국적으로 구성된 민선 45명으로 구성(이승만의 독촉국민회·한민당 적극 참여) / 의회 구성
(좌익인사 의도적으로 상당수 배제. 좌우합작위원회 유명무실화): 군정장관(러치)·민정장관(안재
홍)·대법원장(김용무)·감찰총장(이인)·감찰위원회 위원장(정인보). 미군정청으로부
터 행정권이양의 한 단계로서 남조선과도입법의원에서 제정한 법령은 군정장관
의 동의를 얻어 효력이 발생한다. **통과시킨 주요 제정법령:** <국립서울대학교설립에
관한 제102호법령>, <미성년자노동보호법>, 〈**민족반역자·부일협력자·간상배奸商**
輩에 대한 특별법〉, <사찰령폐지에 관한 법령>, <하곡수집법>, <미곡수집령>, <공
창제도 등 폐지령>. 33건 법률안 심사, 18건 통과.

1946년 12월 – **남로당 전남도당 제주도위원회 결성**(위원장: 안세훈安世勳).

1946년 12월 – **해방 후 귀국동포 총 266만 명**(일본 128만, 만주 88만, 남양 3만, 북조선 48만 명) / 미군정
경찰 경위급 이상 간부 1,157명 중 949명이 일제경찰출신이다(1946년 말 기준).

1947년 1월 5일 – **구인회具仁會**(1907년생), **락희화학공업사 설립** (현 LG화학). 화장품 럭키크림(동동
구리무) 제조판매 / 1931년 구인회-구철회 형제, 구인회상점 개업(포목상. 경남 진주).

1947년 1월 8일 – **대한독립촉성국민회 선전부, 양과자 수입반대**〈담화〉: **"양과자 먹지말고 국산장려운동을 펴자!"**

1947년 1월 11일 – **제주도 복시환福市丸 사건.** 제주도 – 일본간 밀무역 성행(고향에 필요한 물자운
송)의 일단으로 복시환사건 수습과정에서 뇌물을 받아 연루된 일제경찰출신 신우균申

宇均 제주감찰청장이 직위해제되었다(2월 20일. 파직되어 상경한 신우균은 제주도에 대해 악선전에 몰두 → 육지 응원경찰대 파견 → 3·1절 발포사건). "모리배謀利輩"유행어 도출.

1947년 1월 15일 – **제주도부녀동맹 결성**(위원장: 김이환金二煥, 부위원장: 고인선高仁善·강어영康御榮).

1947년 1월 16일 – 경남 통영극장, <조선의용대> 기록영화 상영. 우익청년단, 습격. 경찰, 필름 압수. 해설자 4일간 구금.

1947년 2월 5일 – **미군정청, 안재홍을 남조선과도정부**(~1948년 8월 15일)**의 민정장관으로 임명**. 각 부처의 장 및 도지사를 모두 조선인으로 임명하고 미국인은 고문으로 앉혔다.

1947년 2월 7일 – **북조선임시인민위원회, 조선역사편찬회 설치.**

1947년 2월 10일 – 제주 중·고등학생들, 양과자 수입반대시위(관덕정 제주미군정청 앞, 천여 명 동참). <미 24군단 보고서>: "학생들이 제주읍에서 이 지역의 군정중대에 '분명하고도 직접적'으로 대항해 시위를 했다. 군정중대는 시위를 해산시키고 학생들을 읍내 밖으로 쫓아냈다."→ 제주도에서 일어난 한국역사상 최초의 반미시위.

1947년 2월 11일 – **미군정청, 공민증제 실시.** 15세 이상 남녀에게 인민등록표 배부.

1947년 2월 17일 – **제주도, "3·1투쟁기념행사 제주도위원회" 결성**(위원장: 안세훈, 부위원장: 현경호·오창흔吳昶昕).

1947년 2월 22일 – **북조선인민위원회 수립**(위원장: 김일성, 부위원장: 김책·홍기주).

1947년 2월 23일 – **제주도 민주주의민족전선**(민전) **결성식**(공동의장: 안세훈·이일선李─鮮·현경호玄景昊). 명예의장 추대: 스탈린·김일성·박헌영·김원봉·허헌·유영준劉英俊. 축사: 박경훈 제주도지사. 경찰고문관 패트리지John S. Partridge 대위·강인수姜仁秀 제주감찰청장도 참석.

1947년 2월 23일 – **육지 응원경찰대 100명, 제주입도.**

1947년 2월 25일 – **안세훈 민전의장단, 〈제28주년 3·1기념 제주도대회〉 집회허가 신청.**

1947년 2월 27일 – **하지 중장, 서재필을 군정 최고고문으로 지명.**

1947년 2월 28일 – **대만 〈2·28사건〉 발발.** 양담배를 판매하는 노파를 국민당군인이 총개머리판으로 내리치는 사건이 직접적인 발단이 되었지만, 대륙에서 쫓겨온 국민당 외성인外省人들의 사회전반에 걸친 횡포에 대한 대만민중들의 불만이 일시에 폭발했다. 장개석의 국민당군대는 참혹하게 대만민중을 진압했다(2만 8천 명 사망 추정).

1947년 3월 1일 – **좌우익, 제28주년 3·1절 기념식 별도 진행.** 좌익, <3·1기념대회>(남산에서 개최: "三相會議決定3상회의결정을 總體的총체적으로 支持支持한다"). 우익, <기미독립선언기념대회>(서울운동장 개최: "信託統治決死反對신탁통치결사반대" "李博士絕對支持이박사절대지지"). 기념식을 마친

좌우익 충돌, 경찰발포로 38명 사상자 발생(남대문 충돌사건) / 노래 <우리의 소원>
(안병원 작곡, 안석주 작사), 서울중앙방송국에서 전파타고 널리 퍼졌다.

1947년 3월 1일(오전 11시) — 제주민전, 〈제28주년 3·1기념 제주도대회〉(제주북국민학교, 3만명 운집).
안세훈 대회장의 기념사: "3·1혁명정신을 계승하여 외세를 몰리치고, 조국의 자주
통일 민주국가를 세우자!" 표어: "모리배 소탕! 삼상회의 결정 즉시 실천! 친일파 민족반역자
친파쇼분자 근멸! 조국의 신속한·통일독립의 성취!" 관덕정앞 응원경찰(충청남·북도)의 발포로
6명 사망, 8명 부상 → 제주4·3민중항쟁의 도화선.

1947년 3월 2일 — 제주경찰, 3·1행사위원회 간부와 중등학생들을 검속하기 시작. 25명의 학생 연행.

1947년 3월 8일 — "제주3·1발포 미군중앙조사단"(책임자: 카스티어James A. Casteel 대령), 제주도착. 현지
진상조사(~13일) / 3월 14일 조병옥 미군정청 경무부장, 미군수송기 타고 제주도에 건너왔다.

1947년 3월 10일 — 제주3·10민관民官 총파업(~30일, 105개 학교 등 166개 기관·단체 제주직장인 95%동참.
41,211명 가담). 요구사항: "발포책임자와 발포경찰의 즉각처벌" / (오후 1시) 제주도청 3·1대책
위원회 결성(박경훈 도지사와 김두현 총무국장 비롯 140여 명 직원 참석). 미군정청 하지 중장·스
타우트 제주군정장관에게 6개항의 요구조건을 내걸고, "이 요구조건이 관철될 때
까지 제주도청 청원 140여 명은 사무를 중지한다"며 파업결의. 〈요구조건〉: ① 민주
경찰 완전확립을 위하여 무장과 고문을 즉시 폐지할 것. ② 발포책임자 및 발포경관은 즉시 처벌할 것. ③ 경찰
수뇌부는 인책 사임할 것. ④ 희생자 유가족 및 부상자에 대한 생활을 보장할 것. ⑤ 3·1사건에 관련한 애국적
인사를 검속치 말 것. ⑥ 일본경찰의 유업적 계승활동을 소탕할 것 → 제주도민의 정당한 집단행동.

1947년 3월 12일 — 미군정청 경무부 최경진崔慶進(총독부 경무국 사무관·일제경찰서장급 경시警視역임) 차장
발언: "원래 제주도는 주민의 90%가 좌익색채를 가지고 있다."(『한성일보漢城日報』 3월 13일).

1947년 3월 12일 — 미국, 〈트루만 독트린Truman Doctrine〉 선언: "미국의 목적은 한 사람이 독재정치를
하는 공산제국주의에 대항해 자유민주주의 제도와 영토보전을 위해 투쟁하는 세계의 모든 국민을
원조하는 것이다."(대소對蘇 봉쇄정책) → 미국, "세계의 경찰" 역할 자임(냉전의 서막).

1947년 3월 13일 — 제주도 중문지서의 경찰관 6명 사직서 제출: "우리 중문지서 직원일동은 오늘까지
치안확보라는 숭고한 정신으로 봉직하여 왔으나 금번 발포사건으로 말미암아 그 희생적
정신은 수포로 화하였다. 그러므로 우리들은 그 악독한 명령에 복종할 수 없으므로 직장을
떠난다." → 제주경찰관 66명 파면조치 당하다(미군정청 경무국, 제주 민관총파업에 참여한
제주 경찰을 파면시키고 서북청년단으로 보강했다).

1947년 3월 15일 − **육지 응원경찰**(전남경찰 122명, 전북경찰 100명) **제주입도** / 3월 18일 경기도 응원
경찰 99명 입도 / 조병옥 경무부장 명령: "파업주모자를 검거하라!"

1947년 3월 17일 − **제주도 중문리 발포사건**. 중문리 주민 1,000여 명, 3·1사건으로 인해 수감된
명망가들(김성추金性秋·이승조李承祚 등) 석방 요청. 응원경찰들 발포, 8명 총상을 입었다.

1947년 3월 19일 − **조병옥 미군정청 경무부장〈제주도 3·1절 소요사건 및 관공서파업사건진상조사〉**
담화발표(제주군정청 기자실): "**3·1절 기념행사에서 발생한 경찰의 발포는 치안유지의 대국에**
입각한 정당방위였다.""**북조선과 통모한 사건**" / 2022년 10월 30일 이상민李祥敏(1965년생)
윤석열정부 행정안전부 장관, 10·29참사(159명 희생) 긴급현황브리핑: "**경찰이나**
소방인력을 미리 배치했다고 해결될 수 있었던 문제는 아니었던 것으로 파악하고 있다."

/ 12월11일 국회 본회의, 이상민 해임건의안 통과. 윤석열 대통령 거부권 행사

/ 12월 16일(오후 6시 34분)〈10·29 이태원 참사 49일 시민추모제: "우리를 기억해주세요"〉개최.
유족들의 요청: "참사원인 규명·책임자 강력 처벌·윤대통령의 공식 사과!"

/ 2023년 2월 8일〈이상민탄핵소추안〉국회본회의 가결(173표). 헌법재판소(재판장: 유남
석劉南碩 1957년생), <이상민 행정안전부장관 탄핵심판>(2023헌나1) 기각(7월 25일).

/ 2023년 8월 3일 **국방부검찰단, 박정훈 해병대 수사단장**(故 채수근 해병대 제1사단 일병 예천
폭우 실종자수색 중 순직사건 수사 총책)을〈집단항명수괴〉혐의로 형사입건. 박정훈 대령,
"수사에 외압을 행사하고 **부당한 지시를** 한 국방부예하 조직인 국방부검찰단에
서는 공정한 수사가 이뤄질 수 없다"며 **수사거부의사를** 밝히다(8월 11일. 서울 용산구
국방부검찰단 앞). 역대해병대사령관·해병대전우회, <입장문> 발표: "사고의 책임을
수사함에 있어 공명정대하고 외부개입이 없어야 한다."(14일) / "**不當함으로 不履**
行"(1950년 8월 30일 문현순 제주도 성산포 경찰서장).

/ 2023년 8월 15일 윤석열 대통령,〈8·15 광복절 경축사〉: "**공산전체주의를** 맹종하며
조작선동으로 여론을 왜곡하고 사회를 교란하는 **반국가세력들이** 여전히 활개치
고 있습니다. ⋯ **공산전체주의** 세력은 늘 민주주의 운동가, 인권운동가, 진보주의
행동가로 위장하고 허위 선동과 야비하고 패륜적인 공작을 일삼아 왔습니다. 우리
는 결코 이러한 공산전체주의 세력, 그 맹종세력, 추종세력들에게 속거나 굴복해
서는 안됩니다. ⋯ **일본은 이제 우리와 보편적 가치를 공유하고 공동의 이익을 추구**
하는 파트너입니다." / 미 국방부, "**동해東海 공식명칭은 일본해**Sea of Japan**이다**"(8월

15일 한국시간). / **2023년 8월 18일**(미국 현지시간) **캠프 데이비드 한·중·일 정상회의:** "안보위기 때 3국 신속 협의" 공약 채택 – 북핵대응 강화, 중국견제 적시, 대러시아제재 이행 → *대한민국, 신냉전 구도 주요축으로 다시 부상.*

1947년 3월 22일 – 조선노동조합전국평의회(전평), 〈**24시간 총파업투쟁**〉 **선언** → **3·22 총파업.**

1947년 3월 25일 – **미군정청 수도경찰청**(청장: 장택상張澤相, 1893년생), **약산若山 김원봉金元鳳**(1898년생, 의열단·조선의용대 창립자) **검거.** 남로당·조선민족혁명당 등 좌익 5개 단체가 3·22총파업을 사주했다는 혐의로 검거 선풍. 일제특고로 수많은 독립지사를 악랄하게 고문하여 죽음으로 몰아 악명을 날렸던 "고문왕" 노덕술盧德述(1899년생)이 미군정청 수도경찰청 수사과장이 되어, 조국이 해방된 공간에서 맹렬한 독립투사 김원봉의 뺨을 때리며 모욕을 주고 고문을 자행했다(수모를 당한 김원봉, 3일 낮과 밤 대성통곡).

1947년 4월 2일 – **베로스**Russel D. Barros **중령, 제주도 군정장관으로 새로 부임.**

1947년 4월 7일 – **박경훈 제주도지사, 3·1절 발포사건으로 항의성 사표:** "발포사건이 일어난 것은 시위행렬이 경찰서 앞을 지난 다음이었던 것과 총탄의 피해자는 시위군중이 아니고 관람군중이었다."

1947년 4월 10일 – "**극우파**"(an extreme rightist, 미정보보고서G-2 Periodic Report의 표현) **유해진柳海辰 제주도지사 취임.** 유해진(광복청년회·대동청년단 고문) 도지사는 3·10민관총파업에 가담했던 관리들을 모두 파직시키고 서북청년단으로 채워나갔다. "좌파" 대량검거광풍으로 제주도민의 "의식있고 깨어있는 앞서가는 자" 그룹이 1년간 2,500여 명 검속.

1947년 4월 11일 – **미군정청, 남조선과도정부에게 사법권 전면 이양. 군정재판 철폐.**

1947년 4월 17일 – **김창룡金昌龍**(1920년생. 일본관동군 헌병 오장伍長) **소위, 조선경비대내의 좌익색출 작업**(숙군肅軍). 일제경찰·헌병출신을 모아 정보소대를 편성했다(육군특무대CIC).

1947년 4월 19일 – **서윤복徐潤福**(1923년생. 고려대학), **제51회 보스톤 마라톤대회 우승**(2시간 25분 39초, 세계신기록). "**마라손 朝鮮조선의 霸氣衝天패기충천**"(『국제보도 Pictorial Korea』) / 6월 23일 미군정청 앞에서 개선 환영식. 환영식장이 "신탁통치 결사반대" 대회장으로 급전환됐다.

1947년 4월 – **지청천池靑天**(1887년생) **대한민국 광복군 총사령관, 개인자격으로 쓸쓸하게 귀국.** 광복군 부대원들도 난민 신세로 귀국선 타고 입국 → 이승만의 대동청년단으로 대거 참여 / 1949년 1월 김준엽金俊燁(1920년생, 평북 강계) 광복군, 장개석蔣介石(1887년, 절강성)의 국민당군이 중국대륙에서 모택동毛澤東(1893년생, 호남성)의 중국공산당군에게 밀려남에 따라 남경 중앙대학교 대학원 사학과를 중퇴하고 귀국했다.

1947년 5월 21일 - **제2차 미·소 공동위원회 개막**(~8월 12일, 덕수궁 석조전石造殿. 소련측 대표: 스티코프 중장, 미국측 대표: 브라운 소장. 조선임시정부를 구성하려는 노력의 일환) → 미·소공위의 개최는 단독정부를 주장하는 이승만의 위기.

1947년 5월 24일 - **몽양 여운형·김성숙, 근로인민당 창당**(미·소공위 재개와 더불어 통일운동 재개). 여운형-김규식의 좌우합작운동을 적극 지지하는 김성숙의 입장: *"친소-반미의 독립도 반대하고, 친미-반소의 독립도 반대한다."* "나는 좌와 우를 다 반대한다. 우리는 미국과 소련에 대해 평등하게 대해야 한다."

1947년 5월 - **정주영**鄭周永(1915년생), **현대토건사 설립.** / 1998년 6월 16일 정주영 현대회장, 판문점 통해 "통일소떼 방문"(500마리). 두 번째 소떼방북(501마리, 1998년 10월 27일). / 1998년 11월 18일 금강산 관광 개시. 총 193만 4662명 방문(~2008년 7월 13일) / 2003년 8월 4일 정몽헌鄭夢憲(1948년생) 현대회장, <대북송금> 조사받던 중 현대사옥에서 투신.

1947년 6월 1일 - **영암군경**軍警**충돌**(~3일). 영암경찰서 경찰과 광주4연대(연대장: 이한림李翰林 소령) 조선경비대의 총격전으로 4연대 군인 6명 사망·10명 부상. 4연대만 불이익. 군인-경찰 알력 심화. 경찰은 군인을 "경찰의 아랫것이고, 빨갱이 소굴"이라고 멸시하고 군인은 경찰을 "일본놈 앞잡이하던 놈들"이라고 질시했다.

1947년 6월 5일 - **조선민주애국청년동맹**(민애청) **결성**(전신: 조선민주청년동맹).

1947년 6월 6일 - **제주도 구좌면 종달리 경찰구타사건.** 종달리 주민 42명 검거, 재판에 회부. / 4·3 무장봉기 후, 종달리 주민들 대거 산으로 피신. 다랑쉬굴 질식 참화(1948. 12. 18).

1947년 6월 10일 - **한민당, 미·소 공동위원회가 목표로 하는 조선임시정부 참가 선언**(단독정부수립에 목매던 이승만, 한민당에 대한 배신감 심화).

1947년 6월 14일 - **김병로**金炳魯(1888년생) **사법부장, 미군정재판 실형자 669명 석방 발표.** 가인街人 김병로·이인李仁·허헌許憲, 일제강점기 "조선국 3대 인권변호사"로 방명芳名.

1947년 6월 17일 - 여운형·김규식·원세훈 등 좌우합작위원회, 조선임시정부 구성 합의.

1947년 6월 20일 - **여운형, 조선올림픽위원회 초대위원장 취임.**

1947년 6월 28일 - 하지 미군정청 사령관, 이승만에게 <테러 및 암살계획에 대한 경고> 사신을 보냄: "이박사, 당신의 비밀정치 조직에서 흘러나온 정보를 입수했소. 당신과 김구가 미소공동위원회 활동을 반대하기 위한 수단으로 테러활동을 계획중이라는 내용이오. 활동 계획 가운데는 정치요인 암살도 포함됐다지요. …"

1947년 7월 1일 - 미군정 남조선과도정부 고문, **서재필**徐載弼(1864년생) **귀국**(12일 환영대회).

1947년 7월 11일 - **국립서울대학 제1회 졸업식.** 학사 560명 배출.

1947년 7월 18일 - 몽양 여운형, 브라운A. E. Brown(제2차 미소공동위원회 미국측 수석대표) 소장과 면담: "경찰은 나를 포함해 우익이 아닌 어떤 사람도 보호하려 하지 않는다." "미군이 이승만을 미국이나 그 밖의 장소로 추방해야 한다."

1947년 7월 19일 - 몽양 여운형, 혜화동 로타리에서 피살 → 조선임시정부 구성 결렬.

백의사白衣社(핵심지위: 신익희, 총사령: 염동진, 고문: 김두한金斗漢 / 1933년 12월, 중국중앙육군군관학교[황포군관학교] 낙양분교 한인특별반 1기생 염동진은 신익희의 추천을 받아 입교했고 가르침을 받았다) 단원 한지근 韓智根이 총을 쏘았다(당시 경무부장: 조병옥, 수도경찰청장: 장택상, 수도경찰청 수사과장: 노덕술. 〈장택상의 유고집〉에서 장택상의 고백: "나는 이승만을 거의 전적으로 추종했으며 그 외의 정치세력이 정권을 잡는 것을 막기 위하여 전심전력을 다했다.") / 8월 3일 서울운동장에서 수만 시민이 운집해서 <여운형선생인민장>을 치렀다. 여운형을 수장으로 해서 좌우합작위원회를 중심으로 합리적인 지도자들의 임시조선정부를 구성하려고 노력했던 미군정 레너드 버치Leonard Bertsch(1910년생) 중위의 애달픈 **<조사弔辭>**: "돌아가신 위대한 선생님에 대하여 나는 조선말로 한마디 하겠습니다. 그는 영원히 침묵의 나라로 돌아갔습니다. 그러나 그의 친구와 나는 항상 선생으로부터 감화받은 교훈을 잊지 못하겠습니다. 자유와 평화를 원하는 조선사람들은 울고 있지만, 여운형 선생의 정신을 기억하겠습니다. 여운형 선생은 돌아가신 사람이 아닙니다. 영원히 죽지 않을 인물입니다. 우리 이제 남아있는 사람에게 큰 교훈을 준 사람입니다." / 1974년 2월 (공소시효公訴時效 지남) 김흥성·김영성·유용호·김훈·신동운, 여운형의 암살공범임을 자진 선언(『한국일보』): "백의사 집행부장인 김영철로부터 백의사 단장인 염응택(염동진)을 소개받고 그에게서 권총 두 자루를 얻었다. … 제1저격수 한지근, 제2저격수 겸 현장지휘 김훈, 도피 확인자 유용호·김영성 등."

1947년 7월 20일 - **해공**海公 **신익희**申翼熙(1894년생. 와세다대학 졸. 임정 초대 내무부 차장), **한국독립당**(한독당) **탈당.** → 김구 진영에서 이승만 진영으로 합류.

1947년 8월(초) - 제주 전역에 미군정 보리공출 반대 삐라 살포: "*미군을 축출하자!*"

1947년 8월 8일 - 서귀포시 안덕면 동광리東廣里 하곡수매공무원 구타사건. 동광리주민 50여 명이 미군정 하곡(보리)수집 할당량조정 언쟁끝에 담당공무원 3명을 집단구타했다 → 산간마을 초토화시기에 동광리 마을사람들(120~140명)이 "큰넓궤(큰동굴)"에서 2개월간

은신집단생활하다가 발각되어, 전원이 정방폭포에서 학살되었다(1948년 12월 24일).

/ 2013년 3월 오멸 감독의 <지슬: 끝나지 않은 세월>에서 그 뼈아픈 정황을 그려냈다.

1947년 8월 11일 - 수도경찰청, 남로당·민전 산하단체에 대한 폐쇄조치. 대대적인 검거 선풍(3,000여 명).

1947년 8월 13일 - **제주 조천면 북촌리경찰-주민충돌사건.** 북촌리 불법삐라를 단속하던 경찰과 지역주민들이 충돌했다. 결국 경찰의 발포로 분노한 주민들이 경찰관을 집단폭행했다. 주민 40명 경찰에 검거 → 토벌대에 의한 북촌리 주민 450명 학살(1949년 1월 17일).

1947년 9월 11일 - 한국여론협회, 남한단독총선거여론조사(반대 60%, 찬성 22%) / 1947년 10월 17일 서울 여론주도층, 미·소양군 동시철퇴(찬성 57%, 반대 43%).

1947년 9월 12일 - 미·소 공동위원회 결렬(조선임시정부 참여 정당·단체의 자격문제에서 갈렸다. 남북을 대표하는 하나의 정부결성 실패) → 소련이 반대함에도 불구하고 미국은 한국문제를 국제연합에 상정했다. 유엔총회 본회의 채택(9월 23일). 소련, 미·소양군 동시철수 제안(9월 26일) → 국제연합총회 결의안: "UN한국임시위원단의 감시하에 한국(남북)은 총선거를 통해 중앙정부를 수립하기를 권고한다"(11월 14일) → 소련, 유엔임시위원단 북한 입국 거부 / 미·소공동위원회의 결렬 → 한반도 문제의 유엔 이관 → 남북 분단 국가 수립 → 한국전쟁 발발의 원인.

1947년 9월 21일 - **대동청년단大東靑年團 창설식**(단장: 지청천, 총재: 이승만, 서울운동장). 지청천 광복군 총사령관 중심으로 결성된 반공우익청년단체 → 이승만의 친위대 역할을 자임한 서북청년단이 주도하는 "대한청년단"으로 흡수통합(1948년 12월 19일. 백범 소외).

1947년 10월 19일 - **유엔총회에서 조선문제 토의.** 소련의 양군 동시철수안을 미국이 거부했다.

1947년 10월 28일 - **헬믹 군정장관 대리**(10월 11일 러치 2대 군정장관 사망), **공창 폐지령 공포.**

효력발생: 1948년 1월 14일(공창폐지연맹위원장: 김말봉).

1947년 10월 30일 - **미군정청, 윌리엄 딘**William Frishe Dean(1899년생) **소장을 제3대 군정장관으로 임명.**

1947년 10월 - 조선경비사관학교 5기생 입학. 서북청년단 출신이 380여 명으로 전체 입교생 중 2/3를 차지하며 6개월 훈련을 거쳐 곧바로 소위로 임관.

1947년 11월 1일 - **단국대학 개교**(신익희 국민대학교 이사장에게 배신느낀 범정梵亭 장형張炯 주도. 임정법통).

1947년 11월 2일 - **서북청년단 제주지부 설립**(위원장: 장동춘張東春). "빨갱이들 때문에 고향에서 떠나왔으니 빨갱이 잡는 일이 지상 최대의 목표!" "서청! 하면 울던 아기도 울음을 그친다."

1947년 11월 5일 – **조선민족청년단**(족청) **제주도단부 창립식**(위원장: 백찬석白燦錫).

1947년 11월 14일 – 유엔총회, 인구비례에 의한 남북한총선거를 통한 정부수립 결의(미국안案 채택). 유엔, 미국의 제안(선先 정부수립, 후後 외국군철수)을 받아들여 유엔한국임시위원단UNTCOK(캐나다, 중국, 엘살바도르, 프랑스, 인도, 필리핀, 시리아, 오스트레일리아) 조직 결정 / 소련측 주장: 선 외국군철수, 후 정부수립. 조선대표 없는 유엔한국임시위원단에 참가거부.

1947년 11월 24일 – 김구, 〈성명서〉 발표: "남측만의 단독선거는 국토양분의 비극을 가져올 것이다."

1947년 11월 29일 – **김성수 · 장덕수 · 백남훈 등 한민당 수뇌부, 이승만 지지 철회.** 미군정, 장덕수의 한국민주당(한민당)이 정국주도 소망. 한민당 수뇌부, 이승만 지원 철회를 알렸고, 이승만은 불같이 화냈다(<버치문서 박스1>).

1947년 12월 2일 – **설산雪山 장덕수張德秀**(1894년생, 한민당 정치부장. 한민당의 미소공위 참석 주도) **피살.** 제기동 자택에서 대한학생총연맹 소속의 박광옥(현직 경찰) · 배희범(연희대) · 최중하(연희대. 최서면崔書勉으로 개명. 1957년 일본으로 망명. 국제한국연구원 원장) · 조엽(서울대) · 박정덕(연희대) · 김철(성균관대)에게 총맞고 절명했다("韓民黨張德秀氏한민당장덕수씨 怪漢괴한에 被襲絶命피습절명"『경향신문』1947년 12월 4일). 장택상 수도경찰청장, 장덕수암살사건의 배후로 단독정부수립을 절대반대하는 김구(대한학련 총재)를 지목(단독정부수립을 추진하는 한민당의 정치적 공세 가세). 김구, 미군정 재판정에 증인신분으로 서다(1948년 3월 12일).

1947년 12월 6일 – **좌우합작위원회 해체**(여운형 암살 → 장덕수 암살 → 좌우합작 해체).

1947년 12월 6일 – **북한, 화폐개혁 실시**(~12일). 식민지화폐제도 청산, 과잉화폐 흡수로 물가안정, 상공업자의 자본력 약화. 남북한의 이질적인 화폐사용으로 분단 심화.

1947년 12월 15일 – **백범 김구, 『백범일지白凡逸志』**(국사원) **출간**(1929년 5월 3일~1947년 10월 3일. 춘원 이광수 윤문) / 1948년 3월 1일 재판. 1948년도 최고 베스트셀러.

1947년 12월 20일 – **"민주주의 민족통일"을 지향하는 중도파 정치세력, 민족자주연맹**(민련)**을 발족**(김규식·홍명희·안재홍·김명준·김호·김시현·김성숙 등). 남북통일 중앙정부의 조속한 수립을 위한 남북정치단체대표자회의의 개최를 정책으로 제시. 회을悔乙 김성숙金成淑(1896년생. 제주)은 조봉암·서상일과 함께 진보당 창당(1955년).

1947년 12월 21일 – **대동청년단 제주도단부 임시대회**(단장: 김인선, 고문: 김충희. 단원수: 1,000여 명. 2개의 대청조직 통합) → 경찰보조단체 기능.

1947년 12월 22일 – 백범 김구, 남한단독정부수립 반대성명 발표. 남북 외국주둔군 철수 후 자유선거 주장.

1948년 1월 8일 – **유엔한국임시위원단**(임시의장: 인도대표 메논. 프랑스, 필리핀, 엘살바도르, 중국, 시리아, 호주, 캐나다, 인도 대표) **남조선 입국.** / 1월 14일 UN한국위원단 환영대회(서울운동장).

1948년 1월 22일 – **제주 미군정경찰, 조천 106명 검거.** 북제주 조천에서 개최된 남로당 집회를 급습하여 모인 사람들을 잡아가고 폭동을 계획했다고 상부보고.

1948년 1월 26일 – **유엔한국임시위원단, 공청회 개최**(서울). 김구는 남북협상 통일을 역설했고, 이 승만은 남한단독선거를 주장했다 → 백범, 이승만 · 한민당과 결별. 독자적 노선 모색.

1948년 1월 30일 – **윌리엄 딘 군정장관 · 안재홍 민정장관, 언론 · 출판 · 집회의 자유보장 시달** / 마하트마 간디(1869년생) 암살 / 윤동주의 유고집『하늘과 바람과 별과 詩』(정음사) 발간.

1948년 2월 7일 – **조선노동조합전국평의회**(전평), 〈2 · 7총파업〉 주도: "쌀을 다오! 임금을 인상하라! 공출을 중지하라! 양군 동시 철퇴로 조선통일민주주의 정부수립을 우리 조선인에 맡겨라! 국제제국주의 앞잡이 이승만 · 김성수 등 친일파를 타도하라! 남조선 단독정부 수립을 반대 한다! 유엔한국임시위원단은 조선에 오지 말라!" 전국적 총파업 전개(30만명 호응. 39명 사망, 133명 부상. 8,479명 검거) / 2월 13일 남로당, 〈2 · 7구국투쟁〉 지지성명.

1948년 2월 8일(오전 10시, 평양역) – **조선인민군 창건 열병식**(초대 인민군 총사령관: 최용건, 부사령관 겸 문화부 사령관: 김일, 포병부 사령관: 김무정. 조선의용군 합류). "김일성 항일유격대의 전통을 계승"하는 창군 열병식이 수십만 인파가 몰린 평양역전광장에서 거행되었다(후방부 사령관: 최홍 극, 총참모장: 강건, 부총참모장: 황호림, 통신부장: 박영순, 공병부장: 박길남, 작전부장: 류신). 2개사단 (제1사단: 김웅 사단장, 최광 총참모장. 제2사단: 이청송 사단장, 이익성 총참모장), 1개여단(김광협 여 단장, 오진우 총참모장) → 북한, 정부수립이전에 독자적 국군 창건(당 → 군 → 국가 성립).

1948년 2월 9일 – **제주도 안덕면 사계리 청년들, 경찰관 2명 집단구타.**

　　　　　→ 검거선풍이 불고 구금자들에 대한 취조강도가 더욱 더 매서워졌다.

1948년 2월 10일 – **김구 한독당 당수, 〈삼천만 동포에게 읍고泣告함〉 성명서 발표.**

　　　　　→ 남북한의 단독정부수립 반대.

1948년 2월 16일 – **김구**(한국독립당) · **김규식**(민족자주연맹), 김일성 · 김두봉에게 남북요인회담 제안.

1948년 2월 26일 – 남한만의 단독선거에 반대했던 인도 · 캐나다 · 호주를 설득한 유엔총회 의 결정: "위원단이 접근가능한 지역내에서 총선실시를 결정한다."

1948년 3월 1일 – **존 하지 미군정청 사령관, 3 · 1절 기념식에서 남한내에서만 총선실시 발표.**

　　　　　→ 전국적으로 단독선거 · 단독정부 반대투쟁시위.

1948년 3월 6일 - **제주도 조천지서 고문치사 사건 발생**(김용철金用哲 조천중학원생 2년). 김용철학생은
거꾸로 매달린 채 곤봉으로 매질을 당하다 숨졌다. 경찰은 지병에 의한 사망이라고
둘러댔으나 검시 결과 고문사실이 밝혀졌다 / 1960년 3·15부정선거 규탄대회 와중에
마산에서 김주열金朱烈(1944년생) 학생 주검발견 → **4·19혁명** / 1987년 1월 14일 박종철朴
鍾哲(1964년생. 서울대 언어학과 84학번) 고문치사 → **6·10 민주항쟁**(1987년 직선제 개헌).

1948년 3월 8일 - 단독정부수립에 결사반대하는 백범 김구, 38선 이북에 남북회담을 제
의하는 성명 발표.

1948년 3월 12일 - 〈7거두성명〉 발표: **"통일독립을 위해 여생을 바칠 것이다. 남한만의 단독선거에
참여하지 않겠다."**(김구金九, 김규식金奎植, 김창숙金昌淑, 홍명희洪明憙, 조소앙趙素昂, 조성환曺成煥,
조완구趙琬九).

1948년 3월 12일 - 장택상 수도경찰청, 김구를 장덕수 암살의 배후로 단정하고, 9차공판에
출두시킴. 백범 김구, 미군정 재판정에서 호통: "*······ 왜놈을 죽이라는 말만은 아마 나로서
그친 적이 없을게요. 이 일을 할 때는 반드시 실행자와 나와 단둘이서 직접 명령을 주고받지 간접적
으로 또한 다른 사람을 시키는 일은 없소. 왜놈 대장 수명쯤 살해했소.*"(김구는 <장덕수 암살>배후조종
무혐의로 최종적 판결이 났으나 정치적으로 타격이 심대했다).

1948년 3월 14일 - **조병옥 내무부장, 제주도 발언:** "제주도 사람들은 사상적으로 불온하다. 건국에
저해가 된다면 싹 쓸어버릴 수 있다."

1948년 3월 14일 - **제주도 모슬포지서 양은하**梁銀河 **청년 고문치사.** 양은하는 머리채를 천장에 매달
아 놓고 송곳으로 고환을 찌르는 고문을 당하다 숨졌다. 한림면 금릉리 청년 박행
구朴行九는 서청 경찰대에 끌려가 곤봉과 돌로 찍힌 상태에서 총살당했다(3월 29일).

1948년 3월 17일 - **미군정청, 국회의원선거법 공포**(남조선과도정부법령 제175호).

1948년 3월 25일 - **북조선민주주의민족통일전선**(북민전), **남북제정당 사회단체대표자연석회의 개최 제
안.** 단독선거·단독정부에 반대하는 정당과 사회단체에게 평양에서 모임을 갖자고 제
의했다(김구·김규식의 남북요인회담 제안에 대한 북조선의 답신).

1948년 3월 27일 - **북조선로동당 제2차 당대회**(~30일). 대의원 979명 참석(노동자 446명, 농민 270명,
인텔리겐챠 234명, 기타 29명). 당중앙위원회 선출. 위원장으로 선출된 김일성의 권력은
더욱 공고화 되었다.

1948년 3월 30일 - 남한만의 단독선거 주창자 이승만, 전국적인 총선행보. 전국애국연합

총선거추진위원회 결성(우익단체 68개 참가).

1948년 4월 3일(새벽2시) - 제주4·3민중무장항쟁 발발(12개 경찰지서 피습, 경찰·우익인사 10여 명 희생). 동족상잔의 참화를 불러올 남한단독정부수립에 반대(정확한 문제의식, 분단은 곧 전쟁을 불러온다)하는 무장지도부의 <호소문>: "매국 단선단정單選單政을 결사적으로 반대하고 조국의 통일독립과 완전한 민족해방을 위하여!" "반미구국투쟁!" "응원경찰과 서북청년단 추방!" "(경찰과 우익청년단의) 탄압이면 항쟁이다!"

1948년 4월 5일 - 미군정, 제주도비상경비사령부(사령관: 김정호金正浩 경무부 공안국장) 제주경찰감찰청내에 설치. 전남 응원경찰 100여 명 급파. 미군함정을 동원해 해안봉쇄. 주민들에게 <통행증제> 실시. 김정호 비상경비사령관 부임직후 기자간담회: "나는 이번 폭동사건이 제주도민의 주동으로 일어난 것이 아니고 육지부에서 침입한 악질 불량도배들이 협박·위협 등으로 도민을 선동시켜 야기된 것이라고 인정한다." "오후 8시 이후 전도의 통행을 금지하고 위반자를 사살해 버리겠다."(『서울신문』1948년 4월 30일) → 제주민중항쟁을 "외부의 사주에 의한 것"으로 규정.

1948년 4월 10일 - 미군정청, 국립경찰전문학교 간부 후보생 100명을 응원경찰로 제주도로 급파. 서북청년단 500여 명 급파 / 4월 20일 조선경비대 제5연대(경남 부산) 1개 대대, 제주도 파병.

1948년 4월 14일 - 조병옥 경무부장, 〈도민에게 고함〉 선무문宣撫文 발표: "여러분은 민족을 소련에 팔아 노예로 만들려고 하는 공산분자의 흉악한 음모와 계략에 속은 것이다." / 2022년 12월 26일 북한 무인기, 용산대통령실 일대 비행금지구역(P-73) 침범 / 2023년 1월 6일 김병주金炳周(1962년생. 육군대장·한미연합군사령부 부사령관 역임) 더불어민주당 의원(국회 국방위원 간사), 국회 의원총회에서 북한 무인기 영공 침범사태에 대한 정부의 부실대응 비판·책임자(이종섭李鐘燮 국방부장관 1960년생·김승겸金承謙 합참의장 1963년생·김용현金龍顯 대통령경호처처장 1959년생) 경질요구: "대통령이 사과하라!" → 주호영·성일종·신원식·김미애 등 국민의힘 의원들, 일제히 "야당의원 김병주 북내통설의혹" 색깔공세(→ 이승만정부 시대의 국회프락치 조작 사건).

1948년 4월 16일 - 향보단鄕保團 조직. 만 18세 이상 55세 이하 남자는 의무적으로 향보단원이 된다. 경찰보조 임시기구(조병옥의 건의로 딘 군정장관이 시행) / 1948년 5월 22일 향보단 해산 → 1948년 8월 민보단民保團으로 부활(1894년 동학농민혁명시기, 동학진압군인 관군과 일본군의 보조부대가 민보군民堡軍으로 동학군학살 자행) / 서북청년단 500명, 제주도로 급파.

1948년 4월 18일 - 딘 군정장관, 맨스필드John S. Mansfield 제주주둔 미군 제59군정중대장에게 내린

지시사항: "대규모의 공격에 임하기 전에 귀관은 소요집단의 지도자와 접촉해서 그들에게 항복할 기회를 주는 데 모든 노력을 다하라." → 김익렬 - 김달삼 4·28평화협상.

1948년 4월 - 이극로李克魯(1893년생) · 염상섭廉尙燮(1897년생) 등 문화계 108인 서명: "김구 · 김규식의 남북협상을 지지한다." / 1919년 3월 19일 문인 염상섭廉尙燮, 오오사카大阪에서 <독립선언서獨立宣言書>작성 · 선포: "平和의 祭壇에 崇高한 犧牲으로 提供한 三千萬의 亡靈에 依하여 最히 雄辯되게 또 最히 痛切히 吾人에게 敎訓은 준 것은 實로 民族自決主義의 오직 一言이다. ……… 在大阪韓國勞働者一同代表 廉尙燮" / 1921년 염상섭(보성소학교 출신), 『개벽』을 통해 등단(『표본실의 청개구리』).

1948년 4월 19일 - 제1차 남북협상; 전조선제정당사회단체대표자연석회의全朝鮮諸政黨社會團體代表者連席會議(평양남북지도자연석회의. ~27일, 평양 모란봉극장). 남북연석회담에 참석하기 위해 출발하는 백범 김구의 다짐: "나는 통일된 조국을 건설하려다가 38선을 베고 쓰러질 지언정 일신의 구차한 안일을 위하여 단독정부를 세우는 데는 협력하지 아니하 겠다." 38선 푯말을 붙잡은 김규식의 소회: "이제 내가 짚고 있는 푯말을 뽑아버려야만 하겠소. 그러나 나 혼자의 힘만으로는 되는 것이 아니고 온겨레가 합심만 한다면 곧 뽑아버릴 수가 있을 줄 아오." 남한의 31개 정당(한민당 불참) · 사회단체와 북한의 15개 정당 · 사회단체에서 선출된 545명 대표자 참석(남한의 단선단정單選單政과 미국 제국주의의 한반도식민지화 야욕을 규탄하는 북한의 입장을 천명하는 자리. 제1차 남북협상이 종료된 후 홍명희 · 김원봉 · 임화 · 박태준 · 이태준 · 이극로 등 월북작가 120여 명 등 포함한 많은 인사들이 북측에 잔류해서 통일정부 수립방안을 모색했다). / 1988년 7월 19일 노태우 정부 문공부, 월북작가 작품 전면해금(1945년 8·15 이전분 출판허용).

1948년 4월 22일 - 제9연대장 김익렬 중령, 공중에서 한라산무장대에게 <평화협상>을 요청하는 전단살포: "나는 동족상잔을 이 이상 확대시키지 않기 위해서 형제 제위와 굳은 악수를 하고자 만반의 용의를 갖추고 있다. 본관은 이에 대한 형제 제위의 회답을 고대한다." → 무장대측 응답: "연대장이 직접 나와 야 하며, 수행인은 2명 이상은 안된다. 만남장소는 무장대진영이어야 한다."

1948년 4월 27일 - 4김회담(김구, 김규식, 김일성, 김두봉). 양김회담: 김규식 · 김일성. 15인지도자협의회: 김구 · 김규식 · 조소앙 · 조완구 · 홍명희 · 김붕준 · 이극로 · 엄항섭 · 허헌 · 박헌영 · 백남운 · 김일성 · 김두봉 · 최용건 · 주영하 / 4월 30일 15인지도자협의회 공동성명서 발표: ① 외국군 미·소의 즉시 철군. ② 외국군의 철수 후 내전이 발생할 수 없다는 점의 확인(남북불가침). ③4단계 통일정부 구성안: 전조선정치회의 소집 → 임시정부수립

→ 총선(보통선거)으로 입법기관 탄생 → 헌법제정과 통일정부수립. ④ 남한의 단선·단정 반대 → 김구·김규식, 이승만과 결별.

1948년 4월 28일 – **제주4·28평화회담.** 김익렬金益烈(1921년생) 중령(제주주둔 제9연대장) – 김달삼金達三(1923년생) 한라산무장대 사령관 평화회담(중산간지대 대정면 구억九億국민학교): ① 72시간 내에 전투중지. ② 점진적 무장해제. ③ 무장대에 대한 사실상의 신변 보장 / **김달삼 무장대 사령관의 변:** "금번 사건의 책임은 경찰과 사설 청년단체들에게 있다. 좌익이니 빨갱이니 하여 구금 혹은 모함하여 왔으니 이것을 정당방위하기 위하여 제주도인민이 봉기하였다." <요구조건>: ① 단정반대. ② 제주도민의 절대자유 보장. ③ 경찰의 무장해제. ④ 제주도의 관청 고급관리를 전면적으로 경질할 것. ⑤ 관청 고급관리의 수회자收賄者를 엄중 처단할 것. ⑥ 도외 청년단체원의 산간부락 출입금지 / **김익렬 중령의 〈제주4·3〉을 보는 시각:** "나는 제주4·3사건을 미군정의 감독 부족과 실정으로 인해 도민과 경찰이 충돌한 사건이며 관의 극도의 압정에 견디지 못한 민이 최후에 들고 일어난 민중폭동이라고 본다. … 설사 공산주의자가 선동하여 폭동을 일으켰다고 치자. 그러나 제주도민 30만 전부가 공산주의자일 수는 없다. *그럼에도 폭동진압 책임자들은 동족인 제주도민을 이민족이나 식민지 국민에게도 감히 할 수 없는 토벌살상에만 주력을 한 것이다.*"

1948년 4월 29일 – **북조선인민회의 특별회의, 헌법초안과 인공기를 만장일치로 채택**(김두봉 북조선인민회의 상임위원회 의장의 제안) → 북조선, 단독정부수립 기정 사실화.

1948년 4월 29일 – **윌리엄 딘 미군정장관, 극비 제주 시찰**(5·10총선 임박한 상태, 강경진압·속전속결 방침).

1948년 5월 1일 – **제주읍 오라리방화放火 조작사건 발발.** 평화회담을 반대하는 서북청년단·대동청년단 단원들이 미군정과 경찰의 비호 아래 무장대로 위장하여 오라리에 방화를 하고 그 장면을 미군이 공중에서 입체적으로 촬영을 했다(May Day on Cheju-Do) → 평화협정을 무장대가 깬 것으로 책임전가하고 강경진압의 명목쌓기 전략.

1948년 5월 3일 – **미군, 경비대에게 총공격 명령. 제주도 귀순자 총격사건.** 김익렬 – 김달삼평화협상 믿고 산에서 내려오는 사람들을 향해 정체불명의 무리들이 총질을 해댔다.

1948년 5월 4일 – **여수 제14연대 창설**(여수 신월리). 광주 제4연대 1개 대대(지휘: 김지회 중위)가 모부대가 되어 여수·순천·광양·고흥·구례·곡성·보성 등지에서 모병을 했다(2,700여 명).

1948년 5월 5일 – **윌리엄 딘 군정장관, 제주도를 방문해서 제주도사태비밀회의 주관**(참석자: 안재홍 민정장관, 조병옥 경무부장, 경비대총사령관 송호성 준장, 맨스필드 중령, 유해진 제주도지사, 김익렬 중령, 최천崔天 제주경찰감찰청장). 조병옥, 강경진압 주장. 김익렬 연대장, 평화적 해결 주장 / 윌리엄 로버츠Willian L. Roberts 준장(주한미군사고문단 단장): **"미국은 군사상으로 필요 했기 때문에 제주도 모슬포에 비행기지를 만들어놓았다. 미국은 제주도가 필요하지 제주도민은 필요치 않다. 제주도민을 다 죽이더라도 제주도는 확보해야 한다."**(『안재홍유고집』) → 미군정 수뇌부, 제주사태 조기강경진압 결정 / 5월6일 김익렬 중령 해임 → **여수 제14연대 연대장으로 전출.**

1948년 5월 6일 - **박진경朴珍景 중령**(1920년생. 경비대총사령부 인사과장, 짐 하우스만 추천) **제9연대장으로 취임:** "우리나라 독립을 방해하는 제주도폭동사건을 진압하기 위해서는 제주도민 30만을 희생시키더라도 무방하다." → 능통한 영어실력으로 미국 정부의 정책을 십분 발휘하려고 애썼다(맥아더 포고령 제1호 제5조: 군정기간에는 영어를 공용어로 한다).

1948년 5월 6일 - 김구·김규식, 〈귀경歸京 공동성명서〉 발표: **"남한의 단독선거·단독정부 수립을 반대한다."** → 전국적으로 호응. 동맹휴학.

1948년 5월 8일 - 서울 시내의 대학·전문대·고등학교 18교, 단독선거單選 반대 동맹휴학.

1948년 5월 10일 - 대한민국 제헌국회의원 선거(남한단독선거, 5·10 총선거, 제헌의원 200석. 제주도 2개 선거구 투표율 과반수미달로 탈락. 198석. 전국평균투표율: 95.5%, 제주도평균투표율: 62.8%). 성별·신앙과 관계없이 21세 이상의 성인에게 동등한 투표권이 부여된 남한 최초의 보통선거이다 (미국도 수정헌법 제24조 발효로 문맹자·흑인이나 가난한 사람을 배제하지 않고 명실상부한 보통선거를 1964년에나 실시했다). **헌법과 기본적인 법률제정임무를 맡은 제헌국회의원**(임기 2년). 김구·김규식 등 민족주의자들(임정세력)·제주도민 대거 불참. 정당으로는 한국민주당(한민당, 미군정 지지)만 적극 참여하고, 남로당·한국독립당·국민당·민족자주연맹 등 해방정국에서 민중의 신망을 받던 정당은 정당차원에서 불참하고 개인적으로 참여했다(무소속) / 제1당: **대한독립촉성국민회**(총재: 이승만, 55석. 이승만 선전. 대동청년단 12명, 조선민족청년단 6명). 제2당: **한국민주당**(수석총무: 김성수, 29석. 한민당 참패. 변신한 친일파의 잔존세력이 미군정의 앞잡이로 민중에게 각인). 무소속 의원(김구·김규식·몽양 여운형의 팔로어들): 85석 (이승만에 대한 국민들의 반발표 → 국회내 소장파 의원 형성. 반민특위 제정 맹활약). *유엔이 승인한 합법정부 "대한민국"의 국제법: 1948년 유엔한국임시위원단의 감시하에 선거가 이루어진 지역 → 남북한 동시 유엔가입(1991년 9월 18일)이 가능했던 규정.

1948년 5월 10일 - 제주 제9연대 제주도초토화 토벌작전 돌입. 제주도 3개 선거구 중 2개 선거구는 투표자 미달로 선거가 불발되었다(남한단독정부 불인정). 이에 대한 보복차원이다 / 제주도 초토화 작전에 반대한 맨스필드 John S. Mansfield 제주도 민정장관 경질. 제주지구 미군사령관으로 새로 부임한(5월 20일) 브라운 Rothwell H. Brown 대령은 제2차 세계대전의 "파이터 front-line fighter"로 이름을 날렸다. "나는 원인에 대하여 흥미가 없다. 나의 사명은 진압시키는 것뿐이다."(『조선중앙일보』 1948년 6월 8일 인터뷰).

1948년 5월 11일 – 전라남도 13개교, 단선반대 동맹휴학 단행.

1948년 5월 14일(정오) – 북조선, 대남송전對南送電 중단 / 이스라엘공화국 건국.

1948년 5월 15일 – 제주 제9연대, 제11연대로 확대 개편. 수원 제11연대가 제주도로 이동, 9연대와 합쳐서 확대 개편 / 김익렬 중령, 여수 제14연대 연대장으로 부임.

1948년 5월 20일 – 제주 11연대 소속 군인 41명 무장탈영(제주출신). 미군정의 초토화작전에 반대하여 탈영했다. 대정면 경찰지서를 습격하고, 무장대에 합류했다.

1948년 5월 31일 – 대한민국 제헌국회制憲國會 출범(~1950년 5월 30일). "대한민국大韓民國"을 국호國號로 제헌국회에서 정했다(6월 7일. 탈락된 국호 후보: 고려공화국, 조선공화국, 한국). 초대국회의장: 이승만, 부의장: 신익희申翼熙(대한독립촉성국민회)·김동원金東元(한국민주당) / 1948년 6월 24일 소련, 서베를린 봉쇄(~1949년 5월 12일). 베를린장벽 축성(1961년 8월 13일~1989년 11월 9일).

1948년 6월 1일 – 박진경 제11연대장 대령으로 승진. 특별히 서울서 제주도까지 내려온 딘 군정장관이 총애하는 박진경에게 대령계급장을 직접 달아주었다.

1948년 6월 6일 – 제주도 진압작전을 보도하는 『조선중앙일보』의 기사: "상공에는 미군정찰기가 날고, 제1선에는 전투를 지휘하는 미군 지프가 질주하고 있으며, 해양에는 근해를 경계하는 미군함의 검은 연기가 끊일 사이 없이 작전을 벌였다."

1948년 6월 8일 – 미 공군 B-29 폭격기, 독도상공에서 어선폭격. 어선 80여 척에 승선한 200여 명의 어민이 죽거나 실종되었다 / 9월 16일 미 극동함대 사령부 발표: "미 5공군 B-29 폭격기가 1948년 6월 8일 독도상공에서 폭격비행 연습을 하던 중 그곳에 출현한 어선들을 바위로 오인, 폭격했다."

1948년 6월 18일(새벽 3시 15분) – 박진경 대령 피살. 수천명의 무고한 주민까지 토벌하는 박진경 대령을 문상길文相吉(1926년생) 중위·손선호孫善鎬 하사·신상우申尙雨 하사·배경용裵敬用 하사 등 8명이 공모했다 → 숙군肅軍작업 본격화.

1948년 6월 19일 – 물가동향: 쌀 5되 950원, 달걀 1개 24원, 설탕 1근 190원, 담배 1갑 3원.

1948년 6월 23일 – 조병옥 경무부장 〈담화문〉 발표: "4·3의 근본원인은 실로 조선의 소련연방화 내지 위성국화를 기도하는 공산당의 남조선 파괴공작에 가담한 자들의 총선거 방해공작에 불과했던 것이다."

1948년 6월 29일 – **제2차 남북조선 제정당·사회단체 연석회의**(~7월 5일). 남북한 통틀어 선거 실시 결정 → 남한전역에서 지하선거(7월 중순) → 해주 남조선인민대표자회의(8월 하순).

1948년 6월~9월 – **전남 동부지방 곳곳에 수해**. 태풍 3차례, 장마 35일간 지속: "산중턱에는 태풍으로 휩쓸려 올라간 배들이 얹혀져 있는 것이 마치 노아의 방주를 연상케 한다."(『서울신문』 1948년 7월 17일) / 전남지방의 보리수확량, 전년보다 4할 감소. 미군정의 하곡(보리) 수집매 집량은 35,000석이나 증가했다. 그것도 시세의 20% 가격으로 강제수매당하고, 부당함에 항의하는 농민들은 인근 경찰서에 끌려가 매타작 → 민중의 분노, 폭발직전.

1948년 7월 8일 – **북조선인민위원회, 태극기太極旗를 "인공기人共旗"로 교체 게양**. 이때 애국가도 함께 북한에서 사라졌다. 북측관공서에는 전날까지 소비에트깃발과 함께 태극기도 게양되었었다.

1948년 7월 10일 – **북조선인민회의 제5차 회의개최**. 조선최고인민회의 선거실시 결정.

1948년 7월 12일 – **대한민국헌법 국회 통과**.

1948년 7월 15일 – **조선경비대 제주 주둔군, 제11연대에서 제9연대로 다시 부활**(연대장: 송요찬宋堯讚, 1918년생. 일본군 지원병 출신·군사영어학교 졸. 육군참모총장·국방부장관·외무부장관 역임).

1948년(단기 4281) 7월 17일 – **제헌국회**(국회의장: 이승만), **대한민국 헌법 및 정부조직법**(12부 4처) **공포**: "**대한민국은 기미 3·1운동으로 건립된 임시정부의 법통을 계승한 민주공화국이다.**" / 〈제1장 제1조〉 大韓民國은 民主共和國이다. 〈제2조〉 大韓民國의 主權은 國民에게 있고 모든 權力은 國民으로부터 나온다.

1948년 7월 20일 – **제헌국회 국회의원, 대통령**(이승만)·**부통령**(이시영) **선출** / 7월 24일 대한민국 초대 정·부통령 취임식(중앙청 광장).

1948년 7월 21일 – **김구**(한독당)·**김규식**(민족자주연맹), **통일독립촉진회 결성** / 9월 24일 남북 두 분단 국가의 해체와 남북총선거에 의한 통일정부 수립을 UN에게 요청하는 서신을 발송했다.

1948년 7월 21일 – **미군정청, 제3여단 소속 2개 대대 제주도 출동**. 부산 제5연대 1개 대대와 대구 제6연대 1개 대대를 제주도로 출동시키면서 **제주4·3민중항쟁을 군 주도의 토벌작전으로 전환했다** / 2022년 12월 9일 워싱턴 국책연구기관(Wilson Center), 제주4·3사건 진상규명 세미나 개최: "*제주4·3사건, 미국책임.*" 미 국무부 전 당국자, "당시 미군정이 4·3

학살을 묵인한 것을 넘어서 강경진압으로 이끈 책임이 있다."

1948년 8월 5일 – 제헌국회, 친일파를 처리하기 위해 국회에 특별법기초위원회 설치 → 반민족행위처
벌안(반민법안) 국회상정(8월16일) → 반민법안 국회통과(9월1일) → 정부 공포(9월22일)
→ 반민법안을 규탄하는 반공구국궐기대회(9월23일. 주관: 노덕술·이종형. 이승만 대통령,
적극 지원) → 국회프락치 사건(1949년 6월 23일) → 반민특위 무산(1949년 8월 31일).

1948년 8월 14일 – **대한민국의 첫 유학생 6인, 미국으로 출국**. 짐 하우스만의 주선으로 미국의 군사
조직·훈련·전술을 연마하기 위해 조지아주 포트베닝 보병학교에서 고급지휘관
1년코스를 밟았다. 이형근李亨根(1920년 충남 공주생. 일본육사 56기, 일본군 포병대위, 대장
예편 1959년 8월 6일). 김동영, 민기식, 임선하, 이한림, 장창국.

1948년 8월 15일 – 대한민국 정부수립 국민축하식 및 광복3주년 기념식(중앙청 광장. 축사: 맥아더 총사령관).
존 하지 중장, 미군정 종식선언. 태극기 게양. 대한민국 제1공화국(~1960년 6월 15일) **출범**
(초대 대통령: 이승만, 부통령: 이시영, 국무총리: 이범석, 내무장관: 윤치영, 외무장관: 장택상, 재무장관:
김도연, 상공장관: 임영신, 법무장관: 이인, 사회장관: 전진한, 농림장관: 조봉암, 문교장관: 안호상,
교통장관: 민희식, 체신장관: 윤석구, 무임소장관: 지청천, 법제처장: 유진오). 이승만 측근 입각.
한민당 소외 / 국회의장: 신익희, 부의장: 김약수, 대법원장: 김병로.

1948년 8월 21일 – **남조선인민대표자회의 개최**(~25일, 해주). 남조선 지하선거에서 선출된 남조
선 대표자 1,002명(제주도 인민대표: 김달삼·안세훈·강규찬·이정숙·고진희·문등용) 참석
/ 8월25일 최고인민회의 남한측 대의원 360명 선출(북한측 대의원 212명). 35명의 주석
단에 뽑힌 **김달삼의 연설**: "제주4·3은 탄압에 대한 저항과 단독선거 실시에 따른 분노가 폭발해
벌어진 자연발생적인 총궐기이다." → 제주무장대 사령관이 북한정권을 공개지지함으
로써 제주도민은 가일층 고통을 받게된다.

1948년 8월 24일 – **이승만·하지 협약**(미군정청 사령관 하지 중장은 이승만 대통령에게 국내 안보지휘권을 점진적
으로 이양한다) 〈**한미군사안전잠정협정**South Korea–U.S.Military Accord〉. *미군이 철수할 때
까지, 미군이 국군에 대한 작전통제권을 행사한다.* → 여순사건 진압 수뇌회의는 미군사고문
단이 주관하였을 뿐 아니라 직접 전투작전을 지휘하였다(미군사고문단장 로버츠 준장,
짐 하우스만·존 리드 대위 등).

1948년 8월 25일 – **조선최고인민회의 대의원 선거 실시**. 북한지역의 정당단체와 사회단체가 연
합체인 북민전(북조선민주주의조국통일전선)에서 공동추천한 후보자 직접 선출(212명

대의원, 찬반투표). 남한지역에서는 지하선거를 통한 간접선거(360명의 대의원) → 남북한 572명의 최고인민회의 대의원 선출(대의원 중 287명이 항일투사 경력).

1948년 9월 1일 - 북한 총선 실시 / 9월 2일 북한, 최고인민회의 제1차 회의(~10일. 최고인민회의 상임위원장: 김두봉) / 9월 8일 조선민주주의인민공화국 사회주의헌법 채택: "전 조선지역에 실시한다." / 9월 9일 내각 조직(초대수상: 김일성, 부수상: 박헌영·홍명희·김책, 국가계획위원회 위원장: 정준택, 민족보위상: 최용건, 국가검열상: 김원봉, 내무상: 박일우, 외무상: 박헌영, 산업상: 김책, 농림상: 박문규, 상업상: 장시우, 교통상: 주영하, 재정상: 최창익, 교육상: 백남운, 체신상: 김정주, 사법상: 리승엽, 문화선전상: 허정숙, 로동상: 허성택, 보건상: 이병남, 도시경영상: 이용, 무임소상: 이극로, 최고 재판소장: 김익선, 최고검사총장: 장해우).

1948년 9월 5일 - 조선경비대, 대한민국국군으로 개명 / 육군사관학교(화랑대花郞臺) 개교. 1기~ 10기까지는 군경력자가 입교하여 단기교육을 마치고 임관. 11기(1951년10월)부터 는 정규4년제. 전두환全斗煥(1931년생. 11·12대 대통령)·노태우盧泰愚(1932년생. 13대 대 통령)·정호용鄭鎬溶(1932년생. 국방부장관)·김복동金復東(1933년생. 육군사관학교장)·권익 현權翊鉉(1934년생. 민주정의당 총재) 등이 11기이다(군부내 사조직 "하나회" 결성. 하나회가 주축이 된 신군부, 12·12 군사반란·군권장악 → 5·17쿠데타 → 5·18 민주화를 외치는 광주시민·학생들을 상대로 초토화작전 돌입→제5공화국 수뇌부 포진). 육군(4,729명)·해군(920명)·공군(1,503명) 등 7,000여 명이 미국의 군사교육을 받았다(1948~1957년). *군수뇌부는 해방전 친일親 日에서 해방직후 친미親美적 성격이 농후해졌다.*

1948년 9월 8일 - 북조선 최고인민회의, 조선민주주의인민공화국 사회주의헌법 공포.

1948년 9월 9일 - 조선민주주의인민공화국 수립 선포식(초대 내각 수상: 김일성). "국토완정國土完整과 민족통일" 천명 / 10월 12일 소련과 국교수립. 미국, 조선민주주의인민공화국 불인정 / 1949년 10월 6일 북한, 중화인민공화국(신중국. 1949년 10월 1일 건국선포)과 국교수립.

1948년 9월 10일 - 각 정당사회단체, 제주4·3사건에 대한 〈담화문〉: "파견 경찰대를 즉시 철회하고 이 사건을 원만히 평화리에 해결함으로써 자손만대에 오욕을 끼치지 않게 하기를 바란다."

1948년 9월 22일 - "반민족행위처벌법反民族行爲處罰法"(법률제3호) 제정 공포.

〈제1조〉 일본정부와 통모하여 한일합병에 적극 협력한 자, 한국의 주권을 침해하는 조약 또는 문서에 조인한 자와 모의한 자는 사형 또는 무기징역에 처하고 그 재산과 유산의 전부 혹은 2분지 1 이상을 몰수한다.

〈제2조〉 일본정부로부터 작爵을 수퓻한 자 또는 일본제국의회의 의원이 되었던 자는 무기

또는 5년 이상의 징역에 처하고 그 재산과 유산의 전부 혹은 2분지 1 이상을 몰수한다.

〈제3조〉 일본치하 독립운동자나 그 가족을 악의로 살상 박해한 자 또는 이를 지휘한 자는

사형, 무기 또는 5년 이상의 징역에 처하고 그 재산의 전부 혹은 일부를 몰수한다.

/ 1948년 10월 23일 반민족행위특별조사위원회(반민특위. 위원장: 김상덕金尙德[1891년생. 경신고 졸].
2·8동경독립선언, 임시정부 학무부 차장)·특별재판부(재판부장: 김병로 대법원장)·특별검찰
부(검찰부장: 권승렬 검찰총장) 구성 / 1949년 1월 2일 반민특위, "**일본경찰의 忠犬충견 노덕술
드디어 체포!**" / 1949년 5월 20일 반민특위에서 맹활약을 하던 이문원·이구수·최태규
의원 체포 → 임시국회, 3명의 의원 석방동의안 부결(가 88표, 부 95표, 기권 1표) → 극우
반공주의자들(반민법 대상자들)의 가표를 던진 88명의 국회의원을 적색분자로 규
탄하는 궐기대회 개최(5월 31일, 종로구 탑골공원)→반민특위, 친일경찰 최운하崔雲霞(일
제 고등계 형사출신. 서울시경 사찰과장) 등 친일경찰 간부 체포 → 윤기병尹箕炳 중부경찰서
장이 경찰을 대동하고 반민특위 사무실을 습격해 특경대 무장해제(권승렬 검찰부장도
몸수색당하고 권총을 빼앗겼다). 반민특위위원들이 조사한 서류를 빼앗고 연행했다(6월 6일.
윤기병은 그 공로로 제6대 서울시 경찰국 국장에 취임한다. 1953~55). **반민특위 사무실 습격사건** →
국회는 이승만의 요구대로 공소시효를 2년에서 1년으로 단축함으로써 사실상 반민
특위는 무산되었다(1949년 8월 31일) / 2009년 11월 8일 **민족문제연구소,『친일인명사전』**(전3권)
발간(친일인물 총 4,776명 수록). 친일반민족행위자연구에 평생을 헌신한 임종국林鍾國
(1929~1989. 부친은 천도교 원로 임문호林文虎)의 뜻을 기리고 평생 수집한 자료가 근간이 되어
민족문제연구소가 설립되었다(1991년).

1948년 9월 23일 - 문상길 중위·손선호 하사 총살집행(윌리엄 딘 군정장관의 인준. 경기도 수색의 산기슭).

문상길 중위의 유언: "22살의 나이를 마지막으로 나 문상길은 저 세상으로 떠나갑니다. 여러
분은 한국의 군대입니다. 매국노의 단독정부 아래서 미국의 지휘하에 한국민족을 학살
하는 한국 군대가 되지 말라는 것이 저의 마지막 염원입니다."(『서울신문』, 1948년 9월 25일).

손선호孫善鎬 하사의 법정 최후진술(1948년 8월 13일. 대한민국정부수립일날 고등군법회의. 총살형 언도):
"박 대령을 암살하고 도망할 기회도 있었으나 30만 도민을 위한 일이므로 그럴 필요는

없었다. 나 하나의 생명이 30만의 도민을 위한 것이며 3천만 민족을 위한 것인 만큼 달게 처벌을 받겠다."(『漢城日報』, 1948년 8월 14일). / 2022년 12월 26일 **고故 문상길 중위·손선호 하사 진혼제鎮魂祭 봉행**(경기 고양시 망월산 인근). 제주4·3도민연대, 제주4·3기념사업회, 제주통일청년회 합동으로 주최: **"20대 청춘, 목숨값을 내놓고 먼저 써 내려간 시대를 향한 그 뜻을 잊지 않으려고 한다."**

1948년 9월 24일 - **국방부, 연대장 및 각지 사령관 회의 개최.** <충성선서문>을 이승만 대통령에게 전달 / 1980년 8월 21일 전군주요지휘관회의 의결: "전두환장군을 국가원수로 추대하자!"→ 전두환, 통일주체국민회의에서 대한민국 제11대 대통령으로 당선(총투표자 2,525명 중 2,524명이 찬성하고 1명이 기권. 99.9% 찬성. 1980년 8월 27일).

1948년 9월 24일 - **구례 군경충돌사건.** 구례경찰이 이발소에서 난동부리는 것을 제지하다가 휘말린 여수14연대 군인 9명을 구례경찰서에서 구금·구타. 14연대 군인 열받다.

1948년 9월 29일 - **미군 고문단장 로버츠 준장, 이범석 국무총리 겸 국방장관에게 메시지:** "한국군의 작전통제권은 여전히 주한미군사령관에게 있으며, 군 작전에 관한 모든 명령은 발표되기 전에 해당 미군 고문관을 거쳐야 한다."

1948년 10월 1일 - **국방부, 정일권丁一權**(1917년생. 만주봉천군관 5기. 일본육사졸업, 만주군 헌병장교) **육군 총참모장·김영철 해군총참모장을 제주도로 현지조사 파견**(~5일). 정일권 대령의 시찰소감: "제주도의 현 사태는 예상했던 것보다는 평온하다."

1948년 10월 1일 - **혁명의용군 사건.** 수도경찰청, 내란음모혐의로 최능진·오동기 긴급체포. 이승만과 동대문갑에서 맞장을 뜬 "이승만의 정적1호"최능진崔能鎮과 여수14연대 연대장 오동기吳東起(광복군 출신) 등이 군대내에 혁명의용군을 조직해서 대한민국정부를 전복하려고 했다는 조작사건 → 대한민국 최초의 정치적 날조조작사건.

1948년 10월 10일 - **<부용산> 노래 등장.** 박기동朴起東(1917년생) 목포항도공립여자중학교(현, 목포여자고등학교) 교사가 쓴 여동생(박영애) 추모시(1947년 9월 8일)에 음악교사 안성현安聖鉉(1920년생)이 항도여중 제자 김정희의 죽음을 슬퍼하며 박기동의 추모시 <부용산>에 곡을 붙였다(1948년 10월). 단지 "빨치산들이 즐겨 불렀다"는 이유로 박기동·안성현 선생은 곤욕을 치렀다(안성현 월북·박기동 호주 이민): **"부용산 오리길에 잔디만 푸르러 푸르러 솔밭사이 사이로 회오리 바람타고 간다는 말 한마디없이 너는 가고 말았구나 피어**

나지 못한 채 병든 장미는 시들었구나 부용산 봉우리에 하늘만 푸르러 푸르러 / 1997년 구전노래로 전해오다가 가수 안치환이 취입했다 / 2009년 5월 고故 노무현盧武鉉 (1946년생) 대한민국 제16대 대통령 추모 메인 음악 / 2018년 10월 30일 여순사건 70주기 여수MBC 특별강연: "도올 말하다! 여순민중항쟁"(3부작. 유튜브 총조회수 120만. 연출: 김지홍). 특강 중 <부용산> 애창哀唱(2023년 8월 19일 현재 유튜브 조회수 95,253).

1948년 10월 11일 – **제주도경비사령부 설치**(사령관: 제5여단장 김상겸金相謙 대령 겸임, 부사령관: 송요찬 소령). 본격 토벌초토화돌입.

1948년 10월 17일 – **송요찬 제9연대장 〈포고령〉: "해안선에서 5km 이상 지역에 허가 없이 출입하는 자는 무조건 사살한다."**(한라산 입산금지령, 1954년 9월 21일 금족禁足 해제).

───── **【포고령 전문】** ─────

"본도의 치안을 파괴하고 양민의 안주를 위협하고 국권 침범을 기도하는 일부 불순분자에 대하여 군은 정부의 최고 지령을 봉지奉持하여 차등此等 매국적 행동에 단호 철추를 가하여 본도의 평화를 유지하며 민족의 영화와 안전의 대업을 수행할 임무를 가지고 군은 극렬자를 철저 숙청코자 하니 도민의 적극적이며 희생적인 협조를 요망하는 바이다. 군은 한라산 일대에 잠복하여 천인공노할 만행을 감행하는 매국 극렬분자를 소탕하기 위하여 10월 20일 이후 군 행동 종료기간 중 전도 해안선부터 5km 이외의 지점 및 산악지대의 무허가 통행금지를 포고함. 만일 차此 포고에 위반하는 자에 대하여서는 그 이유여하를 불구하고 폭도배로 인정하여 총살에 처할 것임. 단 특수한 용무로 산악지대 통행을 필요로 하는 자는 그 청원에 의하여 군 발행 특별통행증을 교부하여 그 안전을 보증함. 1948년 10월 17일 제주도주둔 제9연대장 송요찬 소령"

↳ 대한민국 정부, 제주도민을 폭도로 규정 학살

/ 1987년 4월 3일 **제주대학교 총학생회, 4·3민중항쟁 첫 위령제.**

/ 1989년 4월 3일 **제주4·3사월제 공동준비위원회**(제주도내 11개 시민사회단체), **41주기 〈제1회 4·3추모제〉**(4·3추모 및 진상규명 촉구대회).

/ 2000년 1월 11일 **김대중정부, 〈제주4·3특별법〉제정.** 제주4·3사건의정의<특별법 제2조>: "1947년 3월 1일을 기점으로 1948년 4월 3일 발생한 소요사태 및 1954년 9월 21일까지 제주도에서 발생한 무력충돌과 진압과정에서 주민들이 희생당한 사건."

/ 2003년 10월 15일 **노무현정부, 〈제주4·3사건 진상조사 보고서〉 발간:** "집단 인명피해 지휘체계를 볼 때, 중산간마을 초토화 등의 강경작전을 폈던 9연대장(송요찬)과 2연대장(함병선)에게 1차 책임을 물을 수밖에 없다."

/ 2003년 10월 31일 **노무현 대통령, 제주4·3사건 공식사과.** 〈제주4·3사건에 대한 대통령 발표문〉:
"저는 위원회의 건의를 받아들여 국정을 책임지고 있는 대통령으로서 과거 국가권력의 잘못에 대해 유족과 도민 여러분
께 진심으로 사과와 위로의 말씀을 드립니다. 무고하게 희생된 영령들을 추모하며 삼가 명복을 빕니다. …… 존경하는
국민 여러분, 과거사건의 진상을 밝히고 억울한 희생자의 명예를 회복시키는 일은 비단 그 희생자와 유족만을 위한
것이 아닙니다. 대한민국의 건국에 기여한 분들의 충정을 소중히 여기는 동시에, 역사의 진실을 밝혀 지난날의 과오를
반성하고 진정한 화해를 이룩하여 보다 밝은 미래를 기약하자는 데 그 뜻이 있는 것입니다."

/ 2006년 4월 3일 **노무현 대통령, 제58주년 〈제주4·3사건 희생자 위령제〉 참석.**
〈추도사〉: "*국가권력에 의해 저질러진 잘못은 반드시 정리하고 나가야 합니다.*"

/ 2014년 3월 24일 **박근혜정부, 제주4·3을 국가기념일로 지정**(4월 3일, 4·3희생자 추념일).

/ 2017년 4월 19일 **양근방**(87세) **할아버지 등 제주4·3 생존 수형인 18명, 제주지방법원에**
〈4·3수형 희생자 불법군사재판 재심청구서〉 제출 → 재심 개시 결정(2018년 9월 3일).

/ 2017년 12월 **오영훈 의원 등,** 〈제주4·3특별법 전부개정안〉 **발의**(2018년 3월 권은희 의원 등,
또다른 개정안 발의). 희생자와 유족에 대한 배상, 군사재판 무효화, 4·3왜곡시도 처벌 등.

/ 2018년 4월 3일 **문재인 대통령, 제70주년 〈제주4·3희생자 추념식〉 참석.** 〈추념사追念辭〉: "1948년
11월 17일 제주도에 계엄령이 선포되고 중산간마을을 중심으로 '초토화작전'이 전개 되었습니다. … 국가폭력으로
말미암은 그 모든 고통과 노력에 대해 대통령으로서 다시 한번 깊이 사과드립니다. … 배·보상과 국가트라우마센터
건립 등 입법이 필요한 사항은 국회와 적극 협의하겠습니다."

/ 2019년 1월 17일 제주지법 제2형사부, 제주4·3 생존수형인 18명이 청구한 〈불법군사
재판 재심〉 선고공판에서 **공소기각판결**: "**제주4·3 생존수형인 18명, 71년 만에 무죄**"(18명
범죄기록삭제, 2월 1일. 형사보상 청구, 2월 22일. 53억 4000여 만원 배상결정, 8월 21일).

/ 2019년 3월 26일 **제주4·3사건 진상규명 및 희생자 명예회복위원회**(제주4·3위원회),
4·3중앙위원회 개최: 희생자 130명, 유족 4951명 추가 결정 → 제주4·3희생자: 1만
4363명(유족: 6만4378명). 제주 봉개동 제주4·3평화공원에 희생자 각명비刻銘碑가 있다.

┌─【 2019년 4월 3일 】────────────────────
"제주4·3" 71년만에 국방부(서주석 국방부 차관)·경찰수장(민갑룡 경찰청장),
첫유감·애도표명.
└─────────────────────────────

/ 2021년 3월 16일(오전) **제주지방법원, 제주4·3 수형인 335명 재심 "무죄" 선고**(눈물바다 된 법정).

재판장 장찬수張贊洙(1969년생) 부장판사 <판결문>: "국가가 완전한 정체성을 갖지 못했을 때 피고인들은 목숨마저 빼앗겼고 자녀들은 연좌제에 갇혔다. 지금까지 그들이 무슨 생각을 하면서 삶을 살아냈는지, 과연 국가는 무엇을 위해, 그리고 누구를 위해 존재하는지, 몇 번을 곱씹었을지 우리는 알지 못한다." 제주4·3시기 불법적인 군사재판에서 내란죄와 국방경비법 위반혐의로 "수형인명부"에 기재된 2,530명 포함 4,255명이 한국전쟁 발발직후 행방불명이 되었다(대부분이 우익청년단체·군경軍警에 의한 집단학살로 추정).

/ 2021년 11월 30일 제주4·3유족회, 피해자 김천종 등 14명(4·3 당시 국방경비법 위반 등의 혐의로 일반재판을 받고 육지 형무소에서 수형생활을 하다가 행방불명)에 대한 **재심청구**(2022년 3월 3일 재심개시 결정). **제주지방검찰청, 재심결정에 항고**(2022년 3월 11일): "희생자에 대한 심사자료가 없는 상태에서 이뤄졌으므로 재심의 절차적 완결성과 정당성을 확보한다는 차원에서 항고한다." / 2022년 5월 27일 광주고등법원 제주 제1형사부(재판장: 이경훈李璟勳 1974년생, 부장판사), **재심결정 "검찰항고" 기각.**

/ 2022년 1월 4일 **문재인정부, 〈제주4·3특별법 개정안〉**(희생자에 대한 보상급 지급 기준안. 2022년 정부예산안 중 4·3희생자에 대한 보상금 1,810억 원 편성) **국무회의 의결**(1월 11일 공포. 4월 12일 시행). 문재인 대통령: "한국전쟁 전후 민간인 희생사건 중 최초의 입법적 조치라는 면에서 매우 의미가 크다. … 70년 만에 정의가 실현됐다."

/ 2022년 4월 3일 **윤석열 대통령 당선자, 제74주년 〈제주4·3 희생자 추념식〉 참석.**

/ 2022년 10월 4일 제주지법 형사4부(재판장: 장찬수), 4·3군법회의 희생자 30명에 대한 직권재심과 66명에 대한 특별재심과 1명에 대한 일반재판에서 모두 무죄 선고. 무죄판결문에서 당부: "변호인은 (자료준비에) 좀 더 성의를 보이고, 검찰은 (유족의 심정과 4·3 당시 상황에 대해) 이해하려고 노력하기 바랍니다. 지역정치인들도 더 관심을 가지시길 바랍니다."

/ 2022년 11월 7일 1인당 최대 9천만 원의 국가보상금, 희생자 300여 명에게 지급 시작
(2026년까지 4·3희생자 1만 101명에게 지급할 계획).

/ 2022년 11월 20일 **강순주**(91세) **4·3생존자, 제주4·3 국가보상금 1천만 원을**
"이 땅의 평화를 위해 써달라!"며 유족회에 기부했다.

1948년 10월 18일 - **제주 해안 봉쇄.** 해군이 7척의 함정과 수병 203명을 동원했다. 언론 통제.

1948년 10월 19일 - **이승만 대통령, 일본방문.** 맥아더 태평양미국육군총사령관의 초청.

1948년 10월 19일(밤 9시) - **국군14연대**(여수 신월리 소재) **제주토벌출동거부. 제주토벌출동거부병사위원회,**
〈애국인민에게 호소함〉 발표: "우리는 조선 인민의 아들들이다. 우리는 노동자와 농민의 아들들

이다. 우리는 우리들의 사명이 국토를 방위하고 인민의 권리와 복리를 위해서 생명을 바쳐야 한다는 것을 잘 안다. 우리는 제주도 애국인민을 무차별 학살하기 위하여 우리들을 출동시키려는 작전에 조선사람의 아들로서 조선동포를 학살하는 것을 거부하고 조선인민의 복지를 위하여 총궐기하였다. 친애하는 동포여! 우리는 조선인민의 복리와 진정한 독립을 위해 싸울 것을 약속한다. 1. 동족상잔 결사반대 2. 미군 즉시 철퇴" / 10월 19일 제5여단 예하부대인 여수 제14연대가 항명함으로써 김상겸 제주도경비사령관이 파면당하고, 딘 군정장관의 강력추천으로 제주 제9연대장이 된 **송요찬**이 사령관이 되어 제주경찰과 해군함정까지 지휘하에 두는 진압군의 총책임자가 되었다. 송요찬은 계엄령이 발효된 11월 17일부터는 계엄사령관이 되어 미군사고문단(단장: 윌리엄 로버츠 준장)의 자문을 받으며 제주토벌을 총지휘하였다.

1948년 10월 20일(새벽 3시) **– 여수14연대 봉기군, 여수경찰서 접수.** 순천역 도착(오전 9시, 김지회金智會 중위 지휘). 순천에 파견되어있던 여수14연대 2개중대, 봉기군에 합류(홍순석洪淳錫 선임중대장 주도). 순천읍내 점령. (오전) 이승만정부, "반란"소식을 접하고 언론통제. 미임시군사고문단·정부 비상회의 소집. 광양·구례·곡성·보성·벌교·고흥 경찰, 순천으로 응원부대 파견. (오후) 광양경찰서에 잡혀있던 민간인(예비구속자) 27명을 경찰이 퇴각하면서 주령골(반송쟁이)에서 학살(여순사건을 사진으로 기록한 김경모의 친구 김영배金英培도 포함. 당시 서울대 법대를 다니다 "국대안파동"으로 잠시 고향집에서 지내다가 변을 당했다).

1948년 10월 20일(오전 10시) **– 여수인민위원회 복원.**

〈6개항 결의안〉

①오늘부터 인민위원회가 모든 행정기구를 접수한다. ②우리는 유일하며 통일된 민족정부인 조선인민공화국을 보위하고 충성을 맹세한다. ③우리는 조국을 미제국주의에 팔고 있는 이승만정부를 분쇄할 것을 맹세한다. ④무상몰수, 무상분배의 민주주의 토지개혁을 실시한다. ⑤한국을 식민지화하려는 모든 비민주적인 법령을 무효로 한다. ⑥모든 친일 민족반역자와 악질 경찰관 등을 철저히 처단한다.

〈주요 과업 6가지〉

①친일파, 모리간상배謀利奸商輩를 비롯하여 이승만 도당徒黨들이 단선단정單選單政을 추진하는 데 앞장섰던 경찰, 서북청년단, 한민당, 독립촉성국민회, 대동청년단, 민족청년단 등을 반동反動 단체로 규정하고 그들 중 악질적인 간부들은 징치懲治하

되 반드시 보안서의 엄정嚴正한 조사를 거쳐 사형, 징역, 취체取締, 석방의 네 등급으로 구분하여 처리할 것입니다. 그러나 여기서 분명히 말씀드려 둘 것은 악질 경찰을 제외하고는 사형만은 될 수 있는 대로 없도록 노력할 것이며 만부득이萬不得已하게 될 경우에는 최소화할 것이라는 점을 분명히 다짐해 두는 바입니다. ②친일파, 모리간상배들이 인민의 고혈膏血을 빨아 모은 은행예금을 동결시키고 그들의 재산을 몰수할 것입니다. ③적산가옥敵産家屋과 아무 연고도 없는 자가 관권官權을 이용하여 억지로 빼앗은 집들을 재조사해서 정당한 연고권자에게 되돌려줄 것입니다. ④매판자본가買辦資本家들이 세운 사업장의 운영권을 종업원들에게 넘겨줄 것입니다. ⑤식량영단食糧營團의 문을 열어 굶주리는 우리 인민대중에게 쌀을 배급해 줄 것입니다. ⑥금융기관의 문을 열어 무산대중無産大衆에게 은행돈을 빌려줄 것입니다.

1948년 10월 20일(오후 2시) − **여수인민대회**(위원장: 이용기李容起) **1~2천명 운집**(진남관 앞 중앙동 로타리 광장): **"친일파 민족반역자 척결! 무상몰수·무상분배 토지개혁을 즉각 실행하라!"** / 인민위원회, 식량영단營團의 창고 열어 배곯는 민중들에게 1인당 3홉의 쌀을 배급. 여수가 진압된 후(27일) 대회 참가자들 대다수는 즉결처형되었다 / 10월 21일 여수 인민재판 개최: 고인수 여수경찰서장과 사찰계 직원 10명 처형.

1948년 10월 21일 − **반군토벌전투사령부**Task Force(광주) **조직**(예하부대: 제2연대 원용덕 대령. 제5연대 김백일 중령). 송호성(宋虎聲, 1889년생, 임정 광복군 제5지대장) 육군총사령관, 짐 하우스만, 백선엽(白善燁, 1920~2020년. 평남 강서군. 평양사범, 간도특설대 중위 / 2023년 7월 5일 故 백선엽 장군 동상 <높이: 4.2m> 제막. 친일장교에서 반공영웅으로 변신) 대령, 박정희 작전참모장교 참가. "미군즉각철수"를 주장하는 14연대 봉기군에 맞서 미군은 최신 군사장비를 지원했고, 미군사고문단이 작전과 정보 분야에서 적극적으로 대한민국 국군을 지휘했다.

1948년 10월 22일 − 중앙언론 대대적으로 보도: **"국군 제14연대반란" "극좌극우 공모 폭동의 성질"**(21일 이범석 국무총리 겸 국방장관의 기자회견) / 이범석 국무총리, <叛軍에 告함> 투항권고문 살포(전남 동부전역에 살포): **"최후로 한번 제군이 총살당하질 않을 기회에 여유를 주는 것이니 제군은 즉시 반성하여 … 사과의 뜻을 표하라."** / 10월 22일 **김백일 중령, 여수·순천 계엄령 선포**(위헌, 일본 만주국 간도토벌대에서 행한 사례). 간도토벌대 중대장 출신으로 한국독립군을 토벌하는데 앞장섰다가, 해방된 조국에서는 군사영어학교를 졸업

하여 승승장구한 김백일金白一(1917년생) 중령(제5여단장)이 불법 계엄사령관으로서
자국민 진압작전을 진두지휘하였다.

【계엄령戒嚴令 선포】

"본관에게 부여된 권한에 의하여 10월 22일부터 별명別命시까지 좌기左記와 여如히 계엄령을 선포함.
만일 차此에 위반하는 자는 군법에 의하여 사형 기타에 처함." ① 오후 7시부터 익조翌朝 7시까지
일절통행을 금함. ② 옥내외의 일절 집회를 금함. ③ 유언비어를 조출造出하여 민중을 선동하는 자는
엄벌에 처함. ④ 반도叛徒의 소재를 알 시時 본 여단사령부에 보고한다. 만일 반도를 은닉하거나 반도와
밀통하는 자는 사형에 처함. ⑤ 반도의 무기 기타 일절 군수품은 본 사령부에 반납할 것. 만일 은닉
하거나 비장祕藏하는 자는 사형에 처함. 1948년 10월 22일 제5여단 사령부 여단장 육군 중령 김백일.

/ (15:00) 순천 서면 학구에서 토벌군과 봉기군 첫 전투 발생. (저녁) 봉기군 외곽지역으로
퇴각(지리산, 백운산으로 입산. 빨치산 장기무장 투쟁으로 돌입). / *"아부지 오시면 깨줘야 뎌.
새벽이라두 아부지 오시면 꼭 깨줘야 뎌." 밖에 개 짖는 소리가 나서 "누, 누구세유?" 하고
엄마가 내다보니 눈보라가 펄펄. "아부지는 거시기 새 시상을 맨들기 위해서 높은 산을 넘어
갔구, 그래서 언젠가는 다시 높은 산을 넘어오실 거라구 그랬잖냐 말여 …"* (빨치산이 된
아버지를 기다리는 아이를 그린 단편소설 『눈오는 밤』, 김성동).

1948년 10월 23일 - **이승만 대통령, 민간인을 불공대천지원수不共戴天之怨讎로 규정하고 강경진압
을 독려함.** 〈경고문警告文〉: "이런 분자들은 개인이나 단체를 물론하고 한 하늘을 이고 살 수 없는 사정
이다." (『경향신문』·『대동신문』) / 함상의 박격포 포격과 함께 부산 제5연대 1차 여수
상륙시도 실패. 여수시민군, 허수아비 세워 방어 성공. (11:00) 토벌군, 순천시내 전역
탈환. (오전) 여수인민위원회, 우익인사 10명 처형. (오후) 순천 전역 협력자 색출 시작.

1948년 10월 24일(오전) - **김백일 계엄사령관 하에서 광주지방법원 순천지청의 박찬길朴贊吉 검사 등 21명
처형.** 경찰이 검거한 좌익인사를 법규정대로 처리한 박찬길은 올곧은 검사였는데, 최
천崔天 등 진압경찰이 "주구走狗검사"로 휘몰아 죽였다(제주도 경찰국장으로 승진한 최천
은 정치인으로 변신. 제3·4·5대 국회의원 역임). 토벌군, 여수시내 2차 공격 실시. 잉구부에서
패퇴. 칼 마이던스Carl Mydans 등 미종군기자단, 순천도착. 취재시작. 여수에 있던
일부 봉기군과 인민위원회, 백운산으로 입산 / 소련군, 평양에서 완전 철수.

1948년 10월 25일 - **지리산에 입산한 김지회 중위, 구례읍 공격** / 김백일 중령(제5여단장). 현지시찰 재광주기자단에게 브리핑: "여순반란의 주도 인물은 제14연대 소속 김지회 중위이다." 김지회 현상금: 50만 원.

1948년 10월 25일 - **이승만정부, 대한민국 국무회의를 통해 계엄령 사후 승인**(대통령령 제13호). 계엄령은 법률이 제정되지 않은 상태에서 대통령령슈만으로 선포됨으로써 "불법 계엄령" 논란을 불러일으켰다(국무위원과 정부는 법률안을 제출할 수는 있지만 제정할 수 있는 권한은 없다. "계엄법 없는 계엄령" <제헌헌법> 제64조: "대통령은 법률이 정하는 바에 의하여 계엄을 선포한다."). 장교에게 즉결처분권 부여. 여순봉기 진압군 부산5연대 1대대를 지휘한 간도토벌대 출신 김종원金宗元(1922년생) 대위도 일본도를 가지고 청년 7명을 직접 참수 처분을 하기도 했다(이승만정부는 만주에서 한인들을 괴롭히고, 항일유격대를 토벌하고, 중일전쟁 때 대륙 전역에서 중국인민을 참수했던 만주군 출신 장교들 대거 중용. 그들은 또다시 대한민국 조국의 땅에서 동족을 토벌하는 업무에 매진하게 되었다) → 진압군이 순천탈환 후 순천시민을 잔인하게 학살하는 것을 목도한 여수시민들은 목숨 걸고 저항할 수밖에 없었다.

1948년 10월 26일 - **정일권 육군참모장, 국방부 출입기자단에게 브리핑**: "10월 19일 21시 여수폭동 발생의 실정은 14연대 내 반란군 장교는 병영에서, 일부 경찰 및 청년단은 경찰서와 시내에 동시에 계획적으로 폭동을 일으켰음. 여수반란 총지휘자는 여수고녀 교장 송욱宋郁임." 이범석 총리의 국회보고: "여수봉기군의 민중을 총연합 지휘하는 최고사령관은 여수고녀 교장이던 자이다." (무고하게 반도수괴로 몰린 송욱 교장은 조선어학회 사건으로 옥고를 치른 독립운동가) → *신생국가의 체통"이 구겨지는 군반란에서 "엉뚱한" 민중·학생반란으로 축전환 → 무고한 민간인과 학생들이 대거 학살당하게 되었다*(1만 5천 ~ 2만 3천명 희생) / 2021년 7월 13일 송욱 전 여수고녀(여수공립고등여학교) 교장의 딸(송순기, 83세), 아버지의 주검없는 빈무덤 앞에서 슬픈 바램: "여순사건 주모자로 몰린 아버지, 73년만에 누명 벗을까요?"(『한겨레』).

1948년 10월 26일(15:00) - **토벌군, 여수시내 3차공격 개시**(해군과 5연대 포사격). 여수시내 1차 화재 발생. (오후) 토벌군, 여수시내 주요거점 장악.

1948년 10월 27일(오전) - **김형원 공보처 차장 기자회견, "민간인 반란"으로 발표.** (08:45) 토벌군, 기갑연대·항공대·군함을 동원하여 육·해·공 3군 합동작전 돌입. (오전) 여수시내 2차 화재 발생(육지와 해상 포격으로 화재). (14:00) 토벌군, 여수시내 완전 진압. (오후) 토벌군, 여수 전역에서 협력자 색출. 여수 계엄사령관 송석하宋錫夏(1915년생. 간도특설대 창설·만주국군

상위上尉) 소령, 국군 제14연대를 해산시킴.

1948년 10월 28일 - 이승만대통령의〈군경동지에게보내는권고문勸告文〉발표: "이난적亂賊 배輩에편입한 자는 소상한 증거를 따라서 일일이 치죄治罪할 것이요. 무지우맹無知愚氓으로 남의 선동煽動에 끌려 범죄犯罪한 자는 법대로 처리할 것이다." / "공산 괴물은 뚜렷한 현실로 우리 앞에 나타나고 있다. 이제 먹느냐 멕히느냐의 판도에서 민족진영은 그 정기를 발휘하고 각오를 새로이 하야 모두가 반공민족 공동체를 이루어 적귀(赤鬼=빨갱이) 타도에 매진하여야 할 것이다."(이승만 대통령이 대한독촉국민회 에서 발한 <전남반란사건에 대한 담화>) / 1894년 11월 4일(음력) 고종, 중앙·지방 관리들과 모든 백성들에게 동학농민군 초토화를 목표로 하는 일본군을 적극 도우라는 <칙유勅諭>를 포고: "… 지난번에 우리 정부에서 일본 군사의 원조를 요청하여 세 방면으로 진격하여 초멸하려고 하는데, 일본군은 분발하 여 자신을 돌아보지 않고 적은 수로 많은 적(동학농민군)을 격퇴시킨 결과 쓸어 없앨 날이 그리 멀지 않았다. 일본으로서는 절대로 다른 생각이 없고 순전히 우리를 도와 난리를 평정하고 정치를 개혁하며 백성들을 안정시켜 이웃 국가와의 우호 관 계를 돈독하게 하려는 호의라는 것을 명백히 알 수 있다. 向由我政府, 請日兵相助, 三路進勦, 該兵等奮不 顧身, 以少擊衆, 平蕩之期, 計在不遠. 足以明日國之斷無他意, 專欲助我鋤亂, 改政安民, 以 敦隣睦之好也。"(『고종실록』 32권) / 2023년 8월 15일 윤석열 대통령, <8·15경축사>: *"공산전체주의를 맹종하며 … 반국가세력들이 여전히 활개치고 있습니다."*

1948년 10월 27일 - 육군총사령부, 〈일반명령 제2호〉 발표: ① 대통령의 인가를 얻어 1948년 10월 10일부 효력으로 제주도 숙청부대 총지휘관에게 숙청 행동간 고등군법회의 관할권한을 이에 부여함 → 숙청부대는 곧 토벌이요, 초토화요, 학살이다.

1948년 10월 28일 - 기동작전사령부, 제2여단 원용덕元容德 대령에게 지휘권 넘김. 작전개념전수: "4F전술"(찾아서Finding - 고정시킨 후Fixing - 싸워서Fighting - 끝낸다Finishing) → 일본군 항일 유격대의 대토벌소탕작전과 판박이(삼광三光작전. 다 빼앗고搶光·다 죽이고殺光·다 태워 서燒光, 흔적을 없앤다光).

1948년 11월 1일 - 원용덕 호남방면 사령관 겸 계엄사령관, 전라도 전역으로 계엄령 확대(즉결처형권 부여).

───── 【계엄사령관 〈포고문〉 공포】 ─────

　1. 전라남북도는 계엄지구이므로 사법 급及(및) 행정일반은 본 호남방면군사령관이 독할督轄함.

　1. 관경민은 좌기 사항을 철저히 준수 려행勵行할 것을 명령함.

　　1)관공리는 직무에 충실할 것. 2)야간통행시 제한은 20:00시부터 5:00시로 함. 3)각 시·군· 동·리에서는 국군주둔 시 혹은 반도번거 접근지역에서는 항상 대한민국기를 게양할 것. 4)대한

민국기를 제식 대로 작성하여 게양하며 불규남루不規襤褸한 국기를 게양하는 경우에는 국가민족에 대한 충실이 부족하다고 인정함. 5)반란분자 혹은 선동자는 즉시 근방 관서에 고발할 것. 6)폭도 혹은 폭도가 지출한 무기, 물기物器, 금전 등을 은닉 又는(또는) 허위보고 치 말것. 7)군사행동을 추호라도 방해하지 말 것. 이상 제항諸項에 위반하는 자는 군율에 의하여 총살에 즉결함.

단기 4281년 11월 1일 호남방면 사령관 원용덕.

↳ 여수서국민학교에서 부역혐의로 분류된 사람 중 89명 처형. 10월 말부터 진압군의 명령으로 여수시민을 여수서국민학교로 몰아넣고 "손가락총"으로 부역자를 색출했다. 경찰·우익인사·기독교인·청년단원 등이 "복수復讐와 사감私感"을 가지고 그들의 손가락에 지목되는 즉시 "반란자"로 규정되고 곧 죽음을 당했다(재판없이 즉결처형). **반란자:** ① 교전중인 자. ② 총을 가지고 있는 자. ③ 손바닥에 총을 쥔 흔적이 있는 자. ④ 흰색 지까다비地下足袋를 신은 자(10월 20일 여수인민대회에서 참석자에게 나누어 주었던 기념품). ⑤ 미군용 팬티를 입은 자. ⑥ 머리를 짧게 깎은 자. ⑦ 흰 고무신을 신은 자(여수인민대회의 기념품: 처형당한 우익인사 김영준이 운영하는 천일고무공장에서 제조).

1948년 11월 3일 – **전남학무국 발표:** "여순사건 가담자 280명 가담학교 10개 교(여수중, 여수고녀, 순천중, 광양중, 벌교중, 고흥중 등)." **인심:** "배운 사람들은 다 좌익사상이여, 똑똑한 사람 다 죽었어!" "앞선 사람, 똑똑한 사람, 학식이 많은 사람들은 모조리 제거된 거요." "모난 정丁이 돌맞는다, 나서지 마라!" → 전남의 젊은층 일시에 증발, 전라도인재 일거에 제거.

1948년 11월 3일 – 『**경향신문**』, 여순사건에 대한 외신의 논평 기사화. <AP통신>: "이 반란사건은 지난 8월 15일에 겨우 수립된 대한민국에 대한 최초의 큰 시련이었다." <워싱턴포스트>: "이승만 박사의 정부가 반란에 대하여 확고한 태도로서 처리할 수 있느냐 없느냐는 즉 안전과 독립을 요구하는 대한정부의 시금석이 될 것이다. 그리고 동 반란사건은 한국문제가 토의를 기다리고 있는 유엔총회의 행동에 필경 영향을 주게 될 것이다."

1948년 11월 4일 – 이승만 대통령의 여순사건 진압 후 〈담화문〉: "男女兒동까지도 일일이 조사해서 불순분자는 다 제거하시오(전남-제주도 도처에 아기무덤). 조직을 엄밀히 해서 반동적사상이 만연되지 못하게 하여 앞으로 어떠한 법령이 혹 발포되더라도 전 민중이 절대로 복종하도록 하라!"(『평화일보』·『수산경제신문』 11월 5일) → 여수지역사회연구소의 추정사망자(1949년 11월 11일 발표): 11,131명 (여수 5,000명, 순천 2,200명, 광양 1,300명, 보성 400명, 고흥 200명, 구례 800명, 곡성 100명).

/ 1973년 14연대 김OO 중대장 증언: "반란군이 지나갈 때 밥 한덩어리만 줘도 혐의를 받았다. … 간단한 고발로 종신형이

내려졌고 그 자리에서 총살을 시켰다. … 애매한 사람들이 많이 죽었고, 여학생들, 꽃같은 학생들이 다 죽었다. … 6·25 전쟁을 쭉 해봤지만 그렇게까지 비참한 전쟁을 본 일이 없다."(국방부 군사편찬위원회가 1960~1980년대까지 여수진압군을 면담해서 작성한 증언록이다).

1948년 11월 5일 – **박정희 기동작전사령부**(광주) **작전참모, 기자단 회견**: "금번 반란사건에 대하여서는 순전히 국군의 독자적 작전이다. 항간에는 배후지휘를 미군이 하고 있다고 유포되고 있으나 이것은 허설이다. 그리고 호남지구작전은 이로 일단락되었으며 … 앞으로 호남방면군의 방침은 좌기 2항에 중점을 둔다. ① 무장폭도의 조속 숙청. ② 작전중요지구치안행정과 교육 생산등의 각 기관복구 지도."

1948년 11월 9일 – 이승만정부, 여순사건을 빌미로 국가보안법 입법화하기 위해 국회상정 → 국회 통과(11월 20일) → 이승만정부, 국가보안법 공포(12월 1일). 국가보안법 법시행 1년간 188,621명 체포. 국가보안법은 대한민국의 국시國是를 반공反共으로 하는 분단국가로 고착화시켰다(5·16군사쿠데타 이후 반공법 제정) → "북한괴뢰집단"(북괴) 용어탄생 / 대한민국 헌법 제4조: "대한민국의 영토는 한반도와 그 부속 도서로 한다." / 북한의 헌법 제103조(1948년): "조선민주주의인민공화국의 수부首府는 서울시다."

1948년 11월 9일 – **서북청년단**(제주단장: 김재능), **김두현 제주도 도청 총무국장 타살**(고문치사). 서청의 당당한 항변: "공산주의를 처형했다."(죽이고, "빨갱이"로 낙인찍기) → 살인행위 용납.

1948년 11월 11일 – **육군 정보국**(국장: 백선엽 대령) **3과**(SIS, 특별정보과. 과장: 김안일 소령), **박정희 소령 체포·심문·실토**(군대 내 공산주의자들 색출. 짐 하우스만 미 군사고문단원의 증언: "군대 내 프락치의 가장 위에 있던 박정희의 자백 덕에 남한 군대 내에서 활동중인 남조선로동당 프락치들은 대부분 검거되었다."). 실무담당자는 김창룡金昌龍(1920년생) 대위(1연대 정보주임)로 여수14연대항명사건을 계기로 국군내 남조선로동당계·광복군계를 포함한 **반이승만계를 일망타진했다**. 증거보다 혹독한 고문에 의한 심문으로 1,500여 명을 숙청하고, 1949년 7월까지 4,749명을 처벌했다 / 김창룡은 관동군 헌병으로 항일지사들을 색출하여 일본 제국주의에 충성을 바치다가 해방 후 고향(함경남도 영흥)에서 전범으로 사형판결을 받았다. 탈옥하여 남한으로 내려와 조선경비사관학교 3기로 입교(1947년 1월, 4월에 소위로 임관)하여 신분세탁에 성공한 김창룡은 이승만의 총애를 받으며 친위대 역할에 충실히 수행하며 숙군肅軍작업을 주도했다.

1948년 11월 13일(새벽 2시) – **토벌군, 제주도 조천면 교래리 집집마다 방화**. 뛰쳐나오는 주민들 무차별 사격(80명 사망) → **제주도 초토화 작전의 시작**(백선엽–김안일–김창룡 군정보통 주도) / 2022년 9월

29일 DMZ국제다큐멘터리영화제에서 <돌들이 말할 때까지>(감독: 김경만) 최초 상영. 제주4·3사건에 대한 6년간 120명 구술 영상기록을 영화화. 양농옥(91세) 할머니, 제주4·3사건으로 인한 죽음이 왜 발생했는지에 대한 구술: "**이 사람이 사상에 대해서나, 정치에 대해서나 머리를 둔 사람이다 (싶으면) 보면 다 죽였어요. 젊은이도, 늙은이도.**" 해방후 초기 현대사에 천착하는 김경만 감독은 2016년부터 <제주4·3사건 수형인 구술조사>에 영상으로 기록했다.

1948년 11월 14일 – 백인기 제12연대장, 구례 산동면 시상리에서 자살. 지리산 빨치산의 기습포위공격을 받고 자신의 권총으로 자살했다 → 열받은 군경, 마을 초토화 → <산동애가>: "**잘있거라 산동아 너를 두고 나는 간다. 열아홉 꽃봉오리 피워보지 못한 채로 까마귀 우는 골에 병든 다리 절며 절며 달비머리 풀어얹고 원한의 넋이 되어 노고단 골짜기에 이름없이 쓰러졌네.**"(산동애가는 산수유꽃처럼 아리따운 열아홉살 처녀 백부전이 지어 불렀다고 전해지는 애달픈 노래다. 큰오빠와 둘째오빠가 일제징용과 여순사건으로 희생되고 셋째오빠마저 백인기자살사건으로 무조건 체포되는 상황에서 가문의 대를 잇기위해 오빠대신 처형장으로 끌려가게 된다).

1948년 11월 15일 – 제주도 표선면 가시리 초토화. 토벌대가 마을에 들이닥쳐 주민 450명 희생(48년 11월·12월, 49년 1월·2월 이 기간에 집중적인 토벌로 주민들 1만 5천여 명 학살당함).

/ 2018년 생존자 한신화(98세) 할머니 증언: "밤에 (경찰이) 와서 다 불질렀어. 다 탔어. 내 남편, 어멍아방, 어디 간지 몰라. 사방팔방 도망갔어. (포승줄에 묶여) 서귀포경찰서로 끌려갔어. 매맞고 1년형을 받았어. 말소 끄는 배 타고 육지 형무소 갔어. 전주에서 6개월, 대구형무소에서 4개월 살았어. (죄명이 뭔가요?) 모르지, 내가 어떻게 알아. 아무것도 몰라." 오국만 할아버지(87세): "아무 영문도 모르고, 빨갱이라고 한없이 구박받으며 평생을 살았어요." / 11월 중순 서귀포시 안덕면 동광리東廣里 마을 초토화. 동광리 주민들 120~140여 명, 2개월간 "큰넓궤"(큰동굴)에서 집단 은신생활. 토벌대에 체포되어 정방폭포 벼랑에서 집단총살(12월 24일): "너영 나영 두리둥실 놀고요 낮에 낮에나 밤에 밤에나 상사랑이로구나 지슬하나 못먹고 쌓인 한은 한라산 정방폭포 낙수물은 혈루되어 흐른다."(KBS제주 제주4·3 70주년특별기획 3부작 <도올 김용옥, 제주4·3을 말하다> 2018년 12월 5일 방영) → 영화화(2013년 3월 21일): 『지슬: 끝나지 않은 세월』(오멸 각본·감독. 선댄스영화제 심사위원 대상 수상) / 2015년 제주특별자치도, 안덕면 동광마을에 <제주4·3길> 지정. 제주도민이 겪은 통한의 역사현장을 걸으면서 이해하고 올바르게 인식할 수 있도록 조성한 걷기 여행코스(남원면 의귀마을·

조천면 북촌마을·한림면 금악마을·표선면 가시마을·제주 오라리 마을·애월읍 소길리 마을).

1948년 11월 17일 – 제주도 전지역 계엄령 선포(국회 입법화 되기 전, 대통령령 31호). 송요찬 계엄사령관의
초토화작전 지시: *"거처 가능한 곳을 없애라. 불태워 버려라."* → (1948년) 11월·12월
(1949년) 1월·2월까지 집중적으로 초토화작전으로 중산간마을이 불에 타 사라지고
(중산간 마을 95% 불타고, 300여 마을이 피해를 보고 4만여 동棟이 소실되었다) 제주도민이 무고하게
학살 당했다(15세 이하 전체 어린이 희생자 중 이 4개월 기간에 76.5%, 61세 이상 희생자 중 동 기간에
76.6%가 집중적으로 희생되었다). / 1960년 4월 19일 송요찬 육군참모총장, 전국비상계엄
령 선포 / 1963년 9월 3일 자민당自民黨을 창당한 송요찬, 대한민국 제5대 대통령 후
보로 출마하려고 했으나 야당통합 단일 후보(윤보선) 통합과정에서 사퇴했다 / 1997년
4월 1일 『제민일보』, <4·3계엄령은 불법이었다> 기사화: "제주4·3 때 제주도민 대량학
살의 법적근거로 알려진 계엄령은 당시 이승만 대통령에 의해 불법적으로 선포된 것으로 밝혀졌다."
(<제헌헌법 제64조>: "대통령은 법률이 정하는 바에 의하여 계엄을 선포한다." 1948년 그 당시 해당 계엄법 부재).

1948년 11월 17일 – 우익청년단체 대표, 경무대 방문. 서청·국청·청청·독청·대청·족청 등 6개
우익 청년단체 최고책임자들이 이승만 대통령과 국군강화문제를 토의했다 → 우
익 청년단체 단원들, 특별단기훈련 거쳐 대거 국군 입대 → 극우반공 군대로 변신.

1948년 12월 1일 – 이승만정부, 〈법률 제10호 국가보안법〉 제정·공포 → 극우반공주의 확산, 분단
의 법제화, 독재정권 출현(전라도·경상도 지역의 "반군협력자 색출" 명목하에 좌익세력들을
대대적으로 처벌. 1949년 1월~9월, 형무소 수감자 중 80%가 국가보안법 위반혐의자).

1948년 12월 6일 – 미군정보고서, 〈청년단, 군대와 경찰을 강화시키다〉: "보고에 의하면 최근 대통령(이승
만)과 내무장관(신성모)의 합의에 따라 서북청년단 단원들이 한국군에 6,500명, 국립경찰에 1,700명이
공급될 예정이다. 이들은 남한 전역에 있는 9개 경비대와 각 경찰청에 배정될 것이다." → 여순
10·19사건 이후 "임시경찰"·"서청중대"로 편입된 서북청년단원 수천 명이 한
국군·국립경찰로 임관되어 제주도 강경진압에 앞장서게 되었다 / 미군사고문단
풀러H. E. Fuller 중령의 보고서(1948. 12. 6.): "제주도 주둔 9연대를 본토로 이동시키고
2연대로 교체투입할 계획이다."

1948년 12월 6일 – 대구주둔 제6연대 사건. 지리산 빨치산을 토벌하기 위해 차출된 대구 6연대
가 경남 함양방면에서 군사작전을 마치고 본대로 복귀하는 도중에 이동백李東伯
상사를 비롯 하사관 28명과 병사 14명이 장교 9명을 사살하고 대구 팔공산에 입산했다.

1948년 12월 10일 – **이승만 대통령, 서북청년회 총회 참석 연설:** "제주도 4·3사태와 여수·순천 반란사태로 전국이 초비상사태로 돌입했다. 이 국난을 수습하기 위하여 *사상이 투철한 서북청년회를 전국 각지에 배치하겠다.*" / 2022년 12월 20일 김순호(1963년생) 행정안전부 경찰국장, 6개월만에 치안정감 초고속 승진. 경찰내부에서나 시민사회에서 전두환군부독재 시절 운동권 동료를 밀고한 "프락치의혹"이 농후한 김순호 경찰국장의 경질을 지속적으로 요구해왔는데, 윤석열정부는 민심을 역행하고 도리어 경찰청장에 버금가는 최고의 권좌에 급히 앉혔다.

1948년 12월 12일 – 유엔총회가결: "선거가 실시된 지역에서 유권자의 자유의사에 의해 수립된 유일한 **합법정부로 대한민국을 승인한다.**" 유엔은 동시에 미·소 양군의 조속한 철수를 요구했다. → 남한의 통치권과 관할권은 38선 이남이다. 이승만은 제헌헌법의 조항 "대한민국의 국토는 한반도와 그 부속도서"에 근거하여 북진통일을 당면과제로 삼았다.

1948년 12월 13일 – **제주도 대정면 상모리·하모리의 "도피자가족" 주민 48명 총살.** 9연대 토벌대는 중산간 마을에서 내려온 사람이나 해변가 주민들 중에 가족 중 청년이 사라진 집안의 사람들을 "도피자가족"이라 명명하고, 대신 죽이는 "대살代殺"을 자행했다 / 2002년 12월 12일 (채록) "*억울하고 가슴아픈 것은 당시 우리 딸 중 제일 철든 것이 열두 살이고, 그 아래로 열 살, 여덟 살, 여섯 살 난 아기들인데 이것들이 무슨 죄를 지었다고 죽였는가?*"(조천읍 조천리 부성방夫成邦, 86세. 자신의 피신으로 가족·친척 12명을 한꺼번에 잃었다.)

1948년 12월 18일 – **로버츠**William L. Roberts **미군사고문단장, 이승만 대통령·이범석 국무총리·채병덕 참모총장에게 서신:** "송요찬 연대장이 대단한 지휘력을 발휘했다. 이 사실을 대통령 성명으로 알리라." **채병덕 참모총장의 답신:** "송요찬에게 훈장을 수여할 것이다." / 2001년 5월 21일 윤태준尹太準 9연대 선임하사 증언: "초토화작전이 상부의 지시인지 또는 연대장 독단인지는 모르겠지만 송요찬 연대장은 일본군출신으로서 무자비하게 사람을 죽였다."

1948년 12월 18일 – **제9연대 제2대대**(함덕주둔)**, 군·경·민 합동작전. 도피입산한 구좌읍 종달리·하도리 주민들 학살** / 1992년 3월 22일 도피입산한 동굴 질식사현장, 다랑쉬굴에서 유골 11구 발견(여자 3명, 9세 어린애 포함) / 2008년 4·3평화기념관 다랑쉬굴 재현 전시.

1948년 12월 19일 – **대한청년단 결성**(총재: 이승만). 대통령 이승만, 국무총리 이범석계열의 조선민족청년단을 견제키 위해 대동청년단·서북청년단 등을 대한청년단으로 통합. 이승만 자신의 사병화 된 정치적 기반 마련(최고위원: 장택상·지청천·유진산, 단장: 신성모 내무장관). 대한청년단 <선언문>: "총재 이승만 박사의 명령에 절대 복종한다."

1948년 12월 20일 - **200명의 서북청년단, 비밀리에 대전 2연대 입대 → 제주토벌대 합류.**

1948년 12월 21일 - **자수자 150여 명을 학살한 제주읍 박성내 사건.** "과거 조금이라도 잘못한 사람은 자수하라. 자수하면 살려주지만 나중에 발각되면 총살을 면하지 못한다. 이미 관련자 명단을 가지고 있다"라는 토벌군의 협박에 새파랗게 겁에 질린 주민들은 자수했다. 이들은 건준·인민위원회에서 활동, 3·10 민관총파업에 참여했거나 무장대에게 식량을 제공한 사람들이었다. 자수한 150여 명은 제주읍 하천 "박성내"에서 집단 총살당했다.

1948년 12월 27일 - **북한, 소련군 완전 철수 발표** / 남한, 주한미군철수 6개월 연기.

1948년 12월 29일 - **제주 주둔군, 9연대에서 2연대**(연대장: 함병선咸炳善, 1920년 평양생. 일본군 준위출신)**로 교체**(맞교대). 대전주둔 제2연대는 "여순항명사건"을 진압하는데 혁혁한 공을 세웠다.

1948년 12월 31일 - **제주도 계엄해제.** 〈대통령령 제43호〉:

> "제주도지구의 계엄은 단기 4281년 12월 31일로써 이를 해지한다."

1948년 - **이병철李秉喆**(1910년생)·**조홍제趙洪濟**(1906년생) **삼성물산공사 공동투자설립**(서울).

/ 1938년 3월 1일 이병철(와세다대학 수학 1930~34년), 대구에 주식회사 삼성상회 설립 (만주국 상대로 건어물 유통업).

/ 2022년 삼성그룹, 대한민국 재계서열 1위. 시가총액 603조 6,338억 원(삼성전자, 글로벌 IT 기업 2020~2022년 3년 연속1위에 선정).

1949

년 1월 1일 - **대한민국, 미국과 국교수립**(초대 주한미국대사: 존 무초 John Joseph Muccio). / 제주 무장대, 3대대(제주읍 오동리 주둔) 기습공격. 고병선高炳善 중위 포함 10명의 장병 희생 / 김구 선생 신년사 발표: "과거 일년을 살아온 나의 자취를 돌아보면 부끄러운 것뿐이다. 애국 지사로 자처 하면서 동포가 굶어죽고 얼어죽고, 그리고 또 서로 찔러 죽여도 그대로 보고만 있었다. 통일론자라 하면서 점점 굳어가는 국토의 분열을 막지 못하였고 마땅히 할 말을 하려 하였으나 또 못하였다. 또 독립운동자라 하면서 독립을 위한 진보의 표현도 하지 못하였다 …"

1949년 1월 8일 - **반민족행위특별조사위원회**(반민특위) **활동시작.** 최남선·이광수·최린·노덕술盧 德述(1899~1968. 독립투사들에게 가한 참혹한 고문으로 악명높은 일제 고등계 형사출신. 당시 수도경찰청 수도과장의 신분으로 청부업자 백민태를 고용했다: "반민특위 간부들을 암살하라.") · 최연 · 이종형 · 박흥식 등 구속되기에 이르렀다.

1949년 1월 12일 – **제주 의귀리 전투.** 200여 명의 무장대가 2연대 2중대를 습격. 무장대 51명 사망, 토벌대 2명 사망 · 10명 부상. 전투 직후 2연대, 의귀국민학교에 수용되었던 민간인 80여 명 사살.

1949년 1월 17일 – **제주도 북촌리 주민학살사건 발생.** 함덕주둔 2연대 3대대 토벌대는 450여 명의 주민을 무고하게 집단학살했다(무장대에 의해 살해된 토벌대 시신 2구를 무장대와 연계가 없는 북촌리 주민이 단지 측은지심으로 함덕경찰서에 인계했다) → 북촌리 집단학살이 배경이 된 현기영玄基榮(1941년생)의 『순이삼촌』(1978년 창작과비평)으로 제주4·3의 참상이 세상에 알려졌다(작가 현기영은 1979년 보안사로 끌려가 혹독한 고문을 당함). 함병선 2연대장은 평양출신으로 **2연대 3대대를 100% 서북청년단 단원으로 조직했다.** 이승만은 일찍이 서북청년단을 "신뢰할 수 있는 토벌대"로 인가했다 / 1992년 3월 화가 강요배의 전시 <제주민중항쟁사>(학고재, 59점. 화집 『동백꽃 지다』 출간).

1949년 1월 18일 – **〈대통령령 제50호〉 발표: 제주도에 모슬포경찰서와 성산포경찰서 신설.** 서북청년단원들은 12일간 훈련받고 정규경찰이 되어 대거 제주도로 유입됐다. 모슬포경찰서의 관할구역: 대정면 · 안덕면 · 한림면, 성산포경찰서의 관할구역: 성산면 · 표선면 · 구좌면 / 2월 19일 경찰특별부대 505명 제주도에 파견.

1949년 1월 21일 – 이승만 대통령, 가혹한 방법으로 제주도 · 전남 악당들을 발근색원하라고 유시諭示: "美國側에서 韓國의 重要性을 認識하고 많은 同情을 表하나 濟州島 · 全南事件(여순10·19사건)의 餘波를 完全히 拔根塞源하여야 그들의 援助는 積極化할 것이며 地方討索 叛徒 及 竊盜 等 惡黨을 苛酷한 方法으로 彈壓하야 法의 尊嚴을 標示할 것이 要請된다."(국무회의록) → 군경에게 강경진압 재차 요구.

1949년 1월 – **농림부의 토지개혁 시안**(농민들은 20%씩 6년간 120%를 부담하고, 지주에게는 3년 거치 후 150%를 보상한다), **국무회의에 상정.** / 2월 4일 <농지개혁법안> 통과 / 2월 21일 조봉암 농림장관, 압박 속에 중도하차 / 4월 27일 국회본회의, 가결 / 농지분배는 1950년 4월~6월에 시행.

1949년 1월 – **유숙계留宿屆 제도 실시.** 가구 구성원 외에 다른 사람이 집에 머물면 경찰서에 반드시 신고해야 하는 주민통제체제.

1949년 2월 10일 – **민주국민당**(민국당) **창당.** 한국민주당(한민당. 위원장: 김성수)과 대한국민당(위원

장: 지청천) **합당**(위원장: 신익희. 부위원장: 김도연·이영준. 고문: 백남훈·서상일·조병옥). → **민주당**
(1955년 9월 19일)으로 재출범 → 더불어민주당의 뿌리.

1949년 2월 11일 – **이승만 대통령, 반민특위 조사관 체포령.** *국무회의에서* 노덕술을 체포한 반민특
위 조사관과 지휘자를 **의법처리 하라고 격노하며 지시했다** / 이승만 대통령, 반민특위법 개
정안 국회 상정. 국회 부결 / 2022년 11월 29일 "공정과 상식"을 부르짖는 윤석열 대통
령, *국무회의에서* (한동훈 법무장관을 감싸면서) 강경발언: "법을 제대로 지키지 않으면
어떤 고통이 따르는지 보여줘라."(김건희金建希 1972년생의 범법행위 의혹: 도이치모터스 주가
조작·논문표절·이력허위 기재 등등) / 2022년 12월 15일 대법원 2부(주심: 이동원李東遠 1963년생
대법관), 최은순(1946년생. 윤석열 대통령의 장모. 김건희의 생모)의 "요양병원 부정수급(22억
9420만 원, 2013~2015) 의혹" 무죄판결(2022년 1월 25일 서울고법 2심: 무죄. 판사: 윤강열·박재영·
김상철. 윤강열尹綱悅 1966년생 부장판사는 윤석열 대통령의 사법연수원 제23기 동기) / 2021년 7월 2일
의정부지법 정성균鄭成均(1970년생) 부장판사, 최은순에게 징역 3년·법정구속 구형(1심): "**요양급여**
편취로 건강보험 재정 악화를 초래하고 성실한 가입자들의 부담을 가중시키는 등 죄질이 불량하다."
/ 2022년 12월 13일 윤석열 대통령, 건강보험 재정 건전성 강화 역설(문재인 케어 비판)
/ 2014~2017년까지 60억대 자산가 김건희, 국민건강보험료 7만원 납부.

1949년 2월 13일 – **서울고등군법회의, 박정희 소령 사형구형 요청에 무기징역 언도.** 박정희, 남로당
프락치관계정보를 다 불고 기사회생起死回生. 하우스만·김창룡·원용덕·백선엽·
정일권 등이 적극적인 박정희 구명운동에 나섰다.

1949년 2월 22일 – **김일성 수상·박헌영 외상 겸 부수상·홍명희 부수상 등 대규모 북한대표단, 소련 모**
스크바 방문. 북·소 경제문화협정 체결(11개조): 무역거래시 상호 최혜국대우, 전문가
파견 및 기술원조, 문화예술분야 관계증진, 상업·농업기술 및 경험교환. 차관공여
약속(2억 1천 2백만 루블) / 3월 17일 <조선과 쏘련 사이의 경제적 및 문화적 협조에 관한
협정> 조인.

1949년 3월 1일 – 이승만 정부, 호남지구전투사령부(사령관: 원용덕 준장)·지리산지구전투사
령부(사령관: 정일권 중장) 병행편성 → 초강력 지리산 일대 소탕작전 개시.

1949년 3월 2일 – **제주도지구전투사령부 창설**(사령관: 유재흥 대령, 부사령관: 함병선 중령). 군대·경찰·
우익청년단 통합지휘체계 / 1949년 5월 10일 5·10 제주도재선거후 해체(제주도지구전투
사령부 존속하는 70일 기간 중 전과발표: 포로·귀순자 7,641명. 사살 1,612명).

1949년 3월 10일 – **이범석 국무총리, 제주시찰.** 관덕정 앞 강연: "토벌을 능률적으로 하는 한편 선무공작을 활발히 하여 관대한 태도로써 폭도의 반성을 촉구하여야 할 것이다."

1949년 3월 20일 – **중국 연변대학 개교**(초대교장: 주덕해朱德海). 김일성종합대학의 시스템과 커리큘럼 벤치마킹 / 21일 신성모申性模(1891년생. 신한청년당·항해대왕), 국방부장관 취임.

1949년 4월 1일 – **제9연대의 대량학살계획에 대한 미군의 보고서**(G-2 Periodic Report, No. 1097): "제9연대는 모든 중산간마을 주민들이 공공연하게 게릴라에게 도움과 편의를 제공하고 있다는 가정 아래 마을 주민에 대한 집단학살계획을 채택했다. 1948년 12월까지 제9연대가 점령했던 기간동안 섬 주민들에 대한 대부분의 살상이 자행됐다." "지난 한 해 동안 1만 4,000명~1만 5,000명의 주민이 사망한 것으로 추정되며, 이들 중 최소한 80%가 토벌대에 의해 살해됐다. 섬에 있는 주택 중 약 1/3이 파괴됐고, 주민 30만 명 중 약 1/4이 자신들의 마을이 파괴당한 채 해안으로 소개당했다."

1949년 4월 5일 – **해병대 창설.** 해군 소속의 지상전 부대(海軍陸戰隊). "육전대와 같은 상륙부대가 있었으면 여수반란진압이 수월했을 것이다"라는 보고서를 제출해서 해병대 초대사령관에 임용된 신현준申鉉俊(1915년생)은 간도특설대 창립멤버이다(1938년 9월). 간도특설대는 "조선인 독립군은 조선인으로 잡아야 한다"는 모토 아래 만주지역의 항일조직을 토벌하기 위해 조선인 100%로 특설된 일본관동군 별동대이다(부대歌: "천황의 뜻을 받든 특설부대").

1949년 4월 9일 – **이승만 대통령, 제주도 시찰.** 관덕정 앞 수만군중 환영대회에서 연설:

"아직도 반도들이 있다는 말을 들으니 매우 섭섭하다."

1949년 4월 9일 – **여수 제14연대 항명사건의 지휘자 김지회金智會 중위 사살.** 지리산토벌대에 의해 지리산 반선골에서 사살당하여 시신은 효수되었다. 여순사건이 종결된 후, 미 국방부는 짐 하우스만에게 훈장(Legion of Merit)을 수여했다: "효율적이고 신속한 여순반란 진압작전의 공로"

1949년 4월 21일 – **중국인민해방군, 양자강 도강.** 장개석 국민당정부의 수도 남경 함락(23일).

1949년 4월 21일 – **이창정 제주도지구전투사령부 보도대장의 발표:** "4월 21일 드디어 남로당 당수인 김용관을 사살했다. 이로써 소탕전은 완전히 종결되었다."

1949년 4월 21일 – **서울시 경찰국, 〈국민보도연맹國民保導聯盟〉(약칭: 보련保聯) 결성 준비회의 개최.** 〈국민보도연맹〉 입안주도자: 사상검사의 거두 오제도吳制道(1917년생. 평남 안주)·선우종원鮮于宗源(1918년생. 평남 대동군). 〈국민보도연맹〉 결성 주도자: 김호석 내무장관·권승렬 법무장관·신성모 국방장관·김익진 경찰청장·김준연 국회의원·김태선 경찰국장·오제도 검사·선우종원 검사·정창운 검사·이태희 검사·양우정 연합신문사 사장 →『동아일보』(4월 23일)에 기사화됨에 따라 단순 임의단체가 결성주도자들의 성격으로 인해 국민들에겐 국가가 주관하는 관변단체로 인식하게 되어 압박감을 갖게 되었다.

1949년 4월 22일 – **대한민국 학도호국단**學徒護國團 **결성.**

1949년 4월 23일 – **국민보도연맹**國民保導聯盟(임의단체任意團體), **『동아일보』에 〈취의서**趣意書**〉 게재:**

"민전 산하단체 간부층의 기만적이며 부쏘附蘇 관료주의적, 독선적, 독재와 특히 남로당의 살인·방화·파괴 등의 멸족정책은 마침내 탈당전향자를 매일 수십 명씩 속출케 함으로써 그 정체가 무엇인가를 천하에 폭로하기 시작하였다. … 전향자·탈당자를 국민 계몽·지도하여 명실상부한 대한민국으로서 멸사봉공의 길을 열어줄 포섭기관이 절대로 요청되는 바 여사한 기관이 없음을 유감으로 생각한 나머지 오인은 천학미력淺學微力을 무릅쓰고 결사보국의 지성일념에서 감히 전향자 국민보도연맹을 기성하고자 하는 바이다. …"

〈강령〉 ㅡ. 오등은 대한민국정부를 절대지지 육성을 기함.
ㅡ. 오등은 북한괴뢰정부를 절대반대 타도를 기함.

1949년 5월 4일 – **남북한 38선에서 최초 대규모 충돌** / 6·25전쟁 이전의 남북충돌: **총 874회.**

1949년 5월 4일(밤) – **표무원**表武源(1925년생. 군사영어학교 1기·조선경비사관학교 2기) 소령, 제8연대 제1대대 이끌고 월북(장교 4명, 사병 213명). 강태무姜太武(동경 릿쿄立教 대학 졸업. 김구 추천으로 조선경비사관학교 2기 입학) 소령, 제8연대 제2대대 이끌고 월북(150명. 5월 5일). 박정희와 사관학교 동기인 표무원·강태무 소령은 김창룡 소령의 숙군肅軍 명단에 등재되어 있었다.

1949년 5월 10일 – **제주 2개 선거구 재선거**(98% 참여) / 6월 30일 미국, <한국원조법안> 통과.

1949년 5월 20일 – **장개석 중화민국 총통, 대만성과 부속도서에 계엄령 선포.**
/ 1987년 7월 15일 계엄령 해제.

1949년 6월 5일 – **"국민보도연맹**國民報導聯盟**" 중앙본부 선포대회**(총재: 김호석 내무장관. 고문: 권승렬 법무장관·신성모 국방장관). 과거 좌익계열에 참여했다가 전향한 인사들을 특별 등록해서 관리하는 임의단체任意團體 / 6·25 발발과 동시에 보도연맹원에 대해 무차별 예비검속·즉결처분이 단행되어 전국적으로 수십만 명이 희생되었다 → **극우반공주의 국가의 탄생** / 보도연맹, "전향자 자수주간"(10월 25일~11월 말) 전국회원모집(39,986명. 그 중 제주는 5,283명). 보도연맹원들은 한국전쟁이 벌어지자(6·25 직전까지 33만여 명 회원가입.

"쌀·보리 배급준다,""비료준다"며 꼬드기는 통·반장 말에 이념과는 전혀 관련없는 양민들도 숱하게 도장 찍었다) 곧바로 예비검속되어 전국 방방곡곡坊坊曲曲에서 집단 총살당했다(20~30만. 원형이 1938년 시행된 일제의 조선독립운동을 탄압하기 위한 〈조선사상보국연맹〉이다.) / 1960년 6월 5일 (4·19학생혁명, 이승만 하야·망명 직후)『국제신보』: "**강변 수놓은 미망인 데모. … 300여 명.** **남편이 학살되었다는 약 300여 명의 이곳**(울산지역) **미망인들은 경찰서와 태화강변 백사장** **에서 연일 농성과 데모를 계속 하고 있다.**"(6월 12일) "**16개 무덤을 발견. … 울산에서 원혼** 의 계곡을 헤매고 억울하게 학살당한 원혼의 무덤을 찾아 헤매던 3명의 유족들은 12일 이곳 대운산大雲山 골짜기에서 870명이 몰살당한 16개의 무덤을 찾았다."(카빈탄피와 해골이 뒹굴 고 있었다) / 1961년 6월 22일(5·16 박정희군사쿠데타) 박정희혁명정부, 〈특수범죄처벌에 관한 특별법〉 시 행(3년 6개월 소급적용). 혈육의 유골을 찾고자 나섰던 유족을 다시 빨갱이로 몰아 탄압(합동묘지는 모두 파 헤쳐져 유골은 불살라졌고 비석은 산산조각, 위령비는 망치질로 가루가 되었다. 공문서 소각.) / 1999년 (보도연맹 결성주도자)오제도 검사,『시사저널』과 인터뷰: "보도연맹사건은 정부의 커 다란 과오. 범국가적 차원에서 보도연맹 희생자들을 위해 위령제를 치러야 한다." / 2008년 1월 24일 **노무현 대통령**, 〈울산 국민보도연맹사건 희생자 869위位 추모식〉에 보낸 메시지: "**저는 대통령으로서 국가를 대표해 당시 국가권력이 저지른 불법행위에 대해 진심으로** **사과드립니다. 무고하게 희생당하신 분들의 명복을 빌고, 유가족 여러분께 깊은 위로의** **말씀을 드립니다."** / 2020년 2월 14일 **창원지방법원 마산지원 형사1부**(재판장: 이재덕李在德 1967년생 마산지원장, 황정언·김초하 판사), 〈국방경비법 위반사건〉 재심에서 마산보도연맹원(고故 박영조·권경철·권오수·노상도·조경규·박홍균 등) **무죄선고**: "보도연맹원들이 북한에 호응 하는 등 이적행위를 했다는 증거가 없어, 범죄 증명이 없는 경우에 해당해 무죄를 선고한다."

1948년 6월 5일 - 남과 북, 옹진지구 38선 대규모 충돌(~7일).

1949년 6월 6일(오전 7시) - 반민특위사무실, 대한민국 경찰의 습격을 받고 풍비박산. 윤기병 중부 경찰서장이 40여 명의 경찰을 대동하고 반민특위사무실을 습격해 반민특경대를 무장해제시키고 서류를 빼앗고 직원들을 연행했다(1948년 5·10 총선 당시 동대문경찰서장 이었던 윤기병은 공권력의 횡포를 유감없이 발휘하여, 동대문갑에서 인기가 치솟던 최능진을 아예 입후 보등록을 무효화시켰다. 그리하여 단독출마하게 된 이승만은 저절로 제헌의원이 되었고, 대통령입후보 자격을 획득했다). 서울시 경찰국 경찰 9천여 명, 국민협박성 총궐기 대회: "*반민특경대를*

해산하라! 그렇지 않으면 총사퇴하겠다. → 이승만 대통령: "반민특위 특경단 해산하시오."(6월 7일) → 반민특경대 해산(6월 11일) / 2019년 3월 14일 나경원羅卿瑗(1963년생. 자유한국당 원내대표): "*해방 뒤 반민특위(반민족행위특별조사위원회)로 인해 국민이 무척 분열됐다.*"

1949년 6월 6일 – 백범 김구, UN에 항의서신을 보내다: "한국을 두 개로 갈라놓고, 또 남과 북에 제각기의 정권과 제각기의 군대를 세워놓고, 끝내는 자신들이 만들어낸 상호 적대감을 해결하지 않은 채, 각자의 군대를 남과 북에서 철수하기로 결정한 미국과 소련은 …… 한국에 내전이 일어날 경우 그 책임은 그들에게 있다."

1949년 6월 7일 – **제주경찰, 이덕구**李德九(1929년생) **제주무장대 2대 사령관 사살.** 신촌중학교 선생이었던 이덕구는 군경과 서북청년단의 만행에 분노하여 입산했다. 그의 시신을 나무 십자가에 묶어 제주경찰서 정문앞에 전시한 후 불에 태웠다.

1949년 6월 13일 – **채병덕 육군참모총장, 특별담화 발표:** "38선을 뚫을 자신이 있으며 대통령의 명령만 대기하고 있다." 채병덕蔡秉德(1915~1950, 평양): 일본육사 49기(대한민국 육군군번은 10002).

1949년 6월 16일 – **제1회 남한 총인구 조사.** 2천 18만 4천여 명.

1949년 6월 21일 – **국회, 〈법률 제31호, 농지개혁법〉 공포**(농민상환액 125%, 지주보상액 150%, 농민에게 유리. 유상매수有償買收 유상분배有償分配).

1949년 6월 23일 – **국회프락치 사건**(국회의원 15명 구속. 반민특위 제정과 활동, 국가보안법 제정에 반대했던 소장파의원). 김태선金泰善(1903~1977, 함경남도 고원高原. 국민보도연맹 조직에 관여) 서울시 경찰국장〈담화〉: "김약수 국회부의장·노일환·이문원 의원 등 7명의 국회의원이 대한민국 정부를 파괴하여 남한에 공산국가를 세우려는 의도로 공산당 지령하(남로당)에 실천행동을 감행했다." / 오제도吳制道(반공검사·**보도연맹결성 주도**) 검사 논고: "국가변란의 반국가적 죄상이 명백하다." 사광욱史光郁(1917~1983.조선총독부판사) 판사 판결: "김약수 등의 행위는 대한민국을 중대한 위기에 봉착케 하고 국가의 변란을 야기하며 마침내는 공산독재정권을 수립하려고 함에 그 의도가 있었을 것으로 본다."(국가보안법 위반: 노일환·이문원, 징역 10년. 김약수·박윤원, 징역 8년) / 국회프락치 사건의 전담반으로 특별수사본부가 차려졌고 수사본부장이 육군헌병대 부사령관 "타나카 봉덕田(中)鳳德"(1910~1998. 평양 출신)이다. 1939년 일본고등문관시험에서 행정·사법 양시험에 합격해서 일본 고위급경찰 경시警視(경기보안과장, 총경급)로 일제의 총애를 받으며 독립운동가들을 탄압하는 데 맹활약을 했다. 해방후 반민특위의 단죄 0순위

대상이었던 전봉덕은 육군사관학교 고급장교반에 입교하여, 친일경찰의 도피처인 육군헌병사령부의 부사령관이 되었다. 일제강점기 악질 고위급 친일경찰이 대한민국의 열렬한 "민주반공투사"로 변신했다. 일제때 잘 하던 특기를 발휘해서 사건을 조작하여 반민특위에 열熱과 성誠을 다하는 국회의원들을 체포·고문하였다. 결국 반민특위의 체포대상자가 반민특위를 무산시켰다. 『그리고 아무 말도 하지 않았다』의 수필로 한때 소녀들을 열광케 한 전혜린田惠麟(1934~1965)의 아버지가 타나카 봉덕, 바로 전봉덕이다.

1949년 6월 25일 – **조국통일민주주의전선 결성대회**(~28일, 평양 모란봉 극장). 남북 71개 정당, 사회단체 대표 704명 참석. <선언서>: ①평화적 통일사업을 조선인민 자체로 실천하자. ②미군의 철퇴요구. ③유엔한국위원단의 철퇴요구. ④남북선거의 동시 실시. ⑤입법기관 선거를 49년 9월에 실시. ⑥남북 경찰, 보안기관은 선거지도위원회의 관할 아래 넘어오며 제주폭동과 유격운동 진압에 참가한 경찰대 해산. ⑦선거에서 수립된 입법기관은 인공의 헌법을 채택하고 정부수립. ⑧남북군대를 인공정부가 연합시킨다. 폭동진압, 토벌에 참가한 부대의 해산.

1949년 6월 26일(12시 36분) – **백범**白凡 **김구**金九(1876년 8월 29일 생) **피살**. 안두희安斗熙(1917~1996. 평북 용천) 육군 포병부대 소위(백의사白衣社. 미정보부대CIC 정보원·서북청년회 종로지부 사무국장. 육사8기)에 의해 **서대문 경교장에서 대낮에 피격** → 대한민국임시정부의 한국독립당(한독당), 정부전복 혐의를 온통 뒤집어 쓰고 와해瓦解. 안두희를 한독당에 입당시킨 사람이 김학규이다. 김구의 살인교사범으로 몰려 긴급체포(징역 15년형). 김학규金學奎(1900~1967)는 신흥무관학교·조선혁명당 군사령부참모·광복군 제3지대장을 역임한 명실상부한 독립투사이다. 김구암살사건 수사를 신속하게 직접 지휘한 전봉덕 헌병대 부사령관은 이 사건처리를 계기로 이승만 대통령의 눈에 들어 육군헌병사령관으로 승진한다. 신성모 국방장관 – 채병덕 육군참모총장 – 김창룡 육군본부 정보국 방첩대장 – 전봉덕 헌병대 부사령관 – 장은산 육군포병사령관 – 김명욱金明煜 국방부 제4국 정보과장(서북청년단·백의사 정보국장 출신) 라인의 하수인 안두희는 김창룡과 전봉덕의 살뜰한 보호를 받다가, 1950년 6월 27일 포병장교로 복귀. 호의호식好衣好食 / 7월 5일 **백범 김구의 국민장 거행**. 장례식 인파 40~50만 명 / 1995년 12월 15일 **국회 법사위 백범암살 진상조사 소위원회**: "백범암살사건은 안두희에 의한 우발적 단독범행이 아니라 면밀하게 준비, 모의되고 조직적으로 역할분담된 정치적 차원의 범죄였다. 안두희는 그 거대한 조직과 역할에서 암살자에 지나지 않는다." / 2022년 11월 26일 백범 증손녀(백범의 차남 김신의 손녀), 태국 재계 1위 CP그룹(짜른폭판그룹) 회장 아들과 화촉 / 1925년 백범 김구의 극빈한 상해임정시절 술회: "나는 1924년에 처를 잃었고, 1925년에는 모친께서 신信(1922~2016)을 데리고 고국으로 돌아가셨다. … 그림자나 짝하며 홀로 외롭게形影相從 살면서, 잠은 정청政廳에서 자고 밥은 직업있는 동포들 집에서 얻어먹으며 지내니, 나는 거지 중의 상거지였다."(『백범일지』).

1949년 6월 29일 – **남한, 주한미군철수 완료.** 주한미군사고문단KMAG 487명 잔류(고문단은 미국 대사관 소속).이승만 대통령, 하우스만 미군사고문에게 특별히 의존: "다른 고문관은 필요치 않아. 나는 하우스만을 필요로 해."

1949년 6월 30일 – **조선로동당**(로동당, Workers' Party of Korea) **출범.** 남로당이 북로당에 흡수, 조선로동당으로 확대 개편. 중앙위원회 위원장: 김일성, 부위원장: 박헌영·허가이, 비서: 허가이·리승엽·김삼룡 → 김일성, 조선로동당 완전장악.

1949년 7월 5일 – **지방자치법 공포.**

1949년 7월 7일 – **제주 주둔 2연대, 제주에서 철수.** 인천으로 이동.

1949년 7월 15일 – **"독립 제1대대" 제주로 이동.** 대대장 김용주金龍周(1920년생) 중령은 일본군인 출신이다. 독립 제1대대는 지리산지구 빨치산토벌에 참가하여 실전경험을 쌓은 유격대대이다 / 12월 27일까지 제주도에 주둔.

1949년 7월 15일 – **국회에서 병역법 통과**(20세에서 40세까지 병역의 의무 부과) / 8월 6일 병역법 공포.

1949년 7월 28일(낮 12시) – **지리산 수동면 민간인학살.** 함양군 수동면 도북리 민간인 32명이 "통비분자通匪分子"로 몰려, 당그래산에서 경찰의 오판에 의해 희생되었다(지리산 빨치산이 발호하는 시기에 마을을 지키는 청년들이 빨치산과 내통하는 이발사 정주상을 26일 밤 수동지서에 넘겼다. 정주상은 오히려 마을 청년들이 빨치산에게 식량을 제공한다는 허위자백을 하여, 이발소 외상장부의 명단에 오른 32명이 하루아침에 빨갱이명단으로 둔갑하여 함양경찰서로 넘겨지고 빨갱이라는 누명을 쓴 채 모진 고문을 당한 뒤 곧장 불귀의 객이 되었다). / 1991년 12월 21일 유족들, 32인의 유해발굴과 장례식, 위령비 건립: "여기 서른 두 사람의 가엾고 애처로운 혼령들이 있다. … 님들이 뿌린 씨앗 단비없이 자랐도다. 해 가고 눈서리 져도 피고 지고 또 피나니 한맺힌 가슴 도려 산 넘어 내던지고 세세연년 무릎펴고 고이 잠드소서."

1949년 7월부터 – **조선의용군, 북한 조선인민군으로 변신.** 중국 국공내전에 참전했던 만주거주 조선민족 인민해방군 5만여 명(지휘자: 방호산·김창덕·전우)이 북한에 들어와 조선인민군으로 변신했다(~1950년 5월).

1949년 8월 5일 – 서해 옹진반도 남북 간 군사충돌. 사망자 다수 발생(남한군인 55명, 북한군인 266명). 스탈린, 북한의 옹진반도 점령계획 반대(9월) / 9월 24일 소련공산당 중앙위원회 정치국, 북한의 남침에 반대하는 결의 채택.

1949년 8월 20일 – **조소앙·안재홍 등 중도파 민족주의자, 민족진영강화위원회**(민강위, 의장: 김규식) **창립.** 5·30총선(1950년)에 대거 출마 준비 → **이승만 긴장.**

1949년 8월 24일 – 이범석 국무총리, "지리산 유격대토벌을 위해 지리산 기슭의 산간마을들을 소개疏開하겠다." / 10월 25일 소개된 전남도민수 발표: 180,000여 명.

1949년 8월 24일 – 소련의 군사적 팽창주의를 의식한 미국, 황급히 북대서양조약기구 NATO 조직 / 2022년 2월 24일(오전 4시 50분 경. 현지시간) 러시아, 우크라이나 침공 → NATO 결속력 강화 / 2023년 8월 18일 우크라이나 전쟁 사상자死傷者 50만 명 육박.

1949년 8월 29일 – **소련, 원자폭탄실험성공** → 미국이어 두 번째 핵보유국.

1949년 8월 31일 – 〈반민족행위처벌법〉 공소시효 종료 → 반민족행위특별조사위원회(반민특위) 무산.

1949년 8월 – **김달삼**(제주무장대 초대 사령관) **인민유격대, 안동·영덕 경계선에 침투.** 의성경찰서·무기고·우편국·금융조합 등에 방화. 경찰관 6명 사살, 트럭 2대 전소.

1949년 9월 1일 – **신문 단신: "不穩불온 레코-트 〈麗水夜話여수야화〉 販禁판금"** 판매금지이유: "가사에 있어 불순할 뿐만 아니라 민심에 악영향을 초래할 우려가 있다." → 대한민국 최초 금지곡. <여수야화>(김초향 작사, 이봉룡 작곡, 남인수 노래, 1949년 7월): "무너진 여수항에 우는 물새야 우리집 선동 아범 어데로 갔나 창없는 빈집속에 달빛이 새여들면 철없는 새끼들 웃고만 있네 왜놈이 물러갈땐 조용하더니 오늘에 식구끼리 싸움은 왜 하나요 의견이 안 맞으면 따지고 살지 우리집 태운 사람 얼굴 좀 보자"

1949년 9월 19일(음력 8월 17일) – 지리산 순천시 낙안면 신전마을 학살사건. 산에서 내려온 다친 아이를 치료해주고 먹여주고 재워주고 입혀준 마을사람이 군경에 의해 빨갱이로 몰려 학살당하고 마을까지 불태워져 초토화되었다(3살 어린애부터 60살 노인, 22명 몰살) → 추석을 잃어버린 마을 / 2022년 8월 20일 여순민중항쟁 시기에 순천의 한 마을에서 겪은 아픈 역사를 〈그 날, 기억〉(~8월 28일. 극단 역사)으로 젊은 연출가의 고뇌를 담아 무대에 올렸다(작·연출: 송민길).

1949년 9월 24일 – **소련공산당 중앙위원회 정치국, 북한의 남침요청에 반대 표명.**

1949년 9월 28일 – **〈대통령령 제186호, 대한민국 학도호국단學徒護國團 규정〉 공포**(총재: 이승만 대통령). 여순민중항쟁에 학생들이 대거 가담한 것에 충격을 받고 이승만정부가 학생들을 통제하기 위해 조직(중학생·고등학생·대학생으로 구성된 유사시 향토방위를 담당하는 학생단체) → 허정과도정부, 학원민주화 일환으로 학도호국단 해체 의결(1960년 5월 30일) → 유신체제하에 학도호국단 설치령(중학생 제외. 1975년 5월 20일) → 최규하권한대행 시절, 학도호국단을 점차 축소시키고 학생회기능 부활(1980년 2월 16일) → 신군부의 5·17쿠데타 이후 학도호국단 더욱 공고화(1980년 5월 17일. 대학등록금에 학도호국단비 포함) → 대학생 학도호국단 폐지(1985년 3월 14일) → 고등학생 학도호국단 폐지(1986년 3월 1일).

1949년 9월 30일 – 이승만 대통령, 북진통일을 강한 어조로 설파하기 시작 → "우리는 3일 내로 평양을 점령할 수 있지만 미국의 경고 때문에 참고 있다."(10월 3일) / 2022년 12월 28일 대통령 후보시절 "대북선제타격" 발언(2022년 1월 17일) 했던 윤석열 대통령 *"북한의 어떤 도발에도 확실하게 응징하고 보복하라. … 북한에 핵이 있다고 두려워하거나 주저하지 말라."* "자체 핵 보유" 희망피력(2023. 1. 11).

1949년 10월 1일 – **중화인민공화국 중앙인민정부 수립.** 모택동, 중앙인민정부가 중국유일의 합법정부임을 대내외에 선포. 중국대륙의 공산화 → 소련의 팽창을 의식한 미국, 일본의 무장해제에서 자체방어 무장화로 국면전환(일본 자위대 창설).

1949년 10월 2일 – **제1 독립대대, 제주도민 249명 총살집행 후 암매장.** 중국공산당이 중국대륙을 접수한 다음날, 정뜨르비행장(제주국제공항)에서 249명이 집단처형 되었다 / 2007년 10월 12일 제주국제공항 남북 활주로 북서쪽 끝에서 <암매장 구덩이> 발견. 4·3유해와 유류품(탄피, 단추 등) 162점 발굴·수습(유해발굴 총괄팀장: 박찬식 박사) / 2022년 10월 20일 극단 크리에이티브 VaQi, <섬 이야기THE STORY OF ISLAND> 공연(~23일. 연출: 이경성. 대학로 아르코 예술극장 대극장). 젊은 연극인들(나경민·성수연·배소현·장성익)이 제주도국제공항에서 발굴된 유해에서 가족을 찾은 고창남·고영자 등 유족분의 이야기들을 채록하여, 국가폭력에 의해 무고하게 학살당하여 땅밑에 갇혔던 그 억겁의 시공간을 언어화하여 73년 흘러 연극무대에 올렸다.

1949년 10월 2일 – **소련, 중화인민공화국 승인** / 4일 미국, 불승인 / 6일 북한, 중국과 국교수립.

1949년 10월 18일 – **대한민국 공보처, 남로당 등 16개 정당·민주학생연맹 등 117개 사회단체를 등록취소 처분을 발했다**(〈법령 제55호, 정당에 관한 규칙〉에 근거) → 이후, 남로당 불법정당.

1949년 10월 20일 - **남북우편물 12,000통 교환.**

1949년 11월 6일 - **국민보도연맹, 서울 세종로에서 6,000여 명의 전향자 사열식.**

／12월 5일 국민보도연맹 경상북도 연맹, 가입자 3천 명 돌파.

1949년 11월 11일 - **여순항쟁 인명피해 현황**(1948년 10월 19일부터 13개월간 사망자 11,131명 - 전라남도 당국 발표)／ 여순항쟁의 여파로 전국 도처에 수감되었다가 학살된 1,000여 명과 전남동부 지역 국민보도연맹원(예비검속) 피살자 3,400여 명도 여순민중항쟁의 피해자이다.

1949년 11월 24일 - 국회에서 계엄법 제정·공포.

1949년 12월 10일 - **장개석 중화민국 총통, 대만 타이뻬이 도착.**

1949년 12월 15일 - **전국 산악지역에서 삶을 일구는 화전민**火田民**이 24만여 명으로 파악.**

1949년 12월 19일 - **국가보안법 전면개정.** 〈법률 제85호, 국가보안법 개정법률〉 공포: "＜제1조＞ 정부를 참칭하거나 변란을 야기할 목적으로 결사 또는 집단을 조직한 자 또는 그 결사 또는 집단에 있어서 그 목적수행을 위한 행위를 한 자는 좌에 의하여 처단한다. ①수괴 간부는 사형 또는 무기징역에 처한다. ②지도적 임무에 종사한 자는 사형, 무기 또는 10년 이상의 징역에 처한다. ③결사 또는 집단에 가입하여 그 목적수행을 위한 행위를 한 자는 3년 이상의 유기징역에 처한다. … ＜제11조＞ 심판은 **단심**으로 하고 지방법원 또는 동지원의 합의부에서 행한다."

1949년 12월 27일 - **독립 제1대대, 제주도에서 철수.**

1949년 12월 28일 - **해병대**(사령관: 신현준 대령) **1,200명 제주 도착.**

1949년 - **부산의 양정모**梁正模(1921년생), **국제고무공업사 설립.** "왕자표 고무신"으로 불붙기 시작해서 프로스펙스로 정점을 찍어 1980년대 초반 재계순위 7위 마크, 전두환정권 시기 그룹해체(1985년 2월 21일).

1950년 1월 1일 - **지리산 빨치산, 산청군·화개면의 국군 70여 명 기습·소탕.**

1950년 1월 1일 - **서울지방전매국, 담배의 자유판매 발표.**

1950년 1월 6일 - **영국, 중화인민공화국 승인.** 대만과 단교.

／1월 7일 이승만 대통령, 영국의 중화인민공화국 승인비판 담화 발표.

1950년 1월 12일 - **딘 애치슨**Dean Goodenham Acheson(1893년생) **미국 국무장관,** 〈**애치슨 라인** Acheson Line〉 **발표:** "한국·대만·인도차이나를 미국의 절대보호권역에서 제외한다." ／ 1950년 6월

이후 장개석 정부, 전폭적인 미국의 지원이 끊겼다가 한국전쟁으로 기사회생되어 대만에 철권통치를 행하게 된다.

1950년 1월 17일 - **국회 본회의, 군경의 민간인학살 의혹 제기.**

1950년 1월 20일 - **구례지부 국민보도연맹 결성.** 구례보도연맹원 2,500명 참가.

1950년 1월 24일 - **이승만 대통령, 내각책임제 개헌움직임에 반대하는 담화 발표.**

1950년 1월 26일 - 한·미 상호방위원조협정 체결. 경제 및 군사원조에 관한 협약 → 한·미상호방위조약Mutual Defense Treaty Between the United States and the Republic of Korea 체결(1953년 10월 1일. 1954년 11월 18일 발효) → 한·미동맹의 법적 기반(2023년 현재, 미국과 상호방위조약을 체결한 국가: 대한민국, 일본, 필리핀, 호주, 뉴질랜드, 브라질, 아르헨티나, 콜롬비아).

1950년 1월 27일 - **서상일**徐相日(1887년생) **외 78명 국회의원, 내각책임제 개헌안 국회 제출.** 동암東菴 서상일은 일송 一松 김동삼金東三(1878년생. 신흥무관학교 교관)과 함께 국권회복을 위한 대동청년단(비밀결사, 1909년)을 결성했고, 고헌固軒 박상진朴尙鎭(1884년생)과 함께 광복단光復團을 조직하여(1913년) 독립군자금을 모집했다. 워싱턴에서 열린 태평양회의에 월남月南 이상재李商在(1850년생)와 함께 118명의 대한민족대표단의 일원으로 독립청원서를 제출했다(1921년 11월). 미 군정시기 남조선과도입법의원 민선의원으로 법제정에 관여했고(1947년), 제헌국회의원에 당선되어 헌법기초위원으로 활약했다 / 1월 28일 신익희 국회의장, 내각책임제 개헌찬성 담화 발표 / 2월 6일 이승만 대통령, 헌법개정반대 의견서 공고.

1950년 1월 28일 - **여수시지부 국민보도연맹 결성.**

1950년 2월 9일 - **매카시즘**McCarthyism **선풍**(반공주의 선풍, ~1954년 12월). 조지프 매카시Joseph Raymond McCarthy(1908년생) 상원의원(위스콘신주), 공화당 집회 발언: **"중국을 공산당에게 빼앗긴 것은 미국내부의 공산주의자들 때문이다. 공산주의자들이 사회 각 분야에서 활동하고 있으며, 그 명단도 갖고 있다. 미 국무성에만도 205명의 공산주의자들이 있다."** → 불합리한 공포 분위기 조성("너 소련간첩이지?" "너 빨갱이지?" 찰리 채플린·오펜하이머 등 1만여 명의 피해자 발생).

1950년 2월 13일 - **국회프락치사건 제18회 결심공판. 피고인들 최후진술.**

김약수金若水(1890~1964, 부산. 항일지사, 김원봉의 절친. 월북 후 숙청): **"금번 사건은 좌익계열에서 국회의원들을 체포시켜 국회프락치에 관한 사건을 세간에 선전하기 위한 모략이다."**

노일환盧鎰煥(1914~1958, 전북 순창淳昌. 동아일보 기자. 혁신파 국회의원그룹의 리더. 월북 후 숙청):

"나는 사상적으로도 민족주의자며 정치적으로는 민주주의자며 인간적으로는 자유주의자이다."

이문원李文源(1906~1969, 전북 익산. 월북): "이번 사건에 대한 검사의 착수태도와 방침에 약간 불평을 가진다. 검사가 어떤 선입감을 가지고 이번 사건을 취급하지나 않았는지 하는 점이다. 나는 과거 민족주의자로서 또한 민국사회주의자로서 조국광복과 민국독립을 위하여 싸워왔다."

1950년 2월 14일 − **트루만 미국 대통령, 〈대한경제원조법안〉**(6천만 달러)**에 서명.**

1950년 2월 14일 − **모택동과 스탈린, 중·소우호연맹상호원조 조약 체결:**

"제3국의 침입을 당할 경우 두 나라 상호간 온 힘을 다하여 군사원조를 한다."

1950년 2월 15일 − **신성모**申性模(1891년생. 런던유학, 광복군 군사위원) **국방부장관 개헌논란에 대한 담화 발표:** "개헌논의는 민심을 동요시키며 북한의 남침이 우려된다."

1950년 3월 8일 − **『경향신문』, 〈민간인 희생자〉 상황 발표.** 이승만정부의 사회부를 통한 전국 각지에서 일어난 사변으로 인한 민간인 희생자 통계 기사화: 사망자 36,285명. 부상자 11,480명. 행방불명자 1,082명. (1950년 2월 20일 기준. 여순민중항쟁과 제주4·3민중항쟁의 피해자가 대다수).

1950년 3월 14일 − **내각책임제 개헌안, 국회부결**(찬성 79, 반대 33, 기권 66, 무효 1).

1950년 3월 22일 − **김달삼 한라산무장대 초대 사령관, 강원도 정선에서 사살.**

1950년 3월 25일 − 대한민국, 농지개혁법 시행령 공포. 농지분배(~6월).

1950년 3월 30일 − **김일성 수상·박헌영 외상, 소련 모스크바 방문**(~4월 25일) / 4월 10일 김일성·박헌영, 스탈린과 회담. 남침 프리젠테이션: "미국이 참전하기전 3일 내로 승리로 이끌겠다." "남조선 내 빨치산활동이 강화되었고, 20만 남로당 당원이 대규모 폭동을 주도할 것이다." → 스탈린의 조건부 승락: "중국의 지원을 모택동에게 약속받아라."

1950년 4월 2일 − **북한 강동학원 출신 유격대원 700명, 38선 이남으로 남파**(이현상 포함).

1950년 4월 3일 − **이범석 국무총리 사의 표명** / 4월 8일 민주국민당, 조병옥 국무총리 추대.

1950년 4월 20일 − **제54회 보스턴 마라톤대회에서 함기용**咸基鎔(1930~2022. 1위: 2시간 32분 39초) **우승. 송길윤**(2위)·**최윤칠**(3위), (미국시간 4월 19일) 미국언론들의 질문: **"마라톤을 잘하는 비결이 뭐냐?"** 송길윤(전북 군산): **"김치!"** / 19세에 세계를 제패한 함기용咸基鎔의 금메달 획득은 대한민국 정부 수립 이후 국제 마라톤대회에서 "KOREA"란 이름을 걸고 우승을 일궈낸 최초의 사건이다. 손기정孫基禎(1912년생)은 제11회 베를린올림픽(1936년)에서 우승(2시간 29분 19.2초)했으나 일장기를 달고 레이스를 펼쳤고(올림픽 마라톤 시상대에서 1등 손기정과

3등 남승룡[2시간 31분 42초]의 "고개숙인 침통한 표정"으로 일제식민지 지배에 대한 부당함을 세계를
향해서 온몸으로 표현. 스포츠계 차별 반대 퍼포먼스의 원조로 정착. 2022년 11월 21일 카타르 월드
컵 이란과의 경기에 앞서 영국선수들이 인종차별에 반대한다는 뜻으로 무릎을 꿇는 퍼포먼스를 했다),
서윤복이 제51회 보스톤 마라톤대회에서 우승한 1947년은 미군정기였다 / 2001년 4월
17일 105회 보스턴 마라톤대회, 이봉주李鳳柱(1970년생) 우승(2시간 9분 43초).

1950년 5월 7일 − 조국통일민주주의전선, 평화통일 방식을 제안하며 남북제정당사회단체협의회를 통한
협의와 남북한 총선거에 의한 통일정부 수립 제안. 민족반역자(리승만·리범석·김성수·신성모·
조병옥·채병덕·백승옥·윤치영·신흥우) 참가불허.

1950년 5월 13일 − 김일성·박헌영, 중화인민공화국 북경 방문. 모택동: "미국이 참전하면 중국이 병력을
파견해 북한을 지원하겠다."(15일) → 항미원조抗美援朝 전쟁.

1950년 5월 29일 − 김일성 수상, 스티코프(북한통) **주북한 소련대사와 면담: "무기와 기술이 소련으로부터**
북한에 도착했다. 6월말까지 완전한 전투태세가 갖추게 될 것이다."

1950년 5월 30일 − 제2대 국회의원 선거실시(5·30총선, 투표율 91.9%. 210석). **이승만 참패** / 제1당:
민주국민당(한민당 후신, 위원장: 신익희, 24석). 제2당: 대한국민당(당수: 윤치영, 24석). 제3당:
국민회(총재: 이승만, 14석. 이 중 10석이 대한청년단 출신). 무소속 의원: 126석(62.9%획득)
/ 국회의장: 신익희, 부의장: 장택상·조봉암 → 임정계 바람으로(백범의 안타까운 죽음
을 애도한 국민들의 심상찮은 움직임) **야당압승. 이승만정부의 위기의식**(국회의원이 대통령뽑는 간접
선거로는 재선불가능) → 이승만정부, 대통령직선제 개헌안 제출(1951년 11월 30일) → 국
회부결(1952년 1월 18일) → 이승만 대통령, 계엄령 선포(5월 25일) → 부산정치파동(5월
26일) → 부산국제구락부 야당의원들(반독재 호헌구국 선언) 피습사건(6월 20일) → 발췌개
헌안 통과(7월 4일. 대통령직선제와 내각책임제 혼합 발췌. 국회의원 기립방식 투표) → **이승만 독재**
정권 공고화.

1950년 5월 − 여순항쟁발단(1948년 10월 19일)**부터 1950년 5월까지 군경토벌작전 대상지 37개 시·군**
지역: 전남지역 21곳(여수·순천·광양·구례·보성·고흥·곡성·목포·화순·나주·영암·함평·
담양·완도·해남·영광·무안·장흥·신안·진도·광산). 전북 4곳(임실·고창·김제·순창). 경상
남도 12곳(함양·산청·사천·하동·거제·합천·마산·밀양·창녕·부산·울산·진주).

1950년 5월 − 조선의용군, 정초부터 5만여 명이 지속적으로 북한에 입국해서 조선인민군에 합류. 동북조선
의용군 사령원 출신이었던 김광협 조선인민군 총참모부작전국장이 조선의용군의

입국을 총지휘했다(중국측 협상주최자: 섭영진聶榮臻 중국인민해방군 총참모장 대리).

1950년 6월 1일 − **초등교육 의무교육 실행**(교육법 제167조 제22항).

1950년 6월 22일 − **미군의 마지막 부대가 전차와 함께 철수.**

1950년 6월 23일 − 서민호徐珉濠(1903년생, 전남 고흥) 등 **20명의 국회의원, 여순사건 복역자 재심을 요구하는 긴급동의안 제출.** / 1952년 4월 24일 서민호 의원 저격사건.

1950년 6월 23일(자정) − **채병덕 육군참모총장, 전군 비상경계령 해제**(4월부터 전군 비상대기태세·비상경계태세 유지) / 6월 24일 전군의 30%가 외출·외박·휴가.

1950년 6월 24일(오후 3시) − **육군본부 정보상황실, 북한의 전면공격 감지.** 육본 정보상황실의 김종필金鍾泌(1926~2018, 충남 부여)·이영근 중위는 긴급소집회의에서 채병덕 참모총장에게 비상경계령 재발령을 건의했으나 받아들여지지 않았다. (24일 저녁 7시~25일 새벽까지) 장교구락부 파티.

1950년 6월 25일(일요일, 새벽 4시경) − **북한 조선인민군**(19만 8천 명), **38선 전역에 걸쳐 T−34소련제 탱크**(146대)·**198대의 항공기를 앞세우고 기습 공격. 한국전쟁 발발**(~1953년 7월 27일). 송요찬 헌병 사령관·김태선 서울특별시 경찰국장, 포고문 발포: "*군경軍警을 신뢰信賴하라*" 北韓傀儡軍은 今朝를 期하여 三八地帶를 侵犯蠻行中이니 市民各位는 不必要한 外出을 삼가하는 同時에 軍警을 絶對信賴하여 動搖치 말고 當局의 指示를 嚴守하라 檀紀四二八三年六月二十五日 / 이승만 대통령, 〈대통령령 긴급명령 제1호, 비상사태하의 범죄처벌에 관한 특별조치령〉(부역행위의 주범·공범자는 똑같이 처벌: 사형·무기·10년 이상 징역. 단심제, 증거생략된 채 단독판사 40일 안에 신속처리) 공포. (오후 2시 25분) 장석윤張錫潤 치안국장, 각 경찰국에 〈전국 요시찰인 단속 및 전국 형무소 경비의 건〉·〈불순분자 구속처리의 건〉을 전화통신문으로 긴급하달하여 "**전국 요시찰인 전원을 즉시 구속할 것**(예비검속령)"과 "**전국 형무소 경비를 강화할 것**"을 지시 → 보도연맹원과 반정부혐의자에 대한 예비검속 실시. 군경에 의한 집단학살과 보도연맹원 대학살·부역자 처단 등이 긴급명령 제1호하에 자행되었다 → 9월까지 예비검속자들 수십만 명이 전국 각지에서 비밀리에 집단처형되었다.

1950년 6월 25일(오전 11시) − **평양 라디오 방송, 전쟁개전 선포:** "서울의 괴뢰 정부군에 의하여 반역적인 침략을 받았으며, 그래서 자위로써 마지못해 북한이 반격을 시작했다."

1950년 6월 26일 − **미국, 군대 즉시 투입결정.** 유엔안보리에서 북의 침략행위 규탄: "38선 이남의 침략군을 몰아내기 위해 유엔군을 결성한다." 미국의 군사지원안(유엔군 파병) 통과(소련 불참) / 6월 27일 미 극동군사령부, 수원에 전방지휘소 설치. 폭격 시작(B−26 폭격기·F−80 전투기) → 제공권과 제해권 장악.

1950년 6월 26일 - **김일성, 7인의 군사위원회 구성**(위원장: 김일성. 박헌영·홍명희·김책·최용건·박일우·정준택) / 6월 26일 김일성, 지시 하달: **"후방을 철옹성 같이 다져야 한다. 도피분자, 요언妖言 전파분자와 무자비하게 투쟁하며 밀정 및 파괴분자를 적발, 가차없이 숙청하고 반역자를 무자비하게 처단해야 한다."** → 김일성판 예비검속령豫備檢束令. 향후 퇴각하는 북한군의 숱한 민간인 학살의 전거.

/ 6월 28일 김책 전선사령관·강건 총참모장, 서울 함락. 서울 인공치하人共治下(~9월 28일. 인민위원장: 리승엽李承燁) / 7월 4일 김일성, 인민군총사령관 취임.

1950년 6월 27일(새벽 2~3시) - **이승만 대통령이 비밀리에 서울을 탈출하는 동안 나라가 위태로울 때 국회에 등원한 제2대 국회의원들은 심야국회에서 "서울사수"를 결의했다.** 김규식·조소앙·안재홍·원세훈·윤기섭·오하영·조완구·엄항섭 등 중도파 인사들이 이승만의 승리하고 있다는 가짜뉴스를 믿고, 피난할 타이밍을 놓쳐 인공치하 시기에 다수 납북되었고(50명), 이승만 대통령의 결전決戰의지를 믿고 피난을 못간 시민들은 서울 수복 후, 비도강파·부역자로 몰려 곤혹困惑을 치렀다(당시 서울시민 144만여 명 중 고위직 인사들·공무원·경찰들 그룹만 피란) → "어두운 시대의 위대한 증인"으로 추모된 시인 김수영金洙暎(1921~1968)은 인공치하에서 의용군으로 끌려가다 탈출했지만 인민군복을 입었다는 이유로 1952년 12월까지 민간인 억류자로 거제도 포로수용소에 수감되었다 / 1960년 4월학생혁명 시기, 시인 김수영의 포효: **"우선 그놈의 사진을 떼어서 밑씻개로 하자. 그 지긋지긋한 놈의 사진을 떼어서 조용히 개굴창에 넣고 썩어진 어제와 결별하자. … 이제야말로 아무 두려움 없이 그놈의 사진을 태워도 좋다. 협잡과 아부와 무수한 악독의 상징인 지긋지긋한 그놈의 미소하는 사진을- 대한민국의 방방곡곡에 안 붙은 곳이 없는 그놈의 점잖은 얼굴의 사진을 … 선량한 백성들이 하늘같이 모시고 아침저녁으로 우러러 보던 그 사진은 사실과 억압과 폭정의 방패였느니 썩은 놈의 사진이었느니 아아 살인자의 사진이었느니 … 흉악한 그놈의 사진을 오늘은 서슴지 않고 떼어 놓아야 할 날이다. … "**(<우선 그놈의 사진을 떼어서 밑씻개로 하자>, 1960년).

1950년 6월 27일(저녁 9시) - 이승만 대통령, 〈특별담화〉: **"정부는 대통령 이하 전원이 평상시와 같이 중앙청에서 집무하고 국회도 수도 서울을 사수하기로 결정하였다."** → 이승만, 대전에서 방송(가짜뉴스).

1950년 6월 28일(새벽 2시 30분) - **대한민국 국군, 한강다리(人道橋) 폭파.** 500~800여 명 민간인과 군경 사망(전선에 투입된 국군 9만 8천 명 중 한강을 건넌 장병은 2만 4천 명) / (오전 11시 30분) 김일성

군사위원회 위원장, 평양방송을 통해 축하연설 <우리 조국 수도 서울해방에 제하여>:
"해방된 서울은 민주질서를 속히 수립하여 복구건설에 착수하고 인민위원회를
조직하고 인민군대를 적극 원조해야 한다."

1950년 6월 28일(아침) − **서울대병원 학살사건.** 서울대병원을 접수한 조선인민군은 국군 부상병
100여 명을 포함, 입원환자 및 가족과 의료진 수백여 명을 학살했다.

1950년 6월 28일(오전) − 대전 임시국무회의, 〈긴급명령〉 발표: **"보도연맹원과 기타 불순분자를 구속하고
별도의 지시가 있을 때까지 석방을 엄금한다."**

1950년 6월 28일 − **대한민국 군인**(충남지구 육군특무대)·**제2사단 헌병대, 대전형무소 재소자 학살**(~7월 16일.
대전 산내면 골령골). 좌익사범(제주4·3 − 여순사건 관련 재소자 포함)·보도연맹원·미결수 등
수천 명이 트럭에 실려가 대전 인근 야산 구덩이앞에서 무참히 학살당했다(최대
6,000여 명. 그 중 1,300여 명이 여순사건 관련자). **이승만정부의 최고위층**top level**과 육본정보국**CIC
(국장: 장도영), **특무대장 김창룡**(육본정보국 4과 과장)**에게** 잔비소탕 지시: **"북한군과 내통할 우려가
있는 보도연맹원들을 모조리 붙잡아 처리하라!"**(검거·분류·처형).

1950년 6월 28일 − **국군, 전주형무소 민간인 학살**(~7월 14일). 서대문형무소에서 이송된 700여 명이
포함된 좌익사범(예비검속된 보도연맹원과 요시찰 요원, 여순사건 − 제주4·3관련자, 남한단독정
부수립을 반대한 2·7총파업 관련자) 수천여 명 집단학살 후 암매장(전주 황방산 기슭, 전주농
고 언덕, 형무소 뒤 공동묘지, 완주 소리개재) / 7월 20일 북한군, 전주 무혈입성. 우익인사 검거
선풍. 1,000여 명 전주형무소 수감 → **남북수뇌부, 냉전의 진영논리로 민간인 교차학살.**

1950년 6월 29일(상오 11시) − **맥아더 장군**(원수), **수원비행장 도착.** 이승만 대통령, 채병덕 육군참모
총장, 처치 미군사고문단장, 짐 하우스만 대위 등 비행장에 도열. 짐 하우스만 전황 브리핑.
맥아더, 곧장 한강전선 시찰. 미 국방성에 급한 전문: **"한국전은 미 지상군 파견없이는 패닉현상을
수습할 길이 없다."**

1950년 6월 30일 − **김일성, 서울 잠행.** 육본 지하벙커에서 인민군참모부 작전회의 개최.
/ 7월 1일 한강이남 진격명령. 북한 최고인민위원회 상임위원회, 〈전시동원령〉을 남쪽
점령지역으로 확대(만 18세~36세 청년들 징병대상. 서울 학생의 절반 이상이 북한군에 강제 입대).

1950년 7월 1일 − **유엔군지상부대**(미 제24사단 21연대 1대대. 대대장: 찰스 스미스 중령), **부산수영비행장에
착륙** / 7월 4일 스미스 부대(2차세계대전 당시 용맹을 떨친 특수부대), 오산烏山 죽미령고개
에서 북한인민군과 최초 접전·참패. 포병부대를 포함한 전력의 3분의 1을 잃었

다(150여 명의 사상자) / 7월 13일 월턴 워커Walton Harris Walker(1889년생) 중장, 미 8군사령 관으로 부임.

1950년 7월 2일 – **채병덕**蔡秉德(일본육군 포병 중좌 출신) **소장, 육군참모총장 해임**(후임: 정일권T—權 준장).

1950년 7월 8일 – **전라도를 제외한 남한 전역에 비상계엄 선포**(계엄사령관: 정일권 소장). 경찰·검찰·법원 조직, 모두 군의 관할로 귀속 / 7월 20일 남한 전역에 비상계엄 확대. 7월 초 평택 부근 에서 시작된 군경에 의한 보도연맹원 대학살 자행. 대전·대구·울산·부산·마산형 무소 등 제주도까지 일망타진 / 11월 10일 비상계엄 해제 / 12월 7일 38도선 이남 전지역 비상계엄 선포 / 1951년 2월 22일 제주도지구 비상계엄 해제.

1950년 7월 11일 – **장석윤 내무부 치안국장 통첩, 〈불순분자검거의 건〉 지시.**

1950년 7월 11일 – **익산역 미군 폭격사건.** 미 공군기(B-29) 2대, 익산역·민가 폭격 / 7월 15일 미 공군기(B-29) 4대, 2차 익산 폭격. 민간인 400~500명 사상자 발생(철도공무원, 역에 집결한 200여 명의 군입대 신병, 우牛시장에 운집한 사람들, 폭탄이 삐라인 줄 알고 쫓아 뛰던 동네꼬마들).

1950년 7월 12일 – **송요찬 헌병대사령관**(육군 대령), **충청도 지역에서 영장없이 체포·구금·수색 특별조치 령**(계엄법 제13조. 제주토벌방식 도입): "**계엄지역에서는 예방 구금할 수 있다.**"

1950년 7월 12일 – 군경, 충북 보은군 내북면 아곡리 아치실 골짜기에서 민간인 150여 명 에게 총 난사 / 7월 11일 청주지역 국민보도연맹원에게 전달된 통지: "청주경찰서 무 덕전으로 오시오."(속리산 구경시켜주는 줄 알고 모였던 민간인들은 속절없이 골짜기에서 비명횡사. 그중에는 경성사범을 나와 두 아이를 키우는 28살의 청주 중앙초교 박정순 교사도 있다. 두 아이는 고아 원을 전전하며 신산辛酸한 삶을 살아야 했다) / 2014년 6월 23일 충북 청주·청원 보도연맹유족 회, 충북역사 문화연대 등 시민단체는 아곡리에 모여 당시 아곡리 민간인 학살 목 격자(신덕호)의 증언대로 아치실 주변에서 유골 20여 점 발견 / 2019년 3월 8일 충북도, 보은 아곡리 민간인 희생자 유해발굴(충북지역 민간인 학살 추정지역이 87곳).

1950년 7월 14일 – 이승만 대통령, 국회동의 없이 맥아더 유엔군총사령관에게 한국군 전시작전지휘권 양도하는 서신을 보내다: "본인은 현재의 전쟁상태가 지속되는 동안 대한민국 군의 작전지휘권을 귀하에게 … 이양하게 된 것을 다행으로 생각하는 바입니다." 한국군은 미 8군 사령관 워커 중 장의 지휘를 받았다 / 2023년 전시작전통제권 미환수.

1950년 7월 14일 – **이승만정부, 대전**(6월 27일)**에서 대구로 이동** → 8월 18일 임시수도 부산으로 이동 / 10월 27일 1차 서울 환도 / 1592년 4월 30일(새벽) 선조, 한양 이탈(~1593년 4월 30일).

1950년 7월 15일 – **이승만 대통령, 조병옥을 내무부장관으로 임명**(~10월, 국내치안의 총책) → 제주4·3
민중항쟁을 강경진압을 견지하여 수만 명의 민간인을 희생케 했던 미군정시절의
경무부장을 재소환 / 7월 19일 조병옥 내무부장관(김태선 치안국장), 전국 경찰관에게
고하는 담화 발표.

1950년 7월 20일 – **전북 순창군 민간인 대규모 학살 발발**(~1952년 6월). 순창군 복흥면을 장악한 인민
군과 빨치산에 의해 우익인사·경찰·군인 가족을 포함해 수백명이 학살되었다
/ 쌍치면은 육군 제11사단·8사단·경찰·빨치산·인민군에 의해 민간인 6,000여 명이
학살되었고 면 전체 가옥은 거의 소실되었다(1950년 8월~1953년 7월) / 쌍치면을 제
외한 순창군의 민간인학살 1,000여 명, 가옥파손 5,361동(50년 10월~52년 6월).

1950년 7월 21일 – **계엄령, 남한전역 확대. 대한민국 경찰, 전남 보성군 율어면의 국민보도연맹원 36명·
함평군 207명 학살**(조병옥 내무부장관·선우종원鮮于宗源 치안국 정보수사과장이 보도연맹원·좌익관련 처리 주도).

1950년 7월 – **군경, 태안 보도연맹원 학살.** 강희권 태안유족회 상임이사: *"이승만 대통령
긴급명령을 받은 충남경찰국이 후퇴하면서 자행한 보도연맹원 학살의 시작으로,
대전 골령골 학살과 같은 시기이다."*(태안희생자: 6~7월에 보도연맹관련 115명, 9·28 서울수복
전에 적대세력에 의한 학살 136명, 1950년 10월부터 부역혐의자 학살 906명. 기타 학살 28명으로 태안희생
자는 1,185명[좌익1049명, 우익136명]). / 2022년 10월 6일 다큐멘터리 <태안> 개봉. 구자환
감독은 2기 진실·화해를 위한 과거사정리위원회 조사관이었다.

1950년 7월 21일 – **북한군, 대전 점령.** 산내면 골령골 집단학살(6월 28일~7월 17일 "북한군이 대전
을 점령했을 때 석방될 것을 염려"하여 3차례에 걸쳐 7천여명 학살)을 인지한 북한군은 국군포
로·우익인사·군인·경찰·공무원·서북청년단을 대전경찰서와 대전형무소에 분
산 투옥했다 / 9월 25일 북한군, 수감자들(총 1,557명) 모두 학살한 후 퇴각(~27일). 인천
상륙작전으로 후퇴하는 북한군수뇌들의 지시: **"유엔군 및 남조선군에 이로운 우려가
있는 사람들은 모조리 처형하라!"** / 2020년 2월~2022년 12월 골령골 유해발굴(총 1km. 세상
에서 가장 긴 무덤. 유해 1441구, 유품 3177점).

1950년 7월 23일 – **조선인민군, 대전에서 윌리엄 딘**William Frishe Dean(1899년생) **미 24사단장 생포.**
딘 소장은 교전중 후퇴와중 산속에 숨어있다가 배가 고파 농가로 내려와 농부에게
잡혔다. "미국놈을 잡아가면 반동분자로 덜 몰릴 것"이란 생각에 칡덩굴로 꽁꽁
묶어 끌고 간 한두규韓斗奎(전북 진안)는 김일성최고훈장을 받았다 / 딘 사단장이 재조

선미육군사령부군정청의 3대 군정장관 재임시기에 제주4·3항쟁이 발발했다. 딘 군정장관은 "선선무先宣撫, 후토벌後討伐" 전략으로 평화적인 해결방안을 제시한 김익렬 모슬포 주둔 경비대 제9연대 연대장을 전격 해임하고, 제주도민 전체를 좌익으로 몬 조병옥 경무부장의 손을 들어주었다. 그로 인해 제주도 전체가 울음바다가 되었다. "전투에서 가장 치욕스러운 것은 적에게 포로로 잡히는 것"이라는 소신을 가진 딘 사단장은 평양에서 3년 넘게 포로생활을 하다가 1953년 9월 4일 포로교환으로 풀려났다.

1950년 7월 25일 – **정일권 계엄사령관, 〈언론·출판 사전검열에 대한 특별조치〉 발령.** 보도통제로 전국에서 자행되는 양민학살에 대한 언론보도가 철저하게 통제되었다.

1950년 7월 25일 – **북한군, 목포 진입.** 대전– 영동의 미군방어선 돌파.

　　　　　　/ 한라산무장대, 중문면 하원경찰지서 습격.

1950년 7월 25일 – **인민군 점령지**(해방지구)**에서 인민위원회**(위원장: 리승엽 李承燁, 1906년생) **선거**(~9월 13일): **"공화국남반부지역에서 실시되는 인민위원회선거 만세!"** 9개 도, 108개 군, 1186개 면, 13654개 리(동)에서 실시. 의용군모집(수십만 명)과 농민동맹·민주청년동맹·여성동맹 등 대중단체가 조직되고 북한식 토지개혁이 실시됐다. "반동숙청" 명목으로 대중재판과 인민재판으로 우익들 다수 희생.

1950년 7월 25일 – 미 육군, 노근리(충북 영동) **민간인 학살사건 발발**(~29일) / 7월 23일 남진한 북한군 방어선 인근 영동읍 주곡리 주민들은 미군·한국경찰의 권유로 마을을 비우고(소개疏開) 임계리로 피난 / 7월 25일 미군, 임계리를 떠나서 황간쪽으로 피난하기를 다시 종용. 주곡리·임계리 주민들 500~600명 하가리 근처 하천변에 노숙시키며, 대오 이탈자 1~4명에 대해 총을 쏘다 / 7월 26일 아침 길을 안내하며 안전하게 피난시켜 준다던 미군은 모두 사라졌고, 피난민들은 황간쪽으로 가는데 서송원리에 갑자기 나타난 미군들이(미 육군 제7기병연대) 피난민들을 도로옆 경부선철도따라 피난행렬을 조정했고, 이때 미군 전투기가 피난민을 향해 무차별로 공격했다(미 육군 제8군 사령부, 전 부대에 명령: "미군들이 대전에서 피난민을 가장한 인민군에게 당했다. 의심나는 피난민이 미군방어선을 넘지 못하도록 하라." → 윌리엄 딘 소장 조난사건). 겨우 살아남은 피난민들이 인근 노근리 쌍다리굴로 피신했다. 7월 29일까지 미군은 쌍굴 바깥 양쪽의 진지에서 피난민을 향해 총질을 계속했다(150명 사망, 13명 행방불명, 55명 중상) 미군이 노근리 주민 수백여 명을 빨갱이로 몰아 폭격과 기총사격으로 학살한 이후, 미국정부는 한반도에서의 무차별 폭격·기총 사격을 공식 승인했다 → 한반도 전역의 초토화작전·대량학살 본격화 / 8월 19일 북한의『조선인민보』기사: "폭격과 기총소사의 대상으로 평화주민 400명을 학살" / 1994년 정은용,『그대, 우리의 아픔을 아는가』/ 1994년 6월 "노근리 미군 민간인학살 대책위원회" 출범 / 1998년 <AP> 취재팀(최상훈·마샤 멘도사Martha Mendoza 기자), 현장 취재.『노근리 다리』출간(1999년) / 1999년 10월 마이클 애커먼 미 육군 중장 등 미국 조사단, 충북 영동군 황간면 노근리 쌍굴에서 민간인조사활동을 벌였다 / 2001년 1월 클린턴 미국 대통령, "깊은 유감deeply regret" 표명. 미국정부, 희생자들을 위한 추모비 건립비용 119만 달러, 장학기금commemorative scholarship fund 280만 달러 예산책정. 미국 국고 환수(2006년) / 2004년 2월 9일 "노근리사건 희생자 심사 및 명예회복에 관한 특별법" 국회 본회의 통과. <노근리사건 특별법> 공포(3월 5일) / 2010년 4월 영화 <작은 연못>(감독:이상우) 상영 / 2022년 12월 1일 노근리 사건, 유네스코 세계기록유산 등재 추진(노근리 국제평화재단·노근리 사건 희생자 유족회). 찰리 헨리 전 <AP> 기자가 취재 과정에서 발굴·열람한 미군작전문서, 한국전 참전 군인 60여 명의 증언 녹취록 등 4,500여 쪽 분량의 자료 포함.

1950년 7월 30일 - 미 공군, 흥남지역 정밀폭격(~8월 1일).

1950년 7월 30일 - 진주파견대 특무대(특무대장:탁성록), 진주의 독립운동가 박진환·강영호姜英鎬(색동회 창단 멤버, 아동문학전공) 등 보도연맹원 718명과 진주형무소 수감자 500여 명을 진주 명석면 골짜기 일대에서 학살 / 2012년 6월 1일 한국전쟁 전후 민간인희생자 진주유족회, <제4회 합동위령제> 개최(후원: 전국유족회·경상남도·진주시·진주시의회·국방부·경찰청·세계인권선언기념사업진주협의회). *현수막: "영령들이여 편히 잠드소서" "우리 아부지 어디 계시는지 찾아주이소" "국민생명을 유린한 민간인학살을 국가는 책임져라" "진실을 밝히고 국가는 사죄하라" "60년을 기다렸다! 더 이상은 못참는다" "민간인학살사건은 인권의 문제다" *유골발굴지와 위령제에 참석한 할머니들의 절규: "산천도 무심하고 부락민도 무심하다. 좋은 산천, 우리 고향 좋은 산천 두고 여기와서 이렇다니 아이고 아이고~" "우리아부지도 여기 계시는가 보네 우리아부지는 100살이 넘었다 수십명이 여기 한곳에 얽혀가지고 니다리 내다리 니팔 내팔, 개숭만이를 잡아서 전신을 찢어서 전신을 갈아서 삼천리 방방곡곡에 흩어야 해 흩어야 해~"

1950년 8월 3일 - 미군폭격기, 피난여객선 공격. 여수 남면의 안도 이야포 해안에 정박해 있던 여객선을 공격하여 민간인 180여 명 사망(여수판 노근리 사건) / 2018년 8월 14일 <이야포

미군폭격 68주년 침몰 피난선> 추모식: "*하늘도 사람을 아는데 아군인가 우군인가 그렇게도 몰랐을까. … 바람소리 자갈소리 울지마오 우리들의 억울한 울음소리 파도소리에 묻힐까 두려우네.*"(김성수 시인의 추모시, <이야포의 아픔>).

1950년 8월(초) − **국군과 유엔군, 낙동강 방어전선 구축** / 월턴 워커Walton Harris Walker(1889년생) 중장, 낙동강 시찰: "우리는 더 이상 물러설 수 없고, 더 이상 물러설 곳도 없다. 무슨 일이 있어도 퇴각은 결코 있을 수 없다." / 북한군, 남한의 92% 점령. 북한군의 선전 포스터: "조선민주주의인민공화국만세. 적들을 일층 무자비하게 소탕하라! 부산과 진해는 지척에 있다! 승리의 기빨 높이 들고 앞으로! 앞으로!"

1950년 8월 20일(새벽 2시) − **해병대 제3대대**(지휘관: 김윤근 소령), **제주도 송악산 민간인 집단학살.** 불법적으로 체포·구금되었던 예비구속자 63명을 송악산 섯알오름(제주도 서귀포시 대정읍 상모리)에서 집단학살. (새벽 5시) 연이어 132명 집단학살.

1950년 8월 28일 − 김종원대령(헌병사령부 사령관), 경남지구(부산−경남) 계엄사령관으로 부임. 경남지구 CIC파견대(파견대장: 김창룡), 군−검−경 합동수사대 지휘: 경찰(민간인 검거 및 조사)·검찰(민간인 수사와 기소)·법원(민간인 재판 지휘와 통제) → 계엄하에서 합법적 권한을 경남지구 CIC 김창룡 파견대장에게 부여 → 재소자·보도연맹원 등 좌익인사들을 검거·분류해서 헌병대에게 인계하여 처리 지휘.

1950년 8월 − **제주도 유지사건.** 제주도의 유지급 인사 16명(법원장·검사장·제주읍장·변호사·사업가·교육자)을 "인민군환영준비위원회"를 결성했다는 혐의로 계엄사령부(사령관: 신현준 대령)에 연행되고 전격 구속되었다. 추후 제주도계엄사령부 정보과장 신인철 대위의 음해조작사건으로 밝혀졌다.

1950년 8월(말) − **마산 전투. 조선인민군 6사단**(방호산方虎山 부대), **마산 방면 공세.**

1950년 8월 30일 − 문형순 제주도 성산포경찰서장, 예비구속자 총살집행 명령거부抗命. 해병대정보과로부터 성산포경찰서장 앞으로 하달된 문서(8월 30일 송부): "예비구속豫備拘束 중인 D급 및 C급 귀서貴署에서 총살집행銃殺執行하라." 문형순文亨淳(1897~1966, 평남 안주. 신흥무관학교·광복군) 서장은 예비구속자를 총살집행하라는 서슬퍼런 제주계엄군 소속 해병대의 명령문서 위에다 "**不當**부당함으로 **不履行**불이행"이라는 명령거부 이유를 적확하게 써서 상부로 되돌려보냈다. 자신의 목숨을 걸고 명령의 부당함을 준열하게 저항한 결과 295명의 목숨을 구하였다(국가기록원 문서보관). / 생존자 강순주(1931년생):

"저를 이 세상에 나오도록 해준 것은 저의 아버지 어머니이지만도, 사회의 저의 아버지는 문서장님입니다. 제가 열심히 살았습니다. 사람은 한번 죽으면 그뿐 아닙니까 …" / 2018년 8월 경찰청, 한국판 쉰들러로 감동을 준 고故문형순경감을 "올해의 경찰영웅"으로 선정.

1950년 9월 1일 - **신현준 해병대 사령관, 해병대 신병 1개 연대(3,000여 명)를 인솔하여 제주도를 떠나 부산 상륙.** 바다환경에 능숙한 제주도의 신병들은 8월 5일부터 입대해서 훈련에 임했다 / 9월 15일 인천상륙작전에 참전한다.

【번역문】

해정참 제16호

단기4283년8월30일

해병대 정보참모

해군중령 김두연

성산포경찰서장 귀하

예비구속자 총살집행 의뢰의 건

위 제목의 건에 관하여 제주도 지역에 계엄령을 실시한 후에 현재까지 귀서에 예비구속중인 D급 및 C급에서 총살미집행자에 대해서는 귀서에서 총살집행 후에 그 결과는 오는 9월 6일까지 육군본부 정보국 제주지구 CIC 대장에게 보고하도록. 이 다음은 권한에 의해 진행함.

【원문】

海情參第一六號

檀紀四二八三年八月三十日

海兵隊情報參謀

海軍中領 金斗 衍

城山浦警察署長 貴下

豫備拘束者銃殺執行依賴의件

首題件에 關하야 本道에 戒嚴令實施以後 現在까지 貴署에 豫備拘束中인 D級 및 C級에서 銃殺未執 行者에 對하야는 貴署에서 銃殺執行后 其結果는 來九月六日까지 陸軍本部情報局濟州地區 C I C 隊長에게 報告하도록 玆次 依權進

문형순 성산포경찰서장의 답신: 不當함으로 不履行

(아무리 생각하고 또 생각해 보아도 합당치 않은 상부의 명령이므로 차마 실행할 수 없다.)

1950년 9월 10일 – **미군, 대피방송도 없이 인천 월미도 민간인 거주지 폭격.** 민간인 100여 명 집단

희생(1907년 헤이그협약: "민간인 밀집지역은 폭격을 금지한다.").

1950년 9월 15일(새벽 5시 32분) – **유엔군, 인천상륙작전**Battle of Incheon(~9월 28일, 유엔군 초대사령관:

더글러스 맥아더). 유엔군 병력 75,000여 명(연합국 8개국), 함정 261척 → 북한의 주력부대,

남과 북에서 포위당하다.

1950년 9월 25일 – **북한군, 전주형무소 민간인 학살**(~28일). 퇴각하기 전 북한군은 오기열吳基烈

(1889년생. 반민족특별조사위원)·유준상(1910년생) 제헌의원과 이석규(이철승 국회의원의

부친) 등 344명의 수감자들을 몽둥이와 농기구로 처참하게 죽였다.

1950년 9월 27일 – **인민군, 전북 임실 민간인 학살** (~1951년 3월). 임실군청 주변 4개의 방공호에

임실지역 우익인사들 몰아넣고 무차별 학살(295명 살해) / 12월 14일 국군 제11사단

13연대, 암치마을(전북 임실군 덕치면) 소각하고 주민들을 당산나무 밑으로 집결시킨

후 40여 명 집단학살 / 1951년 3월 2일~6일 육군 11사단 소속 장병들, 옥정면 배소고지

마을 민간인 200여명 학살 / 3월15일~17일 육군 제11사단 13연대 2대대(지휘: 노충군 중령),

마을이 불태워져서 청웅면 남산리 폐광굴에서 피난생활하는 마을주민들을 굴에서

못나오게 하고 굴안에 불을 질러 370여 명을 질식사 시켰다.

1950년 9월 28일 – **서울수복**. 후퇴하여 38선을 넘지못한 인민군과 인공치하에 행세하던

좌익세력들이 입산하여 빨치산활동을 하게 됨에 따라(남부군 빨치산 특수부대 편성) 장

기간 높고 큰 산 인근마을 민간인들은 삶과 죽음을 넘나드는 고통에 시달렸다.

1950년 9월 28일 – 이승만 대통령, 김창룡 중령을 군·검·경 합동수사본부 본부장으로 임명. **인공치하**

기간 중 부역자 색출(1950년 말까지 55,915명 부역혐의로 감금. 그 중 서울에서만도 1,298명 처형.

1953년까지 전국에서 55만 여명 부역혐의로 검거됨) → 이승만정부의 "서울사수死守"를 굳게

믿고 서울에 남아있던 시민들이 하루아침에 부역자로 지목되어 "빨갱이"로 찍혔다

(이승만 정부를 믿지않고 잽싸게 한강다리 건너 피난한 도강파渡江派는 애국자가 되었다).

1950년 9월 29일 – 승리에 도취한 트루먼 미국 대통령, 미군의 38선 돌파 승인(NSC81문서).

1950년 10월 1일 – **한국군·유엔군, 38선 돌파**(전쟁 이전의 상황으로 되돌리기까지로 규정한 〈유엔결의〉 위반)

→ **중국군 참전** / **국군의 날** 기념일 지정 / 10월 12일 유엔, 이승만정부의 권한을 38선 이

남지역으로 제한. 38선 이북의 점령지는 유엔군이 관할(10월 1일 ~ 11월 중순. 대한민국의

관할영역은 38선 이남).

1950년 10월 9일 - **경기도 고양高陽지역 주민 150여 명, 부역자혐의자로 집단희생.**

1950년 10월 13일 - 중국공산당 중앙위원회, 항미원조抗美援朝 참전 결정.

1950년 10월 - **북한군, 해주형무소 민간인 학살**(12,000여 명) / 함흥 민간인 학살(총살·우물생매장·
투석·동굴폭사) / 평양시 칠골리 2,500여 명·평양시 인근 사도리 뒷산 4,000여 명 민간인
학살 → 북한군이 퇴각하면서 북한의 예비검속자들을 정치보위부원들이 학살했다.

1950년 10월 17일 - **신천대학살사건**(~12월 7일). 국제민주법률가협회의 〈한반도에서의 미군범죄에 관한
보고서 1952〉: "1950년 10월 17일부터 12월 7일까지 52일간, 황해도 신천군의 점령군 지휘관(해리슨
중위)과 예하 미군 1개 중대 그리고 한국군 장교들이 보는 앞에서 부녀자와 어린이를 포함해 무려
3만 5천여 명, 신천군 주민의 4분의 1에 해당하는 민간인들이 학살당했다." → 파블로 피카소의
〈한국에서의 대학살 The Massacre in Korea〉 / 우익청년단체인 "치안대"·"멸공단"
이 신천대학살을 주도했다고도 보고 있다 → **황석영의 『손님』**(창비, 2001년) / 브루스
커밍스는 한국전쟁기간중 북한의 민간인 희생자가 200만 명에 이른다고 보고 있다.

1950년 10월 19일 - **한국군 제1사단 12연대·미 기병사단, 평양 점령.** 북한 인민군, 전면적인 북쪽
을 향해 후퇴 하달(후퇴행군). 유엔군의 점령지가 되어 미처 피난하지 못한 주민
들은 한국군의 총살위협에 "치안대" 강제가입. 한국군 퇴거 후 치안대 가입자는 또
다시 인민군에게 곤욕 / 1950년 10월 25일 북한 상부, 중공군 참전 후 북쪽으로 피난한
주민들에게 하달: "미군이 후퇴하고 있으니 진격하는 중공군과 인민군을 따라 고향으로 돌아가라!"

1950년 10월 19일 - 중국 조선인민지원군 39군(지휘: 우신취앤吳信泉), 압록강 도강(중국, 항미원조抗美援朝
전쟁 참전) / 10월 25일 중국 조선인민지원군, 평북 운산 등지에서 첫 전투·승리 / 11월 25일
모택동의 장남 모안영毛岸英(1922년생) 전사.

1950년 10월 22일 - **이승만 대통령, 북한지역통치 구상과 서북청년단의 적극 활용에 대한 담화 발표.**

1950년 10월 26일 - **국군 제6사단, 압록강변 도착.** 제7연대 1대대 중대장 이대용李大鎔 대위가
중대병력 150명을 이끌고 평북 초산楚山 방면의 압록강에 진출했다.

1950년 10월 27일 - **이승만 정부, 서울 환도** / 10월 29일 이승만 대통령, 평양 방문.

1950년 11월 10일 - **압록강 철교, 미군 폭격으로 파괴.**

1950년 11월 11일 - **이승만 정부, 〈부역자처벌특별처단법〉 공포** / 11월 13일 전쟁부역자 5만여 명 검거.

1950년 11월 24일 - **맥아더 유엔군 총사령관, 유엔군에게 전면 공격 명령.**

1950년 11월 25일 - **군·검·경합동수사본부, 〈부역처단은 어떻게?〉 좌담회 개최**(서울 천원天園). 참석자:

김창룡 대령(합동수사본부장), 장재갑 검사(서울지검차장), 오제도 검사(수사본부검사 대표), 정희택 검사(수사본부 검사).

1950년 11월 27일 – 장진호長津湖 **전투**(Battle of Chosin Reservoir, ~12월 11일). 미 10군단 해병대 1사단(지휘: 올리버 스미스 소장) 포함 유엔군 2만여 명은 중국인민지원군 12만여 명에 의해 개마고원 장진호에서 포위당했다(유엔군측 피해: 1,029명 사망. 4,582명 부상. 실종자 4,894명. 비전투요원 손실 7,338명. 중공군측 피해: 19,202명 사상. 비전투요원 손실 28,954명) / 장진호 전투는 미국전쟁사에서 "역사상 가장 고전했던 전투"로 기록되고 있다 → 장진호 에서 퇴각한 유엔군, 흥남부두 철수·폭파(12월 24일).

1950년 11월 30일 – 더글러스 맥아더 유엔군 총사령관의 기자회견:
　　　"원자폭탄도 우리가 보유하고 있는 무기들 중의 하나다."

(중국의 참전을 두려워한 트루만 대통령은 한–중 국경지대는 한국군만 파견하라고 지시했지만, 열렬한 반공주의자 맥아더는 유엔군에게 압록강까지 진격하라고 명령했다. 유엔군이 수세에 몰리자 만주를 폭격 하면서 전선을 확장시키고, 핵무기 투하할 구상도 맥아더 총사령관의 머리에서 나왔다 / 1951년 4월 11일 트루만 미국 대통령, 맥아더 해임 → 세계대전 확산 방지).

1950년 12월 4일 – 대한민국 국군, 평양 철수.

1950년 12월 6일 – 조선민주주의인민공화국, 평양 수복.

1950년 12월 6일 – 전남 함평군(월야면·해보면·나선면) **민간인 500여 명 군경에 의한 학살사건 발발**(~1951년 1월 11일). 9·28 수복후 인민군 잔류병과 군경이 불갑산(해발 500m) 일대에서 공방전을 펼치면서, "**낮이면 대한민국, 밤이면 인민공화국**" 양상이 펼쳐지면서 무고한 마을 주민들이 반동분자·통비분자로 몰려 죽임을 당했다. 이때 함평군 "공비토벌 전담 사단"은 국군 제11사단 5중대였다.

1950년 12월 7일 – 조·중연합사령부 설치(사령관 겸 정치위원: 팽덕회彭德懷, 부사령관: 김웅金雄, 부정치위 원: 박일우朴一禹). 김일성 인민군총사령관의 작전지휘권은 팽덕회 연합사령관에게 넘어 갔다.

1950년 12월 15일 – 흥남철수작전 실행(~24일). 장진호에서 겨우 탈출한 장병 포함한 12만여 명(대한민국 제1군단·미국 제10군단), 피난민 10만여 명, 차량 17,000여 대, 군수품장비 350,000톤 → 1·4후퇴의 시작.

1950년 12월 20일 – 이승만 정부 사회부, 서울시민 대피계획 발표 / 12월 24일 서울시민 대피령.

1950년 12월 21일 - **조선로동당 제1기 중앙위원회 제3차 전원회의 개최**(~23일, 평북 강계). 전쟁과정의
반성과 책임을 묻는 회의. 평양사수에 실패한 김무정 제2군단장이 김일성의 제1표
적이 되어 직위해제되었다(김일성이 성토한 김무정의 철직撤職 사유: "군대 내에서 명령을 집행
하지 않고 전투를 옳게 조직하지 않았으므로 우리에게 많은 손실을 가져오게 한 것이 김무정의 철직사
유이다.") → 연안파延安派 약화 / 김무정 金武丁(1904년생. 3·1만세운동 시위, 서울중앙학교,
조선의용군사령관)은 팔로군의 포병부대를 창설하고, 12,500km 장정長征을 팽덕회와
함께 했고 백단대전百團大戰(1940년)에서도 생사를 함께 넘나든 친밀한 전우이다.

1950년 12월 22일 - **월튼 워커 미 8군사령관, 의정부에서 교통사고로 사망**(대한민국 육군 제6사단 차량과
추돌). 매튜 리지웨이Matthew Bunker Ridgway(1895년생) 중장 부임.

1950년 12월 22일 - **전북 고창군 피난민 학살 발발**(~1951년 5월). 육군 제11사단 20연대 2대대 6중
대, 고창군 만돌리·고전리·개명산 일대의 피난민들 300여 명 학살 / 1951년 1월 5일 육군
제11사단 20연대 2대대 6중대(지휘: 이용배 대위), 공음면 선동리 선산마을로 피난온
각처 피난민들 500여 명 무차별 학살 / 3월 3일 20연대 3대대 8중대, 상하면 자룡리
비둘기굴에 숨어있는 피난민들을 살려준다고 유인해놓고 전원학살 / 5월 10일 김용식
제18 전투경찰대 중대장(용전리 출신), 월림리 천씨 성씨마을 주민 60여 명 봉암산 골
짜기에서 보복살해(전쟁이 나자 용전리 김씨마을 사람들이 이웃마을인 월림리 "천씨마을에서 공산
당을 조직한다"라고 경찰에 제보하여, 경찰서에 끌려가 심한 고초를 당한 천씨마을 사람들이 용전리 김씨
마을을 야밤에 습격하여 마을사람 50여 명을 몽둥이와 낫으로 살해했다. 1950년 9월 20일).

1950년(말) - 맥아더 유엔군 사령관, 핵공격 주장. 100만 가까이 참전한 중국조선지원군에 처참
하게 밀린 더글러스 맥아더 유엔군 사령관은 북에 대한 전면 핵공격을 주장했다:
*"북 – 중 국경에 30~50개의 원폭을 투하해 코발트 방사능 오염지대를 만들자." "조선 북부에 동해로
부터 서해에 이르는 방사능복도지대를 형성할 것이다. 그 지대안에서는 60년 혹은 120년 동안 생명
체가 소생하지 못할 것이다."* → "원자탄 피난민" 대거 남하, 수백만 명의 이산가족 발생.

1951년 1월 3일 - **서울시민 30만 명, 한강도하漢江渡河**(빙판) **피난.** 이승만정부, 부산으로 이전.

1951년 1월 4일 - **한국·유엔군, 1·4후퇴. 조·중연합군, 서울재탈환.** 짐 하우스만의 증언: "1월 4일. 정
일권 총장과 나는 지프로 서울 거리를 한 바퀴 돌았다. 아무도 없는 죽은 거리였다. 차가운 바람
만이 이따금 휘몰아칠 뿐 움직이는 것은 우리가 탄 지프 이외에 아무것도 없었다." 중국군, 1월 말

진격 멈춤 / 3월 14일 유엔군, 서울 재수복.

1951년 1월 - 북한 내각 전원회의의 〈조국해방전선에서 희생된 인민군 장병 및 빨치산들과 애국열사들의 유자녀학원 설치에 관한 결정서〉 채택. 전국에 유자녀보육원·유자녀학원·전쟁고아들을 위한 초등학원이 설립되어 안정적으로 교육이 진행되었다.

1951년 1월 31일 - 김책 내각 부수상 겸 전선사령관, 심장마비로 돌연사. 김책金策(본명은 김홍계金洪啓. 1903년생)은 동북항일연군시절부터 김일성의 존경받는 혁명선배이자 책사였다. 김책시(성진시)·김책군(그의 고향, 함경북도 학성군)·김책제철소·김책공업종합대학 등에 그의 이름을 붙여 업적을 기념했다.

1951년 2월 3일 - 주미특명전권 대사 장면張勉(1899년생), 뒤늦은 국무총리 임명식(임기: 1950년 11월 23일~1952년 4월 23일).

1951년 2월 8일 - 산청·함양 민간인학살 사건. 국군 제11사단 9연대, 산청군 금서면·함양군 유림면 일대 12개 마을주민 709명을 "통비분자通匪分子"로 몰아 마을을 불태우고 주민들을 학살하였다. 산청군 생존자 최금자의 증언: **"엄마가 숨 막히듯 나를 껴안는 순간, 천지를 뒤덮는 듯한 총소리가 들리고 나는 정신을 잃었다. 한참 후 깨어나 보니, 엄마 머리는 온데간데없고 몸뚱이만 나를 안고 엎어진 채였다."** / 1993년 5월 22일 경남 산청군의회, 명예회복과 진상규명을 촉구하는 대정부건의안 채택.

1951년 2월 10일 - 거창 민간인학살 사건. 대한민국 육군 11사단 9연대 3대대(지휘: 한동석 소령) 군인들이 경남 거창군 신원면 일대(지리산 자락)의 마을주민 719명을(14세 이하 어린이 359명, 61세 이상 노인 74명 포함) 박산골에 끌고 가 집단학살하고, 휘발유를 뿌려 태워서 증거인멸했다 / 최덕신 사단장(11사단)의 빨치산 초토화 방침 하달: 전남 함평·전북 고창·경남 거창·산청 등지에 "견벽청야堅壁淸野"(빨치산에게 의지처가 될 만한 지역의 가옥·식량·주민들을 미리 다 태우고 총살하라. 삼광三光작전. 일본 관동군이 한국독립군 근거지를 초토화시키기 위해 간도지역에서 저지른 만행, 1920년 경신참변과 아주 유사하다.) 최덕신崔德新(1914년생)은 중국 황포군관黃埔軍官의 후신인 중앙육군군관학교 출신으로 대한민국임시정부의 두 거두 최동오崔東旿의 아들이고 유동열柳東說의 사위이다. 1986년 월북해서 김일성의 보살핌을 받았다. 김일성이 수학했던 화성의숙의 교장이 유동열이었다 / 1951년 3월 신중목愼重穆(1902~1982) 국회의원(무소속), 국회에서 거창민간인학살사건 폭로 / 1960년 5월 25일 거창군 신원면 유가족 일동의 〈호소문〉:

"국가는 인명과 재산을 빼앗긴 유가족에게 생활안전책을 강구하라. 죄없는 양민의 생명과 재산을 빼앗아 보금자리인 가택마저 불살라 부모잃은 유아며 자녀잃은 노옹노파老翁老婆며 의지할 곳 없이 문전걸식門前乞食 기하며 기한饑寒에 못이겨 기사饑死한 자 그 수를 헤아리지 못하였고, 기천명 유가족은 집도 없이 방황하며 근보명保命하였으나 국가에서는 지금까지 하등의 선후책도 없었으니 위자료 일백만원씩을 지급할 것을 호소한다." → 5·16군사쿠데타(1961년)로 무산. 유가족은 박정희군사정부에 의해 다시 빨갱이로 매도되고 탄압속에서 오랜 침묵을 강요당한다.

1951년 2월 11일 - **최능진**崔能鎭(1899년생), **경북 달성군 가창면 야산에서 총살**. 해방이후 최초의 사법살인 / 미군정에서 경무부 수사국장이었던 최능진은 친일경찰의 잔인성과 부패에 대해 문제제기했다가 조병옥 경무부장한테 파면당했다. 이승만과 같은 동대문 갑 지역에서 출마해(5·10선거) 일제적폐청산을 외쳐 민중들의 환호를 받는 최능진을(최능진 선거 벽보: "南北統一을 하랴거든!!! 동족상잔을 피하랴거든!!! 최능진 선생에게 投票하자") 장택상 수도경찰청장의 지휘하에(하수인: 윤기병 동대문경찰서장) 최능진후보등록을 무효화시켜 이승만을 무투표 당선시켰다. 최능진이 출마한 이유를 밝혔다: "**이승만의 집권은 남북분단과 동족상잔의 아픔이 발생할 수 있음을 예측했기 때문이다.**" / 1948년 10월 1일 혁명의용군 사건 주모자로 구속. 서대문감옥에 있다가 인민군에 의해 석방. 인공치하에서 정전·평화운동을 펼치다가 서울 수복 후 부역혐의로 합동수사본부로 연행. 최능진을 조사한 합동수사본부의 수장은 김창룡이다. 일제 관동군 헌병 오장(하사) 출신 김창룡은 독립운동가 색출·고문에 탁월한 재능을 발휘해 악명을 떨쳤다 / 1956년 1월 30일 노덕술과 이승만 대통령의 총애를 다퉈 승리했던 김창룡 소장은 부하 손에 의해(허태영許泰榮 대령 등 4명) 출근길에 피격 사망했다. 대한민국 최초의 국군장으로 성대하게 치러지고, 역사가 이병도李丙燾(1896~1989. 본관: 우봉牛峰)가 비문을 썼다: "조국치안의 중책을 띠고 반역분자 적발에 귀재의 영명을 날리던 고 육군특무부대장 김창룡 중장 … 아 그는 죽었으나 그 흘린 피는 전투에 흘린 그 이상의 고귀한 피였고 그 혼은 기리 호국의 신이 될 것이다." 국립대전현충원 장군 묘역에 있다. 시민단체들의 항의 플래카드: "**독립투사 통곡한다 김창룡묘 파내라!**" / 2009년 9월 6일 진실화해위원회, "최능진은 이승만에게 맞선 것을 계기로 헌법에 설치근거도 없고 법관의 자격도 없으며 재판관할권도 없는 군법회의에서 사실관계가 오인된 판결로 총살되었다." 최능진의 장남이 최필립崔弼立(1928~2013)

이다. 전 정수장학회 이사장(2005~2013). 유신시절 박정희대통령 비서실 3년간 근무.

1951년 2월 18일 – **전시 연합대학 개강**(부산).

1951년 3월 13일(24시) – **한라산무장대 40명**(무장 20명, 비무장 20명) **제주읍 이호리 내습.** 경찰대와 약 20분간 교전 후 입산·도주하였다. 민간인 12명이 살상되고, 12명이 납치당했으며, 소 7두, 말 3두, 의류, 식량 다수 약탈당하였다."(육군정보국, <정기정보보고서> 1951년 3월 16일).

1951년 3월 14일 – **한국군, 서울 재수복.**

1951년 3월 24일 – **맥아더 유엔군사령관의 〈성명서〉 발표: "중국내륙까지 전선을 확대할 수 있다."**

1951년 3월 29일 – **국회, 국민방위군 사건 폭로.** 또다시 전선이 남쪽으로 밀리는 상황에서 주민들이 북한의 "의용군"으로 차출될 것을 염려한 이승만정부는 국가총동원령으로 50만여 명을 제2국민병으로 징병했다(국민방위군 사령관: 김윤근金潤根 대동청년단 단장. 부사령관: 윤익헌尹益憲 황포군관 출신 / 6월 15일 국민방위군 사건 재판정에서 정일권 육군참모총장의 증언: "신성모 국방장관이 시키는 일만 했고 이승만 대통령께서 그렇게 하라고 해서 했을 뿐이다." → "국민방위사령관 김윤근은 일등병의 경험도 없는데 어떻게 하루아침에 별을 달고 사령관이 되었나?"에 대한 정일권의 답변). 이승만정부의 군軍·정政 고위간부들이 전쟁와중에 방위군에 할당된 군수물자와 군량미를 착복해 굶주림과 추위로 국민방위군을 집단 사망케 했다(의복비·주거비 43억 원 횡령. 식비 55억 원 착복. 교육대 장병들은 거개가 서북청년단이 흡수된 대한청년단원). 9만 명가량의 장정丈丁들이(17~40세) 국가의 안위를 위해 총들고 제대로 한번 싸워보지도 못하고, 긴 행렬이 정처없이 이어지는 노상에서 벌어진 "동사凍死·아사餓死·병사病死한 천인공노天人共怒할" 전대미문前代未聞의 사태가 벌어졌다(동상으로 인한 손가락·발가락 절단자가 20여만명). 국민방위군비리·횡령폭로: 이철승李哲承(1922~2016) 국회의원 / 5월 7일 <국민방위군 사건 국회 진상보고 내용>: "미미한 장정 급식비·의복비·모포비 등에서 불법공제까지 하여 차등 금액을 사령부 등에서 난잡하게 사용함." → 당시 여당의 정치자금으로 대거 유입.

1951년 4월 10일 – **국립국악원 발족**(부산 동광동). 부산피난시절 황병기黃秉冀(1936~2018)는 국립국악원에서 가야금을 배워(1952년), 창작가야금 음악의 시원이 되었다(1963년 <숲> 발표) / 2019년 1월 24일 황병기 추모공연: "정남희제 황병기류 가야금산조"(연주: 김일륜).

1951년 4월 11일 – **트루만 미국 대통령, 맥아더 유엔군사령관 해임.** <명령서>: "귀하를 연합국최고사령관, 유엔군총사령관, 극동총사령관, 극동미육군사령관의 직으로부터 해임시키는 것이 대통령 및 미군 총사령관으로서 나의 의무가 되었음을 극히 유감으로 생각한다." 후임: 매튜 리지웨이Matthew Bunker Ridgway(1895년생) 중장.

1951년 4월 24일 — 이승만 대통령, 〈거창사건〉에 대해 담화문 발표: "공비협력자 187명을 군법회의에 넘겨 처형한 사건이다." → 외신 반응(『런던 타임스』): "대한민국에서 민주주의가 이루어지는 것보다는 쓰레기장에서 장미꽃이 피기를 기다리는 게 낫다."

1951년 5월 5일 — 미 육군부, 미군 전사자·부상자수 발표(62,799명).

1951년 5월 9일 — 이시영李始榮(1868년생. 문과급제 1891년) 부통령 사임. 거창양민학살사건과 국민방위군사건으로 이승만대통령을 잘 보필하지 못한 부끄러움·무기력감으로 국정혼란과 사회부패상에 책임을 통감하고 국민들에게 사과의 글을 올리면서 부통령직을 사임했다 → 2대 부통령: 김성수金性洙(1891~1955. 민주국민당 최고의원. 한민당 창당).

1951년 5월 11일 — 이승만 대통령, 재출마의사가 없다고 의사피력. 대통령 직선제개헌추진과 의회 양원제 채택 주장(17일).

1951년 5월 24일 — 파로호破虜湖 전투(~30일). 국군 6사단(사단장: 장도영張都暎 육군준장)의 2연대(연대장: 송대원 육군대령)·7연대(연대장: 양중호 육군대령), 중공군 춘계대공세에 참여했던 3개사단(제10·25·27군) 3만여 명을 화천華川저수지에 수장시키는 대승을 거두었다. 이승만대통령은 화천군 전선에 내려와 작명과 휘호를 썼고(오랑캐를 격파한 호수: 파로호破虜湖), 화천군 간동면 구만리 파로호비 제막식에 참석했다(1955년 6월 15일). 『화천군지』: "퇴각하는 적을 협공, 대부분의 적이 화천저수지(파로호)에 수장당했다. 저수지 주변과 계곡일대는 적의 주검으로 뒤덮였다. 우리 후속부대는 불도저로 주검을 밀어내면서 전진해야 했다. 중공군 도살장이었다." <제네바협약 17조>: "사망한 적을 그의 종교 관례에 따라 매장하고 유해의 송환을 보장해야 한다." / 2018년 6월 25일 국방부 군사편찬연구소, <미 제9군단 지휘보고서>(미 제9군단은 파로호 전투에 참가한 한-미 연합군을 지휘한 부대) 공개: "1951년 5월 24~30일 강원도 화천 파로호 인근에서 사살된 중국군은 2만 4,141명이다. 이들의 주검을 확인한 부대별로 보면, 한국군 6사단 1만 3,383명, 2사단 772명, 미군 7사단 6,982명, 미군 24사단 3,004명 등이다."

1951년 5월 26일 — 이승만정부, 6·25전쟁 정전停戰 절대반대 담화 발표.

1951년 6월 23일 — 말리크Malik 유엔 소련 대표, 유엔에서 한국전쟁 정전안 제안 / 6월 24일 유엔사무총장, 소련의 정전협상 제안수락을 호소 / 6월 27일 국회, 38선 정전반대 긴급동의안 제기 / 6월 29일 트루먼 미국 대통령, 리지웨이 연합군최고사령관에게 정전협상 지시 / 7월 1일 정전반대 국토통일 국민총궐기대회 개최.

1951년 7월 10일 ─ 휴전休戰회담(=정전停戰회담) 개시(개성 래봉장來鳳莊, ~1953년 7월 27일).

〈대표단구성〉 유엔대표: 백선엽 장군·리지웨이(2대 유엔군 사령관) 장군, 북한대표: 남일 장군, 중화인민공화국대표: 팽덕회 조·중연합 사령관 / 휴전선 설정 장기협상(4개월). 포로송환 장기협상(18개월): "자동송환이냐?(제네바협정, 북한·중국 주장) 자유의사냐?(미국)"

1951년 7월 11일 ─ 양유찬梁裕燦(1897~1975. 하와이 맥킨리 고교·보스턴 대학 의학부 졸업) 주미대사, 〈샌프란시스코 강화조약〉에 대한 〈한국의 10개항 요구사항〉을 미 국무부에 전달: ① 연합국에 특별히 대한민국을 포함시켜야 한다. 2차 대전 중 한국임시정부가 대일선전포고를 하였으며 또 한인은 만주 및 중국본토에서 항일전에 참가하였기에 연합국의 자격을 얻기에 충분한 조건이다. ④ 일본은 대마도에 대한 권리를 포기해야 한다. 역사적으로 보아 대마도는 한국영토였으나 일본은 불법적으로 이를 점령하였다.

1951년 7월 20일 ─ 이승만 대통령, 정전반대 특별성명.

1951년 7월 31일 ─ 북에서 내려온 각지의 피난민 120만여 명, 경기도 전곡·연천·포천 등지에 집결.

1951년 8월 13일 ─ 국민방위군 사건 주모자 5명 공개처형(신임 이기붕李起鵬 국방장관의 재심으로 단행). 국민방위군 사령관 김윤근 육군 준장(대한청년단 단장, 신성모 전前 국방장관 사위)·부사령관 윤익헌 육군 대령(광복군, 황포군관 출신)·강석한 중령(재무실장)·박창환(조달과장)·박기환(보급과장).

1951년 9월 8일 ─ 미·일 안보조약 체결. 샌프란시스코 강화조약 체결(49개국 사인, 최대피해국인 한국과 중국은 초청받지 못했다). 〈제2조〉(가): "일본은 한국의 독립을 승인하며 제주도, 거문도 및 울릉도를 포함하는 한국에 대한 모든 권리 권원權源 및 청구권을 포기한다." → "독도영유권" 미제未濟 / 6·25 전쟁을 "신의 선물"이라고 환호작약歡呼雀躍했던 요시다 시게루吉田茂(1878년생) 일본 총리 겸 외무부장관은 또다시 샌프란시스코 강화조약을 "일본외교의 승리"라며 파안대소破顔大笑 했다.

1951년 11월 1일 ─ 제주도 경찰국, 제주 4·3사건 주모자 조몽구趙夢九(1908~1973. 오오사카大阪 항일노동운동가) 체포 발표.

1951년 11월 3일 ─ 지리산에서 "려순병란3주년기념좌담회" 개최(남부군의 기관지『승리의 길』에 게재). 이현상 사령관의 훈시: "이 병란의 가까운 원인으로는 제주도에서 봉기한 인민들을 학살하기를 원한 놈들의 정책 즉 동족살상의 참석을 반대하는 인민들의 거센 무장투쟁의 하나였다."

1951년 11월 15일 – 『미군보고서』: **"한국 CIC**(육군정보국 2과 방첩과)**는 남한정부를 전복하려는 세력뿐 아니라 공산주의자가 아닌 반대자들까지도 아무런 재판없이 수많은 처형을 저질렀다."**

1951년 11월 30일 – **이승만 정부, 정부통령·양원제 개헌안 공고.**

1951년 11월 – **조선로동당 제1기 중앙위원회 제4차 전원회의 개최.** 당조직의 책임을 맡았던 소련계 허가이 당중앙위 비서는 비판받고 농업담당 부수상으로 좌천 / 1953년 7월 2일 당 정치 위원회에 출석을 종용받던 허가이 자살. 사후출당 → 스탈린 사후(1953년 3월 5일) 당권 장악했던 소련계 약화. 김일성, 당권장악.

1951년 12월 1일 – **이종찬**李鍾贊(1916년생. 일본육사, 일본군 육군소좌 출신) **계엄사령관, 충북·전라도· 경남북부 일부지역에 비상계엄선포.**

1951년 12월 10일 – **민주국민당**(민국당), **내각책임제 개헌안 추진** → 이승만정부 개헌안과 상치相値.

1951년 12월 23일 – **자유당, 원내외 2개의 발당식**發黨式. 오전 [원내]자유당 발당(상임위원회 위원장: 오위영). 장면張勉(1899년생) 의원을 비롯 90여 명의 의원 참석 / 오후 [원외]자유당 발당 (초대당수: 이승만, 부당수: 이범석). 양우정의원(이승만의 양아들) 외 2~3명. [원외]자유당의 원래 당명은 "통일노동당"이었다 / 12월26일 원내·원외 자유당, 별도로 창당식創黨式.

1952년 1월 1일 – **한국, 유엔가입 신청** / 1992년 9월 18일 남북한, 유엔동시 가입(제46회 유엔총회).

1952년 1월 8일 – **전국적인 쥐잡기운동 전개.**

1952년 1월 18일 – **정부개헌안**(대통령직선제 개헌안), **국회표결로 부결**(可 19표, 좀 143표, 기권 1표). 야당 의원이 장악한 국회에서 재선이 불가능한 것으로 파악한 이승만은 양원제가 가미 된 대통령직선제를 주장했다(제헌헌법: "대통령은 국회에서 선출한다.") → 이승만, 내각 책임제 개헌을 추진하는 국회의원들에게 완벽하게 팽烹당하다 → 부산정치파동.

1952년 2월 21일 – **보건부, 한의사 검정시험제 실시 결정.**

1952년 2월 23일 – **유엔군 포로수용소 당국, 〈거제도 포로수용소 사건〉의 진상조사 발표.** 미군경비대 와 민간인 억류자 충돌(18일)로 억류자 80명 사망(부상자 139명), 미군경비대 1명 사망 포함 80여 명 부상.

1952년 2월 – **제1기 포병사령관 교육 수료식**(광주 상무대). 박정희 대령·이기권 대령 수료.

1952년 4월 12일 — **북한, 만경대·보천보 김일성기념관 건립.**

1952년 4월 15일 — **"경애하는 수령" 김일성 수식어 출현.** 김일성金日成(1912년생) 수상의 40회 생일날, 박헌영·박창옥·박정애 등 고위간부들이 공식적으로 선창했다 / 2023년 2월 8일 김정은金正恩(1984년생)·김주애(2013년생, 김일성의 증손녀), 조선인민군 창건 75주년 열병식 참석. 열병군 구호: "백두혈통 결사보위"

1952년 4월 17일 — 내각책임제 개헌안 국회 상정. 민국당(민주국민당)과 [원내]자유당의 의원들 중심으로(124명의 국회의원 연서) 대통령은 상징적 존재이고 국무총리(당시 국무총리: 장면)가 행정수반이 되는 내각책임제 개헌안을 국회에 상정했다.

1952년 4월 20일 — **이승만대통령, 장면 국무총리 해임.** 장택상 국무총리 지명(22일).

1952년 4월 25일 — **지방의회**(시·읍·면 의회의원) **선거** / 5월7일 전국도道의원 선거. 관권 부정선거로 자유당 소속후보자들 대거 당선.

1952년 5월 7일 — **거제도 포로수용소 폭동**(~6월 10일). 친공親共 포로들, 수용소장 도드 Francis Dodd 준장 납치.

1952년 5월 12일 — **마크 클라크**Mark Wayne Clark(1896~1984) **미 육군 중장, 3대 유엔군사령관 임관.**

1952년 5월 14일 — 이승만 대통령, 부결된 정부개헌안(대통령직선제·양원제)을 국회에 재상정.

1952년 5월 24일 — **이범석, 내무장관에 취임.**

1952년 5월 24일 — 〈**대한민국과 통합사령부간의 경제조정에 관한 협정**〉(마이어 협정) **체결.** 유엔군총사령부 군사병력의 유리한 지원보장, 한국국민의 고난구제(원조), 한국경제수립·유지를 위해 실행기관으로 "한미합동경제위원회"를 설립했다(정경유착) → 관료독점 자본으로 신흥재벌(대기업) 탄생.

1952년 5월 25일(0시) — **부산일대에 비상계엄령**(계엄사령관: 원용덕元容德 헌병사령관) **선포.** 만주군 고관출신으로 이승만의 수호천사인 원용덕이 부산일대에 공비출몰이라는 명목으로 벌인 자작극으로 추후 밝혀졌다(이승만 대통령-장택상 국무총리-이범석 내무장관-원용덕 헌병사령관).

1952년 5월 26일 — **부산정치파동.** 내각책임제를 주장하는 야당의원 50여 명을(장면 우호세력) 태운 통근버스가 견인차에 끌려 헌병대로 연행되고(비상계엄령하에 27시간 감금), 곽상훈·임흥순 등 12명의 의원들이 체포되었다. **국제공산당과 관련있다는 혐의로 국회의원을 구속시킨 사건이 부산정치파동의 정점이다** → 계엄령을 선포한 후 여순지역과 제주를 초토화하는 과정과 많이 유사하다.

1952년 5월 28일 — **국회, 계엄령해제 결의안 통과**. 비상계엄해제(7월 28일).

1952년 5월 29일 — 부산정치파동으로 김성수 부통령(민국당, 한민당의 후신) 반발사표: "… 부산에 불법적인 비상계엄을 선포하고 국제공산당과 관련이 있다는 허무맹랑한 누명을 씌워 50여 명의 국회의원을 체포 감금하는 폭거를 감행하였습니다. 이것이 곧 국헌을 전복하고 주권을 찬탈하는 반란적 쿠데타가 아니고 무엇이겠습니까?" / 1962년 박정희 군정, 김성수 건국공로훈장 복장(대통령장) 추서 / 2018년 2월 13일 김성수, 친일반민족행위자로 지정되어 서훈 취소.

1952년 6월 5일 — 국회, 〈비상사태하의 범죄처벌에 관한 특별조치령 폐지 법률안〉 통과 / 12월 24일 공보처, 〈비상사태하의 범죄처벌에 관한 특별조치령〉 제9호(단심제 조항)에 대한 헌법위원회의 위헌결정 발표(이승만정권은 위헌상황에서 수십만 민간인 학살 자행) / 2013년 3월 21일 헌법재판소, 유신시대〈긴급조치 1·2·9호〉위헌결정 / 2013년 4월 18일 대법원, 〈긴급조치 9호〉무효선언 / 2019년 4월 23일 긴급조치 발령행위 자체가 불법판결: "긴급조치위반으로 유죄판결을 받은 피해자는 국가가 손해배상 하라."

1952년 6월 20일 — **국제구락부 사건**. 김창숙·이시영 등 야당(민국당)과 재야인사들이 부산 국제구락부에서 **반독재호헌구국선언대회**를 진행하고 있을 때, 괴한들이 들이닥쳐 대회장을 아수라장으로 만들었다.

1952년 6월 21일 — **발췌개헌안**(대통령직선제와 내각책임제 절충안) **국회 상정**.

1952년 6월 23일 — **미군, 수풍발전소 폭격**. 항공모함 4척과 비행기 500여 대가 동원되어 900여 톤의 폭탄을 퍼부었다 / 미군이 이북지역에 투하한 폭탄: 총 47만 6000톤(1950년 6월 29일~1953년 7월 26일). "조선은 앞으로 100년이 걸려도 다시 일어서지 못한다." → 북한 전역 초토화: 민간인대량살상·도시·산업시설·농업용수시설 파괴.

1952년 6월 — **중석불사건**重石弗事件(~8월. 텅스텐을 외국에 팔아 획득한 달러). 이승만정부가 대한중석·고려흥업 등 14개 상사에 중석불을 불하해서(정부의 특혜) 밀가루 9,940톤과 비료 11,368톤을 수입해서 전쟁통에 굶고있는 농민들에게 비싸게 팔아 천문학적인 부당이익을 취해서(부정축재) 자유당정권에게 정치헌금을 냈다. 전형적인 정경유착의 사례이다.

1952년 7월 4일 — 발췌개헌안 거수표결 통과. 경찰과 군인이 국회를 포위한 상태에서 구금되었던 국회의원들을 강제로 국회로 등원시켜 재적의원 183명 중 166명이 참석했고, 토론없이 163명이 손을 들었다 → 대한민국 제1차 헌법개정.

1952년 7월 9일 — **대한청년단 총본부, 이승만의 대통령 출마 촉구 성명.**

1952년 7월 19일 – 원외자유당, 임시 전당대회 개최(대통령후보: 이승만, 부통령후보: 이범석).

1952년 8월 1일 – 대통령 입후보자 조봉암曺奉岩(1898~1959), **〈정강**政綱**〉 발표: "나는 계급독재사상을 배격한다. 공산당독재도 자본가와 부패분자의 독재도 이를 강고히 반대하고 그 민주주의체제를 확립하려 한다."**

1952년 8월 3일 – 북한, 리승엽 등 남로당계인사 숙청. 박헌영의 참모 리승엽李承燁(1905년생)·리강국李康國(1906년생)·림화林和(1908년생) 등 12명의 남로당계열 인사들이 체포되었다. 죄목은 "북조선정권 전복음모와 반국가적 간첩테러, 선전·선동행위." 이들은 53~54년에 전부 총살형에 처해졌다.

1952년 8월 5일 – 대한민국 제2대 정부통령 선거(8·5정부통령 선거, 직선제). **대통령선거: 이승만 523만 8769표**, 조봉암 79만 7504표, 이시영 76만 4715표. **부통령선거:** 함태영 294만 3813표, 이범석 181만 5692표, 조병옥 57만 5260표. 자유당 창당과 발췌개헌 통과의 일등공신인 이범석은 한달만에 이승만의 견제 1호가 되어 링 밖으로 떨어졌고(이승만, 함태영편), 조봉암은 이승만의 라이벌로 링 위로 오르게 되었다 / 조봉암 대통령후보의 경호원이 전설의 "토고다이特攻隊" 시라소니 이성순李聖淳(1916~1983)이다. 1953년 8월에 동대문 이정재李丁載(1917년생. 김두한金斗漢의 부하로 주먹세계에 입문) 사무실에서 손도끼·쇠파이프·몽둥이를 든 이정재 수하 10여 명의 손에 시라소니는 잔혹한 린치를 당했다. 또다시 시라소니 이성순은 1956년 장면 부통령후보의 경호원이 되었다.

1952년 9월 3일 – 연변조선민족자치구인민정부 수립(주석: 주덕해, 부주석: 동옥곤·최채).

1952년 9월 6일 – 원내자유당, 원외자유당과 통합 모색. 이승만을 강하게 견제하던 원내자유당 의원들은 전시상황에서 천하무적으로 재선된 이승만 대통령에게 단단히 주눅이 들었다.

1952년 9월 30일 – 장택상 국무총리 사임.

　　　　후임 백두진白斗鎭(1908년생, 황해도 신천군. 조선은행 직원, 재무장관 역임).

1952년 10월 1일 – 제주도 제7포로수용소에 수용된 중국군 포로 시위(45명 사망, 120명 부상).

1952년 10월 6일 – 국군 제9사단, 백마고지전투(~10월 15일).

1952년 10월 8일 – 휴전회담(한국측 대표: 이한림 장군), **포로자유송환문제로 무기휴회**無期休會.

1952년 10월 9일 – 북한, 과학원 창립(초대 원장: 홍명희). 과학원 산하에 각 분야 연구소 포진: 김두봉(언어학), 홍명희(문학), 백남운(경제학), 박시형(역사학), 최삼열(화학), 김지정(수학), 리승기(화학), 도상록(물리학), 최명학(의학·외과학), 계응상(농학·잠조학).

1952년 11월 3일 – **변영태**卞榮泰(1892년생. 신흥무관학교 1기생) **외무장관, 유엔총회 정치위원회에서 연설:**
　　"침략의 지령자는 소련이고, 멸공滅共**만이 통일의 길이다."**

1952년 11월 8일 – **박헌영 북한 외상**外相, **유엔총회 참석: "전쟁에 세균무기 사용에 적절한 대책을 세워달라."**

1952년 11월 23일 – **유엔 소련대표, 6·25전쟁의 즉시중단과 11개국 위원회에 의한 포로문제해결 촉구.**

1952년 12월 2일 – 드와이트 아이젠하워 미국 대통령 당선자, 한국 방문(~5일). 판문점 극비 방문.
　　동부 전선인 수도고지와 지형능선을 관할하는 최전방부대를 방문한 것은 그의 대선
　　공약, "한국전쟁의 휴전과 전방부대 시찰"을 실천하기 위한 것이었다.

1952년 12월 3일 – **유엔총회, 6·25전쟁포로의 중립국 이송 가결.**

1952년 12월 28일 – **미 공군기 200대, 평양시내 맹폭·초토화** / 한국전쟁은 미군의 초토화작전(군
　　시설과 민간시설, 군인과 민간인 상관없이 모든 걸 쓸어버리는 작전): "공중출격 104만 708회, 기
　　총사격(기관총) 1억 6685만 3100회, 네이팜탄 사용량 3만 2357t, 폭탄 총사용량 63만
　　5,000여t …" 전체 폭탄 사용량은 미국이 유럽과 태평양에 퍼부었던 것(50만 3천t)보다
　　많다. "기밀해제된 미군의 문서 및 시청각자료들과 관련자들의 증언들에 기반하여
　　한국전쟁 시기 한반도에서 무차별적으로 이루어진 대량폭격, 민간인 폭격사건들의
　　실체를 조명하는 아카이브 에세이 다큐멘터리"라는 취지하에, 이미영 감독이 ⟨**초토**
　　화작전SCORCHED EARTH – **한국전쟁 민간인 폭격에 관한 기밀해제 미군 보고서**⟩를 시나리오·
　　연출·제작·상영했다(2022년 부산국제영화제. 역사 자문: 브루스 커밍스 시카고 대학 석좌교수.
　　제작 자문: 올리버 스톤 감독. 지원: 리영희 재단의 제5회 우수다큐 지원 대상작으로 선정). ⟨먼저 사북
　　을 묻다 – 1980년 사북의 봄⟩(2002년)이라는 기록영화을 만들어 역량을 일찍이 인정
　　받은 이미영 감독은 제작의도가 분명했다: "**방탄소년단만 아는 미국인들에게 한국**
　　전쟁을 알리고 싶어요."

1953년 1월 20일 – 드와이트 아이젠하워Dwight David Eisenhower(1890년생), **제33대 미국 대통**
　　령 취임(~1961년 1월 20일, 공화당. 부통령: 리처드 닉슨Richard Milhous Nixon).

1953년 2월 1일 – **제주도 모슬포 중공군 포로 수용 현황**(본국송환을 원하는 친공포로: 5,809명. 송환을 원하지
　　않는 반공포로[국공내전시기의 국민당 출신]: 14,314명. 추후 대만으로 송환된다) / **북한군 포로수용**
　　소는 거제도에 소재.

1953년 2월 7일 - **북한 최고인민회의, 김일성 원수**元帥**·최용건 차수**次帥 **칭호 부여.**

1953년 3월 2일 - **오마르 브래들리**Omar Nelson Bradley(1893년생. 노르망디 상륙작전·파리해방 지휘)

　　　　　　　　미 합동참모본부 의장, 만주폭격·원폭사용 제시.

1953년 3월 5일 - **이오시프 스탈린**(1879년 12월 18일생) **소련공산당 서기장 사망**

　　　　　　　/ 요시다 시게루 일본 외상, 독도영유권 주장.

1953년 3월 29일 - **휴전회담 재개**(남측대표: 최덕신 소장) / 4월 26일 본회담 재개. 북한, 유엔측의

　　　　　부상병포로 인도 / 5월 3일 유엔군, 공산군측 부상포로 인도.

1953년 3월 30일 - **유엔군 포로수용소 사령부, 억류 포로수 발표**(총 132,204명. 그 중 부상포로 2,619명).

1953년 3월 30일 - 이승만 대통령, 휴전반대 성명발표 → 휴전회담반대 관제 궐기대회, 전국적

　　　　　으로 대규모 동원체제로 연일 격렬하게 전개(4~5월: 7500여 회, 800만여 명 동원).

1953년 3월 31일 - **김일성, 박헌영을 "미제 스파이"로 지목했다.** 김일성은 인민군이 밀고 내려만 가면

　　　　　적어도 남로당원 20만 인민이 봉기할 것이라는 박헌영의 말을 철썩같이 믿었었다.

1953년 3월 - **북한, 소련과 〈원자력 평화적 이용 협정〉 체결** / 1950년대 말 핵연구소 설립 / 1962년 평안

　　　　　북도 영변에 원자력연구소 완공 / 1963년 6월 연구형 소형 원자로(IRT-2000)가 소련

　　　　　으로부터 도입 / 2006년 10월 9일 북한 제1차 핵실험(2017년 9월 3일 6차 핵실험. 함경북도

　　　　길주군 풍계리 일대 5.7도 인공지진 발생).

1953년 4월 11일 - 이승만 대통령, 휴전반대·단독북진 성명.

1953년 5월 10일 - **유엔군, 수풍발전소 공중폭격.** 휴전협상 전날까지 매일 출격해 폭탄을 쏟아

　　　　　내면서 압록강 수풍댐 폭파에 참여했던 미군조종사는 <전시 대량학살 범죄>를

　　　　　저지른 것을 시인하면서 증언한다: "2차 대전 때 나치가 네덜란드에 행했던 것과

　　　　　유일하게 같은 폭격이다."

1953년 6월 2일 - **신익희**申翼熙(1894년생) **국회의장, 영국 엘리자베스 2세 대관식 참석** / 2022년 9월 8일

　　　　　엘리자베스 2세(1926년생) 사망 / 9월 19일 윤석열尹錫悅(1960년생) 대한민국 제20대 대

　　　　　통령 내외, 조문 취소·장례식 참석.

1953년 6월 8일 - **휴전회담 본회의에서 포로교환협정 조인**(8월 5일 교환시작, 9월 6일 완료).

1953년 6월 18일 - 이승만 대통령, 반공포로 석방(2만 7천 312명) / 미국의 반응: 아이젠하워 미국 대

　　　　　통령, "약속위반"이라고 맹비난. 존 덜레스 미국 국무장관, "이승만 제거"의 필요성

　　　　　까지 검토 / 6월 23일 피어슨 유엔총회 의장, 이승만 대통령에게 반공포로석방 항의.

1953년 6월 21일 - **국회, 북진통일 결의** → 이승만, 국회장악.

1953년 6월 25일 - **"6·25북진통일의 날 국민대회" 개최**. 대통령·대법원장·국무총리·국무위원 전원 참석 → 이승만의 북진통일정책은 병자호란을 겪은 뒤 인조의 면피성 "북벌北伐정책"과 맥이 닿아있다.

1953년 7월 4일 - **미 8군 사령부, 용산으로 이전.**

/ 8월 2일 주한미군사령부, 동숭동 서울대건물 반환하고 용산에 합류.

1953년 7월 14일 - **조병옥, 〈국가보안법〉 위반혐의로 서울지검에 송치**(반공포로석방 비난).

1953년 7월 16일 - **국군 제2군단, 철원 금성천 확보.**

1953년 7월 21일 - **변영태 외무부장관, 한국은 휴전협정에 불참한다고 선언.**

1953년 7월 25일 - 동부·서부 전선에서 2년 17일 동안 계속된 정전회담이 파행을 겪는 동안 치열한 능선·고지전투(철의 삼각지대, 피의 능선, 단장의 능선. 백마고지, 김일성<924>고지, 모택동고지, 독수리고지, 아이스크림고지 등등) 격화로 수많은 국내외 청년들이 목숨을 빼앗겼다(7월 27일 오후 10시 전투중지).

1953년 7월 26일(오후 3시 36분) - **미 8군 사령관, 이승만 대통령에게 휴전협정성립 통고.**

1953년 7월 27일 - 한국전쟁 정전협정 체결(정전회담 제159차 본회의): "**국제련합군 총사령관을 일방으로 하고 조선인민군 최고사령관 및 중국인민지원군 사령원을 다른 일방으로 하는 하기의 서명자들은 쌍방에 막대한 고통과 류혈을 초래한 한국 충돌을 정지시키기 위하여서와 최후적인 평화적 해결이 달성될 때까지 한국에서의 적대행위와 일체 무장행동의 완전한 정지를 보장하는 정전을 확립할 목적으로 하기 조항에 기재된 정전 조건과 규정을 접수하며 또 그 제약과 통제를 받는데 각자 공동 호상 동의한다. 이 조건과 규정들의 의도는 순전히 군사적 성질에 속하는 것이며 이는 오직 한국에서의 교전쌍방에만 적용한다.**"(한국군 대표, 서명거부. 5명 서명: 조선인민군 최고사령관 남일·조선민주주의인민공화국 원수 김일성·중국인민지원군 사령원 팽덕회·유엔대표단 군수석 해리슨·국제연합군 총사령관 미국 육군 대장 마크 클라크). 〈정전협정 제1조 1항〉: "**한 개의 군사분계선을 확정하고 쌍방이 이 선으로부터 각기 2km씩 후퇴함으로써 적대 군대 간에 한 개의 비무장지대를 설정한다.**" → 점차 비무장非武裝지대가 중무장重武裝지대로 변모.

/ *한국정부발표(남북한 인명피해[사망자·부상자·실종자]): 민간인(남측: 804,600명. 북측: 2백만). 군인(남측: 987,000명. 북측: 926,000명). 지원군(유엔군: 151,000명. 중공군: 900,000명) / 1971년 『한국전쟁사』(국방부 刊): "한국전쟁 중 전국 민간인 학살지는 1,222곳. 민간인 사망·실종자는 76만~110만여 명."

/ ***북한의 발표**(남북한 인명피해[사망자·부상자·실종자]): 민간인(남측: 990,995명. 북측: 2,680,000명).
군인(남측: 988,403명. 북측: 611,206명). 지원군(유엔군: 157,827명. 중공군: 921,836명).

/ ***중국측이 발표한 중국인민지원군 인명피해**: 36만 6천여 명(전사자: 116,000명. 부상자: 220,000명.
실종자 및 포로: 29,000명).

/ 북한에서는 6·25전쟁을 "조국해방전쟁"이라 부르고, 휴전협정일을 "조국해방
전쟁승리기념일"로 칭송하며 공휴일로 정했다/ 미국은 한국전쟁 시기 36만여 명 파병.

1953년 7월 27일 - 이승만 대통령, 〈정전협정조인에 관한 성명서〉 발표: "동포여 희망을 버리지 마시오.
우리는 여러분을 잊지 않을 것이며 모른 체 하지도 않을 것입니다. 한국민족의 기본 목표 즉 북쪽에 있는
우리의 강토와 동포를 다시 찾고 구해내자는 목표는 계속 남아있으며 결국 성취되고야 말 것입니다." →
남한만의 단독정부수립을 대내외에 최초로 큰소리로 외쳤고, 기어코 관철시킨
주인공이 이승만이다(1946년 6월 3일 정읍발언) / (오후 10시) 모든 전선戰線에서 전투중지.

1953년 7월 28일 - 북한 최고인민위원회 상임위원회, 김일성·팽덕회에게 공화국 영웅칭호.

1953년 7월 30일 - 미 상원, 대한원조 2억 달러 통과.

1953년 8월 3일 - 군사정전위원회, 판문점에 설치.

1953년 8월 3일 - 국회 본회의, 〈휴전회담에 대한 정부 태도 지지에 관한 결의안〉 가결 → 압도적
인 국민의 지지로(표면적으로 71%) 대통령이 된 이승만에게 국민이 뽑는 국회의원도
주눅이 들어 이승만의 정책을 무조건 지지하게 되었다.

1953년 8월 3일 - 북한 최고재판부 군사재판소, 리승엽(사법상司法相) **등 미제간첩사건 공개재판**(~6일).
반국가·반혁명 간첩행위로 사형선고 받은 고위 남로당계열 10명: 리승엽·조일명·
림화·박승원·리강국·배철·백형복·조용복·맹종호·설정식. 윤순달(징역 15년형),
이원조(징역 12년형) → 전쟁을 일으켜 공화국을 피폐화시키고 수백만 인민을 살상
케한 주연 김일성은 공화국의 영웅칭호를 받았고, 조연 박헌영과 그의 동지들은
영웅 김일성의 희생양이 되어 팽烹당했다.

1953년 8월 5일 - 조선로동당 제1기 중앙위원회 제6차 전원회의(~9일). 자립적 민족경제건설을
위한 "중공업 우선과 경공업·농업의 동시 발전" 방침 발표(인민경제복구발전 3개년
계획, 1954~1956). 5인 정치위원 구성: 김일성·김두봉(연안파)·박정애·박창옥(소련파)·
김일. 수족 잘린 박헌영에 대한 재판 결정. 자살한 허가이 출당 결정. 비남로당계
국내파인 갑산파 급부상.

1953년 8월 6일 – **치안국**(치안국장: 문봉제), **공비토벌 전과 발표**(1950년 10월~1953년 7월): **사살 73,379명.**
생포 24,050명. 대한민국 제8대 치안국장(경찰청장) 문봉제 文鳳濟(1952년 9월 4일~1953년
10월 5일 재임)는 서북청년단과 대동청년단의 리더로서 이승만 대통령의 절대신임을
받았다.

1953년 8월 8일 – **한 · 미상호방위조약**Mutual Defense Treaty between the Republic of Korea and the
United States of America **가假조인**(변영태 외무장관 · 존 포스터 덜레스 미국 국무장관의 서명. 서울 경무대).
워싱턴에서 조약조인(10월 1일) → 한 · 미군사동맹 발효(1954년 11월 18일): **"한국이 외부로**
부터 무력공격의 위협을 받을 때면 미국은 원조한다."

1953년 8월 15일 – **이승만정부, 서울 복귀 선언.** 각 은행본사, 서울로 복귀 / 8월 16일 국회, 서울
복귀 / 8월 26일 정부, 비상계엄 전면해제.

1953년 9월 1일 – **김일성 수상, 소련방문.** 소련, 북한의 복구 건설비 10억 루불 무상원조 제공
결정 / 1956년 2차 무상원조(4억 7천만 루블) → 프롤레타리아 국제주의 명분 아래 중
국 · 소련 · 동독 · 체코 등 동구권으로부터 기술과 자금원조를 받아 1956년에 전쟁
전의 경제규모를 달성할 수 있었다.

1953년 9월 12일 – **이승만, 자유당내 조선민족청년단**(족청族青)**계 국무위원인 신중목 농림장관 · 이재형 상공**
장관 · 진헌식 내무장관을 파면시키고 족청계는 1명도 선출하지 말라고 엄명을 내렸다 → 이범석의
기반인 족청계 숙청.

1953년 9월 14일 – **니키타 흐루시초프, 소련공산당 중앙위원회 서기장 선출**(~1964년 10월 14일).

1953년 9월 18일 – **남부군 사령관 이현상李鉉相**(1905년생. 전북 금산) **사살** / 9월 23일 『**동아일보**』
"共匪總頭目공비총두목, 李鉉相射殺이현상사살, 十八日下午십팔일하오 智異山지리산 無名高
地무명고지서" 이현상의 시신은 방부처리되어 서울 종로 창경원(창경궁) 도로변에 옷
통이 벗겨진 채 20일간 전시되었다. 27년 전 청년 이현상은 이 근방에서 6 · 10독립
만세운동(1926년)을 주도한 중앙고보 학생이었다.

1953년 10월 19일 – **제25차 군사정전위원회 본회의에서 공동경비구역JSA 운영에 대해 합의:** "규모는
동서로 약 800m, 남북으로 약 400m. 거리는 서울로부터 60여 km, 평양으로부터 210여 km 지점.
경비병력은 장교 5명 · 병사 30명, 무장은 비자동소총 또는 권총 1정씩으로 제한. 양측병력은 구역내의
군사분계선을 자유왕래하며 공동경비한다." → 판문점 미루나무사건(1976년 8월 18일) 이후
구역내의 군사분계선을 설치하고 쌍방분할 경비로 전환 → 북한, 공동경비구역의

비무장화 제안(2018년 6월 제8차 남북장성급회담) → 남북, DMZ내 GP(최전방 감시초소) 시범철수(2018년 11월 10일) → 〈 DMZ 평화의 길 〉 시범개방(2019년 4월 27일).

1953년 10월 – **간통쌍벌죄 공포** → 간통죄 폐지(2015년 2월 26일).

1953년 11월 12일 – **리차드 닉슨**Richard Nilhous Nixon(1913년생) **미국 부통령, 한국방문** / 김일성 수상, 중국방문(~26일). 주은래周恩來 총리와 회담 / 11월 23일 <조－중양국정부경제문화협력협정> 조인: "중국은 북한에게 국민경제회복비를 무상으로 증여한다."

1953년 11월 27일 – **이승만 대통령, 대만방문**(~29일) / 장개석蔣介石 총통과 회담. 아시아 자유국가의 반공통일전선 결성에 관한 공동성명 발표.

1953년 12월 9일 – **자유당, 족청계 출당처분.** 자유당의 거두 이범석·양우정·안호상·진헌식·이재형 등 8명은 민족분열자로 규정되어 출당·제명처분 / 2022년 7월 8일 국민의힘 중앙윤리위원회(위원장: 이양희[1956년생. 이철승 의원 딸]), 이준석李俊錫(1985년생) 당대표 당원권 정지 6개월 징계. 이준석 당대표, 20대 총선과 제8회 전국동시지방선거에서 승리로 이끌었다 / 7월 26일 윤석열－권성동權性東(1960년생. 국민의힘 원내대표) 텔레그램, 국회에서 카메라에 포착: "우리 당도 잘하네요 계속 이렇게 해야"(오전 11:39) "내부총질이나 하던 당대표가 바뀌니 달라졌습니다"(오전 11:40) "대통령님의 뜻을 잘 받들어 당정이 하나되는 모습을 보이겠습니다"(오전 11:55) (윤석열 대통령의 체리따봉. 오후 1:39) / 9월 2일 윤대통령, 〈출근길 문답〉: "대통령으로서 당무에 '이래라 저래라' 하는 것은 바람직하지 않다."

1954년 1월 1일 – 정비석鄭飛石(1911년, 평북 용천)의 〈자유부인自由婦人〉, 『서울신문』에 절찬리 연재
(~8월, 215호) / 1956년 한형모 감독, 영화 <자유부인> 제작.

1954년 1월 15일 – **국회, 〈한미상호방위조약〉 비준.** 변영태 외무장관, 비준서에 서명(29일).

1954년 2월 5일 – **중립국행 희망포로 88명, 인도로 송환 결정.** 뉴델리 도착(26일).

1954년 2월 16일 – **마릴린 먼로**Marilyn Monroe(1926~1962), **주한미군 위문공연차 한국방문.**

1954년 3월 13일 – **디엔비엔푸 전투**Battle of Dien Bien Phu(~5월 7일) / 5월 7일 프랑스군, 베트민군에게 항복 선언(디엔비엔푸 전투에 참전한 프랑스 군인 1만 1천여 명 중, 8천여 명 사상).

1954년 3월 26일 – 이승만 대통령, 79세 생일날 성명 발표: "국민이 또 뽑아준다면(대통령직을) 수락하겠다."

1954년 4월 7일 – **아이젠하워 미국 대통령, 도미노 이론**Domino Theory **주창.** 중국대륙·한반도에 이어 베트남이 공산화되면 동남아시아 전역이 가속도가 붙어 공산화가 될 공산이 크다는 이론이다. 결국 미국이 베트남 전쟁에 적극 개입하게 되었다.

1954년 4월 13일 – **미 국방성, 6·25전쟁 시기 미군사상자 수 발표**(전사자: 33,629명. 기타사망자: 20,617명.

부상자: 103,284명) / 1990~1994년 미군유해 208구 귀향 / 1996년~2005년 북–미 공동조사

(33차례), 229구 송환(미군 군용기가 원산 갈마공항에 가서 유해를 싣고 오산 미공군기지로 수송·봉

환식 → 하와이 소재 미국 국방부 전쟁포로·실종자확인국DPAA에서 신원확인작업 후 유가족에게 알림)

/ 2018년 7월 27일 미군 유해 55구 오산기지로 송환(6·12 북–미 싱가포르 정상회담 <공동성명>:

④ 미국과 북한은 이미 확인된 미군 전쟁포로와 전쟁실종자 유해의 즉각 송환을 포함해 유해수습을 약속한다). 한국

전쟁 때 실종된 미군은 7천 7백여 명, 그 중 5천 3백여 명이 북한지역에서 전사로 추정.

1954년 4월 20일 – **조선민주주의인민공화국 제1기 최고인민회의 제7차 회의**(~23일). <인민전후경제

복구발전계획에 관한 법령>(1954~1956) 채택. **농업협동화** 시작(1946년 3월 토지개혁법으로

무상으로 나눠준 땅을 다시 거두어 합치고, 공동으로 경작하는 방식. 우선 시범적으로 빈농·제대군인·

자녀가 외지로 나가 일손이 없는 농가 등을 앞세워 조합을 조직하고, 대출우대·비료지급 등으로 지원)

/ 1958년 8월 농업·수공업·중소상공업의 협동화 완료 / 1958년 10월~12월 협동조합을

리(마을) 단위로 확대 개편(협동조합의 관리위원장이 인민위원장 겸임. 당의 정치활동과 협동

조합의 경제활동이 유기적으로 결합) → 기존의 전통적인 사회질서 소멸 → 집단거주지

형태로 "사회주의 문화주택 건설"(1959년).

1954년 4월 26일 – **북진통일궐기대회 개최**(서울 중앙청광장). 중고생·노동자·시민·공무원·

직장인·농민 등 수시로 대대적인 관제동원체제 가동.

1954년 4월 26일 – **한국전쟁 참전국, 제네바 회담 개최**(~6월 15일). 휴전협정 제60항에 의거해

서 제네바에서 남한과 북한·중국·소련과 유엔군 참전 15개국이 모였으나 합의문

을 도출하지 못했다. 한국대표 변영태 외무장관·중국의 주은래 총리·북한의 남일

외상·미국의 존 포스터 덜레스 국무장관·영국의 앤서니 이든 외무장관 등 참석.

주요의제: ① 한반도 평화협정(미결). ② **베트남 분단협약**. 미국의 적극 개입으로 베트남은

북위 17도를 경계로 해서 남과 북으로 갈린 분단국가가 되었다(1975년 4월 30일 베트남통일).

1954년 5월 13일 – **이승만 대통령, <친일親日·친공분자親共分子를 엄계嚴戒하라> 담화: "공산당과 친**

일 반역분자는 다 분간해서 후환後患을 막아야만 될 것이다." → <반민족행위처벌법>을 무산

시켜 친일세력이 사회 각계각층의 정점에 온양溫養시켜 대대로 후환거리를 만든

1등공신이 바로 이승만이다.

1954년 5월 20일 – **대한민국 제3대 민의원**(국회의원) **총선실시**(5·20총선, 경찰선거, 곤봉선거. 투표율 91.1%

총 203 의석) / **제1당: 자유당**(114석. 공천권을 쥔 이승만 총재는 중임제한철폐를 위한 개헌에 찬성하는 자와 충성서약서를 쓴 자만 공천. 잔존해있던 친일파들 대거 국회입성). 제2당: 민주국민당(위원장: 신익희, 15석). 무소속 의원: 68석 획득 → 이승만 대통령이 총재인 자유당은 국회 과반 의석을 차지해 **자유당정권시대**를 열었다 / 2022년 12월 19일 국민의힘 비상대책위원회(위원장: 정진석鄭鎭碩 1960년생), **전당대회 룰 변경 강행**(당대표선출에 기존 룰인 당원투표 70%에서 100%로 룰 변경. 11월 하순, 윤석열대통령의 당원투표비중 100% 바램발언 직후 놀랍게도 즉각 강행되어 졌다) → "윤심"을 업은 "국민의 힘" 당대표(김기현金起炫, 1959년생) 통한 공천권 장악(2023년 3월).

1954년 6월 9일 – **제3대 국회 제19회 국회 개회식. 민의원 의장**(국회의장): **이기붕李起鵬** 1896년생. 자유당), **부의장: 최순주崔淳周**(1902년생. 자유당) · **곽상훈郭尙勳**(1896년생. 무소속). 미국유학 생인 이기붕 국회의장은 미군정청에 영어통역관으로 있을 때 이승만의 비서로 발탁 되었다. 서울특별시 시장(1949~1951)을 거쳐 국방장관에 취임했다(1951~1952). 자유당 창당에 주도적 역할을 하여 국회의장이 되었고(1954~1960), 3 · 15부정선거(1960)로 부통령에 당선이 되었으나(대통령 유고시 첫 번째 승계자) 4 · 19혁명으로 부통령직을 공식적으로 사퇴했다(4월 26일). 그리고 경무대 관사 36호에서 가족 4인이 동반저승 길에 올랐다(1960년 4월 28일 새벽 5시).

1954년 6월 28일 – **자유당, 국회의원 제적 2/3 돌파**(자유당, 무소속의원 적극 영입작전성공. 개헌 정족수).

1954년 7월 17일 – **이승만 대통령, 개헌 조속 실시 요청.**

1954년 7월 25일 – **이승만 대통령, 미국방문** / 7월 28일 미국양원 합동회의에서 연설: "미국이 한국에서의 대對공산주의 전쟁을 벌벌 떨면서 그만두게 했다." "어리석게도 휴전에 동의했다" 등 미국의 대소정책을 비난하면서 북진통일 역설.

1954년 8월 29일 – **한국 최초 정기 국제항공선 취항**(대한국민항공사): 서울 – 타이뻬이 – 홍콩 주週 1회.

1954년 9월 1일 – **문산 비무장지대에서 6 · 25전쟁 전사자 유해 교환**(유엔군: 4,023구. 공산군: 13,528구).

1954년 9월 4일 – **이승만정부, ㈜한국화약韓國火藥**(사장: 김종희金鍾喜, 1922년생) **확장자금 융자 결정**(외화: 80만 달러, 환화: 4억 환). 미군정시절 "다이너마이트 김"으로 별명이 붙은 김종희는 우리나라 최초로 다이너마이트를 자체 생산했다(1956년 4월) / 2007년 3월 8일 김승연金昇淵 (1952년생, 김종희의 장남. 종합격투기 선수) 한화그룹회장, 차남보복폭행사건: "내 아들이 눈을 다쳤으니 네 놈들도 눈을 좀 맞아야겠다." → 영화 <베테랑>(감독: 류승완, 주연배우: 유아인 · 황정민)에 강력한 소재 제공(2015년 8월 5일 개봉. 관객: 13,414,200명 기록).

1954년 9월 9일 – 자유당, 〈헌법개정안〉 국회 제출: "초대 대통령에 한해 중임제한을 없앤다." / 1969년

9월14일 박정희정부, <삼선개헌> 국회 변칙통과. 박정희, 제7대 대통령 출마·당선(1971년

4월27일)→박정희, 곧이어 종신제를 꿈꾸다→유신체제維新體制(1972년 12월 27일~1979년

10월 26일. 김재규金載圭1924년생 중앙정보부장: "야수의 심정으로 유신의 심장을 쐈다.").

1954년 9월 9일 – **북한, 중국인민지원군 7개 사단 철수.**

1954년 9월 21일 – **신상묵辛相默**(1916년생) **제주도경찰국장, 한라산 금족禁足지역**

해제·전면개방 선언 → 제주4·3사건(7년 7개월) 종료. / *7년 7개월 동안 제주도 민간

인 학살(2007년 4·3위원회에 의해 심사로 확정: 희생자 13,564명 / 1950년 4월 김용하 제주도지사 발표:

"희생자 27,719명.") < **가해유형별 희생자 현황** > **토벌대**에 의한 희생자: 84.4%(11,450명).

무장대에 의한 희생자: 12.3%(1,673명).

1954년 9월 28일 – **김일성 수상, 중국 방문** / 10월 1일 (중국 국경절) 김일성, 천안문 성루에서 모택

동·주은래와 함께 중국인민해방군열병식 참관.

1954년 10월 3일 – **유엔군 관할 수복지구**(38선과 휴전선 사이: 강원도내 7개 군 화천·철원·양구·금화·인제·

고성·양양과 경기도 연천군 일부지역), **대한민국정부에 행정권 이양 협정 조인** / 10월 21일 임시행

정조치법(법률 제350호) 시행 / 11월14일 유엔군정, 수복지구 행정권 인수식. ***수복지구의 운**

명: 일제강점기 치하(1910년 8월 29일~1945년 8월 15일) → **소련군정 치하**(1945년 8월 15일~1948년

9월 9일) → **조선민주주의인민공화국 치하**(1948년 9월 9일~1950년 10월) → **유엔군정 치하**(1950년

10월~1954년 11월 14일) → **대한민국 행정치하**(1954년 11월 14일 이후) / 1954년 11월 <한 – 미

합의의사록> 체결: "유엔사가 대한민국의 방위를 책임지는 한 그 군대를 유엔사의

작전통제권하에 둔다."

1954년 10월 31일 – 한국육군 2군사령부 발족. 주한 미 24사단 일부병력 철수.

1954년 11월 – **조선로동당 중앙위원회 전원회의 개최.** 농업협동화운동을 강력히 추진하기로

결정 → 전 농가 100% 협동조합원(1958년 8월) → 농업협동조합 수 13,309개가 행정

단위 3,843개 리里 단위로 통합(1958년 12월). 300가구의 농가와 150만 평(500정보)의 토

지보유로 하나의 협동조합을 구성한다. 농업협동화는 농민을 농업노동자로 전락.

1954년 11월8일 – **북·유엔측 군사정전위원회, 판문점공동경비구역** JSA, Joint Security Area of Panmunjeom

재설정(개성직할시 판문군 판문점리, 평양에서 남쪽으로 215km, 개성시에서 10km, 서울 서북쪽 62km. 경기도

파주시 진서면) / JSA(동서 800m, 남북 400m) 내 건물(24동): 자유의집·평화의집(남측), 판문

각·통일각(북측). 7채 조립식 막사: T1(중립국감독위원회 회의실. T는 임시temporary의 약자), T2(군사정전위원회 회의실).

1954년 11월 18일 – **민국당 의원, 개헌안 반대성명** / 한미상호방위조약 발효.

1954년 11월 24일 – **"반공·민국당규탄" 궐기대회**(170개교, 10만여 중고등학생들이 서울운동장에 모였다). 뉴델리에서 신익희(민국당) 전前 국회의장이 6·25때 납북된 조소앙 의원을 만나 남북 협상문제를 밀담했다는 설을 "뉴델리 밀회설"이라고 선정적으로 명명(1954년 10월 26일). 사실무근이라는 것이 곧 밝혀졌지만 이승만은 이 밀회설을 교묘하게 정치적으로 활용하는 데 대성공했다. 이 뉴델리밀회조작사건이 불거지기 전 "초대 대통령에 한해서 연임을 허용한다"에 국민 78.8%가 반대했었다(9~10월 『한국일보』 여론조사).

1954년 11월 27일 – **사사오입개헌四捨五入改憲 강행**(~29일). 203명의 개헌가결정족수는 136명. 투표결과 135표로 1표차로 부결선언(27일). 수학자(최윤식 수학회 회장·서울대 수학교수)의 간계奸計로 부결된 것을 번복, 최순주 국회부의장이 정정 선포(29일): **"재적 2/3는 135.333으로 반올림**(사사오입)**하면 135이니 의결정족수는 135표이다. 따라서 개헌안은 통과되었다."** → **대한민국 제2차 헌법개정**(초대 대통령에 한해 중임제한 철폐, 국무총리제 폐지, 자유주의 경제체제, 대통령 궐위시闕位時 부통령 승계) / 미국의 초대 대통령 조지 워싱턴Gorge Washington(1732년생)은 두 번에 걸친 임기를(1789~1797) 끝낸 워싱턴 대통령에게 모든 사람들이 종신대통령을 간청했지만 <고별사>를 발표하고 표표히 떠났다.

1954년 11월 30일 – **국회 원내교섭단체 호헌동지회護憲同志會(호동회) 출범.** 사사오입개헌을 반대하기 위해 김성수·장면·장택상·신익희·서상일·조병옥·유진산·정일형·윤보선 등 61명 정치인들이(민국당과 무소속) 결집된 범야당연합체 → **민주당 출범**(1955년 9월 19일).

1954년 12월 7일 – **국회, 곽상훈·최순주 부의장 징계동의안 부결.**
　　　　　　　/ 민관식閔寬植(1918년생) 외 12명 국회의원, 자유당 탈당.

1954년 12월 9일 – **김영삼金泳三(1927년생), 자유당 탈당.** 자유당 소장파 의원 12명이 자유당을 탈당해서 호헌동지회에 합류했다.

1954년 12월 13일 – **호헌동지회, 개헌공포에 관하여 대법원에 행정소송.**

1955년 1월 – 하토야마 이치로鳩山一郎(1883년생) 일본총리,
　　　　　소련·중국·북한과의 관계개선을 희망한다는 메시지 표명.

1955년 1월 23일 – 여수 신월리 제14연대 출신, 최후 빨치산 김흥복(1929년 여수생) **사살.** 경남 함양군 일대의 빨치산 김흥복은 이현상 빨치산 사령관의 보위부대원으로 활동했다. 서남지구 경찰전투사령부 예하부대에 의하여 사살되었다 → 빨치산 유격투쟁의 종말.

1955년 2월 1일 – 『동아일보』 시사만화 〈고바우영감〉 연재 시작(~1980년 9월 11일) / 1958년 1월 23일 "*경무대라면 변소의 똥을 푸는 사람마저도 엄청난 백을 자랑한다*"라는 고바우영감의 말이 실려서 〈경무대청소부사건〉으로 비화되었다. 작가 김성환金星煥(1932~2019)은 경무대 모욕 허위사실 게재로 즉결심판에 회부되었다가 노도怒濤와 같은 민중의 거센 항의를 받은 재판부에서 경범죄판결을 내렸다(벌금형) / 1980년 9월 11일 『조선일보』 게재 시작 / 1992년 10월 『문화일보』 게재 시작(~2000년 9월 29일). 〈고바우영감〉 시사만화는 일간지에 총 14,139회 게재.

1955년 2월 15일 – 남일南日(1913년생) **북한 외상, 일본에 국교수립제의.** 일본과 국교수립 가능성을 열어두고 무역관계와 문화교류 제의.

1955년 3월 15일 – 『동아일보』 "괴뢰傀儡 오식誤植 사건." 1면에 "괴뢰高位層裁可待機中" 큰제목에 "괴뢰"가 잘못 들어간 단순실수를 당국에서 "반민족적인 중대과오"로 규정했다. 업무관련자 국태일·고재욱·권오철은 〈국가보안법〉 및 형법상 명예훼손 혐의로 구속되고, 동아일보는 3월 16일부터 무기정간처분을 받았다(4월 16일 정간停刊 해제) / 1950년 8월 29일 『대구매일신문』 "이개통령李犬統領 오식 사건": "이대통령李大統領"의 큰 대大가 개 견犬으로 오식되어 "이견통령李犬統領"으로 인쇄되었다(사장 2개월간 구속).

1955년 3월 26일 – 80회 생일을 맞은 이승만 대통령, 지리산 입산금지 해제할 것을 밝혔다.

1955년 4월 1일 – 지리산 입산 허용 공고: "이제는 평화의 산, 그리고 마을, 안심하고 오십시오. 지리산 공비는 완전히 섬멸되었습니다. 단기 4288년 4월 1일 서남지구 전투사령부 백" → "여순사건"(6년 6개월) 종료 / *6년 6개월 동안 지리산 일대의 무고한 민간인 학살 정황 (가해자는 국군과 경찰·우익청년단체 그리고 미군): **여순사건 지역 일대**(10,000여 명: 여수 5,000명. 순천 2,200명. 보성 400명. 고흥 200명. 광양 1,300명. 구례 800명. 곡성 100명), **남원지역**(159명), **임실지역**(1,240명), **순창지역**(7,028명), **산청·함양지역**(1,099명), **거창지역**(719명), **시천·삼장지역**(1,000여 명). **도합 20,245명.** 경찰·군인·군경가족·우익인사 학살 정황(가해자는 빨치산과 인민군 그리고 지방좌익): **1,0000여 명.**

1955년 5월 23일 – 이승만정부, 지리산 빨치산 소멸 공식적으로 발표. 지리산 자락 "높은산"에 사는 주민들, 깊은 시름에서 겨우 풀렸다 / 2009년 1월 8일 〈진실화해를위한과거사정리위원회〉,

여순사건으로 순천일대 민간인 438명이 군경에 의한 집단사살 인정.

/ 2011년 10월 **고故 장환봉**(당시 28세) 등 **여순피해유족들, 군사재판 재심청구.**

/ 2014년 12월 **광주지법 순천지원, 재심결정:** "수사·공판기록이 존재하지 않는 상황에서 유족들의 주장과 역사적 정황만을 근거로 재심을 결정했다." → **검찰 즉각 항고.**

/ 2015년 7월 **광주고법, 재차 재심 개시 결정:** "진실화해위가 조사한 여순사건 당시 경찰관 (15명) 및 군인(44명)들이 '민간인이 자의적이고 무리하게 연행돼 살해당했다'고 인정했다." **검찰, 또 불복. 재항고** / 2019년 1월 28일 도올 김용옥, 『우린 너무 몰랐다 – 해방, 제주 4·3과 여순민중항쟁』 출간(도서출판 통나무). <2020년 큰글자책 보급지원>에 선정 (2020년 7월 20일): "본 도서는 문화체육관광부(도서관정책기획단)가 주최하고 (사)한국도서관협회가 주관하는 '2020년 큰글자책 보급지원' 사업에 선정되어 만들어졌습니다."

/ 2019년 3월 21일 **대법원 전원합의체**(재판장: 김명수 대법원장, 주심: 김재형 대법관. 선고2015모2229), **여순사건 희생자를 기년만에 재심 개시 결정:** "법원이 발부한 구속영장없이 군경에 의해 불법으로 체포·감금된 사실이 인정된다."(국회계류중인 "여순사건 진상규명 및 희생자 명예회복 특별법안" 탄력받다. 16·18·19대 국회에 잇달아 발의됐으나 국방부와 보수진영 정당의 반대로 무산).

/ 2019년 12월 4일 **정인화·이용주·윤소하·주승용·김성환(제20대 국회의원), 〈여순사건특별법〉 대표발의**(전체의원중 46.8%인 138명 동의를 구해 5개법안 상정) / 2019년 12월 6일 정인화 의원·여순사건유족회, 여순사건특별법 제정 촉구 기자회견(국회 정론관).

/ 2020년 1월 20일 **광주지법 순천지원 형사1부**(재판장: 김정아 부장판사), **재심무죄선고:** "**고故 장환봉**(당시 28세 순천역 철도공무원. 유족: 부인 진점순 97세, 딸 장경자 75세) **피고인에게 무죄**" **판결문:** "검찰이 복원한 공소사실 중 포고령 2호 위반은 미군정 때 선포해 이미 효력을 잃었고, 내란죄는 장소 일시 행위 등이 특정되지 않는 등 범죄 구성요건을 갖추지 못했다. … 내용상 불법이 있다 해도 계엄법이 사형을 집행한 지 1년 뒤에 제정돼 당시 시행한 계엄령의 효력을 두고 다툼이 있고, 민간인을 군법회의에 회부하고 공소사실을 통지하지 않은 점은 절차적으로 중대하고 명백한 흠결이다. … 민간인 희생자 3명의 재심 청구 중 1명 만 선고에 이르렀고, 2명은 선고를 기다리다 숨져 절차를 종결할 수 없어서 안타깝다. **국가권력에 의한 억울한 피해를 형사절차를 통해 개별적으로 바로 잡으려 하지 말고 특별법을 제정해 일괄적으로 해결해야 한다.**"(김정아金貞娥 [1975년생] 부장판사는 "장환봉은 좌익, 우익이 아니다. 장환봉씨는 *명예로운 철도공무원으로 기록될 것이다. 70여 년이 지나서야 잘못되었다고 선언하게 되었는데, 더 일찍 명예로움을 선언하지 못한 것에 사과드린다*"며 판결사유를 읽다가 울먹이던 김부장판사를 비롯한 배석판사와 검사, 법원직원들은 모두 일어나 장환봉씨 유가족에게

고개숙여 사과했다.) / 2022년 6월 30일 국가보훈처, 철도공무원 장환봉씨 순직殉職 인정.

/ 2020년 7월 28일 소병철(순천광양곡성구례갑)·주철현(여수갑)·김회재(여수을)·서동용(순천광양곡성구례을)·김승남(고흥보성장흥강진) 등 더불어민주당 의원 5명(제21대 국회), 〈여수·순천 10·19사건 진상규명과 희생자 명예회복에 관한 특별법안〉 대표발의(의원 152명 동의).

/ 2020년 10월 19일 제72주년 여순사건 희생자·경찰유족 합동 추념식 거행(여수시 이순신광장).

윤정근 여순사건 유족회장과 남중옥 순직경찰 유족 대표가 화해와 상생을 다짐하며 손을 잡았다.

/ 2021년 5월 13일 광주지방검찰청 순천지청, 여순사건 민간인 희생자 유족들(당시 순천역 철도원 김영기 등 9명)이 낸 재심사건에서 피고인들에게 무죄 구형:

"피고인이 반란군에 동조했다는 이유로 무고하게 국가권력에 희생당했다. … 군사법원이 민간인을 재판 한 점으로 미뤄 위법성이 의심되는 등 공소사실을 인정하기 어렵다."

/ 2021년 6월 25일 〈여순사건특별법〉, 국회 법제사법위원회 통과 / 6월 29일 〈여수·순천 10·19사건 진상규명과 희생자 명예회복에 관한 특별법〉 국회통과(국회 본회의 개최: 재적의원 231명 중, 찬성 225명, 반대 1명, 기권 1명). *〈여순특별법〉에서 여순사건 규정: "여수주둔 국방경비대 14연대가 제주 4·3 진압 명령을 거부하고 봉기한 1948년 10월 19일부터 지리산 입산금지 조처가 풀린 1955년 4월 1일까지 여수와 순천을 포함한 전남·북과 경남일부 지역에서 일어난 무력충돌과 이 과정에서 민간인 다수가 희생당한 사건."

/ 2022년 1월 21일 〈여순사건법〉 시행 및 위원회 출범(2024년 10월까지 2년간 진상조사). 〈여수·순천 10·19사건 진상규명 및 희생자 명예회복위원회〉, 여순사건 진상규명 및 희생자·유족 신고 3,200여 건 접수(1월~9월. 신고기간은 2023년 1월 20일까지. 신고접수가 저조한 곳은 직권조사 실시).

/ 2022년 9월 22일 소병철蘇秉哲(1958년생) 더불어민주당 의원, 〈여순사건특별법〉 일부개정법률안 대표발의. 여순사건 당시 적법절차와 증거없이 처벌받은 희생자 "재심" 가능(법원의 판결, 군법회의 명령서, 수형인명부 등 피해근거 자료가 애초에 없던가 혹은 오랜 세월로 소멸된 경우는 여순사건 당시 『동광신문』·『독립신문』 등 언론보도도 객관적인 자료로 인정 요청).

/ 2022년 10월 6일 대한민국 정부, 여순사건 74년 만에 희생자 45명 첫 인정(214명 유족인정: 배우자 1명, 직계존비속 190명, 형제자매 19명, 4촌 이내 방계혈족 4명).

/ 2022년 10월 19일(오전 10시) 여순사건 74년 만에 정부주최 첫 추념식: <여수·순천 10·19 사건 제74주기 합동추념식: 74년의 눈물, 우리가 닦아주어야 한다>(광양시민광장 야외공연장). 이규종(여순10·19항쟁전국유족총연합 상임대표) 인사말: "여순항쟁은 대한민국의 아픈 역사입

니다. …… 매년 8·90 고령의 유족들께서 한분 한분 세상을 떠나셨다는 소식을 들을 때마다 가슴이 아리고 쓰라립니다. 먼저 가신 그분들이 살아오셨을 한 많은 삶을 생각하면 가슴 밑바닥에서부터 뜨거운 눈물이 두 볼에 …… 유족 형제 여러분! 내가 되고 싶어서 된 유족이 아니므로 조금도 부끄러워하거나 등 뒤에 숨어서도 안되겠지만, 혹여 유족임을 앞세워 무리한 요구를 하거나 억지를 부려서도 안될 것입니다. 의젓하게 품위를 갖추고 떳떳하게 합리적인 방법으로 의견을 개진하고 매사에 겸손하고 고마운 마음을 갖는 것도 우리 유족의 아름다운 모습일 것입니다. 고맙습니다." 이상민(행정안전부) 장관의 추념사: "… 이제 정부가 희생자와 유가족의 눈물을 닦아드리겠습니다. … 여순사건의 진실이 속속들이 규명되고 영령들이 명예를 되찾아 편히 쉬실 수 있도록 정부를 믿고, 힘을 모아 주시기를 요청드리는 바입니다."

/ 2022년 12월 9일 대한민국 제20대 대통령 윤석열, 김광동金光東(1963년생)을 〈진실·화해를위한과거사정리위원회〉 위원장으로 임명. 신임 김광동 위원장은 "제주4·3은 공산주의 세력들이 벌인 무장투쟁이자 반란이다"라며 <식민지 근대화론, 이승만 국부론, 박정희 경제성장 주역론>을 주창하는 뉴라이트 성향의 정치인이다.

/ 2022년 3월 8일 국힘당 대선후보 윤석열, 유세차 제주방문 발언: "절대 우리 (4·3사건) 유가족과 도민들이 실망하지 않도록. 아, 윤석열정부는 정말 다르구나 하는 것을 느낄 수 있도록 하겠습니다." / 2023년 4월 3일 윤석열대통령, 〈제75주년 4·3희생자 추념식〉 불참 / 2023년 7월 27일 윤석열 대통령, 〈이승만·트루만 대통령 동상 제막식〉(높이 4.2m. 경북 칠곡군 다부동 전적기념관) 축사(강승규曧圭 1963년생. 시민사회수석 대독): "자유는 그저 얻어지는 것이 아니며 전장에서 피로써 자유를 지켜낸 영웅들을 잊지 않을 것이다." 민족문제연구소·대한민국 임시정부기념사업회 등 17개 시민사회단체의 현장항의집회: "영구분단 설계자 트루만 동상 웬말이냐" "이승만의 씻을 수 없는 죄: ① 독립운동 분열, 해방 후 독립운동세력 탄압(<대한민국임시정부 이승만 심판서>: 순국선열들이 눈을 감지 못하고 살아있는 독립투사들이 바라므로 임시대통령 이승만을 면직한다.) ② 반민특위해체 민족정통성 훼손 ③ 한국전쟁 전후 민간학살 조작·비호 ④ 부정부패 만연 매판경제 구조화" "헌법정신 파괴하는 이승만동상 반대한다" "민주영령 통곡한다 이승만동상 결사반대" "제주학살 독재만행 이승만추앙 반대한다"

/ 2023년 2월 13일 태영호太永浩(1962년 평양생. 2016년 탈북. 서울 강남구갑) 국민의힘 최고위원 후보, 국민의힘 3차 전당대회 제주합동연설회 발언: "제주4·3사건의 장본인은 김

일성이고, 북한 공직에 몸담았던 사람으로서 유가족과 희생자분들을 위해서 무릎을 꿇고 용서를 빕니다." → 당 최고위원에 당선(3월 8일. 국힘당에선 미미했던 태영호가 당내 보수층의 지지를 받아 당선되었다며 전략적인 성공으로 평가. 국힘당 축하분위기) / 1990년 6월 28일 남로당 지하총책 박갑동朴甲東(1919년생. 2023년 현존)의 증언: 〈남로당 중앙의 무장봉기 지령설〉은 잘못된 것이다. 신문사에서 연재할 때(중앙일보, 1973년) 외부에서 개입해 고쳐 쓴 것이다."(『제민일보』).

/ 2023년 2월 13일 제주청소년기후평화행동(제청기행), 후쿠시마 핵오염수 투기 반대선언: *"일본 후쿠시마 핵오염수 투기! 이러다가 다 죽어!"*

/ 2023년 2월 25일 국가수사본부장 정순신鄭淳信(1966년생, 서울중앙지방검찰청 인권감독관 역임), 아들의 학교폭력 가해자 논란으로 사퇴. **"제주도에서 온 돼지새끼"** "왜 인간이 밥 먹는 곳에 니가 오냐, 구제역 걸리기 전에 꺼져라" "좌파 빨갱이"(2017년 당시 고등학교 1학년생인 피해자는 공황장애·자살시도, 학업중단. 가해자는 서울대 철학과 20학번).

/ 2023년 3월 7일(오후 2시) 진실화해위원회·아산유족회, 〈한국전쟁 아산학살사건 희생자 유해발굴 개토제〉 주최(아산시 배방읍 공수리 산 110번지 일대. 성재산 기슭) / 3월 27일 성재산 유해발굴 현장답사(발굴책임자: 박선주朴善周 충북대 명예교수). "철삿줄과 군용 통신선으로 두 손 꽁꽁 묶인 채로" 수로같은 얕은 구덩이에 일정한 간격으로 40여분의 유해가 굴비엮듯이 손목들이 묶인채 무릎세워서 쪼그려 앉은 자세였다. 근접난사된 총을 맞고, 청동이 된 탄피 가해자들과 함께 흙덩이에 묻혀 73년을 견뎠다(2009년·2022년 진실화해위, 〈아산부역혐의 사건〉 발표: "목격자·관계인 등을 조사하여 1950년 10월 4일 온양경찰서가 정상화된 뒤 군·경과 치안대가 밤마다 좌익 부역혐의 관련자와 가족 등 40~50명씩 성재산과 온양천변에서 학살했고, 1·4후퇴 시기인 51년 1월에는 좌익부역혐의 관련자와 가족들에게 도민증을 발급해준다고 하며 한 집에 남자아이 1명만 남기고 배방면사무소 옆 곡물창고에 모이게 한 뒤 수백명을 집단학살했다 → 반인권적인 국가범죄) / 1950년 11월 11일 이승만정부, 〈부역자처벌특별처단법〉 공포(11월 13일, 전쟁부역자 5만여 명 검거) / 1950년 11월 25일 군·검·경 합동수사본부, 〈부역자처단은 어떻게?〉 좌담회 개최하여 가이드라인 제시(참석자: 이승만대통령의 총애를 한몸에 받는 합동수사본부장 김창룡 대령, 오제도 검사, 장재갑 검사, 정희택 검사) / 1953년(말) **전국적으로 부역혐의자 55만여 명 검거**(이승만 대통령의 "서울사수"를 철석鐵石같이 믿고 피란하지 않고 3개월간 인공치하를 견뎌낸 순박한 국민들 대다수 포함) / 1956년 가수 이해연의 〈단장斷腸의 미아리 고개〉(작사:

반야월, 작곡:이재호. 오아시스레코드), 전국민을 애끓게 하다: "**미아리 눈물 고개, 임이 넘든 이별 고개, 화약 연기 앞을 가려 눈 못 뜨고 헤매일 때, 당신~은 철삿줄로 두 손 꽁꽁 묶인 채로~ 뒤돌아보고 또 돌아보고, 맨발로 절며절며 끌려가신 이 고개여, 한 많은 미아리 고개~ … 십 년이 가도 백 년이 가도 부디 살아만 돌아오세요. 네, 여보 여보~**" (2019년 제1회 TV조선 미스트롯 진[1위] 수상한 송가인宋歌人[1986년생]이 "인생의 미션곡" <단장의 미아리 고개>를 불러 또다시 전국을 강타했다).

/ 2023년 3월 26일 **박민식朴敏植**(1965년생. 서울중앙지방검찰청 검사 역임) 국가보훈처장, 이승만 전 대통령 탄생 148주년 기념식 축사(종로구 이화장): "이 대통령은 역사의 패륜아로 낙인찍혀 오랜 시간 음지에서 신음했다." 이승만정권의 3·15부정선거에 대한 국민 55.9%는 "3·15의거 재조명과 진상규명"을 요청하는 반면, 국가보훈처는 막대한 국민세금으로 <이승만대통령기념관> 건립 사전 검토중이다 / 2023년 8월 18일 필립 안 커디(Philip Ahn Cuddy, 68세. 도산 안창호의 외손자), 『경향신문』과 인터뷰: "**도산의 가장 큰 실수는 이승만을 지지한 것이다. … 한국정부의 <이승만 기념관 건립사업>은 '잘못됐고 말도 안되는wrong and ridiculous' 일이다. 제주4·3사건으로 그렇게 많이 죽인 사람이 이승만 아닌가?**"

/ 2023년 3월 30일 **강병삼** 제주시장·**이종우** 서귀포시장, 4·3왜곡 현수막에 대한 적법한 절차에(<4·3특별법> 13조: "누구든지 공공연하게 희생자나 유족을 비방할 목적으로 제주4·3사건의 진상조사 결과 및 제주4·3에 관한 허위의 사실을 유포해 희생자, 유족 또는 유족회 등 4·3사건 관련 단체의 명예를 훼손해서는 안된다.") 의해 신속하게 철거하겠다는 공동입장 발표 / 21일 우리공화당·자유당·자유민주당·자유통일당, 제주59곳 곳곳에 <제주4·3사건은 대한민국 건국을 반대하여 김일성과 남로당이 일으킨 공산폭동이다> 현수막 걸다. 분노한 제주도민들, 현수막 훼손. 민주당, 대응현수막: "**진실을 왜곡하는 낡은 색깔론, 그 입 다물라**"

/ 2023년 4월 3일 <제75주년 4·3희생자 추념식>. 전국 대학생들 추모 동참: "기억하고 행동하겠다." 제주지역 대학과 서울대 등 전국 39개 대학 총학생회·역사동아리는 이날 각 대학에 분향소 설치·추모 현수막을 게시했다: "제주4·3영령들을 추모합니다." "제주4·3은 대한민국의 역사입니다." "4·3의 정의로운 해결을 위해 저희가 함께 기억하고 행동하겠습니다."

/ 2023년 7월 25일 **제주도 총학생회**, 윤석열정부에게 후쿠시마 오염수 방류저지 촉구 성명서를 발함 / 2023년 8월 24일(13:03) 일본 후쿠시마 핵 오염수(현 134만t), 태평양 투기 시작.

金仁惠 集錄

【참고문헌】

내가 이 책의 집필을 위하여 참고한 책은 그 범위가 매우 넓고 너무 많아 여기 다 적을 수가 없다. 내가 직접적으로 참고한 책에 한정하여 몇 권만 적는다.

【청 주】

1.『白雲和尙抄錄佛祖直指心體要節관련 자료집』I.Ⅱ. 청주: 직지코리아 조직위원회, 2018. 비매품 한정본. 임시가제본 모음집.

2. 이철희 지음.『아이들과 함께 하는 청주문화유산 답사』. 청주: 도서출판 직지, 2002.

3. 박상진 지음.『나무에 새겨진 팔만대장경의 비밀』. 파주: 김영사, 2010.

4. 한국불교연구원 著.『한국의 사찰⑦ 海印寺』. 서울: 一志社, 1984.

5. 李智冠 編著.『伽倻山 海印寺誌』. 서울: 가산불교문화연구원 출판부, 1992.

6. 張愛順 外.『高麗大藏經의 硏究』. 서울: 동국대학교 출판부, 2006.

7. 崔然柱 지음.『高麗大藏經硏究』. 서울: 景仁文化社, 2006.

8. 金潤坤 著.『고려대장경의 새로운 이해』. 서울: 불교시대사, 2002.

9. 高麗大藏經硏究會.『高麗大藏經硏究資料集』I.Ⅱ. 합천군: 해인사, 1989.

10. 무비 스님.『직지강설』上.下. 서울: 불광출판사, 2011.

11. 김월운 옮김.『전등록』전3권. 서울: 동국역경원, 2016.

12. 혜심·각운 지음. 김월운 옮김.『선문염송·염송설화』전10권. 서울: 동국역경원, 2009.

13. 백운 초록·덕산 역해.『直指心經』上.中.下. 서울: 비움과소통, 2014.

14. 釋璨禪師. 朴文烈 譯.『白雲和尙語錄』. 서울: 범우사, 1998.

15. 無比 譯註.『백운스님어록』. 서울: 민족사, 1996.

16. 許興植 著.『高麗로 옮긴 印度의 등불－指空禪賢』. 서울: 一潮閣, 1997.

17. 충북대학교 인문과학연구소.『淸州市誌』上.下. 청주시, 1997.

18. 邊太燮.『高麗史의 硏究』. 서울: 三英社, 1983.

19. 한국역사연구회 지음.『고려의 황도 개경』. 서울: 창비, 2009.

【해방·역사 일반】

1. 국방부 군사편찬연구소.『6·25戰爭史① 戰爭의 背景과 原因』. 서울: 국방부군사편찬연구소, 2004.

2. 김성보·기광서·이신철 지음.『사진과 그림으로 보는 북한현대사』. 파주: 웅진지식하우스, 2017.

3. 서중석 지음.『사진과 그림으로 보는 한국현대사』. 파주: 웅진지식하우스, 2017.

4. 서중석 지음.『한국현대사 60년』. 고양시: 역사비평사, 2016.

5. 이한우 지음.『우남 이승만, 대한민국을 세우다』. 서울: 해냄출판사, 2008.

6. 徐廷柱.『雩南 李承晩傳』. 서울: 華山문화기획, 1995.

7. 이주영 지음.『우남 이승만 그는 누구인가?』. 서울: 배재학당총동창회, 2008.

8. 유영익 지음.『이승만의 삶과 꿈』. 서울: 중앙일보사, 1998.

9. 정병준 지음.『우남 이승만 연구 - 한국 근대국가의 형성과 우파의 길』. 서울: 역사비평사, 2006.

10. Chong-Sik Lee, Syngman Rhee, The Prison Years of a Young Radical. Seoul: Yonsei University Press. 2001.

11. 이현희 著.『韓國警察史』. 파주: 한국학술정보, 2004.

12.『서울경찰사』. 서울지방경찰청, 2017.

13. 呂運弘.『夢陽 呂運亨』. 서울: 靑廈閣, 1967.

14. 이기형 지음.『여운형 평전』. 서울: 실천문학사, 2004.

15. 和田春樹.『北朝鮮現代史』. 東京: 岩波新書1361, 2012.

16. 礒崎敦仁・澤田克己.『新版 北朝鮮 入門』. 東京: 東洋經濟, 2017.

17. Bruce Cumings. The Origins of the Korean War. Princeton: Princeton University Press, 1981.

18. James L. McClain. A Modern History JAPAN. N.Y.: W. W. Norton & Company, 2002.

19. 홍석현 지음.『한반도 평화 오디세이』. 서울: 메디치미디어, 2018.

20. 조한성 지음.『해방 후 3년 - 건국을 향한 최후의 결전』. 서울: 생각정원, 2015.

【제주4·3】

1. 제주도지편찬위원회.『濟州道誌 제2권. 역사』. 제주도, 2006.

2. KBS이야기제주사 제작팀. 김선희 글.『이야기 제주사』1.2. 제주시: 제주특별자치도, 2014.

3. 김봉옥 지음.『제주통사』. 제주시: 제주발전연구원 제주학연구센타, 2013.

4. 현기영.『순이삼촌 外』한국소설문학대계 72. 서울: 동아출판사, 1996.

5. 제주4·3사건진상규명 및 희생자명예회복위원회.『제주4·3사건 진상보고서』. 서울: 선인, 2015. 비매품.

6. 박찬식 著.『1901년 제주민란연구 - 근대외래문화와 토착문화의 갈등』. 제주시: 도서출판 각, 2018.

7. 박찬식 지음.『4·3과 제주역사』. 제주시: 도서출판 각, 2018.

8. 제주인문학당.『제주인의 눈으로 본 제주역사』. 제주시: 제주특별자치도 평생교육진흥원, 2017.

9. 김은석・박찬식 外.『탐라이야기』. 제주시: 제주특별자치도 인재개발원, 2012.

10. 박찬식 편집.『제주4·3 바로 알기』. 제주시: 제주4·3평화재단, 2014.

11. 제주4·3 70주년기념사업위원회. 『4·3이 머우꽈?』. 제주시: 도서출판 각, 2018.

12. 박찬식 글. 『4·3의 진실』. 제주시: 제주4·3평화재단, 2010.

13. 양조훈. 『4·3 그 진실을 찾아서』. 서울: 도서출판 선인, 2015.

14. 백서발간위원회. 『화해와 상생-제주4·3위원회백서』. 서울: 제주4·3사건진상규명 및 희생자명예회복
　　　위원회, 2008.

15. 배선영 수녀 外. 『병인년 횃불-조선왕조와 천주교』. 부산: 오륜대 한국순교자박물관, 2016.

16. 샤를르 달레 原著. 安應烈·崔奭祐 譯註. 『韓國天主敎會史』上.中.下. 서울: 한국교회사연구소, 2000.

17. 문규현 신부. 『민족과 함께 쓰는 한국천주교회사』I.II. 서울: 빛두레, 1997.

18. 柳洪烈 著. 『增補 한국천주교회사』上.下. 서울: 가톨릭출판사, 2001.

19. 杉原達. 『越境する民-近代大阪の朝鮮人史硏究』. 東京: 新幹社, 1998.

20. 金贊汀 著. 『異邦人は君ケ代丸に乘って-朝鮮人街猪飼野の形成史』. 東京: 岩波書店, 2013.

21. 金贊汀. 『關釜連絡船-海峽を渡った朝鮮人』. 東京: 朝日新聞社, 1988.

22. 金贊汀. 『在日コリアン百年史』. 東京: 三五館, 1997.

【여순민중항쟁】

1. 여수시사 편집위원. 『여수시사』제1권 터전과 내력. 여수시: 여수시사편찬위원회, 2010.

2. 金鷄有 編著. 『麗水麗川 發展史』. 여수시: 반도문화사, 1988.

3. 주철희 지음. 『일제강점기 여수를 말한다』. 전주: 흐름출판사, 2015.

4. 주철희. 『동포의 학살을 거부한다-1948, 여순항쟁의 역사』. 전주: 흐름출판사, 2017.

5. 여수지역사회연구소. 『여순사건논문집』. 여순사건연구총서 4집. 여수지역사회연구소, 2006.

6. 홍영기 편집. 『여순사건자료집 I』. 순천시: 도서출판 선인, 2001.

7. 여수문화 제12집. 『14연대반란 50년결산집-여순10·19사건』. 여수시: 여수문화원, 1997.

8. 여수지역사회연구소. 『麗順事件實態調査報告書 第3輯』. 여수시: 여수지역사회연구소, 2000.

9. 한홍구 外. 『다시 보는 여순사건과 운동의 성격』. 2018년 10월 16일 국회도서관 소회의실 여순항쟁 70주년
　　　기념학술대회 자료집.

10. 여수지역사회연구소 지음. 『다시 쓰는 여순사건보고서』. 파주시: 한국학술정보, 2012.

11. 김득중. 『빨갱이의 탄생-여순사건과 반공국가의 형성』. 서울: 선인, 2015.

12. 이경모 사진집. 『격동기의 현장: 8·15해방, 여수·순천사건, 6·25전쟁』. 서울: 눈빛출판사, 2010.

13. 짐 하우스만·정일화 공저. 『한국 대통령을 움직인 美軍 대위 하우스만 증언』. 서울: 한국문원, 1995.

14. 신용하 저.『3·1독립운동』. 독립기념관 한국독립운동사연구소, 1989.

15. 趙成都 著.『忠武公 李舜臣』. 서울: 연경문화사, 2004.

16. 이민웅 지음.『임진왜란 해전사』. 서울: 청어람미디어, 2008.

17. 도현신 지음.『임진왜란, 잘못 알려진 상식 깨부수기』. 서울: 역사넷, 2008.

18. 趙湲來 著.『임진왜란사 연구의 새로운 관점』. 성남시: 아세아문화사, 2011.

19. 李章熙 著.『壬辰倭亂史硏究』. 서울시: 아세아문화사, 2007.

20. 한명기 지음.『임진왜란과 한중관계』. 서울: 역사비평사, 2001.

⌐ 제주4·3-여순민중항쟁 연표 참고문헌 ⌐

1. 박도 엮음.『미군정 3년사 – 빼앗긴 해방과 분단의 서곡』. 서울: 눈빛출판사, 2017년.

2. 박도 엮음.『한국전쟁 1950-1953』. 서울: 눈빛출판사, 2017년.

3. 브루스 커밍스 外 著.『분단전후의 現代史』. 서울: 일월서각, 1983년.

4. 브루스 커밍스 지음. 김동노·이교선·이진준·한기욱 옮김.『브루스 커밍스의 한국현대사』. 창비, 2016년.

5. 하버드 베크 지음. 이동기·조행복·전지현 옮김.『세계사 – 1945 이후, 서로 의존하는 세계』. 서울: ㈜ 민음사, 2018년.

6. 와다 하루끼 지음. 이종석 옮김.『김일성과 만주항일전쟁』. 서울: 창작과비평사, 1992년.

7. 션즈화沈志華 저. 김동길 역.『조선전쟁의 재검토 – 중국·소련·조선의 협력과 갈등』. 서울: 선인, 2014년.

8. 표학렬 지음.『한 컷 한국현대사』. 서울: 인문서원, 2018년

9. 민주주의민족전선 편집.『해방조선 – 자주적 통일민족국가수립투쟁사 1·2』. 서울: 과학과 사상, 1988.

10. 존 메릴 지음, 신성호 옮김.『침략인가 해방전쟁인가』. 서울: 과학과 사상, 1988년.

11. 국사편찬위원회.『대한민국사 연표 1·2·3』. 서울: 경인문화사. 2008년.

12. 이만열 엮음.『한국사 연표』. 서울: 역민사, 1989년.

13. 이현희 지음.『韓國警察史』. 서울: 한국학술정보 ㈜, 2004년.

14. 이윤정 지음.『한국경찰사 – 근현대편』. 서울: 소명출판, 2015년.

15. 김형중 저.『韓國警察史』. 서울: 박영사 ㈜, 2016년.

16. 경찰청·한국근현대사학회 공동 학술세미나.『경찰역사 속 바람직한 경찰정신 정립방안』. 서울: 경찰청, 2018년.

17. 조성기 지음.『한경직 평전』. 서울: 김영사, 2003년.

18. 이종석 지음.『현대북한의 이해』. 서울: 역사비평사, 2001년.

19. 서춘식 외 7인 지음.『북한학』. 서울: 박영사, 2001년.

20. 태영호 지음.『3층 서기실의 암호』. 서울: 기파랑, 2018.

21. 박태균 지음.『한국전쟁』. 서울: 책과함께, 2016년.

22. 박태균 지음.「박태균의 버치 보고서」. 서울:『경향신문』, 2018년 매주 월요일 연재.

    / 박태균 지음.『버치문서와 해방정국－미군정 중위의 눈에 비친 1945~1948년의 한반도』.
        서울: ㈜ 역사비평, 2021년.

23. 고수석 지음.『북한을 움직인 30인 － 김씨 3부자를 도운 조연들의 이야기』. 서울: 늘품플러스, 2018년.

24. 崔相龍 著.『美軍政과 韓國民族主義』. 서울: 나남, 1989년.

25. 박도 엮음.『한국전쟁. 2』(1950-1953, 미 국립무서기록보관청 사진). 서울: 눈빛, 2017년.

26. 한국일보社編.『韓國獨立運動史』(1·2·3). 한국일보社 편집국, 1989년.

27. 한국일보社編.『獨立運動家列傳』. 서울: 한국일보社 편집국, 1989년.

28. 한모니까 지음.『한국전쟁과 수복지구』. 서울: 푸른역사, 2017년.

29. 사이토 사쿠지 편저, 전재진·무카이 미도리 편역.『우키시마호 폭침사건진상』. 서울: 가람기획, 1996년.

30. 김삼웅 지음.『해방후 양민학살사』. 서울: 가람기획, 1996년.

31. 진천규 글·사진.『평양의 시간은 서울의 시간과 함께 흐른다』. 서울: 타커스, 2018년.

32. 흥사단출판부 펴냄(이광수 대표집필).『도산島山 안창호安昌浩』. 서울: 흥사단, 1986년.

33. 한홍구 지음.『대한민국史』. 서울: 한겨레신문사, 2005년.

34. 이현희 지음.『일제시대사의 연구』. 경기도: 한국정보기술㈜, 2002년.

35. 조선총독부고위관리의 육성증언(해설·감수: 미야타 세스코, 번역: 정재정).『식민통치의 허상과 실상』.
        서울: 혜안, 2002년.

36. 허재영 엮음.『조선 교육령과 교육 정책 변화 자료』. 경기도: 경진, 2011년.

37. 서원대학교 한국교육자료박물관 편.『광복60주년기념 순회 교육자료전 － 식민지교육의 풍경 1910~
        1945』 2005년.

38. 민족통일체육연구회 엮음.『스포츠교류와 한반도 평화』. 서울: 사람과 사람, 2003년.

39. 제주4·3사건진상조사보고서작성기획단 작성.『제주4·3사건 진상조사보고서』. 서울: 제주4·3사건진상
        규명및희생자명예회복위원회, 2015년.

40. 한겨레21 특집.『死·삶 4·3을 말한다』. 서울: 한겨레신문, 2018.

41. 주철희 기획. <여순항쟁기록展－1948년 10월 19일 그로부터 70년...>. 주관: 여수지역신문협회, 2018년

42. 여수지역사회연구소 편. 『여순사건 논문집』. 여수: 사단법인 여수지역사회연구소, 2006년.

43. 여순항쟁70주년 기념학술대회. 『다시보는 여순사건과 운동의 성격』. 여수: 사단법인 여수지역사회연구소, 2018년.

44. 濟民日報 4·3취재반 편, 『4·3은 말한다』(전5권. 2권부록: 김익렬장군실록 유고 「4·3의 진실」). 서울: 전예원, 1994년.

45. 서중석 지음. 『이승만과 제1공화국』. 서울: 역사비평사, 2015년.

46. 김성보·이종석 지음. 『북한의 역사 1, 2』. 서울: 역사비평사, 2011년.

47. 최태육 박사학위 논문. 『남북분단과 6·25전쟁 시기(1945-1953) 민간인집단희생과 한국기독교의 관계연구』. 대구: 목원대학교 대학원 신학과. 2014년.

48. 백범 김구 지음·도진순 주해. 『백범일지』. 서울: 도서출판 돌베개, 2002년.

49. 안재성 지음. 『박헌영 평전』. 서울: 도서출판 인문서원, 2020년.

50. 이기형 지음. 『여운형 평전』. 서울: ㈜실천문학, 2004년.

51. 김기진 지음. 『끝나지 않은 전쟁－국민보도연맹』(부산·경남지역). 서울: 역사비평사, 2002년.

52. 박태균·정창현 지음. 『암살－왜곡된 현대사의 서막』. 서울: 역사인, 2016년.

53. 유용태·박진우·박태균 지음. 『함께 읽는 동아시아 근현대사』(개정판). 서울: ㈜창비, 2021년.

54. 정종현 지음. 『제국대학의 조센징－대한민국 엘리트의 기원, 그들은 돌아와서 무엇을 하였나?』. 서울: ㈜휴머니스트 출판그룹, 2019년.

55. 리차드 로빈슨 지음·정미옥 옮김. 『미국의 배반－미군정과 남조선』. 서울: 과학과 사상, 1988년.

56. 와다 하루끼 지음·남기정 옮김. 『북한현대사』. 서울: ㈜창비, 2016년.

57. 金聖七 지음. 『역사 앞에서－한 사학자의 6·25 일기』. 서울: 창작과비평사, 1993년.

58. 김삼웅 저. 『운암 김성숙－의열단에서 임시정부·민주화운동까지』. 서울: 도서출판 선인, 2020년.

59. 홍영기 책임편집. 『여순사건 자료집 1－국회속기록·잡지편』. 서울: 도서출판 선인, 2001년.

60. 순천대학교 여순연구소 엮음. 『나 죄 없응께 괜찮을 거네－여순10·19 증언록』. 광주: 심미안, 2019년.

61. 조한성. 『해방후 3년－건국을 향한 최후의 결전』. 서울: 생각정원, 2015년.

62. 이영준 엮음. 『김수영 전집 1－시』. 서울: 민음사, 2018년.

63. 이한림 회상록. 『세기의 격랑』. 서울: 팔복원, 2005년.

64. 정병준 지음. 『한국전쟁－38선 충돌과 전쟁의 형성』. 서울: 돌베개, 2014년

65. 김태우 지음. 『폭격－미공군의 공군폭격 기록으로 읽는 한국전쟁』. 서울: 창비, 2017년.

우린 너무 몰랐다 〈증보개정판〉
─ 해방, 제주4·3과 여순민중항쟁 ─

2019년   1월 28일 초판 발행
2019년   3월 15일 1판 6쇄
2019년   5월 18일 2판 1쇄
2023년   1월 28일 증보개정판 1쇄
2023년   9월 15일 증보개정판 2쇄
2024년 10월 25일 증보개정판 3쇄

지은이   도올 김용옥
펴낸이   남호섭
편집책임   김인혜
편집·사진   임진권
편집·제작   오성룡, 신수기
표지디자인   박현택
인쇄판출력   토탈프로세스
라미네이팅   금성L&S
인쇄   봉덕인쇄
제책   강원제책
펴낸곳   통나무

주소: 서울시 종로구 동숭동 199-27
전화: (02) 744-7992
팩스: (02) 762-8520
출판등록 1989. 11. 3. 제1-970호
값 19,000원

저는 이 책을 펴내면서 한 가지 빚을 더 졌습니다. 읽어주신 당신께 '시간의 빚'을 진 것입니다. 세상의 이치를 함께 탐구해나가는 데 조금이라도 도움이 됐기를 바랄 뿐입니다.

이학영

세상은 계속해서 개선해나갈 기회로 가득하며,
어떤 문제이든지 더 나은 답이 반드시 있다는
열려 있는 생각이 필요합니다.
리더의 최종 목표는 무엇이 답인지 고르는 것이 아니라,
더 나은 답을 창조하는 것이기 때문입니다.

차이를 만드는 사고법
리더를 키우는 생각의 힘

제1판 1쇄 인쇄 | 2020년 6월 9일
제1판 1쇄 발행 | 2020년 6월 16일

지은이 | 이학영
펴낸이 | 손희식
펴낸곳 | 한국경제신문 한경BP
책임편집 | 추경아
교정교열 | 공순례
저작권 | 백상아
홍보 | 서은실 · 이여진 · 박도현
마케팅 | 배한일 · 김규형
디자인 | 지소영
본문디자인 | 디자인 현

주소 | 서울특별시 중구 청파로 463
기획출판팀 | 02-3604-553~6
영업마케팅팀 | 02-3604-595, 583   FAX | 02-3604-599
H | http://bp.hankyung.com   E | bp@hankyung.com
F | www.facebook.com/hankyungbp
등록 | 제 2-315(1967. 5. 15)

ISBN 978-89-475-4597-6 03320